Gordon Lindsay

Der Mann, der in zwei Welten lebte

Gordon Lindsay

Der Mann, der in zwei Welten lebte

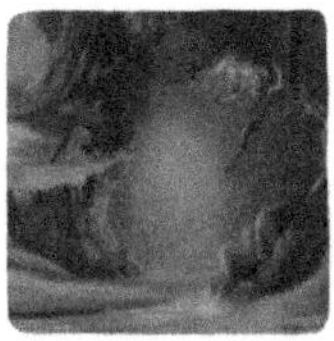

Naturgeister • Meister • Feen

Die geheimen Tagebücher von R. Ogilvie Crombie

Aus dem Englischen übersetzt von Astrid Ogbeiwi

Aquamarin Verlag

Titel der Originalausgabe:
THE OCCULT DIARIES OF R. OGILVIE CROMBIE

Deutsche Ausgabe:
1. Auflage 2022

Voglherd 1
85567 Grafing
www.aquamarin-verlag.de

Übersetzung aus dem Englischen: Astrid Ogbeiwi

Umschlaggestaltung: Annette Wagner unter Verwendung von:
shutterstock.com (Ifsogirl – 1595670118)

Druck: CPI • Birkach
ISBN 978-3-89427-903-5

Widmung

Dieses Buch ist dem Andenken an Ogilvie gewidmet, dem Freund und Lehrer, in der Hoffnung, seine Schriften mögen meine Leserinnen und Leser dazu hinführen, die Erleuchtung zu erfahren, die mir durch die Verbindung mit diesem wahrhaft bemerkenswerten Mystiker zuteilwurde.

Danksagungen

Meiner Frau Jean bin ich sehr zu Dank verpflichtet für die Geduld und Nachsicht, die sie all die Jahre bewiesen hat, als meine Zeit unweigerlich aufgeteilt werden musste zwischen dem Versuch, sie und unsere wachsende Familie zu unterstützen und zugleich mit Ogilvie der Esoterik nachzugehen. Zwei kleine Kinder zu versorgen und einen Haushalt zu führen, wenn der Partner mit einem Bein in dieser und mit dem anderen in der nächsten Welt steht, macht das Leben nicht gerade einfach.

Außerdem möchte ich auch all jenen danken, die mit der Findhorn-Gemeinschaft verbunden waren und sind und dazu beigetragen haben, dass dieses Buch verwirklicht werden konnte, insbesondere meinem Lektor David Spangler für seine genialen Kommentare und Vorschläge.

Inhalt

Einführung

Robert Ogilvie Crombie ist wahrscheinlich vor allem als eine der bahnbrechenden Persönlichkeiten in der Geschichte der Findhorn-Gemeinschaft im Norden Schottlands bekannt. Er war der ältere schottische Herr, der mit Naturgeistern sprach und dessen Heldentaten in Büchern wie *The Gentleman and the Faun* (in Nordamerika unter dem Titel *Meeting Fairies* erschienen), *The Magic of Findhorn* und *The Findhorn Garden Story** beschrieben werden. Aber in Leben und Werk dieses Mannes gab es wesentlich mehr als nur seine Verbindung mit Findhorn. Als Wissenschaftler, hermetischer Magier und Erforscher der Welten des Übersinnlichen war er in vieler Hinsicht eine Schlüsselgestalt in der Geschichte der Esoterik des 20. Jahrhunderts. Seine Geschichte ist nicht so bekannt wie sie sein könnte, was schlicht daran liegt, dass er in Einsamkeit und Abgeschiedenheit arbeitete. Er schrieb keine Bücher, nahm keine Schülerinnen und Schüler an und versuchte nicht, eine Gruppe oder esoterische Schule zu gründen. Als er einen Teil seiner inneren Arbeit der Welt mitteilen sollte, tat er dies durch die Findhorn-Gemeinschaft. Dadurch übte er einen starken Einfluss auf die Vorstellungskraft und die spirituelle Arbeit tausender Menschen auf der ganzen Welt aus,

---

* Auf Deutsch sind von R. Ogilvie Crombie erschienen: *Der magische Findhorn-Garten: Gespräche mit Engeln, Elfen und Naturgeistern*, aus dem Englischen von Marianne Wischmeier-Bayer, Aurinia 2015 und *Der Mann, der mit den Elfen sprach: Wie Menschen und Naturgeister zusammenarbeiten können*, aus dem Englischen von Karl Friedrich Hörner, Aquamarin 2020, (Anm. d. Übers.).

insbesondere darauf, wie sie die Beziehung der Menschheit zur Welt der Natur und ihre Verantwortung für sie verstehen.

Ich hatte immer schon vor, einen Bericht über Ogilvies Leben zu schreiben, aber nach seinem Tod im Jahr 1975 habe ich nahezu fünfunddreißig Jahre gebraucht, bis ich ihn zu Papier bringen konnte. Rückblickend betrachtet, ist diese Verspätung vielleicht gar nicht so schlecht, denn in den letzten Jahren hat sich auf dem Gebiet der Erforschung des Übersinnlichen sehr viel getan, was zu einem weitaus größeren Bewusstsein und Verständnis von Wesen und Wirken der unsichtbaren Welten geführt hat. Wo es angebracht ist, habe ich mich daher auf diese neueren Erkenntnisse über das Leben zwischen den Leben (LzL) gestützt, die Ogilvie zu seinen Lebzeiten noch nicht zur Verfügung standen; denn zwischen diesen und seinen eigenen Erfahrungen gibt es viele Parallelen. Viele Aspekte, die ihn noch verblüfften, sind heute leichter zu erklären.

Teil I dieses Buches ist daher ausschließlich und ungeniert einer Betrachtung der Grundlagen und der Entdeckungen dieser LzL-Forschung gewidmet, zunächst einmal, weil sie ganz grundlegend auf unser aller Leben anwendbar ist, und dann auch, weil sie Ogilvies Leben einen Rahmen gibt. Ich möchte meinen Leserinnen und Lesern dringend empfehlen, diesem Thema besondere Aufmerksamkeit zu widmen, da im weiteren Verlauf des Buches immer wieder darauf Bezug genommen wird, und es die Grundlage für große Teile des Besprochenen darstellt. Weitere stützende Belege für die Erkenntnisse über das Leben zwischen den Leben werden in diesem Abschnitt durch die vielen Berichte von Menschen vorgelegt, die Nahtod-Erfahrungen oder außerkörperliche Erfahrungen hatten.

Während seines gesamten 75-jährigen Lebens und besonders in seinen letzten Jahren hatte Ogilvie viele wirklich bemerkenswerte Erfahrungen jenseitiger Natur. Zum Glück hat er die meisten zu Papier gebracht, und ich habe nun den allergrößten Teil davon in gedruckte Form übertragen, vor allem der leichteren Lesbarkeit wegen, da seine Handschrift manchmal ans Unleserliche grenzt. Außerdem war das meiste Material über eine unzusammenhängende Sammlung von Tage- und Notizbüchern verteilt, und die chronologische Reihenfolge teilweise unklar geworden. Teil II besteht daher ausschließlich aus Auszügen aus diesen Notizen, ergänzt um einschlägige Beschreibungen, Hintergrundinformationen und Kommentare. Teil II ist Ogilvies Geschichte.

Das erste Kapitel in Teil II fasst Ogilvies Leben zusammen – also sein äußeres Leben – während der Rest des Buches den Vorgängen in seinem Inneren gewidmet ist, die äußerst vielfältig und umfangreich waren. Bei Material dieser Art ist es äußerst schwierig, einer strikten Chronologie zu folgen oder gar eine strenge thematische Einteilung vorzunehmen, und ich möchte meine Leserinnen und Leser um Nachsicht bitten, wenn ich hier und da von der Norm abweiche.

Wörtliche Auszüge aus Ogilvies Erzählungen werden in Form von Einschüben wiedergegeben. Das zugehörige Datum wird angezeigt, jedoch in der Reihenfolge Jahr, Monat, Tag ohne Punkte dazwischen (730421 wäre also zum Beispiel der 21. April 1973). Das ist zwar nicht unbedingt benutzerfreundlich, lässt sich aber computertechnisch sehr gut sortieren. Wenn auf das Datum unmittelbar ein „a“, „b“ oder „c“ folgt, bezeichnet dies verschiedene Auszüge desselben Datums. Wo ich in den Auszügen erklärende Hinweise oder Kommentare eingefügt habe, stehen diese in eckigen Klammern: [...].

In späteren Jahren wurde Ogilvie, insbesondere durch sein Engagement für die aufstrebende Findhorn-Gemeinschaft, nach den Initialen seines Namens kurz als ROC bezeichnet. Das klingt zwar ein wenig hart, vermittelt aber auch den Eindruck von Solidität und Verlässlichkeit.* Die Übernahme in den Text macht jedoch die Kommentierung wesentlich weniger mühsam und ist schnell zu erkennen. Daher habe ich dieses Kürzel recht großzügig verwendet.

* Durch die Anklänge an das englische Wort *rock* für „Fels" (Anm. d. Ü.).

Teil I

Leben zwischen den Leben (LzL)

Die Erforschung der Leben zwischen den Leben wird im Wege der Tiefenhypnose der Versuchspersonen durchgeführt. Diese Vorgehensweise hat den beträchtlichen Vorteil, dass die „Zwischenwelt“ – der ätherische Zustand zwischen dem Tod in einem Leben und der Inkarnation in einem nächsten – über einen Zeitraum von vielen Stunden (oder, verteilt auf mehrere Sitzungen, durchaus auch tagelang) bis ins kleinste Detail untersucht werden kann. Die Technik ähnelt in vieler Hinsicht der, die bei Rückführungen in frühere Leben angewandt wird, mit der Ausnahme, dass der Hypnosezustand der Versuchspersonen tiefer sein muss.

Anscheinend wird bei der hypnotisierten Person ein aktiver Verbindungskanal vom Bewusstsein über das Unbewusste in die Welt des Überbewussten aufgebaut, wodurch ein Gespräch in beide Richtungen oder ein Frage-Antwort-Dialog mit einem Minimum an verfälschender Einfärbung der Informationen stattfinden kann. Der Abruf aus dem Gedächtnis ist in der Regel sowohl umfassend als auch genau. Wie bei jeder Hypnose ist jedoch wichtig, dass die hypnotisierende Person die Fragen so stellt, dass die Versuchsperson dadurch nicht in eine bestimmte Richtung gelenkt oder ein falsches Szenario geschaffen wird, auf dem die Versuchsperson aufbauen kann. Diese Situation ist aber offenbar kein ganz so großes Problem wie üblicherweise angenommen; tatsächlich können die Versuchspersonen Suggestionen, die mit der „Wahrheit“, wie sie sie erleben, nicht übereinstimmen, sehr entschieden zurückweisen.

Dr. Michael Newton, ein früher Pionier der Forschung über das Leben zwischen den Leben, veröffentlichte nach rund dreißig Jahren LzL-Forschung zwei Abhandlungen: *Journey of Souls* im Jahr 1994 (dt.: *Die Reisen der Seele*, 1996), gefolgt von *Destiny of Souls* im Jahr 2000 (dt.: *Die Abenteuer der Seelen*, 2001). Andere Pioniere und Forscher wie Ian Lawton und Andy Tomlinson haben seine Forschungsergebnisse bestätigt. Sein erster Versuch mit LzL kam zufällig bei der Rückführung einer hypnotisierten Versuchsperson zustande. Newton formulierte eine Frage, die Versuchsperson verstand sie falsch und schilderte daraufhin Ereignisse, die sich eindeutig in einem Kontext zwischen den Leben abspielten. Die detaillierte Beschreibung, die sie aus dieser Perspektive gab, faszinierte Newton so sehr, dass er nach diesem bedeutsamen Ereignis praktisch sein gesamtes weiteres Leben damit verbrachte, die Leben zwischen den Leben im Detail zu untersuchen.

Vorausgesetzt, Reinkarnation wird als gesichert angenommen, so deutete das bis dahin bekannte Wissen darauf hin, dass die Zeit im Limbus, Bardo oder Wartezustand zwischen den Leben nur eine Frage von Tagen oder Wochen sei, doch durch die LzL-Forschung stellte sich nun heraus, dass diese Phase im Allgemeinen Dutzende bis hin zu Tausenden von Jahren dauerte! Gemessen an der Natur seines Forschungsgegenstandes ist es Newton dennoch gelungen, ihn sehr wissenschaftlich und analytisch zu behandeln.

Bei der Beschreibung der verschiedenen Bewusstseinszustände kann unser normaler Wachzustand als Beta-Zustand eingestuft werden. Daran schließt sich der erste hypnotische Zustand an, der als Alpha-Zustand bezeichnet wird und von seiner leichtesten Stufe (wie sie etwa in der Meditation erreicht wird) über eine mittlere Stufe (geeignet, um Kindheitserinnerungen zu heben) bis zum tiefsten Alpha reicht, in dem Erinnerungen an frühere Leben wachgerufen werden können. Für gute Ergebnisse über das Leben zwischen den Leben ist jedoch eine weitere Vertiefung des hypnotischen Zustands auf die sogenannte Theta-Ebene erforderlich. Sie ist die tiefste Stufe, die erreicht werden kann, bevor der Delta-Zustand eintritt, der dem Tiefschlaf entspricht.

Wenn sich die Versuchsperson in dieser erforderlichen tiefen Hypnose befindet, wird eine schrittweise Rückführung in die Kindheit und dann weiter in den Mutterleib vorgenommen, und es werden Erinnerungen geweckt. Anstatt nun die Rückführung noch weiter in den direkt davor liegenden Zustand zwischen den Leben fortzuführen, wird die Versuchsperson in das Leben unmittelbar vor diesem versetzt und gebeten, ihre letzten Momente auf Erden in diesem bestimmten Körper zu beschreiben, also ihren Tod in diesem früheren Leben. Dies bewirkt einen nahtlosen Übergang in den Zustand zwischen den Leben und sorgt dafür, dass die Chronologie in der natürlicheren Vorwärtsrichtung verläuft und nicht rückwärts.

Die LzL-Forschung bietet Informationen über die verschiedenen Stadien, vom Sterben in einem Leben über die Seelenexistenz im Zwischenleben bis zur Wiedergeburt im nächsten Leben.

Den Körper verlassen

Wie bei der Nahtod-Erfahrung wird der betroffenen Person zunächst bewusst, dass sie sich außerhalb ihres physischen Körpers befindet und den physischen Schauplatz, den sie gerade verlassen hat, aus einer kurzen Distanz sieht. Nach diesem überraschenden, aber nicht unangenehmen Ereignis gelangt die Person allmählich zu der Erkenntnis, dass sie gestorben sein muss. Diejenigen, die fest davon überzeugt waren, dass mit dem physischen Tod alles zu Ende ist, stellen nun mit Erstaunen fest, dass ihre Persönlichkeit irgendwie intakt geblieben ist und sie so lebendig sind wie eh und je, ja sogar noch lebendiger – sie verfügen über Bewusstsein, Gedächtnis, (telepathisches) Hörvermögen und sogar über eine Sehfähigkeit mit einem erweiterten Gesichtsfeld von 360 Grad. Allmählich stellt sich die unbestimmte Wahrnehmung einer anderen geistigen Präsenz oder mehrerer Präsenzen ein, die offenbar Gefühle des Friedens und der Liebe ausstrahlen. Sie werden möglicherweise als Geistführer (anscheinend haben wir ausnahmslos alle einen oder mehrere Geistführer) oder nahe Verwandte erkannt, und diese Wesen geleiten oder führen uns von der unmittelbaren Erdenebene weg.

Wenn wir jedoch noch etwas zu erledigen haben oder es für notwendig halten, geliebte Menschen zu kontaktieren und zu trösten, die über unseren Verlust trauern, haben wir die Möglichkeit, in der Nähe der irdischen Ebene zu verweilen und zu versuchen, ihnen Botschaften zu übermitteln, die zeigen, dass wir noch sehr lebendig und wohlauf sind. Dies kann auf unterschiedliche Weise geschehen, etwa durch Beeinflussung ihrer Gedanken oder durch Manipulation ihrer Träume. Im Jenseits entspricht die Zeit nicht der linearen Zeit auf der Erde, und es kommt nicht darauf an, ob wir einen Tag, einen Monat oder ein Jahr damit verbringen, mit unserem noch inkarnierten, an die Erde gebundenen Freundeskreis Kontakt aufzunehmen, bevor wir zur nächsten Stufe übergehen. Es ist wirklich so, wie es immer heißt: Als Gott die Zeit gemacht hat, hat Er (oder Sie?) nicht damit gespart!

Ins Licht

Danach verlässt der Geist oder die Seele den astralen Einflussbereich der Erde oder wird von den sichtbaren oder spürbaren liebevollen Wesen aus ihm herausgeführt und bewegt sich auf einen immer größer werdenden Lichtpunkt zu. Die Seele gelangt in eine reiche, hell erleuchtete, vor Leben sprühende idyllische Landschaft oder an einen Ort mit prächtigen Gebäuden. Dort wird sie von ihrem Geistführer und häufig auch von verstorbenen Verwandten und Freunden empfangen. Es kann sogar sein, dass sie Personen begegnet, die noch leben, aber vorübergehend außerhalb ihres Körpers unterwegs sind. Für die zurückkehrende Seele, die nun erkennt, dass sie, wieder einmal, nach Hause gekommen ist, sind dies unbeschreiblich freudvolle Momente. Aus der kontinuierlichen ewigen Existenz der geistigen Welten heraus erkennt die heimkehrende Seele die Aufenthalte auf der Erde (oder anderen Planeten) als das, was sie sind – vorübergehende Ausflüge in die dichte Materie zum einzigen Zweck einer Lernerfahrung, die zur spirituellen Weiterentwicklung dieser Seele beiträgt. Die Erde gilt in dieser Hinsicht als eine der anspruchsvollsten Umgebungen für eine freiwillige Inkarnation.

Geistführer

Der sogenannte Geistführer oder die Geistführerin ist ein spirituelles Wesen, dessen Aufgabe es ist, uns während unserer gesamten Inkarnation im Auge zu behalten und uns beim Übergang durch den Tod zu unterstützen. Jeder Mensch hat offenbar mindestens einen Geistführer. Belege für die Anwesenheit dieser spirituell fortgeschrittenen Wesen kommen nicht nur aus der LzL-Forschung, sondern auch aus der Welt der spiritualistischen

Medien. Im Moment des Todes werden wir häufig von unserem Geistführer empfangen und zur nächsten Phase geleitet. Auf dieser Stufe finden zwischen Seele und Geistführer erste Gespräche über den Erfolg oder Misserfolg der soeben abgeschlossenen Inkarnation statt. Diese Gespräche werden auf harmonische und verständnisvolle Weise in einer tröstlichen Umgebung geführt.

Geistführer sind offenbar mit einer bestimmten Seele oder Seelengruppe verbunden und bleiben über mehrere Inkarnationen bei ihr. Wer von all den Wesen, denen ROC begegnete, sein Geistführer sein könnte, ist schwer feststellbar, und es kann sein, dass es mehr als einen gab, um bestimmten Situationen in den verschiedenen Phasen seines Lebens zu begegnen.

Heilung

Wenn ein Leben auf der Erde extrem schwierig war, ist in der Regel eine gewisse Erneuerung oder Heilung des Energiemusters der Seele erforderlich. Diese findet in einem besonderen Bereich statt, der in heilsames Licht getaucht ist, und wird von Wesen unterstützt, die in dieser Funktion erfahren sind. Wenn eine Seele durch die Verbindung mit einem Körper, der auf Erden äußerst abscheuliche Praktiken betrieben hat, besonders geschädigt wurde, und wenn dies bei dieser Seele über mehrere Leben hinweg ein Muster war, ist der Punkt erreicht, an dem eine normale Heilung nicht mehr ausreicht und die Seele schließlich umstrukturiert werden muss. Dieses Stadium erreichen solche Seelen vielleicht noch nicht einmal, weil sie von der Schuld ihrer Handlungen so überwältigt sind, dass sie eine ganze Zeit lang lieber „in der Finsternis“ ihrer eigenen Hölle verweilen und alle angebotene spirituelle Hilfe ablehnen. Irgendwann jedoch suchen oder akzeptieren sie Hilfe, und die Seele fängt wieder an, sich weiterzuentwickeln. Die Durchschnittsseele (falls es so etwas überhaupt gibt) erhält jedoch eine Heilbehandlung im erforderlichen Ausmaß.

Die Seele und ihre kontinuierliche Verbindung mit einem physischen Körper werfen einige interessante Fragen zum Thema Gut und Böse auf. Wenn die Seele neu erschaffen wird, kommt sie unberührt in der geistigen Welt an und wird liebevoll umsorgt, bis sie soweit ist, sich ihrer ersten Seelengruppe anzuschließen. Ihre Ausbildung geht dann in ihrer gegenwärtigen Umgebung und auch auf nahezu physischen „Spielplätzen" weiter, wo die neue Seele in einer unbeschwerten, dem Physischen ähnlichen Umgebung ein Gefühl für die Inkarnation bekommt. Schließlich akzeptiert sie vielleicht die Inkarnation (natürlich nicht unbedingt auf der Erde) und wählt einen geeigneten Körper sowie Umstände, von denen sie glaubt, dass sie mit ihnen zurechtkommt und sie ihr die Erfahrungen bieten, die sie sucht. Wenn die junge Seele im Körper eines Kindes auf der Erde inkarniert, setzt eine Amnesie ihrer Vorsätze ein, und sie wird den Einflüssen, den guten wie den schlechten, ihres gewählten Lebensumfelds ausgesetzt. Das Gehirn des Kindes ist auf Überleben programmiert, die Seele hingegen befindet sich auf einer tieferen Bewusstseinsebene, immer noch mit ihren edlen Vorsätzen, aber an einer Position mit geringem, doch nicht unbedeutendem Einfluss.

Durch den Prozess des freien Willens werden während des gesamten Erdendaseins Gedanken und Handlungen zum Guten wie zum Schlechten, zum Positiven wie zum Negativen verfolgt. Ob der Weg nach oben oder nach unten führt, erscheint dabei unerheblich. Negatives Verhalten ist so wichtig wie positives, denn ohne das eine kann das andere nicht gewürdigt werden. Das Wissen oder der Glaube daran, was aus Sicht der Seele das

Richtige ist, reicht offenbar nicht aus; nur durch die direkte Erfahrung des Negativen ist das Positive wahrhaft zu verstehen (und umgekehrt). Beide Seiten der Medaille sind gleich wichtig.

Die Entwicklung der Seele ist, so stelle ich es mir vor, einem gigantischen Puzzle vergleichbar, wobei das Puzzleteil im Zentrum die neu erschaffene junge Seele ist, mit der in einer Reihe konzentrischer Kreise weitere Puzzleteile verbunden werden. Diese stellen Weisheit dar, die in mehreren aufeinanderfolgenden Leben gewonnen wurde, und erstrecken sich immer weiter nach außen – eine riesige Matrix ineinandergreifender schwarzer und weißer Abschnitte. Ich vermute, dass dieser evolutionäre Kern im Herzen selbst der am höchsten entwickelten Seelen liegt. In seinem Buch *Die Reise der Seele* beschreibt Newton, wie eine seiner fortgeschritteneren Seelen – deren besonderes Attribut in der geistigen Welt die Betreuung der neu erschaffenen Seelen ist – diese Idee andeutet. Sie weist darauf hin, dass diese neue Seele zwar als „makellos" gelten kann und durch die Inkarnation „Reife" erlangt, dass aber die Überwindung der verschiedenen Hindernisse, die sich ihr dabei in den Weg stellen, Unvollkommenheiten hervorruft, die „niemals völlig ausgelöscht werden", bis ein weit in der Zukunft liegendes Ereignis eintritt, bei dem am Ende des Inkarnationsprozesses alle Seelen zusammengeführt werden.

Es scheint also, dass das Böse zwar mit Aufbau und Wirkungsweise der geistigen Welten unvereinbar ist, die sich entwickelnde Seele diese Neigung zum Guten oder Schlechten aber in ihre nachfolgenden Inkarnationen mitnimmt. Die Seele wird mögliche künftige Entwicklungen in der bevorstehenden Inkarnation eingehend geprüft und ihre Entscheidungen sorgfältig abgewogen haben, um einen Körper und Umstände zu finden, die am besten die Erfahrungen hervorrufen, die zu einem Ausgleich bestimmter Schwächen beitragen. Doch die aus dem freien Willen aller Beteiligten resultierenden Handlungen können zu unerwarteten Situationen führen, die den ursprünglichen geistigen Plan völlig durcheinanderbringen. Wie der schottische Dichter Robert Burns gesagt hätte: „Der schönste Plan von Mensch und Maus zerbricht in Stück, und lässt uns nichts als Weh und Graus und nicht das Glück."

Ältestenrat

Bald darauf (wenn Zeitangaben auf diesem spirituellen Gebiet überhaupt irgendeine Bedeutung haben) erfolgt der Übergang zur nächsten Stufe, und die erfrischte Seele befindet sich im Zentrum einer weiteren besonderen Kammer, wo sie sich den Mitgliedern eines besonderen Rates fortgeschrittener Seelen gegenübersieht, der von den hypnotisierten Versuchspersonen in der Regel ehrfurchtsvoll als der *Ältestenrat* bezeichnet wird. Seine Aufgabe ist es, das eben abgeschlossene Leben zu beurteilen, in einer Atmosphäre von vollkommener Liebe, Verständnis und Mitgefühl konstruktive Kritik zu üben und Schwachstellen aufzuzeigen, die in einer kommenden Inkarnation angegangen werden könnten.

Man ist versucht, sich die Auseinandersetzung mit diesem Rat so ähnlich vorzustellen wie ein Gerichtsverfahren gegen einen Übeltäter hier auf Erden, bei dem anhand der vorgelegten Beweise über die Person geurteilt und für ihre Unterlassungs- oder Begehungssünden eine Strafe festgesetzt wird. Damit hat der spirituelle Rat allerdings keinerlei Ähnlichkeit. Wenn überhaupt ein Urteil gefällt wird, dann von der vor ihm stehenden Seele selbst, die ihre eigene schärfste Kritikerin ist. Überraschenderweise gibt es trotz aller gegenteiliger religiöser Lehren offenbar keine Hölle

– schon gar nicht in der Version als ewige Verdammnis oder Fegefeuer für Missetäter. Selbst die heimtückischsten kriminellen Köpfe können irgendwann erlöst werden, auch wenn ihre Seelenenergie unter Umständen stark umstrukturiert werden muss. Die Seele erkennt ihre Unzulänglichkeiten und sogar ihre Untaten auf Erden (wenn sie entsprechend veranlagt war) und sieht ein, dass der Aufbau künftiger Inkarnationen speziell auf die Bewältigung dieser Problembereiche zugeschnitten sein wird.

Das ist nicht das Karma nach herkömmlichem Verständnis, demzufolge man so leiden muss, wie man andere hat leiden lassen. Es ist ein Prozess, bei dem die Seele erkennt, inwiefern ihr Fehlverhalten anderen Leid zugefügt hat, und für ihre nächste Inkarnation eine Lebensweise anstrebt, durch die die für Einsicht und eine andere Einstellung erforderlichen Umstände geschaffen werden. Zwar kann der neu inkarnierte Mensch sehr wohl infolge der Missetaten in seinem früheren Leben große Härten und Leiden zu erdulden haben, doch ist dies nicht als Strafe gedacht, sondern als Lektion, die positiv zur spirituellen Charakterbildung beiträgt.

Es mag eine Tendenz geben zu glauben, dass die Seele plötzlich allwissend wird, wenn sie aus ihrer Einbettung in einen physischen Körper entkommen ist. Sicherlich werden die Amnesie-Blockaden aufgehoben worden sein, die uns im Leben auferlegt wurden, damit wir uns unbelastet von Vorwissen ausdrücken und jede Erfahrung neu erleben können. Aber die Seele kehrt lediglich in ihren vorherigen Entwicklungsstand zurück. Es kann sich um eine sehr junge Seele handeln, die nur wenige Erdenleben hinter sich hat, oder um eine durch beinahe zahllose Inkarnationen sehr hoch entwickelte Seele.

Newton hat gezeigt, dass die Farbe, die die Seele ausstrahlt, ein Indikator für ihren Entwicklungsstand ist und sich von Weiß, bei einer sehr jungen Seele, die Newton als Ebene I einstuft, über Orange, Gelb, Grün, Blau und Lila fortschreitend verändert, wobei Letzteres für Ebene IV steht und sehr hoch entwickelte Seelen anzeigt. Zweifellos wird es auch darüber liegende Ebenen geben, aber diese Seelen wären, wie Newton betont, auf unserem Planeten in der Minderheit und würden angesichts ihres fortgeschrittenen Entwicklungsstands wohl kaum in seiner Praxis auftauchen und eine Hypnotherapie wünschen!

Die Reihenfolge der oben genannten Schritte kann zwar von Person zu Person variieren, die Begegnung mit dem Geistführer und die Vorstellung vor dem Ältestenrat kommen aber offenbar in jedem Fall vor.

Rückkehr zur Gruppenseele

Nach der Begegnung mit den Ältesten zieht die Seele weiter, um sich erneut mit ihrer Seelengruppe zu treffen, deren Größe von etwa drei bis vielleicht fünfundzwanzig Mitgliedern variieren kann. Sie sind sehr eng miteinander verbunden und haben sich gemeinsam über Tausende von Jahren als eine Gruppe entwickelt, die in verschiedenen Situationen und in wechselnden Beziehungen zueinander inkarniert ist. So kann eine Seele in einem Leben mit einem Mitglied ihrer Gruppe als Bruder oder Schwester verbunden sein und in einem anderen Leben vielleicht als Elternteil, Tante oder Onkel und so weiter. Einige dieser Beziehungen werden harmonisch gewesen sein, andere missbräuchlich, und dennoch bieten sie die notwendigen Lernerfahrungen, die zur Weiterentwicklung jeder Seele beitragen.

Innerhalb der Gruppe gibt es in der Regel eine ganz bestimmte Seele, die mit der heimkehrenden Seele enger verbunden und mit ihr in vielen Leben gemeinsam inkarniert ist, für gewöhnlich als ihre Partnerin oder ihr Partner. Newton bezeichnet sie als die primäre Seelenpartnerin. Ein Wechsel des Geschlechts zwischen den Inkarnationen ist üblich, obwohl jüngere Seelen anscheinend eine Vorliebe dafür haben, eine bestimmte geschlechtliche Identität öfter anzunehmen als die andere. In den geistigen Welten sind Seelen offenbar geschlechtslos und nehmen Geschlechtsunterschiede nur an, damit es zur irdischen Inkarnation passt.

Die Zusammensetzung der Seelengruppe kann sich mit der Zeit ändern, da eine bestimmte Seele vielleicht schneller voranschreitet als andere Mitglieder ihrer Kerngruppe. Nicht alle Seelen entwickeln sich im gleichen Tempo; daher ziehen sie weiter, um sich einer Gruppe anzuschließen, die ihrem neu erreichten Stand eher entspricht. Das Band zur ursprünglichen Gruppe bleibt dennoch sehr stark.

Wie die Begegnung mit dem Ältestenrat ist auch die Wiedervereinigung mit der Seelengruppe ein bedeutsames Ereignis. Newton schildert sie so, dass die Seelengruppe sich entweder im Halbkreis oder in Form eines Winkels oder einer Pfeilspitze um das zurückkehrende Mitglied aufstellt. Dann tritt zunächst das wichtigste Mitglied aus dem letzten Leben dieser Seele (normalerweise der Partner oder die Partnerin) vor, um sie liebevoll und freudig zu begrüßen. Andere Familienmitglieder, die als Teil der Familiengruppe inkarniert waren und der zurückkehrenden Seele auf der Erde womöglich das Leben schwer gemacht haben (vielleicht haben sie es mit ihrer Rolle sogar ein wenig übertrieben), drücken sich möglicherweise nahezu unsichtbar im Hintergrund herum und treten schließlich fast entschuldigend vor, um sie zu begrüßen.

Wenn zum Beispiel primäre Seelenpartner gemeinsam als Ehepaar inkarniert sind und einer von beiden, sagen wir der Mann, zuerst stirbt, ist die Ehefrau in der geistigen Welt trotzdem da, um ihn zu begrüßen. Möglich ist dies aufgrund der Seelenteilung. Im Moment der Inkarnation teilen sich alle Seelen in zwei (oder mehr) Teile. Ein Teil wird in den Körper des entstehenden Kindes integriert, der andere bleibt in der geistigen Welt selbstständig aktiv. Der Teil, der in der Seelenwelt verbleibt, wird für die inkarnierte Person zum „höheren Selbst". Dies ist vielleicht ein etwas schwer verständliches Konzept, aber anscheinend ist diese Vorgehensweise ausnahmslos für alle Seelen grundlegend.

Teilung und Integration der Seele

Etwa in diesem Stadium vereinigt sich die zurückkehrende Seele normalerweise wieder mit jenem Teil ihrer eigenen Seelenenergie, der in der geistigen Welt geblieben ist. Zur Verkörperung im Fötus im Mutterleib gelangt anscheinend immer nur ein Teil der Energie und Präsenz der Seele, vielleicht zwischen 15 und 80%. Der Prozentsatz hängt stark vom Entwicklungsstand der Seele ab und davon, wie viel benötigt wird, um den wahrscheinlichen Einfluss der Persönlichkeit des Kindes und den Einfluss der Seele ausgewogen zu gestalten. Es ist von entscheidender Bedeutung, dass der eine den anderen nicht erdrückt. Der in der geistigen Welt verbliebene Seelenanteil kann, wenn er noch eine angemessene „Größe" hat, an normalen spirituellen Lernaktivitäten teilnehmen, wenngleich auf geringerem Niveau. Die Seele kann sich aber nicht nur auf diese Weise teilen, sondern gelegentlich kann eine Seele auch weiter aufgespalten werden, sodass sie in zwei Körpern gleichzeitig lebt. In jedem Fall aber hat sie immer einen Teil, der in der geistigen Welt verbleibt. Es heißt, dass alle diese Abspaltungen exakte Duplikate der eigentlichen Seele sind, die über alle ihre grundlegenden Eigenschaften verfügen, allerdings mit geringerer Energiekonzentration. Es wurden Vergleiche zu den Merkmalen holografischer Bilder gezogen, bei denen unabhängig von der Größe des von der Hauptfotoplatte abgebrochenen Stücks das gesamte Motiv in dem Fragment noch zu sehen ist. So überschreibt Lawton in seinem Buch ein Kapitel mit dem Begriff „Die holografische Seele".

Das Leben in den geistigen Welten

Humor ist offenbar das Markenzeichen nicht nur von uns inkarnierten Menschen, sondern auch von Seelen und anderen Wesen in den feinstofflichen Welten. In den Beschreibungen des Lebens zwischen den Leben und auch von Nahtod-Erfahrungen taucht er immer wieder auf.

Newtons Fall Nr. 18 in *Die Reisen der Seele* ist urkomisch und veranschaulicht dies sehr gut anhand der Situation im Leben zwischen den Leben. Der betroffene Mensch war Prediger in seiner Heimatstadt tief im Süden der USA und hatte eine besondere Freude daran, seine Schäfchen mit seinen drastischen Predigten über das Fegefeuer in Angst und Schrecken zu versetzen. Selbst die kleinste Abweichung von der Reinheit hatte die Warnung zur Folge, dass der Übeltäter „in die Hölle" käme.

Als der Prediger stirbt, wird er an der Pforte von der Gestalt des Teufels mitsamt Hörnern, Reißzähnen und rot-grünem Gesicht empfangen. Er ist doch sehr erstaunt, dass er angesichts seines hingebungsvollen Lebens nun selbst in der Hölle enden soll. Nachdem diese Angst ausgestanden ist, wird ihm schließlich klar, dass er seinen Geistführer „in aberwitziger Verkleidung" vor sich sieht. Diese Erkenntnis trägt seinem Geistführer natürlich ziemliche Schelte ein, führt am Ende aber zu Gelächter auf allen Seiten.

Die Aktivitäten in der Seelenwelt sind vielfältig und sehr unterschiedlich. Hohe Priorität kommt aber einer gründlichen

Untersuchung des vorherigen Lebens (und früherer Leben) zu: Begangene Fehler, verpasste Hinweise, eingeschlagene Irrwege, Verletzungen, die die Seele anderen zugefügt hat und die ihr von anderen zugefügt wurden. Das Nachdenken darüber zeigt dann, welche Lektionen und Probleme nun in einer künftigen Inkarnation angegangen werden müssen, um die notwendigen Lernergebnisse zu erzielen und den karmischen Ausgleich herzustellen. Dies geschieht zunächst in einer bibliotheksähnlichen Umgebung, wo in „Aufzeichnungen“ nachgeschlagen wird. Darauf wird weiter unten in der Rubrik „Die Planung des nächsten Lebens“ näher eingegangen.

Lernen ist sehr wichtig, und es werden Kurse zu sehr unterschiedlichen Themen und Fachgebieten angeboten. Dabei geht es oft darum, die Beherrschung kosmischer Energie zu üben, durch die feste Gegenstände wie Steine hervorgebracht und bei fortgeschrittenen Seelen sogar Lebensformen zusammengefügt werden können. Dieser Unterricht kann sowohl im Klassenzimmer als auch bei Exkursionen zu Entwicklungsplaneten stattfinden.

Parallele Inkarnationen – Seelenaspekte

Was das oben erwähnte Thema der Seelenteilung anbelangt, so muss bei sehr weit entwickelten Seelen anscheinend sehr viel weniger Seelenenergie in die Inkarnation mitgenommen werden (zum Beispiel würde ein Anteil von 15% ausreichen). Dies bedeutet, dass verschiedene Aspekte der fortgeschrittenen Seele parallel in mehreren verschiedenen Umfeldern existieren könnten, wobei jeder Aspekt seiner eigenen Wege geht, aber grundsätzlich immer noch mit allen anderen Teilen verbunden ist. Bei diesem Prozentsatz könnten vier Aspekte in inkarnierter Form nebeneinander existieren und immer noch beträchtliche 40%

in der Seelenwelt verbleiben, wo diese dann als „höheres Selbst" fungieren.

In *Die Reise der Seele* veranschaulicht Newton dies am Beispiel eines Klienten, der neben einer Existenz als Mann in US-Amerika ein paralleles Leben als Frau in einer armen Landgemeinde in Kanada führt. Auch diese Person verfügt über den üblichen Seelenanteil, der in der geistigen Welt verbleibt – eine dreifache Seelenteilung. Die Vorteile paralleler Existenzen der Seele liegen in der Beschleunigung ihrer Entwicklung – mit dem positiven Nebeneffekt, dass dies ihr mehr Zeit zum Verweilen in der harmonischen geistigen Welt gibt, um dort über die Episoden in zwei Leben statt in einem nachzusinnen. Dieses parallele Inkarnationsverhalten scheint zwar Seelen aller Entwicklungsstufen offenzustehen, doch für jüngere Seelen kann der Ertrag geringer ausfallen, da sie mit ihrem physischen Leben möglicherweise schwieriger zurechtkommen, weil sie sich energetisch zu sehr verausgabt haben.

Hybridseelen – erweiterte übersinnliche Fähigkeiten

Während Newtons zahlreiche Klienten mehrheitlich berichten, praktisch alle ihre Inkarnationen hätten auf der Erde stattgefunden, spricht er auch von einem besonderen Seelentyp, der zunächst auf anderen Planeten inkarniert – nicht unbedingt in der sehr soliden, erdähnlichen Dichte, sondern in dem, was Newton als eine mentale oder telepathische Welt beschreiben würde – und sich dann um seiner weiteren Entwicklung willen für eine Inkarnation auf einem anspruchsvollen Planeten wie der Erde entscheidet. Diese Seelen bezeichnet Newton als Hybridseelen. Er sagt, wenn diese Hybridseelen mit Planeten mit fortschrittlichen Technologien, etwa mit der Fähigkeit zur Raumfahrt, verbunden waren, wirken sie (in Bezug auf ihre Seelenentwicklung) sowohl älter als auch klüger, und wenn sie in telepathischen Welten gelebt haben, besitzen sie in ihrem Erdenleben tendenziell überdurchschnittliche mediale Fähigkeiten.

Die Planung des nächsten Lebens, Vorbestimmung und freier Wille

Die Inkarnation (oder Reinkarnation) der Seele auf der Erde ist kein zufälliges Ereignis. Wie bereits erwähnt, verbringt die Seele nach einem Leben beträchtliche Zeit mit einem Rückblick auf ihr früheres Verhalten und mit dem Versuch zu verstehen, welche Auswirkungen ihre Handlungen auf andere hatten, und welche Alternativen für einen günstigeren Ausgang möglich gewesen wären. Praktisch alle Versuchspersonen geben an, dass dies in einer umfangreichen „Bibliothek“ stattfindet, wo ihnen Aufzeichnungen über ihr Leben zur persönlichen Durchsicht überlassen werden, oft unter der Anleitung von „Bibliothekaren“ und „Bibliothekarinnen“, die als fortgeschrittene Seelen charakterisiert werden. Die Bilder in den Büchern sind dreidimensional und können fast wie ein Video angeschaut werden, wobei die Seele ganz nach Bedarf pausieren sowie vor- und zurückspulen kann. Diese Chroniken können nicht nur durchgesehen werden, sondern die Seele kann sich auch selbst in die Szenen hineinbegeben und die Situation so nacherleben, wie sie war. Sie kann sich auch dafür entscheiden, die Alternativen so zu „leben“, als habe sie damals andere Entscheidungen getroffen. Dadurch kann sie die Auswirkungen ihres Verhaltens auf Dritte aus erster Hand erfahren, indem sie vorübergehend zu diesen Personen wird.

Diese Analyse führt dann dazu, dass die Seele Möglichkeiten für ein künftiges Leben formuliert, die für die notwendigen Lern- oder Ausgleichssituationen sorgen. Ein Teil dieser Planungen findet zwar in der Bibliotheksumgebung statt, abgewogen werden die Entscheidungen für ein künftiges Leben (in Bezug auf Eltern, Kinder, den geographischen Ort und so weiter) jedoch in einem besonderen „Kino“ mit großen Leinwänden, auf denen der Seele mehrere Möglichkeiten vorgestellt werden, von denen sie dann eine auswählt. Die Inhalte, die auf den Leinwänden gezeigt werden, sind von weiter fortgeschrittenen Seelen sorgfältig ausgewählt worden. Sie kennen die Lebensgeschichten der Seele bis ins kleinste Detail und haben passende Situationen erforscht, die die erforderliche Lernumgebung schaffen. Auch hier kann die Seele in die Szene eintreten und sie „live“ erleben. Dies ist vielleicht eine der faszinierendsten Facetten des Lebens in der Seelenwelt, wo die (wahrscheinliche) Zukunft passender und infrage kommender Körper von der Geburt bis zum Tod angeschaut werden kann, einschließlich aller bedeutenden Ereignisse dazwischen (zum Beispiel die Begegnung mit wichtigen Seelenpartnern und dem primären Seelenpartner). Diese Chronik ist zwar die wahrscheinlichste, doch aufgrund des allgemeinen freien Willens der Beteiligten kann sie sich noch durch viele alternative Situationen ändern. Wie es am Ende ausgeht, steht daher auf keinen Fall fest.

Über die Komplexität dieser Zukunftsprojektion kann man nur staunen, da nicht nur die wesentlichen Handlungen der Seele selbst ausgearbeitet worden sind, sondern auch die aller anderen wichtigen Akteure. Die gesamte „Besetzung“ muss mit ihrer neuen Rolle zufrieden sein, die ja die karmischen Erfordernisse jeder einzelnen Person erfüllen soll. Wenn eine Entscheidung gefallen ist, werden die „Darstellenden“ zusammengerufen und proben Signale, mit deren Hilfe sie an wichtigen Wendepunkten in ihrem Erdenleben die richtige Entscheidung treffen können, weil sie Menschen, Orte, Situationen und so weiter erkennen, wenn auch unbewusst. Manchmal kommen bei einem Ereignis mehrere Signale zum Einsatz, damit gewährleistet ist, dass die richtige Wahl getroffen oder der korrekte Weg eingeschlagen wird. Doch man soll den Tag nie vor dem Abend loben, und so können immer noch andere Wege gewählt oder Abzweigungen genommen werden. Diese Alternativen sind zumeist ebenfalls im Vorhinein betrachtet worden und tragen zur Seelenentwicklung bei, wenngleich nicht ganz so effektiv wie die die Hauptroute.

Newton veranschaulicht diese Abzweigungen anhand einer ganzen Reihe seiner Fälle, doch ein Beispiel soll hier genügen. In Fall Nr. 62 aus *Die Reisen der Seele* berichtet die Versuchsperson über eine Planungssitzung für ein früheres Leben, in der sie sich für eine Inkarnation als Frau entscheidet, die ihrem Mann zuliebe zwei Jahre nach der Eheschließung stirbt, weil er als ausgleichendes Karma aus einem früheren Leben den Verlust eines lieben Menschen erfahren muss. Bei der Vorführung der Chronik wird gezeigt, dass dieser Tod in einer recht kurzen Zeitspanne eintritt, wobei die Person die Wahl hat, ob sie schnell sterben will, nämlich durch einen Querschläger bei einer Schießerei zwischen zwei betrunkenen Männern (der geographische Ort lag in Texas!), oder durch einen Sturz vom Pferd oder durch Ertrinken in einem Fluss. Natürlich wählte die Person die schnelle Methode. Auf Newtons Frage, ob es eine Chance gäbe, dass keines dieser Ereignisse eintreten und sie weiterleben würde, antwortete sie, es bestünde eine geringe Chance, aber das würde den Sinn der Übung vereiteln. Die Person gibt an, die Art des Todes sei belanglos, aber der Grund dafür sei von überragender Bedeutung.

Sobald die Seele ihre bevorzugte Wahl getroffen und angenommen hat, die durchaus das andere Geschlecht als in einem früheren Leben sein kann, kann noch einmal ein Auftritt vor dem Ältestenrat stattfinden. Zur vorgesehenen Zeit reist die Seele dann erneut zur irdischen Ebene, um mit ihrem gewählten Körper zu verschmelzen. Der Zeitpunkt dafür variiert; manche Seelen treten früh in den Fötus ein, andere viel später und manche sogar erst im Moment der Geburt. Es beginnt ein Integrationsprozess, bei dem die Seele die Gehirnmuster des Kindes nachzeichnet und damit verschmilzt. Während der gesamten Schwangerschaft kann die Seele über lange Phasen abwesend sein. Dabei ist sie sich aber stets bewusst, dass sie zurückkehren muss, wenn sich das Kind in einer Notlage befindet, zum Beispiel infolge einer belastenden Situation mit der Mutter. Wenn das Kind heranwächst, werden diese Abwesenheitszeiten kürzer, und mit etwa fünf Lebensjahren hören sie ganz auf.

Bis dahin sind die Amnesieblockaden fest verankert, und das Kind weiß nichts mehr von seinem spirituellen Bewohner oder Erbe. Jetzt wird der freie Wille ausschlaggebend, mit Ausnahme der einstudierten Signale zum Richtungswechsel an wichtigen Punkten auf der Zeitachse seines Lebens. In gewisser Weise gibt es also ein bestimmtes Maß an Vorbestimmung, zumindest in Bezug auf den Kurs, den die Seele sich gesteckt hat, doch innerhalb dessen hat sie völlig freien Willen. Wenn nicht genügend Seelenenergie in die Inkarnation mitgenommen wurde, kann die physische Komponente massiv vom Plan abweichen. Anscheinend klappt dies in manchen Leben besser als in anderen. Allerdings besteht die Möglichkeit zu unendlich vielen Wiederholungen, so lange bis die Ziele erreicht worden sind. Manche Seelen passieren die Ziellinie schneller als andere, aber offenbar kommen am Ende alle an.

Interessanterweise klingen diese Konzepte des freien Willens auch in einer Reihe von Botschaften an, die ROC in den Jahren

1966 und 1967 und damit deutlich vor diesen späteren Beobachtungen von Newton erhalten hat. Peter und Eileen Caddy, die in dem Auszug erwähnt werden, sind die Gründer der Findhorn-Gemeinschaft in Morayshire in Schottland:

> 660824b. Wir auf unserer Seite können nur begrenzt eingreifen, aber wir können auf vielfältige Art und Weise führen und helfen. Es gibt allerdings Entscheidungen, die auf der menschlichen Ebene getroffen werden müssen und bei denen der freie Wille zählt. Der Mensch muss seine Vernunft und seinen Verstand gebrauchen, die bekannten Tatsachen in jedem Fall sorgfältig abwägen und dann nach seinem Urteil handeln, ohne dabei die Inspiration zu vergessen, die er aus seinem Inneren erhalten kann. Suche Göttliche Führung, nicht um den menschlichen Verstand zu ersetzen, sondern damit er sein volles Potenzial ausschöpfen und zu den richtigen Lösungen gelangen kann. Der Mensch darf nicht zu einer mechanischen Marionette in der Hand eines göttlichen Puppenspielers werden, der die Fäden zieht, sondern er muss ein denkendes, handelndes, lebendiges Individuum bleiben, das in Übereinstimmung mit dem göttlichen Willen wirkt.

> 661002a. Bei Bedarf gebe ich dir und Peter [Caddy] durch dich Rat und Weisung. Das bedeutet nicht, dass sie sofort angenommen und blindlings befolgt werden müssen. Ihr beide sollt euch nach innen wenden und ebenfalls innere göttliche Führung suchen, und Peter soll wann immer möglich Bestätigung bei Elixir [Eileen Caddy] einholen. Auf diese Weise könnt ihr euch absolut sicher sein, dass ihr dem wahren Rat folgt.
>
> Zugleich müsst ihr beide vermeiden, dass ihr in die Gewohnheit verfallt, nur dann zu handeln, wenn es Führung

und Weisung gibt. So sehr ihr sie für richtig haltet, ihr müsst auch aus eigenem Entschluss handeln. Ihr seid Individuen mit freiem Willen, auch wenn dieser begrenzt ist, und ihr müsst von euren geistigen Fähigkeiten und eurem Urteilsvermögen Gebrauch machen. Intuition gehört zu eurer geistigen Ausstattung und wird nicht unbedingt immer von außen inspiriert. Sie ist eine Funktion des unbewussten Teils des Verstandes und kann vollständig aus dem Selbst kommen. Auch wenn sie nicht von außen inspiriert wird, kann man ihr normalerweise vertrauen. Nutzt alle eure geistigen Gaben und Fähigkeiten und reizt sie bis zum Äußersten aus, dann werdet ihr sogar noch besser auf Führung und Weisungen aus höheren Quellen und sogar aus der höchsten Quelle ansprechen.

670826. Kein menschliches Wesen kann seinen Willen Gott vollständig unterordnen, da Gott dem Menschen am Anfang den freien Willen gegeben hat. Er kann sich so gut wie möglich bemühen, nach besten Kräften das zu tun, was er für Gottes Willen hält, aber er bleibt immer noch ein Mensch mit einem gottgegebenen freien Willen, und da er ein Mensch ist, besitzt er menschliche Fehlbarkeit. Auch der größte Heilige kann den reinen Willen Gottes nur manchmal tun, nicht immer. Alles andere ist ein gefährlicher Irrglaube und kann zu Vermessenheit und einer Aufblähung des Egos führen. Man mag sich dem Willen Gottes unterwerfen und um die göttliche Gnade beten, dass man zuweilen tatsächlich den Willen Gottes tut. Man kann darum beten, dass einem geholfen wird, ein selbstloses Leben zu führen, und man kann hoffen, dass es bis zu einem gewissen Grad so sein wird, aber zu glauben, dass man ständig unfehlbar ist und kein Unrecht tun kann, ist das Gegenteil von Demut. Wahre Demut – nicht falsche Demut, die Scheinheiligkeit ist – ist eine der großen Tugenden.

Die Nahtod-Erfahrung

Zu ROC's Lebzeiten wurde nie ausführlich über dieses Phänomen berichtet, da er 1975 verstarb, etwa um dieselbe Zeit, als Raymond Moodys Buch *Leben nach dem Tod* erschien. Es enthält ausführliche Schilderungen von Menschen, die für klinisch tot erklärt worden waren, aber dennoch ins Leben zurückgekehrt sind, um ihre Geschichte zu erzählen. Heute, gut fünfunddreißig Jahre später, da uns Tausende Berichte über Nahtod-Erfahrungen zur Untersuchung zur Verfügung stehen, stellen diese Erfahrungen, die viel schlüssiges und übereinstimmendes Material enthalten, die sture naturwissenschaftliche Überzeugung infrage, dass die physische Welt alles ist, was es gibt.

Dr. Penny Sartori führte auf der Intensivstation des Krankenhauses Morriston in Swansea, Wales, eine fünfjährige klinische Studie zu Nahtod-Erfahrungen durch und berichtete in ihrem 2008 erschienen Buch *The Near-Death Experience of Hospitalised Intensive Care Patients* über ihre Ergebnisse. Ihr Ansatz ist streng wissenschaftlich, denn sie verwendet die Aussagen der Personen, die sich klar an ihre Nahtod-Erfahrung erinnern konnten, und vergleicht sie mit einer Kontrollgruppe, die sich in ähnlichen Nahtod-Situationen befunden, aber keine Nahtod-Erfahrung gehabt hatten. In ihrer Erörterung der Ergebnisse kommt sie zu dem Schluss:

> „Wie diese klinische Studie auf der Intensivstation jedoch gezeigt hat, kann unsere Wissenschaft Nahtod-Erfahrungen

und andere anomale Erfahrungen ähnlichen Typs nicht länger ignorieren. Die Anerkennung dieser Tatsache wird daher die Aufmerksamkeit erneut auf die Bedeutung religiöser/spiritueller Erfahrungen lenken."

Interessanterweise bemerkt sie sehr treffend, dass viele Nahtod-Erfahrungen wahrscheinlich gar nicht erst gemeldet werden. Von ihren fünfzehn Patientinnen und Patienten, die über eine solche Erfahrung berichteten, taten dies nur zwei – die Personen mit der „tiefsten" Nahtod-Erfahrung – von sich aus. Die übrigen dreizehn, deren Anteil mehr als 86% der gesamten Stichprobe ausmacht, hätten nicht über ihre Erfahrung gesprochen, hätte Dr. Sartori sie nicht ausdrücklich danach gefragt. Dieser Umstand muss die wahrscheinliche Anzahl der gesamten weltweiten Nahtod-Erfahrungen ins Unermessliche steigen lassen. In Anbetracht der hohen Überlebensrate nach einem Ereignis in Todesnähe, die auf die verbesserte Notfallversorgung in den Krankenhäusern zurückzuführen ist, und des raschen Anstiegs der Weltbevölkerung wird die Anzahl der Berichte über Nahtod-Erfahrungen in naher Zukunft sicher noch weiter wachsen. Dieses Phänomen wird sicherlich nicht verschwinden! Dass vielen von uns nun bewusst wird, wie allgegenwärtig Nahtod-Erfahrungen sind, liegt nicht zuletzt an den umfangreichen Kommunikationsmöglichkeiten, die das World Wide Web bietet.

Im Folgenden nun eine kurze Beschreibung der wichtigsten Merkmale einer Nahtod-Erfahrung. Nicht alle Aspekte der Erfahrung sind gleich, und nicht immer durchlaufen die Betroffenen alle Stadien, auch nicht unbedingt in derselben Reihenfolge. Der allgemein anerkannte schrittweise Verlauf sieht in etwa folgendermaßen aus und ist bei Säuglingen, Kindern, Jugendlichen, Erwachsenen und älteren Menschen derselbe. Er ist auf der ganzen Welt in etwa gleich, unterscheidet sich aber in den regionalen Details je nach kulturellem und religiösem Hintergrund sowie tief verwurzelten Erwartungen.

Die Szenerie betrachten

Ich habe nie eine Nahtod-Erfahrung gehabt, und dafür muss ich dankbar sein. Dennoch habe ich mich eingehend mit dem Thema befasst und kann mich in weiten Teilen in die unglücklichen Personen einfühlen, die ein lebensbedrohliches Ereignis durchgemacht haben, das in Herzversagen und dem Erlöschen der Hirnaktivität, also im biologischen und klinischen Tod, seinen Höhepunkt findet. Dieses „Flatline"-Ereignis führt dazu, dass die betroffene Person – manchmal begleitet von einem anfänglichen Brummen, Klingeln oder sogar Musik – schlagartig in eine Welt versetzt wird, die sie bis dahin noch nie erlebt hat und die so neu ist, dass es ihr buchstäblich den Atem verschlagen kann (vorausgesetzt natürlich, in dieser Phase läge überhaupt noch eine Atmung vor!).

Nach diesem klinischen Tod stellen viele Nahtod-Erfahrene fest, dass sie aus geringer Entfernung und leicht erhöhter Position ganz leidenschaftslos auf ihren physischen Körper herunterblicken und anscheinend noch über alle ihre „normalen" Fähigkeiten verfügen. Sie sind geistig hellwach, haben ein einzigartiges Sehfeld von 360 Grad (selbst wenn sie von Geburt an blind waren) und können hören, und dies alles offenbar noch ausgeprägter als im normalen körperlichen Wachzustand. Sie haben nicht im entferntesten das Gefühl, dass es sich um eine traumähnliche Situation oder eine Halluzination handelt. Spielt sich das Ereignis in einem Operationssaal ab, wird vielleicht der Versuch unternommen, mit den Pflegekräften und Chirurgen zu kommunizieren, die verzweifelt versuchen, den nun leblosen Körper zu reanimieren, und sie dazu anzuhalten, sich nicht weiter zu bemühen, weil man sich in diesem außerkörperlichen Zustand einfach wohlfühlt. Es gibt keinen Schmerz und einen tiefen Frieden, verbunden mit einem überwältigenden Gefühl von Freude und Freiheit.

Zur Überraschung der Betroffenen verhallt ihr Protest gegenüber dem medizinischen Personal im OP leider vollkommen ungehört, und niemand schenkt ihm auch nur die geringste Beachtung. Wenn ihnen nicht bereits gedämmert hat, dass sie nun tot sind, kommt ihnen diese Erkenntnis wahrscheinlich in dieser Phase. Es überwiegt ein Gefühl der Distanziertheit, das sogar bis zu einem gewissen Abscheu vor dem Anblick „dieses Körpers da" reichen kann. Ist die Reanimation erfolgreich, befinden sie sich rasch wieder in ihrem Körper mit all den Schmerzen und Qualen, die mit ihrer momentanen medizinischen Akutsituation verbunden sind. Die Qualen entstehen allerdings häufig nicht durch ihre erheblichen Schmerzen, sondern durch das Verlustgefühl, derart schonungslos aus dem angenehmen Zustand schmerzloser Glückseligkeit herausgerissen worden zu sein. Bei einer vollständigen Nahtod-Erfahrung, wie sie weiter unten beschrieben wird, werden diese Qualen bei der Rückkehr ins Leben oft durch eine erbitterte Wut noch verschlimmert. Aufseiten des medizinischen Personals ruft dies große Überraschung hervor; denn eigentlich hätten sie für ihre enormen Anstrengungen zur Wiederherstellung des Lebens ein wenig Lob und Dankbarkeit erwartet, statt aggressiver Kritik und Beschimpfungen, die gelegentlich sogar körperlich werden!

Begegnung mit dem Göttlichen

Wenn die Rückkehr in den Körper nicht ziemlich schnell auf die oben beschriebene Art und Weise erfolgt, kommt schließlich ein Punkt, an dem die Person, während sie sich noch ihrer physischen Umgebung bewusst ist, allmählich eine weitere Realität wahrnimmt, in die sie sich unaufhaltsam hineingezogen fühlt. Vielleicht spürt sie vage die Gegenwart eines oder mehrerer freundlicher anderer, die sie sieht oder auch nicht, und die sie auf ihrer Reise begleiten oder führen. Dann kann es sein, dass sie sich dem Eingang zu einem dunklen Tunnel nähert. Sie tritt ein und bewegt sich kontinuierlich vorwärts. Der Tunnel ist zwar dunkel, wirkt aber überhaupt nicht bedrohlich. In der Ferne erscheint ein kleiner Lichtpunkt, der immer größer und heller wird. Beim Verlassen des Tunnels trifft die Person oft auf einen verstorbenen Verwandten oder ein Wesen aus strahlendem Licht. Dieses Wesen begrüßt den Neuankömmling und beginnt ein Gespräch ohne Worte, das zwar klar gehört und eindeutig verstanden wird, aber anscheinend in beiden Richtungen in telepathischer Form abläuft. Das Lichtwesen wird oft mit einer himmlischen Gestalt wie zum Beispiel Christus oder Buddha gleichgesetzt und strahlt in der Regel so hell, dass es als blendend bezeichnet werden könnte, obwohl es einige Überraschung auslöst, dass diese überwältigende Brillanz das Augenlicht nicht in der gleichen Weise schädigt, wie dies in der physischen Welt der Fall wäre. Die vordringliche Empfindung in seiner Gegenwart ist überwältigende bedingungslose Liebe.

Lebensrückschau

In manchen Fällen folgt eine Lebensrückschau. Sie kann verschiedene Formen annehmen, von der Durchsicht von Aufzeichnungen in einem „Lebenstagebuch" unter Anleitung bis zu einer anschaulichen schnellen videoähnlichen Wiedergabe aller bisherigen Ereignisse im Leben der betroffenen Person, einschließlich der guten, der schlechten und der ausgesprochen hässlichen. Der Detailreichtum reicht bis hin zu längst vergessenen Episoden, die zwar extrem schnell überflogen, aber dennoch vollständig verstanden werden. Die irdische lineare Zeit fehlt hier völlig. Neben den Handlungen werden auch wichtige Gedanken, die der oder die Nahtod-Erfahrende im Leben hatte, sichtbar gemacht.

Diese Betrachtung ist auch keine passive Angelegenheit. Sie nimmt eine dualistische Form an, bei der die Teilnehmenden in diesem Moment nicht nur ihre eigenen positiven und negativen Gedanken und Handlungen nacherleben, sondern auch die Freude, die sie geschenkt und den Schmerz, den sie anderen zugefügt haben. Es wird allerdings nie zugelassen, dass dieses stellvertretend empfundene Leid überwältigend wird. Der betroffenen Person wird bewusst oder sie wird darauf aufmerksam gemacht, dass die Sache bei einer anderen Vorgehensweise einen glücklicheren Ausgang genommen hätte. Ihr wird vor Augen geführt, dass ihr Verhalten nicht nur *einen* Effekt hatte, sondern weite Kreise zog und sich auch auf sehr ferne Situationen ausgewirkt hat. Während der gesamten Rückschau entsteht absolut kein Gefühl der Verurteilung, keine Schuldzuweisungen, keine Ablehnung. Die Person wird ständig von überwältigenden Gefühlen der bedingungslosen Liebe und Akzeptanz durchflutet.

Wunderland

Beim Verlassen des Tunnels kommen manche in eine harmonische Landschaft, die mit wunderschönen, ewig blühenden Blumen übersät ist und die Essenz des Lebens an sich ausstrahlt, was die Nahtod-Erfahrenden deutlich spüren. Sie sind sich der lebendigen Qualität der flachen Bäche, die durch diese idyllische Landschaft fließen, sowie der Lebendigkeit der Bäume und Sträucher deutlich bewusst. Sie erkennen die fast unbegreifliche Vernetzung alles Lebendigen, bis hinunter in das Leben – die kosmische Essenz, wenn Sie so wollen – in den Atomen und Molekülen. Und ihnen wird klar, dass sich dies über alle Welten erstreckt, ob auf der Erde oder anderswo. Sie reisen vielleicht zu fernen Planeten und Galaxien oder werden dorthin gebracht. Alle ihre Fragen werden beantwortet und sofort vollständig verstanden. Es gibt keine Unklarheiten. Der Sinn des Lebens hier und auf der Erde wird deutlich, und es stellt sich eine überwältigende Erkenntnis ein, wie einfach alles ist. Tief im Inneren haben sie das Gefühl, dass sie dies schon immer gewusst haben. Dies ist ihre wahre Heimat. Es erweist sich, dass die Geburt auf der Erde zur Veredelung der sich entwickelnden Seele dient, wenn auch unter Umständen, die alles andere als einfach sind. Sie verstehen, dass sie vor ihrer Geburt zugestimmt haben, eine gemeinsam vereinbarte Aufgabe zu übernehmen, und dass sie Eltern und Umstände gewählt haben, die es ihnen mit hoher Wahrscheinlichkeit ermöglichen, diese Aufgabe zu erfüllen. Innerhalb der Grenzen dieser übergreifenden Aufgabe können sie ihren Willen völlig frei ausüben. Die Quintessenz, derer sich fast alle Nahtod-Erfahrenen bewusst sind, lautet, dass nur zwei wichtige Anforderungen an die Menschheit gestellt werden: Die Entwicklung bedingungsloser Liebe und der Erwerb von Wissen. Aber die größere von beiden ist die Liebe.

Entscheidung: Bleiben oder Zurückgehen

Es verwundert wenig, dass die Nahtod-Erfahrenden, wenn sie vor die Wahl gestellt werden, ob sie zur Erde zurückkehren oder weiterhin in dieser glückseligen Umgebung bleiben wollen, zumeist darum bitten, bleiben zu dürfen. Dann werden sie darauf hingewiesen, dass ihre Zeit noch nicht gekommen ist, dass sie zu früh im Jenseits angekommen sind und ihr Auftrag auf Erden noch nicht erfüllt ist, weshalb ihnen die Rückkehr zur Erde empfohlen wird. Dennoch haben sie die Wahl, ob sie bleiben oder zurückkehren wollen. Sie sind sich bewusst oder werden darauf aufmerksam gemacht, dass das Überschreiten einer sichtbaren oder unsichtbaren Linie oder Grenze, zum Beispiel eines Flusses, eines Bachs oder einer Mauer, bedeutet, dass es kein Zurück in den Körper mehr gibt. Oft kommt es zu einem amüsanten Austausch, wenn die Nahtod-Erfahrenden versuchen, mit allen ihnen zur Verfügung stehenden Mitteln mit dem himmlischen Wesen zu verhandeln, oder wenn sie im Falle von Kindern einfach einen Wutanfall bekommen – alles, was das Zünglein an der Waage zugunsten einer Erlaubnis zum Bleiben verschieben könnte. Dies wird mit verwunderter Toleranz und einem Schmunzeln aufgenommen, aber das strahlende Wesen erläutert auch die Gründe für die Rückkehr in den Körper, zum Beispiel weil ihre Lieben Kummer und Not erleiden würden, wenn sie nicht zurückkehrten. Kann dies sie nicht umstimmen, werden sie an ihre Pflicht erinnert, ihren Auftrag zu erfüllen, dem sie vor der Geburt zugestimmt haben und der, wenn er unerfüllt bleibt, ihre spirituelle Weiterentwicklung verzögert und ein oder mehrere weitere Leben notwendig machen könnte, bis der Auftrag erfüllt ist oder die Lektionen gelernt sind. Sobald sie dies alles zähneknirschend zugeben und akzeptieren, werden sie in hohem

Tempo wieder in den physischen Körper zurückgeschickt, der inzwischen vielleicht sogar geduldig in einer Leichenhalle ruht und auf seine baldige, den Gebräuchen der Zeit entsprechende Beseitigung wartet.

Nachwirkungen

Nach der Rückkehr in den physischen Körper löst die Erfahrung große psychische Qualen aus, die durch die zu diesem Zeitpunkt bestehende körperliche Erkrankung zusätzlich in nicht unerheblichem Maß verschlimmert werden. Die Einstellung kann von tiefer Enttäuschung durch den empfundenen Verlust und die Trennung von ihrer göttlichen „Heimat", über das Gefühl der Ablehnung, weil sie aus dem Himmel verbannt wurden und nun den Eindruck haben, sie seien nicht gut genug, um bleiben zu dürfen, bis zur Frustration darüber reichen, dass viel von dem Wissen und den Erkenntnissen über den himmlischen Prozess und über die Einzelheiten ihres klar umrissenen und verstandenen Auftrags nun wieder aus ihrem Gedächtnis gelöscht wurde (viele werden während ihrer Nahtod-Erfahrung darüber informiert, dass diese Erinnerungsblockade eintreten wird). Letzteres kommt bei praktisch allen Nahtod-Erfahrungen vor und soll anscheinend gewährleisten, dass sie in eine Situation zurückversetzt werden, die sie in ihren Entscheidungen aufgrund ihres freien Willens nicht beeinträchtigt.

Dennoch kehren die Nahtod-Erfahrenen mit deutlichen Erinnerungen an die Ereignisse zurück, die sich ihrem Gedächtnis so fest eingeprägt haben, dass sie ihnen für den Rest ihres Lebens lebhaft gegenwärtig bleiben. Für sie war die Erfahrung real, sehr viel realer als die Realität der physischen Welt; und fast ausnahmslos verändert sie tiefgreifend sowohl ihre Sicht des Lebens als auch ihre Einstellung zum und ihren Umgang mit dem Leben. Die Erfahrung ist so transformativ, dass oft eine langjährige schwierige Anpassungszeit benötigt wird, bis ihre tiefe Bedeutung vollständig zum Ausdruck kommt und in vollem Umfang im Alltag umgesetzt werden kann. Viele vollziehen im Grunde eine radikale Abkehr von ihrem bisherigen Lebensstil. Dies kann gravierende Auswirkungen auf ihre Beziehungen zu Eltern, Partnern, Kindern und Freunden haben, die nun verwundert einen völlig veränderten Menschen wahrnehmen, dessen Ansichten und Einstellungen ihnen vollkommen fremd sind und komplett aus dem Rahmen fallen. Auch die berufliche Tätigkeit ist betroffen, da das übliche Streben nach Geld und Macht nun weniger oder überhaupt keine Rolle mehr spielt. In der Gruppe der Nahtod-Erfahrenen kommt es daher sehr häufig zu Scheidungen und vielleicht auch zu mehreren Berufswechseln, in der Regel in Positionen, wie sie für Pflegeberufe typisch sind, die die Möglichkeit bieten, Menschen zu helfen.

Nach ihrer Rückkehr haben Nahtod-Erfahrene keine Angst mehr vor dem Tod. Viele freuen sich sogar darauf, weil sie dadurch in den glückseligen Zustand zurückkehren können, den sie schon einmal erlebt haben. Auf den Sterbeprozess selbst freut sich aber, wie bei uns anderen auch, aus naheliegenden Gründen niemand sonderlich.

Interessanterweise kehren Nahtod-Erfahrene trotz der Begegnung mit göttlichen Gestalten wie Buddha, Christus und anderen, die in bestimmten Religionen die Gottheit darstellen, mit einer offeneren und nicht religionsspezifischen Einstellung zurück. Sie erkennen, dass formelle Religionen mit ihren Dogmen, Glaubensbekenntnissen und Praktiken irgendwie nicht erfüllend sind. Die häufig engstirnigen und eingefahrenen Ansichten und Auslegungen, die von einem typischerweise sehr orthodoxen Klerus, gleich welcher Konfession, vertreten werden, passen nicht zu Inhalt und Ethos der direkten Begegnung mit dem Göttlichen, wie sie die Nahtod-Erfahrenen hatten. Sie erkennen jedoch an, dass solche „normalen" religiösen Praktiken und Bräuche für die Menschheit im Allgemeinen in eine „aufsteigende" Richtung führen. Der Zielpunkt ist derselbe, nur der Weg ist ein anderer.

Im Zusammenhang mit der Nahtod-Erfahrung bemerken die meisten Betroffenen ausgeprägte übersinnliche Fähigkeiten an sich. Sie können die Gedanken anderer Menschen oder sogar Tiere wahrnehmen und deren Gefühle spüren. Sie können künftige Ereignisse sowohl in ihrem eigenen Leben als auch in der Gesellschaft im weiteren Sinne vorausahnen. Darüber hinaus berichten einige, dass ihre Anwesenheit Störungen bei elektrischen Geräten auslösen kann, wodurch dann Glühbirnen durchbrennen, Fernseher an- und ausgehen und so weiter. Diese Effekte lassen mit der Zeit nach, können aber nicht nur für die Betroffenen selbst, sondern auch für ihre nichts ahnenden Mitmenschen sehr beunruhigend sein. Sieht ganz so aus, als hätte Uri Geller Gesellschaft bekommen!

Die Rückmeldungen von vielen Nahtod-Erfahrenen sprechen sehr dafür, dass Reinkarnation stattfindet, und die meisten stimmen darin überein, dass die Reinkarnation, zumindest im irdischen Kontext, irgendwann endet, vermutlich wenn alle erforderlichen Lebens- und Liebeslektionen gelernt sind. Ein Betroffener erklärte gegenüber Dr. Kenneth Ring (dem Autor von *Was wir aus Nahtod-Erfahrungen für das Leben gewinnen*) in einem Interview aus seinem Tonband-Archiv, dass er während der Lebensrückschau Dinge gesehen habe, die nicht nur in seinem jetzigen, sondern auch in früheren Leben erreicht worden seien – oder auch nicht. Er betonte, dass Reinkarnation ein gängiges

Verfahren sei. In einem anderen Bericht aus demselben Archiv erzählt eine Nahtod-Erfahrene, dass sie sich darüber wunderte, warum sich eine ganze Reihe von Lichtwesen in ihrer Nähe „herumtrieben", und sie danach fragte. Daraufhin kamen einige auf sie zu und erklärten, sie warteten alle darauf, reinkarniert zu werden.

Die Nahtod-Erfahrungen stimmen mit den Berichten über das Leben zwischen den Leben eng darin überein, dass Reinkarnation sowohl auf unserem Planeten als auch auf einer Vielzahl anderer Planeten im gesamten Universum der Eckpfeiler der Seelenentwicklung ist.

Die außerkörperliche Erfahrung

Im Gegensatz zu Nahtod-Erfahrungen werden außerkörperliche Erfahrungen in der Regel durch Verfahren herbeigeführt, die von Menschen, die bewusst die inneren Welten erkunden möchten, aktiv angewandt werden. Die Betroffenen müssen dazu nicht krank sein und keine Nahtod-Erfahrung haben. Unter bestimmten Umständen können außerkörperliche Erfahrungen auch spontan und unerwartet auftreten, ohne dass die Betroffenen sich bewusst darum bemüht hätten. Monroe, Buhlman und Bruce beschreiben in ihren Büchern verschiedene Verfahren, mit denen sich eine außerkörperliche Erfahrung erfolgreich herbeiführen lässt. Meist ist es am besten, das gewünschte Resultat einer außerkörperlichen Erfahrung im Vorhinein festzulegen, also etwa die Begegnung mit verstorbenen Verwandten oder Freunden, ein bestimmter Ort, den man aufsuchen, oder eine Aufgabe, die man ausführen möchte. Bei der Rückkehr in den Körper werden viele der dabei entstehenden astralen Erinnerungen ans Gehirn übermittelt und später bewusst erinnert.

Anscheinend gibt es eine Vielzahl unterschiedlicher Ebenen, die von der untersten Astralebene bis zu Ebenen unbeschreiblicher und unaussprechlicher Wunder reichen. Die Erfahrungen und Interaktionen mit den Bewohnern dieser verschiedenen Welten können von erschreckend über grotesk bis hin zu äußerst liebevoll und kraftvoll erhellend reichen.

Unteres Astral

Offenbar gibt es kaum einen Unterschied zwischen einer außerkörperlichen Erfahrung und der ersten Phase einer Nahtod-Erfahrung oder des Lebens zwischen den Leben. In allen Fällen sind sich die Betroffenen bewusst, dass sie sich außerhalb ihres Körpers befinden. Sie haben weitgehend die Kontrolle über ihre Bewegungen (die einfach durch Gedanken oder Wünsche gesteuert werden), verfügen über ein Sehfeld von 360 Grad und Hörvermögen. Wo es Kontakt mit anderen außerkörperlichen Wesen oder den Bewohnern dieser inneren Welt gibt, findet die Kommunikation auch hier auf telepathischem Weg statt. Von den vielen Ebenen in den inneren Welten wird die unterste häufig als die untere Astralebene bezeichnet. Hier befindet sich die Person, die die außerkörperliche Erfahrung macht, in einer Umgebung, die der physischen Welt sehr ähnlich ist. Sie merkt jedoch, dass sie durch feste Gegenstände wie etwa Türen, Fenster und Wände hindurchgehen kann, wenn auch häufig mit einigen Schwierigkeiten. Möglicherweise nimmt sie auch deren innere Struktur wahr, während sie sie durchquert. Sie kann Menschen „in Echtzeit" in ihrem Alltag beobachten. Dabei sehen die Gegenstände fast so aus wie in der physischen Welt, obwohl zum Beispiel ein moderner Stuhl, der in einem Esszimmer in der Ecke steht, auf der Astralebene ein altmodisches Aussehen annehmen kann. Der Stuhl befindet sich vielleicht nicht einmal im selben Verhältnis zum Raum, sondern nimmt eine spiegelbildliche Position ein. Diese Welt ist dennoch keine exakte Analogie der physischen Welt. Einige Experimente, die Buhlmann durchgeführt und in seinem Buch *Out of Body: Astralreisen. Das letzte Abenteuer der Menschheit* beschrieben hat, haben gezeigt, dass eine Kerze zwar auf der Astralebene ausgepustet werden kann, dieses Ereignis aber nicht auf die physische Ebene übertragen wird. Als der außerkörperlich Reisende von seinem Ausflug zurückkehrte, brannte die Kerze immer noch.

Die Interaktion der Person, die die außerkörperliche Erfahrung macht, mit physischen Menschen kann interessante und amüsante Eigenheiten aufweisen. Monroe beschreibt in seinem Buch *Der Mann mit den zwei Leben* eine Situation, als er während einer außerkörperlichen Erfahrung einen Dr. Bradshaw besuchte und sich mit ihm oder vielmehr mit dem Bewusstsein in seinem Astralkörper unterhielt (Monroe verwendete dafür den Begriff „Überbewusstsein"). Dr. Bradshaw ging seiner ganz normalen Tätigkeit nach und war sich weder der Anwesenheit Monroes noch der Tatsache bewusst, dass er ein kurzes Gespräch mit ihm geführt hatte.

Dies lässt den interessanten Schluss zu, dass unser Astralkörper sich in unserem normalen Wach- oder Schlafzustand durchaus selbstständig und völlig ohne unser Wissen mit Wesen aus den inneren Welten unterhalten kann, während wir von unseren täglichen oder nächtlichen Abläufen beansprucht sind. Als Dr. Bradshaw gefragt wurde, konnte er sich überhaupt nicht an Monroes außerkörperliche Anwesenheit und erst recht nicht an ein Gespräch mit ihm erinnern. Doch diese Information muss in den Gedächtnisspeichern des Überbewusstsein verzeichnet sein. Das Problem besteht also darin, auf diese Erinnerungen zuzugreifen und einen effektiven Informationstransfer vom Gedächtnis des Überbewusstseins zum Gehirn zu erreichen. Diese besondere Kommunikationsschwierigkeit betrifft uns alle; denn unser Astralkörper ist während eines Großteils unseres Schlafes unterwegs und zumindest einen Teil der Zeit auch in konkreter Absicht. Doch von seinen Wanderschaften merken wir nur selten etwas und werden kaum einmal darauf aufmerksam gemacht. Dass wir diese unbewusste außerkörperliche Erfahrung haben, wird in der Regel durch die damit einhergehende Traumsequenz vom Schweben oder Fliegen angezeigt, die wir fast alle schon einmal erlebt haben.

Immer noch auf dieser unteren Astralebene beschreibt Monroe im Weiteren einen amüsanten Vorfall, als er eine Geschäftsfrau besucht, die sich gerade lebhaft mit ihrer Tochter und einer Freundin unterhält. Um zu gewährleisten, dass sie sich an seinen Besuch erinnert, beschließt er, sie zu kneifen, was unmittelbar zur Folge hat, dass sie aufspringt. Interessanterweise, so merkt Monroe an, konnte sie ihm sogar den blauen Fleck zeigen, den sein außerkörperliches Kneifen verursacht hatte. Es ist allgemein anerkannt, dass der physische Körper einen Ätherkörper besitzt, der in Form und Umrissen dem physischen Körper entspricht. Vermutlich hat Monroe eben diesen Ätherkörper gekniffen.

Auch dies lässt wieder interessante Schlüsse zu. Wenn Geistheilung ausgeübt wird, entweder direkt wie im Fall meiner Migräne (was ich später beschreibe) oder aus der Ferne, scheint diese zunächst auf diesen Ätherkörper zu wirken. Wobei sie auf Grundlage der Arbeiten von Professor John Hasted mit Menschen, die mit Gedankenkraft Metall verbiegen konnten (näheres dazu später), möglicherweise auch direkt auf den physischen Körper einwirken könnte. In gewisser Weise kann man davon ausgehen, dass der Ätherkörper durch gedanklich gesteuerte

Energie verändert wird. Die daraus hervorgehende Veränderung seiner Struktur setzt sich dann fort, bis sie sich im physischen Körper niederschlägt, der die Veränderungen, die in seinem ätherischen Gegenstück bewirkt worden sind, nach und nach widerzuspiegeln beginnt.

Höhere Ebenen

Während Nahtod-Erfahrungen in der Regel transformative Erfahrungen sind, insbesondere die tieferen, bei denen ein Kontakt mit einer göttlichen Gestalt stattgefunden hat, können auch außerkörperliche Erfahrungen gelegentlich zu ähnlichen Ergebnissen führen. Den Gedanken, dass es einen Himmel gibt, lehnt Monroe offenbar ab, da er zur Genüge ziemlich höllische außerkörperliche Erfahrungen erlebt hat. Doch trotz dieser Ansicht beschreibt er in seinem Buch eben jene Art von „Himmel", die sofort als typisch für Berichte über eine Nahtod-Erfahrung oder das Leben zwischen den Leben erkennbar ist:

„Drei Mal war ich dort, und nie bin ich freiwillig zurückgekehrt. Traurig, widerwillig bin ich zurückgekommen. Jemand hat mir bei der Rückkehr geholfen. Immer wenn ich zurückgekommen bin, habe ich noch tagelang unter großer Sehnsucht und Einsamkeit gelitten ... und unter einer Art Heimweh. Es war so wunderbar, dass ich nicht versucht habe, noch einmal dorthin zu kommen. War das der Himmel?"

Auch Buhlman berichtet in *Geheimnis Astralreise* von der außerkörperlichen Erfahrung einer Probandin, in der sie sich nach der üblichen Selbstinduktion an einem Ort befindet, den sie als den „Geist Gottes" empfindet und den sie als „einen Ort, an dem sich unendliche bedingungslose Liebe ergießt ..." beschreibt.

ROC und außerkörperliche Erfahrungen

Außerkörperliche Arbeit war der Eckpfeiler von ROC´s Aktivität. Sie fand hauptsächlich in den Nachtstunden, oft aber auch tagsüber statt. Sie erfolgte größtenteils bei vollem Bewusstsein und mit vollständigem Erinnerungsvermögen. Der Akt, bewusst den Körper zu verlassen, erforderte für ihn anscheinend keinerlei besondere Verfahren. Er sagte mir einmal, wenn er außerhalb seines Körpers gebraucht würde, würde ihm normalerweise ein Geistwesen helfen. Es strecke seine Hand aus, ergreife seine ätherische Hand und ziehe sanft daran. Schließlich wurde selbst diese Methode unnötig, und es genügte, wenn das Wesen ihn einfach „rief". Er erklärte mir, dass er die Astralprojektion nicht bewusst versuchte, sondern wartete, bis er gerufen würde.

Diese vorstehenden Informationen sind zwar bereits für sich genommen interessant und wertvoll, aber sie sind für uns auch deshalb von Bedeutung, weil sie die „feinstoffliche Umgebung" beschreiben, die in ROC´s Leben eine so herausragende Rolle spielt. Wenn wir ihn verstehen wollen, müssen wir diese Umgebung würdigen, denn er vermochte es meisterlich, sich darin zu bewegen und zu wirken. Wie wir alle war ROC ein Bewohner zweier Welten, der physischen und der nicht-physischen, aber in seinem Fall war diese „doppelte Staatsbürgerschaft" sehr bewusst. Tatsächlich besteht die wahre Bedeutung von ROC´s Leben darin, dass diese Dualität bei ihm zur Einheit wurde, eine Staatsbürgerschaft des Planeten als Ganzes, bei der sich seine materielle und seine spirituelle Seite auf vollkommen normale und natürliche Weise miteinander verbanden. Aus diesem Gefühl der Einheit heraus lernte er, sein Leben zu führen und seine Arbeit zu leisten. Dies ist die Geschichte, die nun vor uns liegt.

Abb. 1: Der Autor und Ogilvie im Oktober 1967
– Nervelstone, North Ayrshire

Teil II

Einführung

Zum ersten Mal begegnete ich Robert Ogilvie Crombie oder ROC im Juli 1967, als ich noch mitten in meinem Postgraduiertenstudium in Metallurgie an der Strathclyde University in Glasgow steckte. Ich war damals sechsundzwanzig Jahre alt, Ogilvie achtundsechzig. Meine Frau und ich hatten beschlossen, der blühenden (im wörtlichen wie im übertragenen Sinn) Findhorn-Gemeinschaft an den Ufern des Moray Firth im Nordosten Schottlands einen Besuch abzustatten, und unser Besuch fiel mit einem der regelmäßigen Aufenthalte Ogilvies dort zusammen, wenn er nicht an seinem eigentlichen Wohnsitz in Edinburgh war. Wir haben uns von Anfang an sehr gut verstanden, denn wir hatten viele ähnliche Interessen an Wissenschaft (besonders Elektronik), Musik und Literatur sowie an allen Aspekten des Paranormalen. Unsere enge Freundschaft dauerte von diesem Tag bis zu seinem Tod im Jahr 1975, scheinbar kurze, aber intensive acht Jahre später.

Als ich im Jahr darauf meine Dissertation abschloss, hatte ich das Glück, eine Stelle als Werkstoffingenieur bei Ferranti Ltd. in Edinburgh zu erhalten und zog daher mit Frau und Familie dorthin. Da Ogilvie in der Albany Street in Edinburghs sogenannter „Neustadt" wohnte und mein Heimweg von Ferranti praktisch an seiner Haustür vorbeiführte, war es mir ein Leichtes, an den meisten Tagen kurz vorbeizuschauen.

Kapitel 1

Die Zeitalter des Menschen

Ogilvie, der gut einsachtzig groß war, war ein Mensch mit einer gewissen Präsenz. Es war nicht schwer, ihn in einer Menschenmenge auszumachen. Wenn man auf der Straße an ihm vorbeiging, vermittelte er den Eindruck eines etwas ernst dreinblickenden Herrn mit freundlichen Augen und entschlossenem, zielbewusstem Gang.

Er war gut gebaut, dabei keinesfalls übergewichtig, glattrasiert und hatte stets ordentlich geschnittenes Haar. In der Öffentlichkeit war er immer gut gekleidet, selbst bei eher zwanglosen Anlässen. In der Regel trug er Hut – besonders bei kalten Temperaturen – ein sportliches Tweed-Jackett und das obligatorische Hemd mit Kragen und Krawatte. Wenn das Wetter es erforderte, wurde diese Kleidung durch einen leichten Trenchcoat oder einen langen Mantel ergänzt. Seine hellwachen graublauen Augen waren von bemerkenswerter Tiefe und Ruhe und vermittelten den Eindruck von innerer Weisheit und Vertrauenswürdigkeit. Er war höflich und zuverlässig, in jeder Hinsicht ein wahrer Gentleman.

Abb. 2: Ogilvie bei einem Besuch in den Blackhills Gardens (ca. 1969)

Abb. 3: Ogilvie auf Nervelstone – 1968

In Gesprächen hörte er mehr zu als dass er sprach, und wenn er antwortete, wog er seine Worte zuvor sorgfältig ab. Sein Wissen über Themen wie Musik und Geisteswissenschaften sowie klassische und moderne Literatur (Belletristik und Sachbücher) war atemberaubend, und sein Gedächtnis war anscheinend in der Lage, den größten Teil davon abzuspeichern. Seine Kenntnisse des Esoterischen waren unübertroffen. Als eifriger Leser und Büchersammler wuchs seine Bibliothek schließlich auf etwa 5 500 Bücher an.

Er war ein vollendeter Pianist und Organist und gab regelmäßig Konzerte für seine Gäste. Bei vielen Gelegenheiten versuchten wir uns an Duetten, aber seine musikalischen Fähigkeiten waren den meinen weit überlegen, und wo immer möglich, wählte ich die leichteren Stücke. Spaß gemacht hat es trotzdem!

Ogilvie wurde mit einem schweren Herzleiden geboren, das sein gesamtes Leben bestimmen sollte. Rückblickend kann man dieses Handicap jedoch als heimlichen Segen betrachten, denn es ermöglichte ihm ein kontemplativeres Leben und gab ihm Zeit, engen Kontakt zur Natur und den Naturwelten zu entwickeln.

In den folgenden Abschnitten skizziere ich die wichtigsten Ereignisse in Ogilvies Leben von seiner Geburt bis zum Tod. Informationen über seine frühen Jahre sind leider recht spärlich und stammen aus verschiedenen Erinnerungsstücken. Dies steht in scharfem Kontrast zu den umfangreichen, fast täglichen Berichten, die für seine späteren Jahre vorliegen.

Braid Crescent, Edinburgh

Schulzeit

Robert Ogilvie Crombie wurde am Mittwoch, den 17. Mai 1899, in Edinburgh, Schottland, geboren. 1884 heiratete sein Vater

John Crombie in der Kirche St. Cuthbert's Parish in Edinburgh Anna Tannoch Ross, und als ROC geboren wurde, hatte das Paar bereits seinen Wohnsitz in der Braid Crescent 14 in dieser Stadt bezogen. ROC hatte zwei ältere Schwestern, Catherine („Katie"), etwa dreizehn Jahre älter als er, und Margaret („Mattie"), die tragischerweise im Jahr vor ROC´s Geburt im Alter von noch nicht einmal zehn Jahren verstorben war.

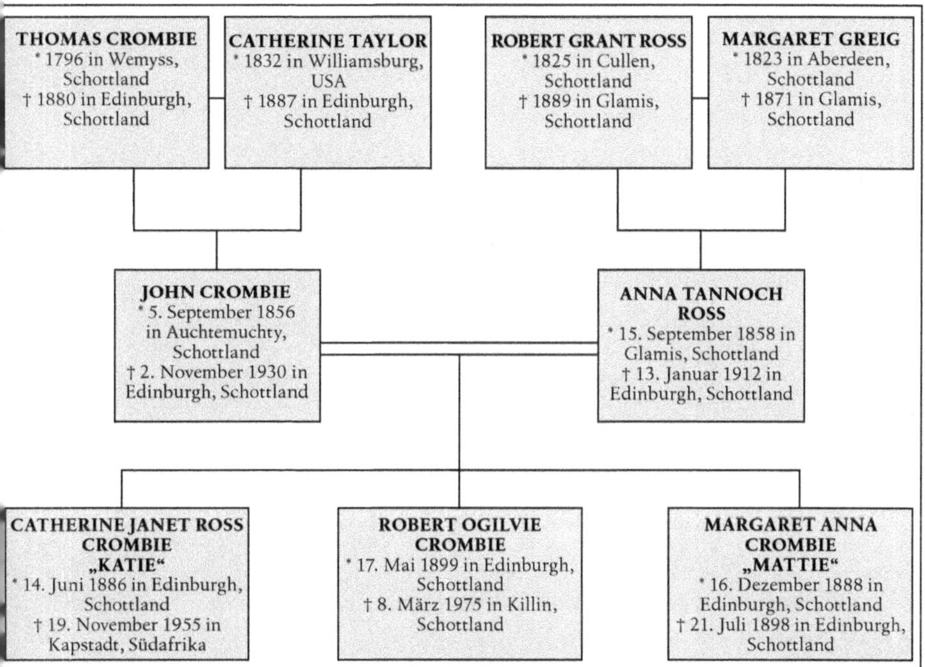

Abb. 4: Stammbaum von Robert Ogilvie Crombie

Katie und ROC wuchsen in einem musikalischen und intellektuellen Haushalt auf. Durch ROC's Vater, der Ältester in der Gemeinde von St. Mathew war, gab es außerdem eine starke kirchliche Bindung. ROC's Mutter Anna starb im Januar 1912 im Alter von dreiundfünfzig Jahren (sie war bereits vierzig Jahre alt, als sie ROC auf die Welt brachte), sodass der stärkste Einfluss sein Vater war, ein klassischer viktorianischer Gentleman mit typischen viktorianischen Ansichten und Werten. Die Beziehung zu seinem Vater war anfangs, wie er selbst zugibt, „schwierig", wurde im Laufe der Jahre aber immer harmonischer, da sie lernten, einander besser zu verstehen und ihre Unterschiede zu akzeptieren.

Bereits vor seinem zehnten Lebensjahr litt ROC unter den schwerwiegenden Auswirkungen seines angeborenen Herzleidens, die sich hauptsächlich beim Schulsport bemerkbar machten. Auf ärztlichen Rat wurde er daraufhin von der weiteren Teilnahme an solchen Aktivitäten befreit.

Seine schulische Bildung war sorgfältig und abgerundet. Das *Daniel Stewart's College* in Edinburgh (heute *Stewart's Melville College*), eine exklusive reine Jungenschule der *Royal Company of Merchants of the City of Edinburgh*, schloss er 1916 mit einem Zeugnis in den Fächern Englisch, Mathematik, Französisch, Naturwissenschaften und Zeichnen ab.

Das Zuhause in der Braid Crescent, das in der Folgezeit noch vielen Funktionen dienen sollte, wurde in seinen Anfangsjahren gut genutzt, richtete ROC dort doch im Teenageralter ein wissenschaftliches Labor ein, in dem er mit verschiedenen chemischen Reaktionen experimentierte, vor allem mit solchen, die in einer pyrotechnischen Vorführung enden sollten. Er liebte Feuerwerk sowie Entwicklung und Bau genialer Geräte mit elektrischen Funktionen. In der Schule trug er den Spitznamen „der

Professor", meistens aber wurde er „ROC" gerufen. Das waren seine Initialen, aber sie weckten auch eine Assoziation zu den Märchen um Sindbad – denn Roc (im Deutschen meist „Roch", Anm. d. Ü.) ist der sagenhafte Vogel, der Sindbad ins von Schlangen bewachte Tal der Diamanten trägt.

Er war begeisterter Anhänger der 1914 produzierten Filmreihe *The Exploits of Elaine* wie überhaupt fasziniert von Detektivgeschichten aller Art. Tatsächlich stellte er sich damals einen Beruf als wissenschaftlicher Experte bei Scotland Yard vor!

Kriegseinsatz

Nach dem Ausbruch des Ersten Weltkriegs belegte ROC gleich nach seinem Schulabschluss einen Funktelegrafie-Kurs und erlangte erstklassige Fachkenntnisse, unter anderem bei der Arbeit mit einem 1,5 kW Marconi-Sender. Bei diesen Geräten handelte es sich um sogenannte Funkensender, da die Röhre, heute ein alter Hut, noch nicht so weit entwickelt war, dass sie in die Kommunikationsausrüstung eingebaut werden konnte. Botschaften wurde im Morsecode gesendet und empfangen, weil eine Sprachübertragung per Funkensender nicht möglich war. Nach dem Kurs wurde er der *HMS Teviot*, dem Zerstörer, der im Kriegseinsatz zwischen dem Vereinigten Königreich und Frankreich verkehrte, als Funkoffizier zugeteilt.

Sein französischer Ausweis zeigt, dass er 1918 mit der Teviot insgesamt acht Mal die französischen Häfen Cherbourg, Boulogne oder Dieppe angelaufen ist. Aber sein Weg führte ihn auch in viele britische und irische Häfen, darunter London, Bristol, Belfast und Glasgow. Die Besatzung der Teviot war hauptsächlich auf den schottischen Inseln Barra und Jura rekrutiert worden und

Abb. 5: Ogilvie als Funkoffizier an Bord der HMS Teviot (1918)

hinterließ bei dem jungen ROC ziemlichen Eindruck. Er genoss die Zeit auf See sehr, und sie stärkte seine Gesundheit, obwohl ihn die allgemeinen Gefahren des Krieges und insbesondere die ständig lauernden U-Boote beunruhigten. An Bord leisteten ihm außerdem sein aufziehbares Grammophon und viele 78er-Schellack-Platten Gesellschaft.

Sein Verhältnis zum Ersten Offizier war allerdings gelinde gesagt angespannt, und ROC's schlagfertiger Sarkasmus hätte ihm einmal beinahe seine erste Schwimmstunde eingetragen. Auf eine besonders bissige Nebenbemerkung hin packte der Erste Offizier, ein Mann von hitzigem Gemüt und entschieden kräftigem Körperbau, seinen auch nicht gerade schmächtigen einsachtzig großen Funkoffizier, schwang ihn in die Horizontale, hob ihn in die Luft und marschierte zur Schiffsreling in der klaren Absicht, ihn über Bord in die tief unter ihnen tosende See zu werfen. Ich stelle mir vor, dass ROC schnell einlenkte und damit diese lebensbedrohliche Katastrophe abwendete. Wer braucht schon den Feind, wenn er solche Freunde hat!

Universität und Wissenschaft

Nach der Einstellung der Feindseligkeiten Ende 1918 (zumindest auf dem Kontinent, wenn auch nicht an Bord des Schiffes) kehrte ROC nach Edinburgh zurück und begann im Oktober desselben Jahres ein dreijähriges Studium zum Bachelor of Science an der Universität Edinburgh, um sein lebenslanges Interesse an der reinen Wissenschaft zu vertiefen.

Angeregt durch sein dauerhaftes Interesse für das Theater gründete er 1919 die *Golden Eagle Dramatic* Society und richtete in seinem Haus in der Braid Crescent 14 das „Bijou Theatre" ein, wo vor kleinen Gruppen verschiedene Stücke aufgeführt werden konnten. Später schafften es diese Produktionen an Veranstaltungsorte für eine größere Öffentlichkeit, etwa die Morningside Church Hall. Charles Henderson, ein Freund seit Kindertagen, der nur ein paar Häuser weiter wohnte und sein Interesse an Funk, Fotografie, Musik und Schauspiel teilte, schloss sich ROC bei diesen Unternehmungen an, und das aufstrebende Duo Ogilvie Crombie und Charles Henderson stand immer im Mittelpunkt der Aufführungen.

Noch während seines Universitätsstudiums erhielt ROC außerdem im Jahr 1920 eine Genehmigung des britischen General Post Office zum Experimentieren mit drahtloser Telegrafie in der Braid Crescent, eine natürliche Fortsetzung seiner Funktion und

Erfahrung an Bord der HMS Treviot während der Kriegsjahre. Angesichts der verschiedenen Theaterproben und -aufführungen sowie den Funk-Experimenten muss es im Haus sehr lebhaft zugegangen sein.

Die dazwischenliegenden Kriegsjahre hatten jedoch nichts zur Verbesserung seiner Herzerkrankung beigetragen; und als eine junge Frau, in die er leidenschaftlich verliebt war, sich entschloss, einen anderen zu heiraten, verschlimmerte sich sein Leiden noch. ROC war vollkommen am Ende und glaubte, das Leben habe nicht mehr viel Sinn. Auf ärztlichen Rat brach er daher 1921 sein naturwissenschaftliches Studium im letzten Semester widerwillig ab, noch bevor er die Möglichkeit hatte, die Abschlussprüfungen abzulegen.

Funkberatung

Trotz seiner gesundheitlichen Probleme setzte ROC seine Funkaktivitäten unvermindert fort und konstruierte verschiedene Teile einer Amateur-Funkanlage. Ein Foto vom August 1922 (dieses Datum trägt die auffällig platzierte Zeitschrift *Wireless World*) zeigt die Einrichtung einer damals hochmodernen Anlage in seinem Haus in der Braid Crescent.

Über sein lebhaftes Interesse an der Funkkommunikation hinaus war ROC auch begeisterter Fotograf und entwickelte und druckte seine Bilder in einer improvisierten Dunkelkammer selbst. Dieses Foto ist ein Beispiel seines handwerklichen Könnens.

ROC hatte erkennbar eine Karriere in der Funktelegrafie im Auge. Im Juni 1924 beschloss er, nach Manchester umzuziehen, wo er zusammen mit Charles Henderson auf einem Firmenareal namens „Kenilworth“ in Whalley Range ein Beratungsunternehmen gründete. Das Unternehmen wurde zwar sehr bekannt, warf aber leider kein nennenswertes Einkommen für die beiden ab, da Funk damals noch in den Kinderschuhen steckte und seine Anhänger zwar begeisterte, aber verarmte Amateure waren. So kehrten beide Männer schließlich nach Edinburgh zurück.

Abb. 6: Ogilvies selbst gebautes Funkgerät in der Braid Crescent in Edinburgh (1922)

Universität und Musik

Während Charles sich beruflich nun den Gebieten Sprache und Rhetorik zuwandte und schließlich Prüfer wurde, schrieb sich ROC im Oktober 1926 zum zweiten Mal an der Universität Edinburgh ein, dieses Mal für ein Musikstudium mit den Schwerpunkten Theorie, Praxis und Komposition. Der berühmte Sir Donald Francis Tovey, der 1914 an den Lehrstuhl der *Reid School of Music* berufen worden war, war in diesem Studium zeitweise sein Mentor. Außerdem nahm er Orgelunterricht und bestand mehrere bedeutende Musikprüfungen.

ROC war auf Werke verschiedener moderner Komponisten gestoßen, darunter auch die von Leo Ornstein, einem in der Ukraine geborenen Amerikaner. Ornsteins Kompositionen galten damals als äußerst avantgardistisch, obwohl sie heute überhaupt nicht mehr ungewöhnlich wirken. In dieser Lebensphase erschien ihm eine Karriere als Musiker sehr verlockend, und den ersten Schritt dazu unternahm er 1928, als er sich an die BBC in London wandte und anbot, Ornsteins Werke einzuspielen. Er erhielt einen Brief von K. A. Wright, dem stellvertretenden Programmdirektor Musik, der ihn zu einem Vorspielen einlud. Als Termin wurde der 28. Juni, 15 Uhr, in den Londoner Studios vereinbart, doch leider war Mr. Wright in Urlaub und konnte daher bei dem Vorspielen selbst nicht anwesend sein. Dennoch antwortete er ROC am 18. Juli:

> „Es tut mir leid, dass Ihr Besuch mit meiner urlaubsbedingten Abwesenheit zusammenfiel, denn ich hätte gerne etwas von Ihrer Ornstein-Musik gehört.
>
> Ich weiß ehrlich gesagt nicht, wo wir sie im Moment einsetzen können; denn nach dem zu urteilen, was ich von ihr gesehen und gehört habe, ist dies nicht die Art von Musik, die sich gut zum Senden eignet.

Soweit dieser erhoffte Karriereschritt!

Als ROC die Universität im Juni 1929 verließ, nahm er eine Stelle als Organist und schließlich als Chorleiter einer Kirche in Edinburgh an. Im April und Dezember 1929 sowie im März 1930 gab er Klavierkonzerte im Terpander Club.

Im November jenes Jahres starb sein Vater, der sich durch die Beförderung zum Unterinspekteur für Schulen in Schottland hohes Ansehen erworben hatte, im Alter von vierundsiebzig Jahren. Dieses Ereignis führte dazu, dass ROC noch im selben Jahr in eine Mietwohnung im ersten Stock in der Albany Street 28 umzog.

Albany Street, Edinburgh

Das Leben erkunden

Sobald er sich in der neuen Wohnung eingerichtet und alle notwendigen familiären Angelegenheiten geregelt hatte, investierte ROC in einen Bechstein-Flügel und reiste später nach Paris, um die *Exposition Coloniale Internationale* zu besuchen, die im Mai 1931 eröffnet wurde.

ROC setzte seine schauspielerischen Aktivitäten fort und trat 1933 zusammen mit Christine Orr in einem Stück mit dem Titel „Muckle-Mou'ed Meg" auf, das in der St. Columba's Hall in Edinburgh aufgeführt wurde. ROC war auch für die Inszenierung verantwortlich. In einer Zeitung war zu lesen:

> „Die Szene in dem Verlies mit Meg (Christine Orr) und Will (R. Ogilvie Crombie) wurde bis zum Ende mit bewundernswertem Elan und überzeugender Wirkung gespielt. Man hatte das Gefühl, dass die Episode doch wahr sein muss, auch wenn sie historisch nicht belegt ist. ... Charles W. Henderson verkörperte den Harfenisten und sang mit erfreulicher Wirkung."

Das Team Crombie-Henderson hatte eindeutig Interessen und Fähigkeiten, die weit über ihr verunglücktes Funk-Unternehmen hinausgingen!

Christine Orr gründete 1933/34 die *Makars* und schrieb ein Stück mit dem Titel *Pan Pipes*, das 1934 aufgeführt wurde und in dem ROC erneut auftrat. Dies war der Beginn einer mehrjährigen Zusammenarbeit mit dieser Theatertruppe.

So spielte ROC im darauffolgenden Jahr die Rolle des Damian in *Flodden*, dem Stück, das bei dieser Gelegenheit von Christine Orr inszeniert und im Little Theatre aufgeführt wurde. Ein weiteres Jahr später, 1936, trat ROC in der Makar-Produktion von *Twelfth Night* im Belford Studio und in Anatole France‘s *The Man who married a Dumb Wife* auf, das beim Spartenfinale des *Scottish Community Drama Festival* im Festival Theatre in der Elm Row aufgeführt wurde. Der Preisrichter Robert Young äußerte sich sehr lobend und bewertete ROC´s Darstellung als „die beste Einzelleistung des Festivals“.

ROC hatte selbst einen Dreiakter mit dem Titel *Let's be Romantic* geschrieben, der von den Makars im April 1937 in den Dean Studios aufgeführt wurde. Das Stück wurde von seinem Freund Edward Shanley inszeniert. ROC selbst trat darin nicht auf. *The Scotsman* reagierte in seiner Rezension eher lauwarm, aber eine andere Zeitung bezeichnete ROC als „bekannte Persönlichkeit in Edinburgher Theaterkreisen“.

Musik zu hören und zu spielen, blieb ein entscheidender Faktor in ROC´s Leben. Ein Foto aus dieser Zeit, das in seiner Wohnung in der Albany Street aufgenommen wurde, zeigt ROC an der Tastatur seines Bechstein-Flügels. Er spielt mit gelehrtem Ernst.

Sein Herzleiden machte ihm weiterhin zu schaffen, und 1933 erlitt er einen Herzinfarkt. Eine anschließende ärztliche Diagnose wies auf ein Problem hin, das mit einer Verdickung der Herzkranzgefäße und einer Nervenentzündung aufgrund der Schwel-

Abb. 7: Ogilvie an seinem Bechstein-Flügel in der Wohnung in Edinburgh (etwa 1935)

lung der Nerven um das Herz herum zusammenhing. Sein Arzt hielt das Problem offensichtlich für so gravierend, dass er ihm riet, in den Ruhestand zu gehen. Nicht gerade aufbauend für einen aufstrebenden 34-jährigen.

In den Jahren 1935-36 litt ROC unter regelmäßig wiederkehrenden Anfällen von Angina pectoris, und 1939 hatte sich sein Herzleiden schließlich so weit verschlimmert, dass er seine Wohnung praktisch nicht mehr verlassen konnte. Mit Ausbruch des Zweiten Weltkriegs (Großbritannien erklärte Deutschland im September 1939 den Krieg) wurde ROC geraten, er solle „aufs Land ziehen“, um den körperlichen Belastungen durch Luftangriffe zu entgehen. Entsprechend fand er eine vorübergehende Bleibe bei Freunden, die in der Grafschaft County Angus im Glen Isla nicht weit von Blairgowrie lebten.

Cowford Cottage, Stanley

Abb. 8: Cowford Cottage in den 1940er Jahren, als Ogilvie es bewohnte.

Der Natur nahe

Die Suche nach einem dauerhafteren Aufenthaltsort auf dem Land erfüllte sich schon bald in Form eines ehemaligen Wildhüterhauses: Cowford Cottage in Stanley in Perthshire, das für die fürstliche Miete von zwölf Pfund pro Jahr sowie einem weiteren Pfund, vierzehn Schilling und zwei Pence Nebenkosten zu haben war. In diesen attraktiven Wohnsitz zog er am 28. Mai 1940 mit allem Hab und Gut ein. Der Flügel konnte zwar damals nicht mit umziehen, aber er hatte ein einfaches Klavier und seine Büchersammlung dabei. Das Anwesen verfügte über keinerlei modernen Komfort, aber ROC fand es trotzdem äußerst bezaubernd, ein wahr gewordener Traum. Am 10. Mai 1973 stattete er dem Häuschen zusammen mit Freunden noch einmal einen

Besuch ab und fand es noch fast so vor wie zu seiner Zeit, auch wenn die umgebenden jungen Bäume, die bei seiner Abreise gerade gepflanzt wurden, in den dazwischenliegenden gut dreißig Jahren beträchtlich gewachsen waren. Abb. 8 zeigt eine Ansicht des Häuschens in den 1940er Jahren.

In seinen Schriften erinnert er sich, wie er ursprünglich an das Häuschen kam, und beschreibt sein Leben dort:

> 730623. Mein Freund Edward [Shanley] fragte spontan einen Kollegen, der als Immobilienmakler tätig war, ob es irgendwo ein leer stehendes Häuschen gäbe. Ja, erfuhr er, es gebe ein ehemaliges Wildhüterhaus, aber wahrscheinlich sei es zu abgelegen. Wiederum aus einem Impuls heraus fuhr er auf dem Weg zu einem Besuch bei mir dort vorbei, um es sich anzusehen. Damals wohnte ich in Comrie. Als er mir davon erzählte, wusste ich sofort, dass es das Richtige war, und akzeptierte es unbesehen. Als ich ein paar Wochen später dort ankam, war mir, als käme ich nach Hause. Dieses Haus hieß mich willkommen.
>
> An seine Nachteile, wie viele Menschen sagen würden, gewöhnte ich mich bald – Kohleheizung, Kochen nur auf einer Platte, Beleuchtung mit Petroleumlampen und Kerzen, kein fließendes Wasser, alles musste in Eimern von der Quelle am Fuß des kleinen Hügels über den Bach getragen werden, und natürlich das Toilettenhäuschen im Freien. Es gab zwei Schuppen, der eine war alt und hatte zwei kleine Fenster, der andere, ein neues Waschhaus mit nur einem Fenster, war mein Bad. Rasiert habe ich mich in der Spülküche, in der es ein Regal unter dem Fenster gab. Das alles war völlig unwichtig. Der ganze moderne Komfort macht nicht unbedingt ein gutes Leben aus. Ich liebte dieses Häuschen. Die Zimmer waren groß genug, so-

dass es nicht eng wurde; es war trocken und ohne Durchzug, geschützt von seinem eigenen Holz. Im Winter war es gemütlich, und wegen der abgefallenen Äste und alten Baumstämme, die man weggeworfen hatte, als der Wald gegenüber abgeholzt und zu Rundholz gesägt worden war, gab es reichlich Brennholz. Der Winterwind rauschte durch die kahlen Äste der Bäume. Es war immer schön, egal zu welcher Jahreszeit.

Ich erinnere mich allerdings an eine sehr schlimme Überschwemmung ganz in der Nähe, als der Wolkenbruch in Little Glenshee die Mauer des Stausees zum Einsturz brachte, und daran, dass der Bach am Häuschen ganz überraschend über die Ufer trat und sich braun färbte.

Auch den einen langen Winter werde ich nie vergessen, als es von Anfang Dezember bis Ende März geschneit hat, wobei der schlimmste Schneefall Mitte März kam, und der Schnee nie seine blendende Weiße verlor. Äste und Rinde der Bäume waren von Raureif überzogen und glitzerten wie Edelsteine in der Sonne. Es war ein verzauberter Ort.

Natürlich hielten mich die meisten meiner Freunde für verrückt, dass ich alleine dorthin zog, und das mit meinem schweren Herzleiden, häufigen heftigen Anfällen von Angina pectoris und ohne die Möglichkeit, bei Bedarf Hilfe zu erhalten – das nächste Haus lag fast einen Kilometer weit entfernt außer Sichtweite. Aber es war richtig, das wusste ich damals. Ich habe das Häuschen die ganze Zeit praktisch nie verlassen, außer um ganz selten einmal zur nahen Farm hinunter und ein einziges Mal zu der Farm hinter dem Hügel auf der anderen Seite zu gehen. Ich hatte kein Transportmittel, und wegen meines Herzleidens konnte ich natürlich nicht allzu weit gehen, aber einen Radius von etwa anderthalb Kilometern um das Häuschen herum schaffte ich.

Abgesehen von gelegentlichen Wochenendbesuchen lebte ich allein. Einsam habe ich mich nie gefühlt. Es gab immer reichlich zu tun, ich hatte Bücher und Musik, viel Zeit zum Studieren, Nachdenken und Kontemplieren. Nach den ersten drei Jahren wurde Edward nach Perth versetzt und zog im Häuschen ein. Tagsüber war er größtenteils weg, und am Wochenende fuhr er oft nach Edinburgh. Ich studierte und las sehr viel. Dramen zum Beispiel, von den Stücken von Sophokles, Seneca und Plautus bis zu mittelalterlichen Mysterienspielen sowie griechischen und spanischen Stücken aus dem Goldenen Zeitalter der Literatur. Shakespeares Gesamtwerk in mehr oder weniger chronologischer Reihenfolge bis hin zu Stücken aus der Zeit der Restauration und danach. Lyrik und Beschäftigung mit den Sonetten früher Autoren wie Dante, Cavalcante, Michelangelo, Petrarca, vielen spanischen Sonetten; den englischen Sonetten bis Shakespeare. Dann die frühen spanischen Romane bis hin zu Defoe, Smollet und Swift; eine erneute Lektüre der Werke von Aldous Huxley, einem meiner Lieblingsschriftsteller, in chronologischer Reihenfolge; Dorothy Richardson, D. H. Lawrence, Proust und so weiter. Nein, mit all den großen Geistern in Reichweite habe ich mich nie gelangweilt oder einsam gefühlt, obwohl ich zugeben muss, dass ich hin und wieder depressive Momente hatte. Dennoch hatte ich immer das Gefühl, dass dies der richtige Ort für mich war.

Die letzten zwei oder drei Jahre waren eine glückliche und zufriedene Zeit. Edward wurde nach Droitwich versetzt, sodass ich in den letzten acht Monaten wieder ganz auf mich allein gestellt war.

Gegen Ende seines Aufenthalts in Cowford brachten Baumpflanzungen in der Region um das Häuschen viel Unruhe mit sich, und ROC kam zu dem Schluss, dies könnte ein Hinweis darauf sein, dass nun die Zeit zum Umzug gekommen war, da es ihm nicht mehr dieselbe Ruhe bieten konnte. ROC hatte den Eindruck, das Häuschen habe „seinen Zweck erfüllt“.

Albany Street, Edinburgh

Die Wohnung

Der Umzug vom Cowford Cottage zurück nach Edinburgh erfolgte am 17. Oktober 1949. Immer noch bei relativ schlechter Gesundheit, stand ROC vor der nicht unbedeutenden Aufgabe, seine wachsende Büchersammlung einzusortieren und sein Leben in der Edinburgher Gesellschaft wiederaufzunehmen.

In vieler Hinsicht spiegelte die Wohnung das spartanische Dasein seiner Zeit im Cowford Cottage wider. Sie bestand aus zwei Zimmern, dem „vorderen Zimmer“ zur Albany Street und dem „hinteren Zimmer“, dessen Fenster sich zu den hinteren Gärten und zur Rückseite der Häuser in der darunterliegenden Barony Street hin öffneten. Diese beiden Zimmer waren durch einen schmalen Gang mit einer Nische getrennt, in der sich bis obenhin alte Literaturbeilagen der *Times*, Zeitschriften, das alte aufziehbare Grammophon für 78er-Platten, das er während seines Kriegsdienstes auf der *HMS Teviot* dabeigehabt hatte, und sogar Schnüre stapelten, alles ordentlich hinter einem bodenlangen Vorhang verstaut. Durch die Sparsamkeit der Kriegsjahre war es üblich, nichts wegzuwerfen, was noch zu irgendetwas zu gebrauchen sein könnte. Fotos des vorderen und des hinteren Zimmers, die 1975 aufgenommen wurden, zeigen einige der 5 500 Bücher, den Flügel und die allgemeine Einrichtung der Räume.

An das hintere Zimmer schloss sich eine kleine Küche an, die lediglich mit einem uralten Gasherd und einem weißen Keramikspülbecken mit einem einzelnen Wasserhahn (aus dem nur kaltes Wasser kam) ausgestattet war. Zu diesem Hahn führte ein durchhängendes Bleirohr, das sich an der Wand entlangschlängelte.

Die Küche diente zugleich als primitiver Waschraum mit einer improvisierten Dusche. Diese bestand aus einem aufgehängten Aluminiumeimer, aus dem ein Gummischlauch führte, der wiederum in einem selbstgebastelten Duschkopf endete. Das Ganze war von einem wasserfesten Vorhang umgeben, und das Wasser lief in eine bewegliche Duschtasse, die in diesem Fall aus einer körperlangen Zinkwanne bestand. Fans von Dudley Watkins *The Broons*, einem bekannten Comicstrip in der schottischen Zeitung *The Sunday Post*, werden zweifellos gesehen haben, wie Paw Broon seine freitagabendlichen Waschungen in einer solchen Wanne vor dem offenen Kamin vollzogen hat. Der aufgehängte Duschkübel musste manuell befüllt werden, indem kleinere Wassereimer eine Leiter hinaufgetragen und in den Duschkübel ausgegossen wurden. Nach Abschluss des Duschens musste dann die Wanne geleert werden, indem man sie auf die Höhe des Spülbeckens hob, auf einem niedrigen Tisch als Kippfläche abstellte und vorsichtig in die Spüle ausgoss. ROC akzeptierte diese Übung bereitwillig als tägliches Ritual, auch wenn ich mir sicher bin, dass sich die meisten Menschen das Paradies anders vorstellen.

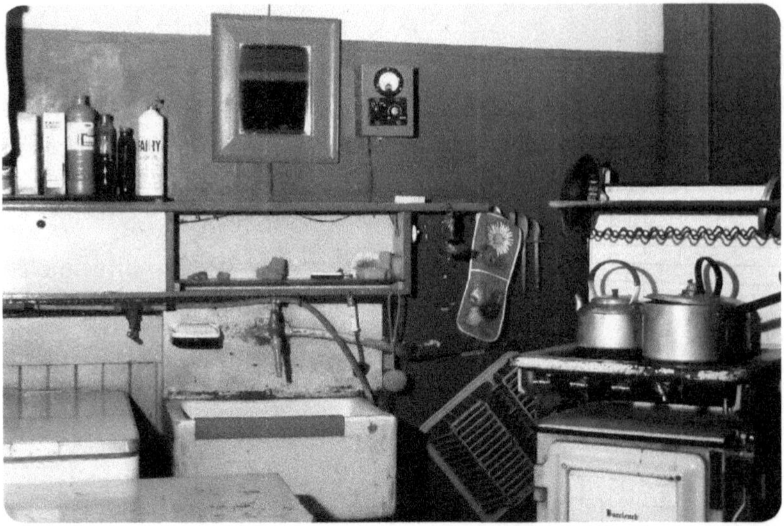

Abb. 9: Die Küche in der Wohnung in Edinburgh (1975)

Wenn es sehr kalt war, wurde auch warm geduscht. Aber dies erforderte den zusätzlichen Aufwand, zunächst einen Kessel heißes Wasser aufzukochen und dieses dann in den bereits zur Hälfte mit kaltem Wasser gefüllten Duschkübel zu schütten. Irgendwann konnte ich ihn dazu überreden, dass er mich ein Heizelement in den Duschkübel einbauen und am Wasserhahn einen abschraubbaren Füllschlauch anbringen ließ. Im Duschkübel installierte ich außerdem ein elektronisches Gerät zur Messung des Wasserstands, der dann auf einer Anzeige über dem Spülbecken abgelesen werden konnte. Diese Anzeige sowie eine Gesamtansicht der Küche sind in Abbildung 9 dargestellt. Dennoch verwendete er die automatische Heißwasserbereitung sparsam und zog die kalte Variante bei Weitem vor.

Noch schlimmer war, dass es in der Wohnung keine Toilette gab, denn die nächstgelegene „Annehmlichkeit" befand sich zwei Stockwerke tiefer neben der Hintertür zu einer Trockenfläche im Souterrain. Es war eine Art Außentoilette, nur dass man auf dem Weg dorthin das Gebäude nicht verlassen musste. Die Treppe gehörte jedoch zum Gemeingut der darüberliegenden Wohnung, und „einen Besuch abzustatten“ bedeutete, dass man den Spießrutenlauf vorbei am allgegenwärtigen Geist der Treppe, der geschwätzigen Bewohnerin dieser Wohnung und ihren zwei passenden, schleifchengeschmückten Cairn Terriern, auf sich nehmen musste. Diese Gefahr galt es unbedingt zu vermeiden, und man musste hoffen, dass ein immer dringender werdendes „Bedürfnis“ nie den Punkt erreichen würde, an dem es diesen Gang erzwang, nur um sich auf dem Weg nach unten dank einer wortreichen und langwierigen Tirade noch zu verschärfen. Ganz der Gentleman, der er war, hörte sich ROC die täglichen Ergüsse höflich an, wobei er sicher verstohlen die Beine kreuzte. Es ist in der Tat erstaunlich, dass er nicht zusätzlich zu seinem Herzleiden auch noch Harnprobleme bekam.

Trotz der bescheidenen Verhältnisse gab ROC wie ein wahrer Gelehrter alle Mittel, die er erlangte, für Bücher und Musik aus. Sein Flügel, der den Ehrenplatz im vorderen Zimmer einnahm, wurde sehr regelmäßig gestimmt und gespielt. Inzwischen war er ein versierter Pianist und unterhielt seine Gäste zeitlebens gerne mit musikalischen Episoden. Dabei führte er sie über die „eingängigeren“ Debussy, Ravel und Skrjabin allmählich an die „schwierigere“ Musik seiner Lieblingskomponisten Bartok und Stravinsky heran. Trotz seines Schwerpunktes auf modernen Komponisten wurden die „Klassiker“ wie Beethoven und dessen Zeitgenossen im Repertoire nicht vernachlässigt.

Abb. 10: Ein Teil der Bibliothek im vorderen Zimmer der Wohnung in Edinburgh (1975)

Die Bücher waren im vorderen und hinteren Zimmer an den Wänden entlang untergebracht, und er hatte jedes gewünschte Buch sofort zur Hand, da er sich seinen Standort fest eingeprägt hatte. Die meisten Regale hatte er aus Holzresten von alten Teekisten selbst gebaut (nicht die modernen Sperrholzkisten, sondern die aus zentimeterdicker duftender Kiefer, die in irgendeinem fernen Winkel des britischen Empire gewachsen war). Einige dieser selbst gebauten Bücherregale waren frei stehend. Sie wurden mithilfe von Böden aus demselben Holz mit einer Sammlung weiterer Bücherschränke verbunden, sodass durchgehende Regalwände entstanden. Sobald sie mit Büchern bestückt waren, ergab sich trotz der unterschiedlichen Typen ein überwiegend einheitliches und attraktives Erscheinungsbild. Das Foto in Abb. 10 aus dem Jahr 1975 zeigt den Flügel und einen Teil der Bücherregale.

Literatur, Schauspiel und Dichtung

Einen Großteil seiner Zeit widmete ROC dem Theater, der Dichtung und der Musik sowie dem eifrigen Sammeln und Studieren von Büchern aller Fachrichtungen. Angesichts seines großen Wissensdrangs war es tatsächlich ein Glück, dass er mit einem außerordentlich guten Gedächtnis gesegnet war, das ihm bis ans Ende seiner Tage erstaunliche Dienste leistete. Von der Vielzahl seiner gesammelten Bücher behauptete er, er habe die allermeisten gelesen und könne sich zudem noch deutlich an ihren Inhalt erinnern. Dieses Erinnerungsvermögen und seine umfassende schauspielerische Erfahrung kamen ihm bei den vielen Vorträgen und Diskussionsveranstaltungen zugute, die er in seiner letzten Lebensphase hielt.

1951 wurde er Interimsredakteur beim *New Athenian Broadsheet* – einer Zeitschrift für moderne Lyrik – und korrespondierte mit Hugh Mac Diarmid, einem begabten und berühmten schottischen Literaten und Politiker, über die Aufnahme seines Gedichts „The Glen of Silence“ in eine Ausgabe des *Broadsheet*.

Er nahm seine Zusammenarbeit mit den Makars wieder auf und inszenierte für sie im Januar 1952 „Love in Albania“ im Little Theatre im *Pleasance* in Edinburgh. Diese Komödie in drei Akten von Eric Linklater erhielt ausgezeichnete Zeitungskritiken, die sie als „unbeugsame Inszenierung“ bezeichneten.

Im Oktober 1954 spielte er den Gajew in Tschechows *Der Kirschgarten* und wurde von der Presse erneut für seine Leistung hoch gelobt: „Mr. Crombie verdient uneingeschränktes Lob für seine Darstellung einer der weniger strahlenden Figuren in dieser Inszenierung.“

Im Mai des darauffolgenden Jahres gibt er den Privatsekretär des Königs in *Der Kaiser von Amerika* von George Bernard Shaw in der Inszenierung der Makars am Gateway Theatre, und auch dies wurde von der Presse wieder sehr gut aufgenommen.

Im November 1959 gaben die Makars Noel Cowards Stück *Relative Values* am Little Theatre in der Inszenierung von ROC. Im Jahr darauf inszenierte er mit ihnen Ionescos Stücke *Die Stühle* und *Die Unterrichtsstunde*, die im März in den Duke Street Clubrooms aufgeführt wurden. Vom *Evening Dispatch* erntet ROC weiteres Lob für sein „Geschick“ und seinen „Einfallsreichtum“.

1961 war für ROC als Schauspieler und Regisseur ein besonders arbeitsreiches Jahr seiner anhaltenden Zusammenarbeit mit den Makars. Im Februar gab das Ensemble Brechts *Der gute Mensch von Sezuan* in den Duke Street Clubrooms mit ROC in der Rolle des „dritten Gottes“. Im darauffolgenden Monat spielte ROC die Titelrolle in einer Inszenierung von *The Woodcarver* (Der Holzschnitzer) am Gateway Theatre. Perfektion ist stets ROC´s Ziel; und dieses Bestreben spiegelt sich in der anerkennenden Rezension des Kritikers von *The Scotsman*: „Als Holzschnitzer vermag Ogilvie Crombie seine Sehnsucht danach zu verkörpern, in seinem Kunsthandwerk zu vollendetem Ausdruck zu gelangen.“ Ende Juni inszeniert er Peter Ustinovs *Romanoff und Julia* im Gateway, was ihm von der örtlichen Presse folgende Feststellung einträgt: „Regisseur Ogilvie Crombie und seine 13-köpfige Besetzung enttäuschen nicht.“

Aufbauend auf seinen Erfolgen inszeniert ROC im Jahr darauf eine Version von Becketts *Warten auf Godot* beim „Christlichen Verein junger Männer“ in der South Saint Andrew Street, und seine Bemühungen werden mit der Bemerkung belohnt: „Ogilvie Crombie hat die Inszenierung fest im Griff.“

Ab 1963 verlagert sich seine Bühnenpräsenz mehr und mehr auf Auftritte in Film und Fernsehen, und im Februar steht er zum letzten Mal mit den Makars in ihrer Adaption von Majakowskis satirischem Stück *Die Wanze* im *Traverse Theatre* auf der Bühne.

Film und Fernsehen

Nach einem erfolgreichen Vorsprechen für die BBC trat ROC in verschiedenen Fernsehserien auf. Bemerkenswert davon ist *Dr. Findlay's Casebook*, eine Serie, die von 1962 bis 1971 lief und in der er bei Bedarf als Zweitbesetzung für die Rolle des Dr. Cameron einsprang. Im November 1965 hat er eine Statistenrolle in zwei Folgen der Serie *Vital Sparks* mit dem Titel „A Drop O' the Real Stuff" und „Salvage". Im Februar 1966 spielt er die Rolle des Professors Stewart Watson in der BBC-Serie *This Man Craig*. 1967 ist er außerdem als Statist in *Random Sample* und *The North Side of Ben Vorlich* zu sehen.

Diese Fernsehauftritte wurden für ROC gewissermaßen zu einem finanziellen Rettungsanker, ebenso wie seine kleinen Filmrollen (zum Beispiel als Fußgänger in dem entzückenden Streifen *The Battle of the Sexes* in der Version von 1959 mit Peter Sellers und Constance Cummings). Diese sporadischen Aufträge trugen ihm allerdings nur ein geringes Einkommen ein, und er lebte damals wie auch späteren Jahren praktisch von der Hand in den Mund. Doch anscheinend bereitete ihm dies nie große Sorgen – zumindest ließ er sich dahingehend nichts anmerken – denn er war überzeugt, dass für seine Grundbedürfnisse immer gesorgt wäre.

Gespräche und Vorträge

In dieser späteren Phase seines Lebens hielt ROC auch viele Vorträge über esoterische Themen. Häufig fanden sie in Attingham

Park statt, einer von Sir George Trevelyan geleiteten Volkshochschule in der Nähe von Shrewsbury. Im Laufe von zwei Jahren, von 1969 bis 1971, hielt er bei Tagungen, die meist übers Wochenende stattfanden, mehrere Vorträge. Eine Liste der Titel zeigt, welch große Bandbreite an Themen er ansprach, als er begann, einige Früchte seines esoterischen Arbeitens und Denkens einer allgemeinen Öffentlichkeit nahezubringen.

Sein berühmtester Vortrag war „Die Realität der Welt der Elementarwesen". Ursprünglich hatte er ihn bei einem Wochenendkurs im Oktober 1969 über „Die Grenzen der Realität" gehalten. Drei Monate später hielt er in Attingham bei der Veranstaltung „Jugend auf der Suche" einen ähnlichen Vortrag, denn der vorherige hatte sowohl Sir George als auch das Publikum sehr beeindruckt. Im Juni kam er noch einmal an die Volkshochschule, um über „Eine neue Sicht der Welt der Elementarwesen" und „Moderne Musik für das Neue Zeitalter" zu sprechen. 1971 schließlich wurden die Vorträge in Attingham mit „Die Pforten der Wahrnehmung" und „Die Entwicklung von Gewahrsein" fortgesetzt.

ROC war ein beliebter Vortragsredner. Er konnte über esoterische Themen wie die feinstoffliche Welt und die inneren Welten der Natur mit der Kompetenz persönlicher Erfahrung sprechen, und seine Bühnenausbildung ermöglichte ihm, seinen Vorträgen eine Eloquenz und Lebendigkeit zu verleihen, die das Publikum fesselten. Dabei verhinderten seine grundlegende Demut und seine großväterliche Erscheinung gleichzeitig allen Glamour, der ihm sonst womöglich hätte anhaften können. Er ließ das Außergewöhnliche ganz normal erscheinen, und das Publikum liebte ihn.

Deshalb und wegen der persönlichen Freundschaft, die zwischen ROC und Sir George Trevelyan gewachsen war, lud dieser ROC ein, seine Vortragstätigkeit fortzusetzen, als er sich 1971 vom Attingham College zurückzog und den Wrekin Trust gründete, um weiterhin Konferenzen über spirituelle und esoterische Themen anbieten zu können. Der Wrekin Trust hielt große jährliche Zusammenkünfte ab, und von 1972 bis 1974 trat ROC bei jeder dieser Versammlungen auf und hielt folgende Vorträge: „Die Beziehung des Menschen zu den Naturwelten“, „Die Steigerung der Empfindsamkeit“ und schließlich „Die elementalen Welten der Natur“. Nach 1974 verhinderte seine aufgrund seiner Herzprobleme nachlassende Gesundheit jede weitere Teilnahme an diesen jährlichen Konferenzen.

Die meisten öffentlichen Vorträge hielt ROC jedoch in der Findhorn-Gemeinschaft in Morayshire, Schottland, einem Ort, an den ROC sich häufig zurückzog. Seine zahlreichen Vorträge dort umfassten eine große Bandbreite von Themen in Musik, Kunst und Spiritualität. Einige wurden vom Verlag Findhorn Press veröffentlicht, insbesondere in einem Buch mit dem Titel *The Gentleman and the Faun*, das später in Nordamerika als *Meeting Fairies* erschien.

Gesundheit

In der zweiten Jahreshälfte 1974 machten sich ROC´s Herzprobleme wieder bemerkbar und schränkten seine Aktivitäten ein. Er schreibt:

> 741012. Jocelyn [Ross] brache mich am Samstag nach Killin. Die Aktivitäten in Findhorn waren so anstrengend gewesen, dass ich wirklich froh war wegzukommen. Sehr gute Rückreise, unterwegs Abstecher nach Randolph’s Leap. Die Herbstfärbung war sehr schön. Wir haben Killin erst nach Einbruch der Dunkelheit erreicht.

> Ich vermute, es war eine Reaktion auf die hektischen vierzehn Tage, dass ich ungewöhnlich müde war und mein Herz wie wild raste. Ich habe nicht gut geschlafen, denn das Herzrasen ging mit schwerer Atemnot einher. Ich musste einen Großteil der Nacht im Sitzen verbringen. Den ganzen Sonntag über raste mein Herz weiter, auch Sonntagnacht.

Sechs Tage später kehrte ROC von Killin in seine Edinburgher Wohnung zurück. In den folgenden Monaten verschlimmerte sich sein Herzleiden weiter. Deshalb und weil er Sorge hatte, er müsse vielleicht eine andere Wohnung suchen (die Hausverwaltung wollte den Besitz in der Albany Street sanieren und ließ die Wohnung im Dezember ausmessen), beschloss er, die Einladung von Peggy Balfour anzunehmen und eine Zeit lang in ihrem Haus in St. Boswells in den Scottish Borders zu wohnen. Also zog er am 9. Januar 1975 dorthin. Seine Gesundheit verbesserte sich allerdings nicht, und seine täglichen Tagebucheinträge zeigen einen fortschreitenden Verfall. Wie aus dem folgenden Eintrag hervorgeht, fürchtete er den Tod offensichtlich nicht:

> 750116. Sehr schlechte Nacht. Bis 2 Uhr nachts im Sessel gesessen, aber Übelkeit bis 1 Uhr. Ging ins Bett, musste mich aber wieder aufsetzen. Herz verhält sich sehr merkwürdig. Saß aufrecht im Dunkeln bis 3 Uhr, dann im Sessel. Legte mich wieder hin. Sehr seltsame Träume, an die ich mich nicht erinnern kann, die aber etwas zu bedeuten hatten. Starkes Gefühl, ich könnte noch vor dem Morgen sterben. Nicht wichtig – bereit zu gehen, wenn meine Zeit um ist.

Er bat um den Besuch einer pensionierten befreundeten Ärztin aus Edinburgh. Also holte ich sie am 23. Februar ab und fuhr sie hinunter nach St. Boswells. Sie zeigte anscheinend kaum professionelles Interesse an ROC's Zustand und nahm offenbar keinerlei Untersuchung an ihm vor, obwohl er inzwischen deutliche Anzeichen von Ödemen zeigte, die zu Schwellungen in seinen Beinen und Füßen geführt hatten. ROC war, gelinde gesagt, zutiefst enttäuscht über ihr oberflächliches Vorgehen. Sie sagte, sie habe ihre Instrumente nicht dabei, um Tests durchzuführen, und verschrieb einfach Librium und Eisentabletten. Letztere lösten bei ROC schwere Übelkeit aus.

Er war der Ansicht, dass er in Killin bessere medizinische Hilfe erhalten könnte, da Jocelyn Ross zwei Freunde hatte, die ganz in der Nähe wohnten und sowohl schulmedizinisch als auch homöopathisch qualifiziert waren. Daher holte Jocelyn ROC am 26. Februar aus St. Boswells ab.

Obwohl sich alle drei Personen Tag und Nacht unablässig um ihn kümmerten, verschlechterte sich sein Zustand weiter und erreichte am 5. März seinen Tiefpunkt. Am nächsten Tag schien sich ROC jedoch deutlich erholt zu haben und war sehr fröhlich. Er spuckte zwar etwas Blut, doch seine Aussichten schienen sich sehr zu verbessern. Am Samstag, dem 8. März, blieben seine Pfleger bis halb drei Uhr morgens bei ihm. Bevor sie sich zurückzog, sagte Jocelyn: „Läute einfach, wenn du irgendetwas möchtest", worauf ROC erwiderte: „Ja, ich werde die Glocke schlagen." Scherzhaft, aber prophetisch antwortete Jocelyn: „Wem die Stunde schlägt."

Etwa dreieinhalb Stunden später, gegen sechs Uhr morgens, verschied ROC friedlich im Schlaf. Jocelyn berichtete, nach seinem Tod seien außergewöhnliche Wetterphänomene aufgetreten: Schneefall, gefolgt von Schlagregen, dann strahlender Sonnenschein – alles in rascher Folge.

Anscheinend hatte ROC's medial begabte Freundin Maisie um den 5. März herum, also etwa drei Tage vor ROC's Tod, eine

Vision oder einen Traum, in dem sie sah, wie ein gerahmtes Bild von ihm von der Wand fiel, wobei das Glas beim Auftreffen auf dem Boden zerbrach, der Rahmen aber unversehrt blieb. Die Bedeutung dieses Traumes ist wohl kaum verhüllt.

Es wurden Vorbereitungen für die Beerdigung getroffen, und im *The Scotsman* erschien am 10. März folgende Todesanzeige:

> In High Creagan, Killin, verstarb am Samstag, dem 8. März 1975, nach kurzer Krankheit Robert Ogilvie Crombie aus Edinburgh, Albany Street 28. Trauerfeier im Krematorium Mortonhall (Pentland Chapel) am Dienstag, 11. März, um 12:15 Uhr.

Als Trauerredner wurde ROC´s Freund aus Attingham und dem Wrekin Trust, Sir George Trevelyan, vorgeschlagen. Sir George war berühmt für seine Belesenheit und seine lyrische Eloquenz als Redner. Auf die Anfrage sagte er erfreut zu. Angesichts von ROC´s ungewöhnlichem Leben wäre ein traditioneller religiöser Trauerredner zweifellos fehl am Platz gewesen!

Die Trauerfreier verlief reibungslos, und Sir George hielt eine seiner wie gewohnt beeindruckenden Reden, eine Dankesrede für ein gut gelebtes Leben. Er zitierte ausführlich aus Teilen von Tolkiens *Herr der Ringe*, wobei er ROC in der Gestalt des Gandalf darstellte, sowie aus Bunyans *Pilgerreise*:

> Dann sprach er: Ich gehe zu meinem Vater, und obgleich ich unter großer Beschwerde hierher gelangt bin, so reuet mich doch jetzt all die Mühe nicht, die ich angewandt, um dahin zu kommen, wo ich jetzt bin. Mein Schwert gebe ich dem, der mir in meinem Pilgerlaufe nachfolgen wird, und meinen Muth und meine Geschicklichkeit dem, welcher sie zu erlan-

gen versteht. Meine Zeichen und Wundenmale nehme ich mit mir, zum Zeugnis, dass ich den Kampf dessen gekämpft habe, der mir jetzt mein Vergelter sein wird. Als der Tag erschienen war, so begleiteten ihn viele zum Ufer des Stromes. Als er hineintrat, sprach er: Tod, wo ist dein Stachel? Und als er tiefer hineinsank: Hölle, wo ist dein Sieg? Und so ging er hinüber, und alle Posaunen tönten ihm entgegen auf der anderen Seite.*

* John Banyon, *Die Pilgerreise nach dem Berge Zion*, Zweiter Teil: Die Reise der Christin und ihrer Kinder, Verlag des Tractathauses H. Nuelsen, 1860, S. 443

Kapitel 2

Jungianische Traumsequenzen

ROC hatte über viele Jahre hinweg eine Fülle bedeutsamer Träume und Visionen. Fast 900 davon schrieb er auf, und sie allein würden schon ein ganzes Buch füllen. Der Großteil dieser Aufzeichnungen liegt gegenwärtig noch untranskribiert in ROC's fast unentzifferbarer Handschrift vor. Viele dieser Träume, insbesondere die frühen, veranschaulichen den Jungschen Prozess der Integration, die Auseinandersetzung mit dem Schatten und die Interaktion mit den verschiedenen Archetypen des Unbewussten. (Sollten meine Leserinnen und Leser ihr Wissen auf diesem Gebiet vertiefen wollen, so ist das faszinierende Buch *Erinnerungen, Träume, Gedanken* von C. G. Jung eine ausgezeichnete und lesenswerte Einführung ins Thema.)

ROC war ein Mensch, der wie Sie und ich alle normalen Eigenschaften und Emotionen des physischen Ichs aufwies und all seinen vielfältigen Versuchungen unterworfen war. Er hatte oft das Gefühl, er sei der inneren Arbeit nicht würdig, zu der er sich berufen fühlte. Sein Leben lang spiegelte sich der Verlauf der Auseinandersetzung mit dem Selbst, wie unten zu sehen, in vielen seiner Träume wider, und dieser Weg zur Integration – ein Begriff, den Jung zur Beschreibung dieses Prozesses verwendete – ist deutlich erkennbar. Diese Erläuterungen sind für uns wertvoll und unterstreichen vielleicht die Wichtigkeit, die wir unseren Träumen und der Suche nach der in ihnen verborgenen Bedeutung beimessen sollten.

Der folgende Traum verkörpert viele Elemente Jungscher Symbolik und bildet die Wechselbeziehung zwischen dem bewussten Ich und dem Unbewussten ab.

640403. Ich bin in einem merkwürdig geformten Raum, einem unregelmäßigen Achteck mit einem Durchmesser von etwa sechs Metern. Auch die Decke besteht aus mehreren Flächen in schrägen Winkeln. Wände und Decken sind braungrau. Er hat *ein* Fenster; dieser Raum befindet sich in einem sehr merkwürdig geformten Haus. Es ist sehr hoch – sechs oder sieben Stockwerke hoch und ein einziger Haufen sonderbarer Anbauten und Türmchen. Irgendwie weiß ich das im Traum, denn ich kenne es. Vom Fenster aus kann ich ein höheres Stockwerk an der Seite des Hauses mit einem leuchtturmartigen Raum sehen. Dieser Raum hat ein kuppelförmiges Dach und viele Fenster. Im Inneren hängen gelbe Glühbirnen, die leuchten, obwohl helllichter Tag ist. In dem Raum, in dem ich bin, ist eine Frau bei mir. Ich kann sie weder sehen noch beschreiben, aber ich spüre ihre Anwesenheit, entweder im Zimmer selbst oder im Haus. Sie macht sich Sorgen, die Lichter in dem Turmzimmer müssen unbedingt brennen, und sie hat Angst vor einem Stromausfall.

Vor dem Fenster befindet sich ein kurioser bleiverkleideter Vorsprung – nicht ganz eine Kuppel, denn sie ist oben flach. Eine Stimme sagt: „Nein, ein Geländer ist wirklich nicht nötig; schließlich ist es nicht sehr weit bis zum Boden." Ich krieche aus dem Fenster auf die bleigedeckte Plattform und schaue über den Rand. Der Boden ist weit unten, aber ich habe kein Schwindelgefühl. Ich sehe mehr von der merkwürdigen Form des Hauses – lauter Ausbuchtungen, Kuppeln, Türmchen und merkwürdig vorspringende Fenster. Ich krieche wieder ins Zimmer.

Quellen: Das merkwürdig geformte Haus könnte von der Lektüre über Jungs kurioses Haus in Bolingen (eigentl. Oberbollingen, d. Ü.) kommen. Die Angst vor dem Ausgehen der Lichter von einem angedrohten „Dienst nach Vorschrift" im Elektrizitätswerk Portobello, der zu Stromausfällen führen könnte. Bleiverkleidete Kuppeln: Eine Erinnerung an die Braid Crescent mit dem bleiverkleideten Dachvorsprung vor meinem Arbeitszimmerfenster und den kuriosen Blei- oder Zinkkuppeln über den Fenstern des Salons gegenüber. Aufs Dach bin ich oft gekrochen, wenn ich Funkantennen angebracht habe.

Deutung: Ein sehr bedeutender Traum. Das seltsame, merkwürdig geformte Haus ist mein ganzes Selbst, die Kuppeln, Türmchen etc. sind verschiedene Zuwächse an Wissen und Erfahrung, die ich in meinem Leben gesammelt habe. Der achteckige Raum ist mein bewusstes Selbst (Ich). Von ihm aus kann ich das übrige Gebäude spüren und sehen. Der hohe leuchtturmartige Raum ist das spirituelle oder höhere Selbst, das goldenes Licht ausstrahlt. (Vgl. *Das Geheimnis der Goldenen Blüte*, übersetzt von Richard Wilhelm, kommentiert von Jung.) Das Licht wird durch die Aktivität des ganzen Selbst am Brennen gehalten, und es ist von höchster Wichtigkeit, dass es am Brennen gehalten wird. Die unsichtbare, aber spürbare Frau ist die Anima. Dass ich auf das Dach hinauskriechen und ohne Schwindelgefühl auf den Boden und die unteren Stockwerke hinunterschauen kann und die Stimme sagt, ein Geländer sei wirklich nicht nötig, verstehe ich so, dass ich gefahrlos versuchen kann, mit dem Unbewussten in den unteren Tiefen bis hinunter zum Boden Kontakt aufzunehmen.

Während Obiges ein klares Beispiel für einen Traum ist, stellt das Folgende eine Kombination aus Vision und Traumsequenz dar. Es beginnt mit einer Vision, in der die Welt in einem frühen Stadium ihrer Evolution gesehen und vor der Entstehung des Lebens dargestellt wird.

Die Vision geht in einen Traum mit Elementen des 20. Jahrhunderts über, wird schließlich aber wieder zu einer Vision. Wie oben analysiert ROC am Ende seine Vision beziehungsweise seinen Traum.

> 640407. Ich bin an einem sehr seltsamen Ort, anders als alles, was ich je gesehen habe, und schwer zu beschreiben. Es ist eine Meeresküste, obwohl das Meer in einiger Entfernung liegt. Es gibt einen Sandstrand und viele Felsen, die alle nicht sehr groß sind. Alles ist sehr weiträumig, und das Meer verläuft in gerader Linie. Die Färbung ist sehr auffällig und intensiv und besteht hauptsächlich aus Brauntönen, von sandfarben bis zum dunklen Rotbraun einiger Felsen. Es gibt keinerlei Anzeichen von Vegetation. Das Meer ist dunkel und der Himmel bedeckt. Doch trotz der scheinbar tiefsten Trostlosigkeit herrscht ein Gefühl heiterer Gelassenheit. Ich habe das Gefühl, dass dies die Welt ist, bevor das Leben auf ihr erschien – ruhig, heiter, zeitlos. Das Gefühl der Zeitlosigkeit ist sehr stark. Ich bin nackt, was richtig erscheint, denn Kleidung wäre ein Anachronismus, aber ich nehme meinen Körper kaum wahr. Ich scheine gleichzeitig ich selbst und nicht ich selbst zu sein. Mit anderen Worten, ich bin mir bewusst, dass mein bewusstes Selbst nur ein Teil von etwas viel Größerem ist, das hinter der materiellen Realität liegt. Ich bin mir dieses ganzen Selbst sehr bewusst, und ich weiß auch, dass ich Teil des Geistes hinter der gesamten Schöpfung bin.

Die Stille und Zeitlosigkeit vermitteln dieses außergewöhnliche Gefühl von Heiterkeit und Frieden.

Jetzt bemerke ich eine riesige Gesteinssäule – rotbraun, die sich in einiger Entfernung vor mir aus dem Boden erhoben hat. Sie ist ein Phallus, leicht gebogen und fast eine exakte Nachbildung eines Penis [vgl. Jungs Beschreibung einer ähnlichen Vision, die er hatte]. Unter meinem Blick wird er vollkommen gerade, und die Form verändert sich von rund zu viereckig, und dann erscheinen zwei Arme, die ihn in ein Kreuz verwandeln. Im selben Moment klart der Himmel auf und erstrahlt hinter dem Kreuz in einem blendend hellen orangefarbenen Licht. Das Meer färbt sich strahlend blau, und die ganze Landschaft erstrahlt in einem geradezu blendenden Licht. Ein solches Licht und solche Farben habe ich noch in keinem Traum gesehen, an den ich mich erinnern kann. Das Kreuz erhebt sich in die Luft und bewegt sich rasch von mir weg in den glühenden Himmel und verschwindet.

Die Landschaft beginnt sich zu verändern. Das Meer verschwindet, und rundherum erheben sich Berge, doch in der Mitte verbleibt eine weite sandige Ebene. Der Himmel ist nach wie vor gelborange und sehr hell. In der Mitte der Sandebene – die, obwohl Wüste, immer noch Heiterkeit ausstrahlt – erscheint ein großer Trilith (zwei aufrechte Steinsäulen, über denen quer eine dritte liegt), der aus rotbraunen Steinblöcken von enormer Größe errichtet wurde. Obwohl dies nun ein Indiz für die Existenz der Menschheit ist, gibt es keine Anzeichen von Leben. Der Trilith verändert langsam seine Form und wird zu einem perfekten Steinring. Die Berge werden höher, und ich scheine mich über sie in den Himmel zu erheben, sodass ich nun auf eine weite, ehrfurchtgebietende Landschaft aus Bergen und Tälern hinunterblicke. Ich befinde mich auf dem Gipfel eines Berges und schaue in ein tiefes Tal. Die vorherrschenden Farben sind nach wie vor Brauntöne, und das Gefühl der Heiterkeit und Zeitlosigkeit hält an.

Die Landschaft verblasst, und ich nehme Musik wahr. Es ist eine Kapelle der Heilsarmee, und ich befinde mich im Salon des alten Hauses in der Braid Crescent. Ich gehe zum Fenster, kann aber kein Anzeichen für die Kapelle entdecken, obwohl die Musik weiterspielt. Die Straße draußen sieht aus wie die Albany Street, nicht wie Braid Crescent. Die Musik wechselt zu moderner Tanzmusik, und ich denke, gegenüber feiern wohl ein paar Leute eine Party. Ich schaue zur anderen Straßenseite und sehe in einem Zimmer weiter links Leute tanzen. Das Fenster ist offen, und zwei Menschen, ein Mann und ein Mädchen, sitzen zu beiden Seiten des Fensters mit dem Rücken zu ihm. Ich glaube, dass es für mich an der Zeit ist, nach oben zu gehen (wieder Braid Crescent). Ich verlasse das Zimmer und gehe in das angrenzende Badezimmer, um mir die Hände zu waschen. Dieses Waschen scheint ein Ritual zu sein. Eine Stimme sagte: „Die Macht des Phallus kann niemals sterben.“ Ich gehe die Treppe hinauf in mein Arbeitszimmer und schaue aus dem Fenster (in der Braid Crescent). Ich kann über die gegenüberliegenden Dächer sehen, und anscheinend erhebe ich mich in die Lüfte, da ich die ganze Stadt überblicken kann.

Unter meinen Augen verschmilzt die Szene mit der, die ich zu Beginn des Traums gesehen habe. Wieder bin ich mir, trotz der scheinbaren Trostlosigkeit der Szene, der Heiterkeit und Zeitlosigkeit und auch meines vollständigen Selbst bewusst – dieses scheint allgegenwärtig zu sein.

Der Traum ist so lebhaft, dass er nie verblassen und vergessen werden wird.

ROC's Bemerkungen: Sehr bedeutend und eher eine Vision als ein Traum. Die Landschaft ist mir völlig fremd und unbekannt, und ich bin sicher, dass sie auf nichts basiert, was ich je gesehen habe. Die Heiterkeit und Zeitlosigkeit sind bedeutsam, und auch das Gefühl, mehr zu sein als mein bewusstes Selbst. Dies könnte auf einen weiteren Grad der Integration der Persönlichkeit hindeuten, ebenso das Gefühl einer Verbindung zum göttlichen Grund.

Die Nacktheit legt die interessante Vermutung nahe, dass dies eine außerkörperliche Erfahrung und eine Vision war. Die okkulte Lehre besagt, dass es sich um eine Astralprojektion handeln kann, wenn man sich im Traum nackt sieht. Der Phallus ist wahrscheinlich das grundlegendste archetypische Symbol für die Schöpfung und daher für Gott selbst.

Der erste Teil des Traums deutet auf die frühe Schöpfung hin. Da sich das Kreuz ursprünglich aus einem solchen Symbol entwickelt haben könnte, war die Verwandlung vielleicht zu erwarten gewesen. Das orangefarbene Leuchten und die Überhöhung des Kreuzes sind weitere Indizien für die Göttlichkeit hinter den Symbolen. Die Veränderung der Landschaft lässt auf die Evolution der Erde schließen – die Entstehung der Berge und so weiter. Die Kargheit der Landschaften, die doch auch eine Heiterkeit hatte, soll vielleicht zeigen, dass das Göttliche auch hinter der unwirtlichsten Szene zu finden ist. Der Trilith ist ein weiteres religiöses Symbol von sehr hohem Alter, und er verwandelt sich in den unendlichen Kreis, das grundlegende Symbol für die Ewigkeit – die Schlange, die sich in ihren eigenen Schwanz beißt.

Nach der Reise über die Berge und Täler kommt der plötzliche Einbruch des 20. Jahrhunderts mit der Kapelle der Heilsarmee. Diese verbindet sich mit der Braid Crescent und dem Salon des alten Hauses; denn ich erinnere mich, dass ich einmal äußerst verärgert war über eine solche Kapelle, die mitsamt großer Trommel, kleiner Trommel und Tamburins direkt vor dem Haus aufspielte, als ich gerade einer Radiosendung mit zeitgenössischer Musik lauschte, die ich unbedingt hören wollte. Sie haben es mir gründlich verdorben. Die Tanzmusik und dass die Straße draußen die Albany Street war, gehören zur Gegenwart. Die Studenten in der Wohnung gegenüber veranstalten oft Tanzabende und lassen dabei die Fenster offenstehen.

In die oberste Wohnung zu gehen und die ganze Stadt zu überblicken, muss tiefe Bedeutung haben. Es ist eine Parallele zum Blick über die Gebirgslandschaft.

Das wichtigste Muster, das sich in meinen Träumen bereits herauskristallisiert, ist, dass sich unter den weniger bedeutsamen Träumen, die aus einer Vielzahl vergangener Erfahrungen zusammengesetzt zu sein scheinen, hin und wieder ein bedeutsamer Traum – oder wahrscheinlicher eine Vision – befindet, der zweifellos wichtig ist. Er kann symbolisch sein mit einer deutlichen Mitteilung aus dem universellen Unbewussten, oder er kann von „außen" kommen (von dem, was Aldous Huxley als „das Gegebene" bezeichnet). Zweifellos begegne ich in meinen Träumen personifizierten Jungschen Archetypen. Ich halte die Beschäftigung damit für wichtig, da sie zu einer weiteren Stufe in der Integration meiner Persönlichkeit führt.

Auf der Grundlage des folgenden Traums und der damit verbundenen Vision wird die Integration des oben besprochenen archetypischen „Schattens" nun als vollständig betrachtet. Die Symbolik ist hier etwas leichter verständlich:

640426. Ich gehe an einer Küste entlang, die in etwa der aus dem vorigen Traum (vom 7. April) ähnelt. Die Färbung ist praktisch gleich, und es gibt keinerlei Anzeichen für Leben. Es herrscht dieselbe Heiterkeit und das Gefühl der Zeitlosigkeit. Ich bin nackt. Jetzt befinde ich mich auf dem Gipfel eines Berges mit einem wunderbaren Panorama aus Gebirgszügen und Tälern.

Ich bin wieder an der Küste, aber dieses Mal habe ich einen Begleiter – den dunkelhaarigen jungen Mann, der immer wieder in meinen Träumen auftaucht und von dem ich inzwischen weiß, dass er der „Schatten" ist. Wir gehen an der Küste entlang, und er legt mir den Arm um die Schultern. Wir bleiben stehen, und er dreht sich zu mir um und zieht mich mit der anderen Hand zu sich heran. Er schaut mir geradewegs in die Augen und sagt: „Jetzt verstehen wir einander wirklich." Er lächelt, und wir gehen weiter.

Plötzlich verschmilzt er mit mir, und wir werden zu einer Person.

ROC's Bemerkungen: Dies scheint zu der Art von Tiefentraum zu gehören, der eine Vision ist oder daran grenzt. Ich war wach, als dieser „Traum" begann. Dabei war mir lebhaft bewusst, dass die Küste zu einer anderen Daseinsebene gehört. Zugleich war mir bewusst, dass ich in meinem Zimmer im Bett lag, so als ob die andere Ebene die physische überlagerte. Dabei wurde ich mir der physischen Ebene immer weniger bewusst, je stärker ich in die andere eintrat. Meeresküsten und Bergeshöhen sind in meinen Träumen offenbar wiederkehrende Motive. Auch hier bin ich in einem Traum wieder nackt – ein möglicher Hinweis auf eine außerkörperliche Reise. Nacktheit wirkt in dieser Form nie fehl am Platz oder peinlich, sondern ist vollkommen natürlich und richtig.

Sie ist wichtig, denn sie deutet darauf hin, dass man sein natürliches Selbst ist, ungeschönt und unverdorben durch Kleidung, die künstlich ist und zur physisch-materiellen Welt gehört.

Ich habe keinerlei Zweifel, dass der Begleiter mein „Schatten" ist und die Verschmelzung zu einer Person nach seinen bedeutsamen Worten darauf hinweist, dass ich mich mit ihm versöhnt habe und jetzt vollständig integriert bin. Ich bezweifle, dass er weiterhin in meinen Träumen erscheinen wird, außer hin und wieder einmal, aber sicher nicht mehr als der Feind. In meinem Wachleben hat es in letzter Zeit keine Anzeichen mehr dafür gegeben, dass ich den Schatten auf andere Menschen projiziere, was sehr befriedigend ist.

Das Folgende ist die letzte Traumsequenz, die ich vorstellen möchte. Sie rundet das Jungsche Integrationsthema ab. Unsere Visionen (oder Träume) wörtlich zu nehmen, ist im Allgemeinen völlig inakzeptabel, aber anscheinend können sie sehr wohl eine bedeutungsvolle zugrunde liegende Botschaft verkörpern. Die Deutung der Symbolik ist daher von entscheidender Bedeutung.

640501. Ich bin am Meer, nicht das Meer meiner vorherigen Träume, sondern eine Felsküste. Das Meer ist sehr dunkel. Gegenüber liegt eine Insel, und ich weiß, dass ich dorthin muss. Bei mir ist jemand – ein älterer Mann. Ein ziemlich klappriges Boot wird ans Ufer gebracht.

Mein Begleiter lehnt es ab. „Damit können wir nicht fahren", sagt er, „wegen der Krokodile." Darauf erwidere ich: „Unsinn; es gibt hier nur ein Krokodil, und das ist harmlos; es ist viel zu faul, um irgendjemanden anzugreifen." Ich will gerade ins Boot steigen, da beginnt sich der Abstand zwischen der Küste und der Insel zu verkürzen. Die Küste scheint auf die Insel zuzutreiben, bis das Boot fast auf dem Trockenen liegt und das wenige dazwischen verbliebene Wasser überbrückt. Ich überquere es, und ein dunkelhaariger junger Mann hilft mir die ziemlich steile Inselküste hinauf. Der ältere Mann scheint weg zu sein. Die Insel ist hügelig und nicht sehr groß. Über einen Pfad, der einen Hügel umrundet, steigen wir auf und kommen an eine leichte Senke mit Blick aufs offene Meer. Mein neuer Begleiter setzt sich und bedeutet mir, es ihm gleich zu tun. Ich schaue mir den Boden an. Er ist sehr feucht, daher weigere ich mich, mich hinzusetzen. Der junge Mann schaut mich an und grinst. „Klar, wenn du Angst hast vor der Feuchtigkeit." Er zuckt mit den Schultern, steht auf und wir gehen weiter.

Bemerkungen: Ich habe vor, heute nach Dirleton [bei North Berwick] zu fahren, und dies könnte eine Vorwegnahme sein. Die Insel könnte Fidra oder eine der anderen Inseln in der Nähe sein. Außerdem schwingt eine Erinnerung an die Folge der BBC-Reihe *Kidnapped* mit, die in Oban spielt. Das klapprige Boot ist das, in das wir dort steigen mussten, und das zwischen einer Insel und dem Festland verkehrte. Das Krokodil ist ein Rätsel, obwohl neulich in einer BBC-Sendung jemand sagte, Krokodile seien faul. Dass Küste und Insel sich aufeinander zubewegen, gehört zu den Dingen, die in Träumen nun einmal vorkommen. Der dunkle junge Mann ist mit ziemlicher Sicherheit wieder der Schatten, und da er mir hilft, ist dies ein weiterer Hinweis auf die Versöhnung, die zwischen uns stattgefunden hat. Die Annäherung von Insel und Küste könnte symbolisieren, dass es viel leichter geworden ist, Verbindung mit dem Unbewussten aufzunehmen. (Eine Meditation über diesen Traum hat ergeben, dass die Küste eine schwimmende Insel war, die Insel hingegen der Gipfel eines Unterwasserberges, der aus der Erde emporwuchs.) Dies muss also der Fall sein, insbesondere da der Schatten dort war, um zu helfen. Da er auf dem feuchten Boden sitzt und will, dass ich das auch tue, deutet dies darauf hin, dass er vielleicht immer noch Dinge tun möchte, die ich nicht tun will. Aber da er meine Weigerung so gutmütig akzeptiert hat, deutet dies auf den Grad der Verbundenheit hin, der nun zwischen uns besteht. Interessant ist, dass das Motiv des Aufsteigens vorkommt.

Kapitel 3

Supranormale Fähigkeiten

Das übersinnliche Element

Wie aus den folgenden Beispielen hervorgeht, verfügte ROC über viele Fähigkeiten, die man normalerweise mit medial begabten Menschen in Verbindung bringt. Einige dieser Vorfälle betrafen Dritte, andere mich selbst und meine Familie. Die Skizzen sind natürlich hauptsächlich anekdotisch, zusammengenommen aber sind sie ziemlich überzeugend, insbesondere wenn es einem selbst widerfährt.

Migräne

Dieses besondere Ereignis werde ich wahrscheinlich nie vergessen. Im Rahmen meiner Arbeit als Werkstoffingenieur bei Ferranti musste ich viele mikroskopische Untersuchungen durchführen, was häufig einen Migräneanfall auslöste. In dieser Phase meines Lebens traten diese Migränen alle drei bis vier Tage auf; wenn die eine gerade im Abklingen war, war die nächste schon im Anzug.

Meine Migränen waren, so glaubte ich, ein ganz klein wenig besonders. Sie begannen mit den optischen Effekten, die viele Betroffene erleben, nämlich farbig blinkende „Zacken" am Rand des Gesichtsfelds. Außerdem stellte ich fest, dass sich über alles, was ich direkt anschaute, sofort ein Grauschleier zog, obwohl das periphere Sehen noch recht klar wirkte. Meine natürliche

Tendenz war es daher, die Blickrichtung in diese klaren Bereiche zu verschieben, aber sobald diese in mein Blickfeld kamen, waren sie ebenfalls verschleiert. Kurz nach dem Einsetzen der visuellen Effekte entwickelte sich ein Taubheitsgefühl, das in meiner linken Hand begann. Es wanderte allmählich den linken Arm und die linke Schulter hinauf, über den Mund (eine äußerst seltsame Empfindung), die rechte Schulter und den rechten Arm hinunter und endete in der rechten Hand. Diese Effekte ließen langsam nach und wichen dem klassischen, Übelkeit erregenden Kopfschmerz.

Wie ich bereits erwähnt habe, führte mein abendlicher Heimweg nach der Arbeit an ROC´s Wohnung vorbei, und wie üblich schaute ich kurz herein. Ich kann mich heute nicht mehr an das genaue Datum erinnern, aber es dürfte um das Jahr 1970 gewesen sein. Nach einer kurzen Plauderei stand ich auf, um meinen Heimweg fortzusetzen, nur um festzustellen, dass die Migräne-Effekte begannen. Da ein sicheres Autofahren unter diesen Umständen unmöglich ist, fragte ich ROC, ob ich noch ein wenig sitzenbleiben dürfte, bis die optischen Effekte aufgehört hätten.

In dem Moment sagte er, er glaube zwar nicht, dass es im Leben seine Aufgabe sei, als Heiler zu wirken, aber wenn ich einverstanden wäre, würde er „schauen, was er tun könne". Ich wandte ein, dass ich alle üblichen Medikamente ausprobiert hätte und wirklich glaubte, er verschwende nur seine Zeit. Unverzagt stellte er sich hinter mich und hob seine Hände über meinen Kopf, ohne ihn jedoch zu berühren. Ich protestierte immer noch und betonte, er verschwende nur seine Zeit. Freundlich meinte er, ich solle aufhören, mich zu wehren, keine Einwände mehr vorbringen, den Mund halten und stillsitzen. Nach wenigen Augenblicken sagte er: „Ich nehme eine Art Knoten in deinem Gehirn wahr, der anscheinend die Ursache des Problems sein könnte. Ich will mal sehen, ob ich ihn auflösen kann.“ Entgegen seiner offenkundigen Zuversicht haderte ich gedanklich immer noch mit mir selbst, denn im Grunde bezweifelte ich ernsthaft, dass er irgendetwas Positives ausrichten könnte.

Inzwischen hatte das Taubheitsgefühl meinen Mund erreicht, und es war zu erwarten, dass es im nächsten Schritt bis in meinen rechten Arm hinunterziehen würde. Aber unglaublicherweise kam das Taubheitsgefühl nicht nur zum Stillstand, sondern löste sich auf. Das hat mein Glaubenssystem, oder vielleicht sollte ich eher sagen, meinen Unglauben, wirklich erschüttert. Ganz Wissenschaftler, dachte ich dennoch, das ist ja alles gut und schön, ein netter Zufall, aber in ein paar Tagen ist die Migräne bestimmt mit voller Wucht wieder da, und zwar zweifellos doppelt so stark.

Doch das war's. Vorbei! In den darauffolgenden fünfundzwanzig Jahren hatte ich keinen einzigen Migräneanfall mehr. Seither und bis heute bekomme ich wieder welche, jedoch ganz selten, vielleicht alle fünf bis sechs Monate. Sie sind zwar mit einem Teil der visuellen Effekte verbunden, aber das Taubheitsgefühl ist nie wieder aufgetreten.

Seltsamerweise wirkte ROC von seiner Heilung nicht im Geringsten überrascht und machte auch kein Aufhebens aus seiner Fähigkeit. Nicht einmal in seinen Notizen wird sie angedeutet. Im Nachhinein habe ich mich oft gefragt: Wenn er behauptete, sein irdischer Auftrag sei nicht der eines Heilers, um wie viel effektiver war er dann wohl in dem, was er tatsächlich als seinen „Auftrag“ betrachtete. Daraus schloss ich, dass dieser Mensch tatsächlich verborgene Tiefen haben könnte.

Illustre Doktoren

Während das oben Erwähnte direkt mir persönlich passiert ist und die Wirkung in ihrer Unmittelbarkeit unbestreitbar und bemerkenswert war, zeigte sich ROC's Einfluss auch bei weiteren Mitgliedern meiner Familie. 1970 lag meine Frau Jean im Krankenhaus und wartete auf die Geburt unseres zweiten Kindes, David. Es gab Komplikationen, denn besagtes Kind, inzwischen stämmige acht Pfund schwer, hatte offenbar etwas dagegen, auf die Welt zu kommen. Außerdem befand er sich in der heiklen „Steißlage". Auch in den Tagen darauf war von einem Baby nichts zu sehen, und wir machten uns zunehmend Sorgen über das anhaltende Ausbleiben des Ereignisses. Ich fragte ROC, ob er auf medialer Ebene irgendetwas tun könne, um der Situation abzuhelfen, und als ich Jean am darauffolgenden Tag besuchte, sagte sie: „Gestern Abend ist etwas Merkwürdiges passiert. Ich war in einem etwas träumerischen Zustand, habe aber definitiv nicht geschlafen. Und nach und nach habe ich vier Gestalten wahrgenommen, die um mich herumstanden und mich konzentriert anschauten. Ich war, gelinde gesagt, etwas überrascht, hatte aber keine Angst. Eigentlich habe ich mich in ihrer Gegenwart sogar sehr geborgen und gestärkt gefühlt, und irgendwie hatte ich den Eindruck, dass sie Ärzte waren. Aber", fuhr sie fort, „sie trugen keine moderne Arztkleidung, sondern Anzug und Krawatte und wirkten alt." Sie hatte nicht das Gefühl, dass es ein Traum war. Das Resultat war, dass David ein paar Tage später ohne weitere Zwischenfälle geboren wurde.

Interessanterweise hat Jean weder vor noch nach diesem Ereignis je wieder die Anwesenheit von Geistern wahrgenommen. Wie weiter unten (in einem Channeling des Mediums Albert Best) beschrieben, wurde ROC mitgeteilt, dass er, obwohl er sich dessen vielleicht nicht bewusst war, bei außerkörperlichen Reisen zusammen mit einem kleinen Team von Ärzten aus der anderen Welt an Heilungsaufträgen mitwirkte. Waren dies Jeans Erscheinungen in Anzug und Krawatte?

Träume und Präkognitionen

Den folgenden Traum hatte ROC Ende 1965. Damals wohnten meine Frau und ich in Glasgow und waren noch nicht auf das Gehöft Nervelstone in North Ayrshire gezogen. Ja, wir hatten damals noch nicht einmal an einen Umzug gedacht, und ich hatte zu der Zeit auch ROC noch nicht kennengelernt.

Abb. 11: Die Bachgumpe auf Nervelstone

Als wir schließlich im Februar 1967 dort einzogen, entdeckte ich in der Nähe unseres neuen Zuhauses bald eine Gumpe, einen Strudeltopf, in den sich ein Wasserfall ergoss. In dieser Gumpe badete ich fast täglich.

ROC versucht damals, einen Sinn für den Traum zu finden, aber erst als er ihn 1971 noch einmal liest, ahnt er, was er bedeutet haben könnte und dass dies möglicherweise ein präkognitiver Traum gewesen war.

651207. Ich bin in einem merkwürdigen Steinhaus. Es scheint zu einer Ruine zu gehören. Darin sind ein paar Leute.

Im Keller befindet sich ein Schwimmbecken; es hat eine unregelmäßige Form – ein Steinbecken im Freien mit etwa sechs Metern Durchmesser, umgeben von nicht sehr hohen Klippen, auf denen Bäume stehen, aus denen ein Wasserfall in das Becken stützt. Ein junger – mir unbekannter – Mann schwimmt darin.

Jetzt bin ich selbst drin; es reicht mir fast bis zum Hals. Das Wasser ist angenehm warm und von bräunlicher Farbe. Auf dem Grund befinden sich merkwürdige Gegenstände, die kaum zu erkennen sind.

Bemerkung: Vor Kurzem habe ich mich mit jemandem darüber unterhalten, wie schmutzig der Almond ist, und doch haben Jungen darin gebadet, als ich das letzte Mal dort war. Vielleicht vermischen sich hier dieser Fluss und das alte römische Kastell an seinem Ufer in der Nähe der Wasserfälle. Es könnte sich auch um eine Erinnerung an den Isla bei Hochwasser und seine braune Farbe handeln. Im Traum gab es keinen Gedanken daran, dass der Fluss schmutzig war, eher an die braune torfige Farbe der Flüsse im Hochland. Möglicherweise symbolisiert das „Schwimmbecken“ das Unbewusste und die nur schemenhaft erkennbaren Gegenstände darin Dinge in den Tiefen des Unbewussten.

Anmerkung (März 1972): Als ich vor etwa einem Jahr diesen Traum erneut las, wurde mir plötzlich klar, dass es

> sich um einen präkognitiven Traum gehandelt haben könnte. Das Schwimmbecken in den Traum ähnelte stark der Gumpe in dem Bach auf Nervelstone, wo Gordon und Jean Lindsay gewohnt haben, als ich sie kennenlernte (am 21. Oktober 1967). Ich halte es für wahrscheinlich, dass der junge Mann in dem Wasserbecken Gordon war.

Die Gumpe war so tief, dass einem das Wasser tatsächlich etwa bis zum Hals ging, und „nur schemenhaft erkennbare Gegenstände" gab es durchaus, denn sie war am Boden mit großen Steinen und Felsbrocken übersät, die durch die intensive Farbe des braunen Wassers weitgehend verdeckt waren. Im Sommer wurde das Wasser tatsächlich angenehm warm. Die Größe, die ROC angibt, und auch die umgebenden baumbestandenen Klippen treffen ebenfalls zu.

Krokusse

Auch ein weiteres ungewöhnliches Erlebnis ist es meiner Meinung nach wert, hier festgehalten zu werden, denn auch hier war ich dabei und kann für die Wahrheit bürgen. Das Nervelstone Haus, in dem wir eine Zeit lang gewohnt haben, gehörte zum Gehöftteil des Hauptkomplexes. Es war ein zweistöckiges Gebäude. Im Erdgeschoss befanden sich Küche, Bad und Wohnzimmer, im Obergeschoss zwei Schlafzimmer, eines für uns selbst, das andere für Gäste. Das Gebäude lag zwischen einem großen Kuhstall (ungenutzt, da Landwirtschaft dieser Art nicht mehr betrieben wurde) auf der einen und dem Haupthaus auf der anderen Seite, in dem die Besitzer des Anwesens wohnten.

Gelegentlich hatte ROC uns in unserem ländlichen Zuhause besucht und bei uns übernachtet. Dann wohnte er im Gästezimmer im Obergeschoss. Dieses Mal war er am Freitag, den 15. März 1968, angekommen. Von beiden Schlafzimmern ging der Blick über die gepflegten Rasenflächen des angrenzenden Haupthauses und von dort über die benachbarten Felder. Ich schaute ohne besondere Absicht aus den Schlafzimmerfenstern und bemerkte Scharen von Krokussen auf dem Gras. Ich war überrascht, denn noch vor wenigen Tagen war nichts davon zu sehen gewesen. Ich erzählte es ROC, und wir standen beide am Fenster und unterhielten uns darüber, wie schön sie aussahen. Sie waren wirklich eine Zierde für den Rasen:

> 680320. Nervelstone. Vision von Krokussen, die Gordon und ich um einen Baum auf dem gegenüberliegenden Feld gesehen haben. Später festgestellt, dass sie gar nicht da waren. Sie wurden von dem Schlafzimmer aus gesehen, in dem ich mich aufhielt, nachdem Gordon um 9:20 Uhr aus Kilbirnie zurückgekommen war. Ich sah sie ganz deutlich – Nester violetter und weißer Krokusse, genau wie auf dem Rasen beim Haus (nebenan). Ich hatte kurz den Gedanken, dass es sich um eine Täuschung durch kleine Schneeflocken handeln könne, aber auf dem Boden war kein Schnee zu sehen, außer einer feinen Linie unter der Hecke auf der linken Seite am Ende des Feldes. Die violette Farbe war sehr kräftig, und ich konnte die Stängel und Blätter der Blumen sehen, deshalb war ich mir sicher, dass sie wirklich da waren.

Ein paar Tage dachte ich nicht weiter daran, aber dann fand ich, dass es sich lohnen würde, die Krokusse zu fotografieren, bevor sie alle verwelkten. Ich legte einen 35mm-Film in die Kamera und ging nach draußen, um den spektakulären Anblick auf dem Rasen des Nachbarhauses und um den Baum auf dem angrenzenden Feld aufzunehmen. Es waren jedoch nirgendwo Krokusse zu sehen, weder im Rasen noch auf dem Feld. Ja, es gab nicht einmal das geringste Anzeichen dafür, dass sie überhaupt je da gewesen waren, wie zum Beispiel verwelkte Stängel. Ich war wirklich verblüfft:

> 680320. Nervelstone. Gordon wollte nachsehen, ob die Krokusse auf dem Feld fotogen sind, und stellte fest, dass es dort gar keine gab! Ich war mir ganz sicher, dass ich Krokusnester gesehen hatte, und er auch. Die Illusion war wirklich sehr echt gewesen, und ich glaube, es handelte sich um eine Art Vision, die Gordon höchstwahrscheinlich gegeben wurde, um ihm zu zeigen, dass er Dinge „sehen" könne, die eigentlich nicht existierten. Er war überzeugt, dass er echte Blumen gesehen hatte, und bezweifelte es doch.

Tatsächlich hatte ich darüber geklagt, dass ich kein Gespür für die „feineren" Welten hätte. Leider ist dies immer noch so, und ich fühle mich fest in einer allzu physischen Welt verwurzelt.

Kartentricks

Das folgende Beispiel bezieht sich auf ein Experiment im „Kartenraten". Dabei kam heraus, dass ROC bereits wusste, welche Karte gezogen würde, noch bevor dies tatsächlich geschah:

> 631230. Robin und ich haben für heute Abend ein vorgetäuschtes Experiment in außersinnlicher Wahrnehmung vereinbart. Er sollte einen seiner Freunde dazu bringen, eine

Karte zu ziehen, und mich dann anrufen. Mithilfe eines vorher vereinbarten Codes würde Robin, der die Telefonnummer wählte, mir die Karte verraten, die ich dann seinem Freund David nennen würde.

Etwa um 20:30 Uhr, also sogar noch bevor die Karte überhaupt gezogen wurde, hatte ich das anhaltende Gefühl, dass es die Herz Zehn werden würde. Um 20:45 Uhr schrieb ich es auf, und um eine Zeugin zu haben, rief ich um 21:10 Uhr Nell an und nannte ihr die Karte – Herz Zehn. Etwa um 21:20 Uhr rief Robin an, und zu meiner völligen Überraschung nannte er den Code der Herz Zehn. Daher bat ich David, gleich nach dem Auflegen Nell anzurufen und sie nach der Karte zu fragen, und gab ihm ihre Nummer. Entweder war das reiner Zufall mit einer Wahrscheinlichkeit von 52 zu 1, oder es war zu unser aller Verwirrung eine echte außersinnliche Wahrnehmung aufgetreten. Ich kannte die Karte, bevor sie gezogen wurde. Wenn es also kein reiner Zufall war, musste es Präkognition oder Psychokinese gewesen sein – wobei mein Geist den Menschen, der die Karte zog, irgendwie beeinflusste.

Rutengehen und Pendeln

Ein weiteres Beispiel, das ich vorstellen möchte, dreht sich um die Fähigkeit, mithilfe einer Rute oder eines Pendels Lage und Tiefe unterirdischer Rohre, Quellen und Wasserläufe zu bestimmen. Diese Technik eignet sich auch, um Art, Lage und Tiefe von Mineralien im Boden zu entdecken. Einige Menschen verfügen über diese Fähigkeit, und interessanterweise wurde auch behauptet, dass ein Pendel, das man einfach über eine Landkarte des fraglichen Gebiets hält, zu schwingen oder zu kreisen beginnt, wenn es sich über der relevanten Stelle befindet. Diese Beispiele sind kurz. In Anbetracht dessen, dass es zu so ziemlich allem anderen zahlreiche Anmerkungen gibt, beschleicht einen das Gefühl, dass ROC dem Thema geringe Bedeutung beimaß. So nach dem Motto: „Pendeln, hmm, keine große Sache." Ich habe es ein paar Mal probiert, und mir fehlt es in dieser Richtung wirklich an jeglicher Begabung!

> 670917. Findhorn. Beim Mittagessen sprach Ross Stewart über das Rutengehen und führte es vor. Stellte fest, dass ich es sowohl mit einer Rute aus Walknochen als auch mit zwei rechtwinklig gebogenen Drähten konnte. Die ungefähre Tiefe konnte ich durch Auftippen mit dem Fuß ermitteln, wobei jedes Tippen etwa 30 Zentimetern (dem englischen Längenmaß „Fuß", d. Ü.) entsprach.

> 691104. Findhorn. Peter kam, um mir zu sagen, dass der Vorarbeiter eines Straßenbautrupps Wünschelrutengänger sei und Ruten bei sich habe. Ob ich es versuchen möchte? Leonard hatte sich mit dem Mann unterhalten, und irgendwie waren sie auf das Thema Rohre finden und Rutengehen gekommen. Dabei sagte der Mann, er verwende Ruten und stelle sie auch her: Ein Paar drei Millimeter dünne Messingruten in Metallrohren, in die sie sich leicht einpassen lassen. Man kann sie ganz einfach in der geschlossenen Faust halten, parallel zueinander, die eine etwas höher als die andere. Wenn man langsam und gleichmäßig geht, schlagen die Ruten über einer Rohrleitung aus. Ich versuchte es, und sie schlugen über zwei Rohren aus, die sowohl der Vorarbeiter als auch Leonard bereits gefunden hatten, bevor ich zu ihnen gestoßen war.

> 700111. London. Habe später versucht, mit Karls Pendel im Garten eine Quelle zu finden, die sie dort vermuteten. Fand eine Stelle in der Mitte des Gartens; spürte den Wasserlauf diagonal durch den Garten auf, von links an der Hausecke nach rechts.

Zug

Ein weiteres Beispiel für eine „Eingebung" ereignete sich, als ROC vom Edinburgher Bahnhof Waverly nach Attingham fuhr, um dort einen Vortrag über „Die Realität der Welt der Elementarwesen" zu halten. Er wusste, dass zwei Freunde von ihm, Armine und Lizzie, ebenfalls im Zug sein würden. Doch wegen der Ankunftszeit ihres Zubringerzuges würde er sich nicht mit ihnen treffen können:

> 691229. Edinburgh. Ankunft am Bahnhof Waverly um 10:15 Uhr. Es gab bereits eine Warteschlange für den Zugang zum Bahnsteig, daher war ziemlich klar, dass der Zug sehr voll würde. Einen Moment lang bereute ich, dass ich keinen Sitzplatz reserviert hatte. Ich ging jedoch den Bahnsteig entlang bis zum Ende des Zuges an der New Street, machte kehrt und ging direkt zu einem bestimmten Wagen und dort in das zweite Abteil von vorne. Dort gab es einen freien Platz zum Gang hin in Fahrtrichtung, doch die Fensterseite war reserviert. Auf dem gegenüberliegenden Platz saß ein Geistlicher. Armines und Lizzies Zug würde erst um 10:20 Uhr ankommen, daher wäre es wohl schwierig, sie zu treffen. Dann wusste ich plötzlich, dass die reservierten Plätze für sie waren. Ich warf einen Blick auf die Reservierungskarten und sah, dass beide auf Crewe ausgestellt und von Aberdeen aus

gebucht worden waren, daher war ich mir sicher. Etwa fünf Minuten vor Abfahrt kamen sie an und waren erstaunt und erfreut, mich in ihrem Abteil zu sehen. Ich tauschte den Platz mit dem Mann neben mir. Der Waggon war restlos belegt.

Kapitel 4

Wer war ROC?

Spirituelle „Vaterschaft“

Wenn ich diese Frage stelle, frage ich vermutlich eigentlich: „Wer ist ROC?“ Nicht der Mann mit dem Namen Ogilvie Crombie, den wir bisher kennengelernt haben, sondern der ewige Teil von ihm: Seine Seelenidentität oder sein höheres Selbst. Da ROC nicht mehr unter uns weilt, können wir nicht die Standardverfahren anwenden, die Newton und andere zur Erforschung des Lebens zwischen den Leben nutzen, indem wir ihn hypnotisieren lassen und einfach fragen, wie sein ewiger Name lautet, welche Seelenfarbe er trägt (was den Grad seiner spirituellen Entwicklung anzeigen würde) und wer er historisch gesehen in früheren Inkarnationen war – Informationen, die Ihnen und mir in tiefer Hypnose offensichtlich leicht zu entlocken sind. In nur etwa einer halben Stunde könnten wir alle Antworten bekommen, die wir brauchen. So wie ich ROC kenne, bezweifle ich ernsthaft, dass er sich überhaupt einer Hypnose unterzogen hätte. In jedem Fall hätte er das auch gar nicht nötig gehabt, denn er hatte eine ziemlich gute innere Stimme, die ihn mit den meisten Hinweisen versorgte.

Diese Hinweise erhielt er infolge seiner starken medialen Empfänglichkeit für die feinstofflicheren Welten. Obwohl er sich für die Wesen interessierte, die ihm erschienen, und von ihnen fasziniert war, blieb er gegenüber allem, was er sah und hörte, kühl und analytisch. Interessanterweise war er nicht neugierig.

Er suchte die Kontakte nicht; sie kamen zu ihm, und dies in überraschender Form und Anzahl.

Einer dieser Kontakte, derjenige, der für unsere Frage relevant ist, „kam“ mit Peter Caddy, dem Begründer der Findhorn-Gemeinschaft, als er ROC in den letzten Tagen des Jahres 1965 besuchte. Mit ROC´s Worten:

> 651229. Peter Caddy kam um 17:50 Uhr an. Während seines Besuchs, wir saßen hier im vorderen Zimmer, nahm ich eine große Gestalt in einem langen Umhang wahr. Sie stand etwas links von Peter, der in dem Sessel mit dem Rücken zum Fenster saß. Die Vorhänge waren zugezogen, und das Licht war an, denn es war dunkel. Ich hatte keine Ahnung, wer dieses Wesen war, und konnte auch keine Mitteilung darüber erhalten, auch wenn ich ein Gefühl großer Vertrautheit verspürte. In irgendeiner Hinsicht kannte ich diesen Mann gut. An einem bestimmten Punkt unseres Gesprächs erwähnte Peter St. Germain, der, wie er sagte, ihn und Findhorn überstrahle. Dabei deutete die Gestalt auf sich selbst und verneigte sich.
>
> Seither ist dieses Wesen recht häufig in meiner Wohnung. Ich sehe es als ziemlich großen Mann mit rundlichem Gesicht, gekleidet im Stil des 18. Jahrhunderts – schwarze Kniehose, schwarze Strümpfe und Schuhe mit silbernen Schnallen. Er trägt ein reich verziertes spitz zulaufendes Wams aus grünem Brokat mit schwarz-gelbem Muster und eine violette Schößchenjacke mit Ornamenten in Gold und Schwarz. Auf seinem Kopf sitzt eine hellgraue Perücke mit Seitenlocken und einem kleinen Zopf im Nacken, der von einer schwarzen Schleife gehalten wird. In der Regel, aber nicht immer, trägt er einen langen schwarzen, rot gefütterten Umhang um die Schultern sowie einen schwarzen Dreispitz-Hut.

Ich weiß sehr wenig über Monsieur le Comte de Saint Germain. Hin und wieder stieß ich bei meiner Lektüre auf Hinweise über ihn, die häufig abwertend waren und ihn als Scharlatan ablehnten, was mir irgendwie falsch vorkam. Außerdem hatte ich von einer Bewegung namens „I AM" (ICH BIN) gehört, die in Amerika entstand, sich bis in unser Land ausbreitete und eine Verbindung zu ihm hatte. Ein Freund von mir in Edinburgh gehörte ihr an. Was er mir darüber berichtete, hatte mich nicht beeindruckt.

Peter hatte mir erzählt, St. Germain sei einer aus der sogenannten „Hierarchie" – einer der Kosmischen Meister. Er sei auch als Meister R. (Fürst Rakoczi) bekannt. Er sei der Meister des Siebten Strahls – was immer das ist! Trotz meiner theosophischen Freunde habe ich nicht viel von Madame Blavatsky gelesen und auch nicht von Alice Bailey. Ich muss mehr über meinen geheimnisvollen Besucher herausfinden. Warum dieses starke Gefühl der Vertrautheit? Wer ist dieses Wesen, und warum zeigt es sich mir? In welcher Weise bin ich mit ihm verbunden?

St. Germains Ankunft fiel zwar mit der von Peter zusammen, sein Abschied jedoch keineswegs. Im Laufe der kommenden Wochen und Monate wuchs St. Germains Nähe zu ROC. Doch ROC hinterfragte immer noch seine Identität und die Echtheit der Botschaften, die durch ihn übermittelt wurden. Bei einem Besuch in Findhorn, neun Monate später, wurde St. Germain wegen ROC´s ständiger Zweifel spürbar ungeduldig:

660824a. Sicher warst du zufrieden, dass ich am Montag an der Küste meine Identität bewiesen habe, gerade so wie ich deine Eignung als Channel überprüft habe, den ich übernehmen und durch den ich arbeiten kann. Natürlich ist es richtig, dass du die Echtheit des Materials, das du erhältst, immer wieder infrage stellst, aber hindere es nicht am Durchkommen; baue keine Barrieren auf. Stelle es hinterher infrage, wenn du meinst, dass du das tun musst, und nicht während es durchkommt, wie du dies heute Abend versucht hast. Ich bin St. Germain [in der handschriftlichen Notiz unterstrichen], daran darfst du nicht zweifeln. Es kann durchaus Zeiten wie gestern geben, in denen das, was ich zu sagen habe, mit Überzeugungskraft durchkommen muss. Du musst es akzeptieren, so seltsam es auch ist, so sehr es auch von deinen eigenen Vorstellungen und Überzeugungen abweicht. Tatsächlich darfst du, während du als Channel agierst, keine eigenen Vorstellungen und Überzeugungen haben. Diese müssen solange völlig außer Kraft gesetzt werden, damit das, was ich dir eingebe, frei fließen kann. Auch Meinungen über und Gefühle für Menschen müssen solange verschwinden. Die Persönlichkeit muss zurücktreten. Das ist viel verlangt, und bevor du dich so vollständig unterordnen kannst, musst du sicher sein, dass ich der bin, der ich zu sein vorgebe. Aber das wird von dir verlangt, damit du die Rolle erfüllen kannst, zu der du berufen bist. Es gibt für dich jetzt kein Zurück mehr. Ich weiß, dass du an mich glaubst, und ich verlasse mich darauf, dass du deine Anweisungen genau befolgst.

Einen Monat später war ROC´s Akzeptanz von St. Germain in ausreichendem Maß gestiegen:

660926b. Eine der großen Notwendigkeiten war der Aufbau deines vollständigen und unbedingten Glaubens an meine

Identität. Ich weiß, dass dies nun gelungen ist. Es bleibt nicht der geringste Zweifel.

Im Laufe dieser letzten neun Monate ist ROC allmählich bewusst geworden, dass St. Germain eine enge Beziehung zu ihm hat. Er ist sich darüber im Klaren, dass diese Präsenz ihn genauso überstrahlt wie Peter Caddy. Aber ROC erkennt auch, dass St. Germain tatsächlich sein höheres Selbst sein könnte. Kein Jahr später liefert eine Übermittlung, die durch ROC von einer Gruppe kommt, die sich selbst als „Die Hierarchie" bezeichnet [vielleicht die Ältesten, von denen die Erforscher des Lebens zwischen den Leben sprechen?], eine weitere Bestätigung dafür, dass St. Germain ROC´s höheres Selbst ist. Zu der Zeit wird St. Germain als eigenständige, von ROC getrennte Figur dargestellt, die eine Rolle als überstrahlendes Wesen erfüllt, allerdings mit der Fähigkeit, sich bei Bedarf vollständiger zu integrieren:

> 670711a. Du wirst bei außerkörperlichen Reisen in deinem Ätherkörper, der das Gegenstück zu deinem physischen Körper darstellt, als repräsentatives Menschenwesen benutzt. Der, welcher dich überstrahlt – St. Germain – und der dich gelegentlich übernimmt, tut dies erst dann oder gibt sich den Wesen, mit denen du in Kontakt trittst, erst dann zu erkennen, wenn sie dich so akzeptiert haben, wie du bist.

In einer noch späteren Notiz, fast drei Jahre später, äußert sich St. Germain zum laufenden Integrationsprozess, und ROC bemerkt, dass zufällige Erinnerungen an St. Germains Leben auftauchen:

> 700812. Findhorn. In der Morgensitzung stand St. Germain hinter mir, legte mir die Hände auf die Schultern und sagte, ich dürfe der Verantwortung vor dem, der ich sei, nicht ausweichen. Falsche Bescheidenheit sei fehl am Platz. Wichtigtuerei hätte ich nicht zu fürchten. Wir sind eins, er ist ich und ich bin er. Ich werde ihn weniger außerhalb von mir wahrnehmen – er ist in mir. Das ist Identifikation. Ich war mir einer großen Macht und seiner Gegenwart in mir bewusst.
>
> Als ich zum Wohnwagen zurückging, war mir sehr merkwürdig zumute, und mir kamen kurze Erinnerungen, sehr flüchtig und schwer zu fassen, an das Paris zur Zeit Ludwigs XIV., an Ereignisse zu Lebzeiten Ludwigs XV. und an Madame de Pompadour; an Marie-Antoinette und die Französische Revolution; ein Gefühl von Wien und auch von Katharina der Großen in Russland; dann eine Wahrnehmung, Auriolis zu sein, der Hamlet spielt. Dies verursacht merkwürdige körperliche Empfindungen.

Und ein paar Tage später:

> 700815. Findhorn. Nehme St. Germain und jenen Aspekt oder Teil von ihm, der, wie ich vermute, mein höheres Selbst ist, immer noch stark wahr. Ein viel höherer Grad an Integration und Stabilisierung [tritt ein]. Die Erinnerungen gehen jetzt nicht mehr so schnell ineinander über wie zuvor, sind aber immer noch flüchtig oder kaum greifbar. Ich verspüre den Wunsch nach Schnupftabak. St. Germain muss ein sehr penibler Mensch gewesen sein.

Im Bibliotheksbereich in den Gebäuden der Findhorn Foundation hängt ein Bild von St. Germain, das in einen ovalen Rahmen gefasst ist (siehe Abb. 12). Die Herkunft des Gemäldes, seine Ankunft in Findhorn und die zweifache Bedeutung, die es sowohl für Peter Caddy, den ursprünglichen Mitbegründer der Gemeinschaft, als auch für ROC selbst hatte, sind faszinierend.

Abb. 12: Gemälde von St. Germain in der Findhorn Foundation

In der Anfangszeit seiner spirituellen Suche knüpfte Peter Verbindungen zu den Rosenkreuzern, insbesondere zu einer Gruppe namens „The Rosicrucian Crotona Fellowship“, die von einem George Alexander Sullivan (1890-1942) in Liverpool gegründet und geleitet wurde. 1936 zog die Gruppe auf ein Anwesen in Christchurch um. Peter wurde Schüler von Sullivan, der unter seinen Anhängern als „Auriolis“ bekannt war, und in seinem Heiligtum in Christchurch hing dieses Portrait von St. Germain. Peter erwarb dieses Gemälde in den 1970ern, der Rahmen wurde restauriert, und es wurde in Findhorn an prominenter Stelle ausgestellt. Ein Ehrenplatz als bestes Portrait der Welt kommt ihm ganz bestimmt nicht zu, aber als ROC es im April 1972 zum ersten Mal sah, war sofort eine Verbindung und eine Identifikation da. Mit ROC's Worten:

> 720418. Ich ging zurück zum Wohnwagen. Dann ging ich in den Park und in sein Heiligtum, wo sich das Bild von St. Germain befindet. Ich schaltete das rote Licht vor der Tür ein, damit ich ungestört bleiben würde. Der Raum ist cremeweiß gehalten und hat einen natürlichen offenen Kamin aus Stein gegenüber der Tür. Auf dem Kaminsims stehen auf einem braunen Feinschlingenteppich zwei große rotviolette Findhorn-Kerzen. Der Bilderrahmen ist rund und blassgolden. Als Gemälde ist das Bild schlecht, aber das spielt keine Rolle. Es ist ein Symbol und strahlt Kraft aus. Ich stand davor und hielt Zwiesprache mit meinem höheren Selbst. Das flache Bild schien zum Leben zu erwachen. Die Augen funkelten voller Scharfsinn und einem gewissen Schalk, und die Lippen lächelten. Ich machte die äußerst merkwürdige Erfahrung, mich selbst anzuschauen und mit mir selbst zu sprechen. Es gibt keinen Zweifel, dass St. Germain mich nicht nur überstrahlt, sondern mein höheres Selbst und teilweise in mir inkarniert ist. Er begrüßte mich mit großer Zuneigung. Endlich war ich in diesem Raum mit dem Bild. Es wäre nicht richtig gewesen, früher zu kommen. Jetzt war der richtige Moment. Das Bild wandelte sich immer wieder von einem flachen Bild zu einem lebendigen lächelnden Wesen, und die Kraft nahm immer mehr zu. „Das ist ein schlechtes Bild", sagte er, „eine schlechte Kopie des Originals, das in meinem Fall kein gutes Abbild war. So eine schlecht gemachte Perücke habe ich nie getragen. Nicht einmal tot hätte man mich mit so etwas gesehen. Meine

> Nase ist falsch. Aber es erfüllt seinen Zweck." Ich setzte mich vor das Bild (es gibt vier Stühle ähnlich denen im Heiligtum) und betrachtete das Bild, mit dem ich eine Identifikation verspürte. Es erwachte immer wieder zum Leben.

Aus all diesen Auszügen können wir den begründeten Schluss ziehen, dass ROC die Verkörperung von St. Germain war. St. Germain ist seine Seele oder sein höheres Selbst. Nach Newton wäre ROC mit einem Teil jener Seele inkarniert, einem exakten, wenngleich weniger energiegeladenen Teil von ihr. Welchen Seelenanteil ROC in die Inkarnation mitgenommen hat, werden wir natürlich nie erfahren. Aber bei einer so hochentwickelten Seele wie St. Germain es offenbar ist, wäre dieser Prozentsatz wohl relativ gering. Damit verbleiben „freie Kapazitäten" für weitere, parallele Inkarnationen, wie wir später noch sehen werden.

Was das Gemälde betrifft, so ist die einzige Person, die in der Lage wäre, sich verbindlich dazu und zu seiner Herkunft zu äußern, natürlich St. Germain selbst, und er gibt ROC gegenüber an, dass es sich um eine Kopie eines schlechten Originals handelt. Daher können wir es wohl als relativ genaues Abbild des historischen St. Germain betrachten. Die Darstellung weist eine gewisse Ähnlichkeit mit einem Stich von Nicolas Thomas aus dem Jahr 1783 auf, der im Louvre in Paris verwahrt wird.

Während St. Germains Erscheinungsbild durch dieses Gemälde einigermaßen klar wird, gilt dies für sein Leben ganz und gar nicht.

Historisch gesehen, lebte St. Germain (das „St." ist ein Familienname, kein Titel) von 1712 bis 1784, aber beide Jahreszahlen sind äußerst fraglich. Mit seiner Abstammung verhält es sich ähnlich: So wurde er verschiedentlich als der Sohn des transsilvanischen Fürsten Franz II. oder der letzten spanischen Habsburgerkönigin Maria-Anna von Pfalz-Neuburg und Witwe Karls II. von Spanien mit einem sephardischen Juden von niederer Geburt gehandelt. Seit den 1740er Jahren wird ihm im Allgemeinen der Titel Graf von St. Germain zugeschrieben. Dass St. Germain zu anderen Zeiten in anderen Ländern andere Namen angenommen hat, hilft der Verwirrung auch nicht unbedingt ab. Noch verworrener wird das Ganze dadurch, dass Gestalten wie Casanova gelegentlich vorgaben, St. Germain zu sein.

Im Dezember 1745 notiert Horace Walpole in einem Briefwechsel: „Der Bürgermeister von Edinburgh befindet sich in Gewahrsam eines Boten, und neulich wurde ein seltsamer Mann festgenommen, der unter dem Namen Graf von St. Germain auftritt. Er hält sich seit zwei Jahren hier auf und will nicht sagen, wer er ist und woher er kommt, bekundet aber, dass er nicht unter seinem richtigen Namen lebe. Er singt, spielt wunderbar die Geige, komponiert ..."

Er wird bald wieder freigelassen, und nach seinem zweijährigen Aufenthalt in Edinburgh werden einige seiner Werke in London veröffentlicht und aufgeführt (zwei seiner Kompositionen aus den Jahren 1745 und 1760 werden im British Museum verwahrt). Dem Vernehmen nach war er auch ein versierter Sprachenkenner (er soll Schwedisch, Portugiesisch, Französisch, Italienisch, Deutsch, Russisch und natürlich Englisch gesprochen haben), verfügte über ein erstaunliches historisches Wissen, und wird als ein stets jung aussehender Mann Mitte vierzig beschrieben. Letzteres mag seine legendäre Langlebigkeit erklären, die weit über den Zeitraum zwischen 1712 und 1784 hinausgereicht haben soll. Zu seinen bekannten und noch erhältlichen Veröffentlichungen gehört auch *Die hochheilige Trinosophia*.

In ROC's Aufzeichnungen gibt es eine interessante Andeutung, wonach St. Germain den Cluny Hill (bei Findhorn) besucht haben soll. Es wird das Jahr 1750 genannt, und dies würde mit St. Germains angeblicher Anwesenheit in Britannien um diese Zeit übereinstimmen:

> 680615. Findhorn. St. G. war bei mir und sagte, er sei auf dem Cluny Hill gewesen. Ich versuchte, von ihm zu erfahren, wann. Zunächst wich er aus und sagte, er sei einmal in diesem Land gewesen. Später wurde mir plötzlich das Datum genannt – 1750.

Als Nächstes taucht er in Frankreich auf, wo er sich im Chateau de Chambord einquartiert und in den kurzen zwei Jahren, die er dort verbringt (1758-1760), regelmäßigen Umgang mit Ludwig XV. und Madame de Pompadour pflegt. In dieser Zeit weiht er unter der Schirmherrschaft des Königs Laboratorien ein und führt Experimente zur Farbstoffherstellung durch.

1762 hält er sich in Russland auf, als Katharina die Große nach dem Tod ihres Mannes Peter III. den Thron besteigt. Unter verschiedenen anderen Namen taucht er in späteren Jahren auch in Belgien und Deutschland auf.

Sein Leben lang wird ihm die alchemistische Fähigkeit zugeschrieben, Diamanten herzustellen, fehlerhafte Diamanten nachzubessern und Metalle umzuwandeln. Zweifellos war er ein einzigartiger Mann, der es ausgezeichnet verstand, sich Zugang zu berühmten Häusern zu verschaffen.

Auf esoterischem Gebiet liegen Berichte von der Theosophin Helena Blavatsky vor. Sie beschreibt einen St. Germain, der ihr als einer der hochentwickelten Menschen erschien, die sie als die „Meister der Weisheit" bezeichnet. Ähnlich behauptet auch C. W. Leadbeater, ihm 1926 in Rom begegnet zu sein. In der theosophischen Überlieferung – und insbesondere in den Schriften von Alice

Bailey – gilt er auch als „Herr der Zivilisation“, als Meistermagier, Förderer, wenn nicht gar eigentlicher Begründer der Rosenkreuzer-Gesellschaft sowie ganz allgemein als der höchste Aufseher über die westliche magische und esoterische Tradition.

Dass St. Germain ROC´s höheres Selbst war, steht offensichtlich kaum mehr in Zweifel. Wenn wir jedoch versuchen, Einzelheiten über den historischen St. Germain zu klären, stehen wir eher auf schwankendem Boden. Dass er gelebt hat, ist hinreichend belegt. Doch seine häufigen, Zeit seines Lebens praktizierten Wechsel von Namen und Aufenthaltsland verwischen das Bild und geben Anlass zu umfangreicher Legendenbildung. Was seine Fähigkeiten und seinen Ruf in der Esoterik betrifft, schwanken die Angaben ebenfalls, je nach esoterischer Tradition.

Wenn er es aber wie ROC vorgezogen haben sollte, seine innere Arbeit im Geheimen und nicht unter den Augen der Öffentlichkeit zu tun, dann sind wir noch einen Schritt weiter davon entfernt, die wahre esoterische Seite des historischen St. Germain zu entdecken. In seinem gesamten Auftreten in den Schriften von ROC ergötzt er sich geradezu daran, in rätselhaften und paradoxen Begriffen zu kommunizieren; auch seine *Trinosophia* ist eine wahre Ansammlung verschiedenster Rätselvariationen.

Wenn St. Germain tatsächlich ein „aufgestiegener Meister“ ist, wie manche behauptet haben, lässt sich dies natürlich kaum beweisen, wenn wir uns lediglich seine allgemeine Lebensweise im 18. Jahrhundert ansehen.

Spirituelle „Bruderschaft“

„Wenn sie als drei einzelne Wesen inkarniert ist, ist die Seele nicht ein Drittel des Ganzen, sondern eine vollständige Seele und doch Teil des Einen. Eine ‚Wesenheit‘ kann sich als ‚Aspekt ihrer selbst‘ manifestieren, der zugleich das Ganze ist. Sie kann sich gleichzeitig an verschiedenen Orten in mehreren Aspekten manifestieren, aber jeder Aspekt ist das Ganze.“

Dieses Zitat könnte unmittelbar den Schriften der Pioniere der Forschung über das Leben zwischen den Leben entnommen sein, wenn sie über parallele Inkarnationen sprechen, wie ich sie in Teil I beschrieben habe. Aber das ist es nicht. Bemerkenswerterweise ist dies eine Aussage von St. Germain, die im Jahr 1968 durch ROC gegeben wurde, also lange bevor die Beobachtungen über parallele Inkarnationen jemals öffentlich (oder privat) erörtert worden waren. Dieses Konzept blieb ein Geheimnis, und die inneren Wesen, die ROC´s spirituelle Mentoren waren, schienen keine weiteren Erklärungsversuche unternehmen zu wollen. In demselben Zitat fügt St. Germain hinzu, dieses Konzept sei „für uns fast unmöglich zu verstehen ... wird aber nach und nach klarer werden, wenn die Menschheit sich auf mentaler und spiritueller Ebene weiterentwickelt“.

Etwa ein halbes Jahrhundert nach dieser Feststellung scheint die Zeit des Verständnisses tatsächlich angebrochen, und aufgrund der Studien der Pioniere der Forschung über das Leben zwischen den Leben wird das Konzept von der Seelenteilung oder von den Seelenaspekten allmählich verstanden.

Wie ich in Teil I erwähnt habe, erklärt Newton, dass sich sogar relativ „junge“ spirituelle Seelen manchmal zu parallelen Inkarnation aufmachen, wobei sie einen Teil ihrer Seelenenergie in der Seelenwelt belassen und einen proportionalen Anteil davon in ihre Inkarnationen mitnehmen. Dieses Konzept, das für viele von uns völlig neuartig ist, ist ein Schlüssel zum Verständnis vieler Einträge in ROC´s Tagebüchern, da er selbst darum rang, dies alles auseinanderzuhalten und eines der großen Geheimnisse der

Inkarnation zu verstehen. Auf die Gefahr hin, mich zu wiederholen: Von einer näheren Erklärung des entsprechenden Prozesses können wir nur profitieren.

Wie St. Germain betont, ist die geteilte Seele nicht ein Teil des höheren Selbst wie ein Stück von einem Kuchen, sondern ein vollständiger Kuchen für sich, wenngleich von geringerer Größe (weniger energiegeladen, wie Newton sagen würde). Lawton und andere vergleichen dies mit den Eigenschaften, die ein holografisches Bild aufweist. Aufgrund der geringeren „Seelen"-Konzentration junger Seelen ist die Anzahl der „Kuchen", die aus dem Hauptseelenkuchen gewonnen werden kann, begrenzt (drei scheint für Normalsterbliche so in etwa das Maximum zu sein). Der Hauptseelenkuchen wird dadurch stark geschwächt und seine Aktivität in der Seelenwelt auf ein Minimum verringert. Weiterentwickelte Seelen mit einer viel höheren Energiekonzentration können dementsprechend mehr „Kuchen" – mehr Aspekte – zustande bringen, ohne die Größe und Aktivität des „Hauptkuchens" oder höheren Selbst ernsthaft zu beeinträchtigen. Anscheinend war ROC Teil eines Kuchens mit vielen Stücken.

Von unten nach oben betrachtet, wäre St. Germain also ROC´s höheres Selbst. Von oben nach unten betrachtet, würde ROC als „Aspekt" dieses höheren Selbst, der Wesenheit St. Germain, gelten. Bei den meisten Menschen gäbe es im Allgemeinen nur einen Aspekt, das heißt eine Seele zu einer Inkarnation, da Seelen, die sich für parallele Leben entscheiden, eher in der Minderheit sind. Aber war dies bei der Wesenheit St. Germain der Fall? Gab es oder gibt es mehr als einen Aspekt?

Diese Thematik taucht in ROC´s Schriften immer wieder auf, und auch andere Aspekte werden häufig erwähnt. Gemäß Newtons Forschung über das Leben zwischen den Leben sind der Verteilung dieser Aspekte über Raum und Zeit keine Grenzen gesetzt. So können einige noch auf der Erde weilen, andere haben ihre Lebensspanne vielleicht bereits überschritten (wie im Fall von ROC), und wieder andere müssen womöglich erst noch geboren werden. Wenn wir Newtons Beobachtungen folgen, gilt diese Situation sogar in ähnlicher Weise auch für andere Planeten und mentale Welten sowohl innerhalb als auch außerhalb unseres Sonnensystems.

Ich verstehe, dass es das eigene Vorstellungsvermögen übersteigen kann, wenn man zum ersten Mal auf diese Konzepte stößt. Wir sind sehr daran gewöhnt, alles aus unserer begrenzten erdgebundenen Perspektive wahrzunehmen. Bei diesen neuen Konzepten müssen wir die Dinge von einem ferneren Standpunkt aus betrachten, von „irgendwo da draußen“. Anscheinend sollten wir nicht mehr davon ausgehen, dass uns die ganze Welt offensteht, sondern dass uns der ganze Kosmos offensteht!

Viele Wesen, die mit ROC Kontakt aufnehmen, haben tatsächlich eine Verbindung zur Mythologie. Alle Wesen, auch wir, sind in den feinstofflicheren Welten vielgestaltiger Natur, können aber eine Erscheinungsform annehmen (und tun dies auch), die es dem menschlichen Betrachter ermöglicht, die ätherische Wesenheit zu identifizieren. Viele dieser Erscheinungsformen sind ihnen im Laufe der Äonen durch eine Projektion der Vorstellungen und Überzeugungen der Menschheit auferlegt worden. Die ätherischen Präsenzen haben daher diese erwartete oder „traditionelle“ Gestalt übernommen und erscheinen in ihr.

Merlin-Aspekt

In dieser Hinsicht bietet die folgende Übermittlung von Apollo (in der zudem sowohl Hermes als auch der große Gott Pan erwähnt werden) eine Bestätigung für die Schlussfolgerung, zu der wir bereits gelangt sind, dass nämlich St. Germain ROC's höheres Selbst ist, und führt zugleich einen weiteren „Aspekt" ein: den Merlin-Aspekt. Merlin, der Zauberer, bedarf kaum einer Einführung, obwohl wir über diesen historischen Herrn tatsächlich noch weniger wissen als über St. Germain – und das ist wirklich sehr wenig.

> 710418. Edinburgh. Als ich heute Morgen noch im Bett saß und Radio hörte, schwang plötzlich die Tür auf (das macht sie manchmal bei Wind, wenn das Fenster im vorderen Zimmer offensteht). Dieses Mal trat Apollo ins Zimmer, durchquerte es bis zum Fenster, drehte sich um und sah mich an. Er erschien als strahlend schöner, nackter junger Mann mit goldenem Haar, etwa menschengroß. Er lächelte mich an und verblasste. Ich habe ihn zwar schon mehrmals am Strand von Findhorn gesehen, aber in der Wohnung hat er sich heute zum ersten Mal gezeigt.
>
> Nachdem ich eine Zeit lang in Meditation gesessen war (nachmittags), nahm ich Apollo erneut wahr. Er grüßte mich.
>
> A.: Sei gegrüßt, glücklicher Sterblicher!
>
> ROC: Warum glücklich, großer Apollo?
>
> A.: Weil du für das Werk, das du tust, auserwählt worden bist. Weil dir eine Macht verliehen wurde, die auszuüben nur sehr wenigen Menschen gestattet ist.
>
> ROC: Ist das eine Prüfung? Versuchst du, mein Ego aufzublähen?
>
> A.: Nein, das wird bei dir nicht passieren – deshalb wurdest du ja auserwählt.
>
> ROC: Wenn ich denn überhaupt irgendwelche Kräfte haben mag, so habe ich sie nicht mir zu verdanken, sondern

sie wurden mir durch Gottes Gnade verliehen. Ich versuche immer, mir vor Augen zu halten, dass ich nur ein Kanal bin.

A.: Du bist sehr viel mehr, und du darfst dich nicht selbst herabsetzen, sonst wirst du bei der Arbeit scheitern, die du leisten musst.

ROC: Anscheinend stehe ich also vor der Wahl, mich selbst wichtig zu nehmen, was das Ego aufbläht, oder bei meiner Arbeit zu scheitern.

A.: Dem ist nicht so. In deinem Fall haben das Ego und das höhere Selbst einen Grad der Integration erreicht, der ein Aufblähen des Egos, wie du es nennst, unmöglich macht. Es stimmt, dass dein Gehirn, deine Intelligenz, auf der physischen Ebene zu der materiellen Person Ogilvie Crombie gehört, aber du weißt, wer dein höheres Selbst ist. Mache dir keine Gedanken, ob dieses höhere Selbst bei deiner Empfängnis oder Geburt inkarniert ist oder zu einem späteren Zeitpunkt in deinem Leben die Führung übernommen hat – das ist unwichtig. Tatsache bleibt, dass dein höheres Selbst nun der große Meister ist – der Comte de Saint Germain. Du kannst davon ausgehen, dass ein Teil dieses großen Wesens dich nicht nur überstrahlt, sondern tatsächlich in dir inkarniert ist; und du bist dir sehr wohl bewusst, dass die Integration zugenommen hat, seit du weißt, dass er in dir und nicht mehr nur außerhalb von dir ist.

Wir wissen, dass du dies niemandem erzählen wirst (Gordon ist eine Ausnahme, wegen der Verbindung zwischen euch). Der wahre Meister erhebt keine Ansprüche. Ganz wenige haben dich als das erkannt, was du bist, oder werden dies noch tun. Manche werden vielleicht das Überstrahlende erfassen, aber nur sehr wenige die eigentliche Inkarnation. So sollte es auch sein. Der wahre Meister arbeitet im Stillen hinter den Kulissen. Der Teil von St. Germain, der in dir inkarniert ist, ist der Teil, der Merlin war. Du bist also faktisch eine Reinkarnation von Merlin. Viele bezweifeln zwar, ob Merlin tatsächlich physisch existiert hat, aber er war ein reales Wesen, wenn auch vielleicht nicht gänzlich physisch. Du verstehst, was ich meine.

ROC: Ja.

A.: Du bist ein Zauberer, ob dir das nun gefällt oder nicht. Dir sind die vollständigen Kräfte Merlins verliehen worden, und hinter ihm stehen, wie du weißt, die Kräfte von Salomon und Moses. Es gibt noch andere, und jetzt werde ich dir offenbaren, dass ich dir viel von meinen eigenen Kräften verleihe. Auch ich bin ein Zauberer. Dieses unendliche Wirkungsvermögen ist dir aufgrund der Integration der beiden Selbste anvertraut worden. Du, das niedere Ich, wirst die dir verliehene Macht niemals anwenden, es sei denn, du wirst von St. Germain, der dem Willen Gottes gehorcht, dazu angeregt und angeleitet. Du besitzt die Demut, die dich auf dem rechten Weg halten wird, aber hüte dich vor falscher Bescheidenheit. Du musst dir ständig bewusst sein, wer du bist und welche Kräfte du hast, sonst bist du dir möglicherweise nicht darüber im Klaren, welch große Verantwortung du trägst, und das könnte noch viel gefährlicher sein.

Der Zauberer arbeitet allein, und das Werk, das du, Merlin, auf dieser Erde vollbringen musst, bevor du sie verlässt, wird hauptsächlich im Geheimen und im Stillen geschehen. Gordon, der dein Erbe ist, wie du seit jeher weißt und kürzlich auf der materiellen Ebene symbolisch zum Ausdruck gebracht hast, muss noch viel lernen. Im Moment ist er durch seine materiellen Verpflichtungen ein wenig überfordert, und wegen eines Minderwertigkeitsgefühls, das ihn hin und wieder überkommt, neigt er dazu, negativ zu werden und sich Einflüssen aus der Dunkelheit zu öffnen. Wie du weißt, gibt es sehr mächtige Gegner deines Werks, auch wenn deine Identität bisher noch nicht bekannt ist. Du stehst unter sehr mächtigem Schutz – wirklich sehr mächtig. Aber wie du bereits weißt, gibt es Zeiten, in denen bestimmte Umstände das Dunkle begünstigen. Einstweilen sind ich und mein Bruder Hermes, den du kennst und liebst, bei dir. Du bist nicht allein, auch wenn es den Anschein hat. Pan und viele deiner Freunde unter den Elementarwesen sind häufig bei dir.

Es mag zahlreiche Dinge geben, die du physisch alleine tun musst, aber vieles wirst du auch zusammen mit Gordon tun, der ebenfalls unter unserem mächtigen Schutz steht. Er wird in vieler Hinsicht genutzt, was ihm im Moment nicht bewusst ist. Bestimmte Energien können nur übermittelt werden, wenn er anwesend ist. Seine Verbindung zu dir ist sehr wichtig, denn er ist ein zentraler Kanal zur Aufrechterhaltung deiner Gesundheit und deines Schutzes. Sowohl du allein als auch du und Gordon, ihr werdet gebraucht. Die Arbeit wird immer wichtiger, da der Kampf zwischen Licht und Dunkelheit zunimmt. Der ungläubige Thomas muss Geduld haben. Die Arbeit, die ihr gemeinsam tut, ist so, wie sie ist, wesentlich wirkungsvoller. Hätte Gordon Visionen und paranormale Erlebnisse, könnte sie nicht so gut getan werden. Er ist ein notwendiger Anker, wenn er dies nur erkennen könnte. Hier werden wir nun enden.

Wie aus der vorangegangenen Botschaft ersichtlich, war ich manchmal Gesprächsthema zwischen ROC und seinen inneren Kontakten. Ich hatte immer das Gefühl, dass ich besser würdigen und unterstützen könnte, was in ROC´s übersinnlicher Umgebung vor sich ging, wenn ich sehen könnte, was er sah, und erleben könnte, was er erlebte. Solche Fähigkeiten hätten sicher auch erheblich dazu beitragen können, meinen Status als „ungläubiger Thomas“ abzubauen. Wie heißt es so treffend: „Sehen heißt glauben.“ Doch anscheinend waren klügere Köpfe anderer Meinung. Ohne diese Fähigkeiten war ich jedenfalls gezwungen, mich wieder auf einfache Logik zu verlassen, was, rückblickend betrachtet, vielleicht gar nicht so schlecht ist.

Saturnischer Aspekt

Diese Wesenheit, die mit Saturn, unserem von Ringen umgebenen Gasriesen, verbunden ist, taucht in ROC´s Aufzeichnungen ebenfalls wiederholt auf. Entsprechend der bereits erwähnten Vielgestaltigkeit ätherischer Wesen kann der Saturnier bei Bedarf in der erwarteten Weltraum-Ausrüstung oder als zehn Meter große Person in blausilbernem Gewand erscheinen. Irgendwann findet ROC heraus, dass er Cafron heißt. In Verbindung mit Merlin spielt er eine wichtige Rolle zur Unterstützung von ROC´s Aufgabe bei der Schaffung von Schutzhüllen gegen die dunklen Kräfte sowohl um Menschen als auch um Orte wie etwa die Findhorn-Gemeinschaft herum. Dieses Wesen fungiert außerdem als Bindeglied zu den Erscheinungen „fliegender Untertassen“ am Strand von Findhorn, die in einem späteren Kapitel besprochen werden. Im folgenden Auszug erscheint ROC als sein saturnischer Aspekt im Raumanzug und hilft einigen erdgebundenen Geistern, die ihr Leben im letzten Krieg bei einem Fliegereinsatz verloren hatten.

> 670920. Findhorn. Kaum war ich im Bett, verließ ich meinen Körper und befand mich in Gestalt meines Saturn-Aspekts bei der Nisan-Hütte – dieses Mal von normaler Körpergröße

wie ich selbst und gekleidet in einen blausilbernen Raumfahreranzug samt Helm.

Spazierte ein bisschen im Moor herum und näherte mich dann der anderen Nisan-Hütte, die ebenfalls zur Wahl gestanden hatte, aber wegen der seltsamen, beunruhigenden Atmosphäre dort abgelehnt worden war. Als ich (natürlich als Saturn-Aspekt) näherkam, rief ich alle erdgebundenen Geister oder Wesenheiten auf, sich zu zeigen, da ich mit Liebe und dem Wunsch zu helfen zu ihnen käme. Bei der dritten Wiederholung öffnete sich die Tür der Hütte, und langsam und misstrauisch kam ein junger Mann in der Uniform der Royal Air Force heraus. Ihm folgten zwei andere in ähnlicher Kleidung. Zwei weitere näherten sich mir von hinten. Sie wirkten verängstigt, zugleich aber kampfbereit.

„Wer bist du?“, fragte einer von ihnen.

„Ein Freund. Ich komme, um euch zu helfen, wenn ich kann.“

„Kannst du uns sehen?“

„Natürlich.“

„Und mit uns sprechen?“

„Ja.“

„Du trägst eine merkwürdige Uniform“, sagte einer von ihnen, und meinte damit den Raumanzug. „Bist du Deutscher?“

„Nein.“

„Ist der Krieg noch im Gange oder ist er schon gewonnen?“

„Der Krieg, den du meinst, ist vorbei. Deutschland und Japan haben ihn verloren.“

„Das haben wir nicht gewusst.“ Sie wechselten beunruhigte Blicke.

„Irgendwie können wir anscheinend keinen Kontakt aufnehmen." Der Sprecher sah besorgt aus. „Wir sind offenbar die Einzigen, die von einer Bomberbesatzung noch übriggeblieben sind. Wir ..." Er brach ab, und die anderen wirkten sehr erschrocken.

„Ich glaube, davon solltest du lieber nicht sprechen", sagte einer der anderen schnell. „Es ist besser, sich nicht daran zu erinnern."

„Ihr braucht euch nicht daran zu erinnern", sagte ich. „Ich verstehe."

Ich wusste, dass das Flugzeug zerstört worden und zumindest dieser Teil der Besatzung dabei umgekommen war. Diese fünf jungen Männer, alle etwa im gleichen Alter, wahrscheinlich Anfang zwanzig, aber von ganz unterschiedlichem Typ, waren erdgebundene Geister, die nach Möglichkeit befreit werden mussten. Ein plötzlicher Tod, insbesondere in der Jugend, kann dazu führen, wenn es keinen Glauben an ein Jenseits oder einen Mangel an spirituellem Wissen gibt. Ich (oder vielmehr mein Saturn-Aspekt) muss versuchen, sie zu befreien.

„Würdet ihr ein paar Fragen beantworten, wenn ich sie stelle? Denkt daran, ich bin euer Freund. Ich komme zu euch in brüderlicher Liebe und mit dem Wunsch zu helfen."

Ich reichte einem von ihnen die Hand – demjenigen, der als Erster aus der Hütte gekommen war. Er zuckte zurück, streckte dann aber mit einem sehr traurigen Blick die Hand aus und ergriff die meine. Er stieß einen plötzlichen Schrei aus und lachte.

„Endlich!", sagte er. „Jemand, den ich spüren kann." Mit beiden Händen ergriff er meine Hand und befühlte sie. „Ich kann sie spüren." Er wandte sich an die anderen. „Ich kann sie spüren!"

Als körperlose Geister wären sie nicht in der Lage gewesen, Lebewesen zu spüren oder zu berühren, aber in meinem Ätherkörper und Saturn-Aspekt konnten sie das.

„Ihr habt Menschen um euch herum wahrgenommen, konntet aber keinerlei Kontakt herstellen. Sie können euch weder sehen noch reden hören."

„Das stimmt."

„Ihr habt niemanden gesehen, mit dem ihr Kontakt aufnehmen konntet?"

„Nein, es war schrecklich."

Da wusste ich, dass keine körperlosen Wesen in ihrer Nähe gewesen waren. Aus irgendeinem Grund waren sie isoliert geblieben. Der Sprecher sagte mir, er heiße Joe, und nannte auch die Namen der anderen: Alec, Tom, Jimmy und Harry. Während er sie vorstellte, schüttelte mir jeder die Hand. Sie waren überrascht und erfreut und hatten allen Argwohn verloren.

Sie erzählten mir, dass sie ununterbrochen etwas zu tun hätten, konnten mir aber nicht sagen, was es war. Das belastete sie, und ich riet ihnen, es bleiben zu lassen. Vage erkannten sie, dass sie tot waren und unter anderen Bedingungen lebten, obwohl sie wussten, dass sie sich immer noch auf der Erde befanden. Einer von ihnen, Tom, war als Christ aufgewachsen, aber der Krieg hatte seinen Glauben unterminiert, und er verfluchte Gott dafür, dass er ihn zugelassen hatte.

An dieser Stelle bricht ROC´s Eintrag ab, daher wissen wir nicht genau, wie diese Begegnung ausgegangen ist. Man möchte annehmen, dass die Kontaktaufnahme endlich die Hilfe herbeigeführt hat, die die verirrten Piloten brauchten, um sich aus ihrem erdgebundenen Zustand zu befreien. Aber wir finden keine

Bestätigung dafür und auch keine eine weitere Bezugnahme auf dieses Ereignis in anderen Tagebucheinträgen.

Es ist wichtig, sich klarzumachen, dass ROC beim Tagebuchschreiben keine Narrative schaffen wollte. Er berichtete so akkurat er konnte über seine tatsächlichen Erlebnisse, die sich nicht immer ordentlich zu einem dramatischen Bogen mit Anfang, Mitte und Ende fügten. Das Leben, so wie es uns begegnet, ist nicht immer aufgeräumt, und dies gilt für die geistigen Welten offenbar ebenso wie für die physische Welt, die wir kennen.

Der Peter-Caddy-Aspekt

Unserer länger werdenden Liste kann ein weiterer Aspekt hinzugefügt werden, dieses Mal in Gestalt von Peter Caddy von der Findhorn Foundation. In einer Notiz von St. Germain – und da er ja der gemeinsame Faktor aller dieser Aspekte ist, sollte er die wahren Verhältnisse kennen – wird diese Beziehung angesprochen. Auch die *Trinosophia*, ein Buch, das St. Germain als Autor zugeschrieben wird, wird darin erwähnt:

> 660926a. Nun erkennst du allmählich das Muster, das sich herausbildet, und Dinge, die dir in früheren Botschaften eingegeben wurden und damals nicht viel Sinn zu ergeben schienen, fügen sich nun als Teil des Musters ein und erhalten einen Sinn. Es war richtig, dass meine *Trinosophia* jetzt in deine Hände gelangt ist. Beim Lesen erinnertest du dich und wusstest, dass du dies alles erlebt hattest. Ich sollte vielleicht unsere *Trinosophia* sagen, denn wir sind eins. Ich kann so vollständig Besitz von dir ergreifen, dass wir eins werden, wie wir es in der Vergangenheit waren. Hierin liegt ein Geheimnis, das du nicht verstehen kannst. Ich bin nicht in der Form in dir reinkarniert,

wie du Reinkarnation verstehst, und doch ist es so, als wäre ich es. Wir sind eins. Du bist ich, und ich bin du.

Auf dieselbe Weise werde ich Peter, und Peter wird ich. Du und Peter, ihr seid insofern eins, als ihr beide ich seid, und doch seid ihr beide individuelle Menschen. Akzeptiert diese geheimnisvolle Tatsache einfach. Zerbrecht euch nicht den Kopf darüber und wehrt euch nicht dagegen. Ihr habt beide viel zu tun, teils als Individuen, teils als ich. Oft wird dies gemeinsam geschehen, als eine Einheit und doch in verschiedenen Aspekten, manchmal aber auch allein. Durch dich als Kanal werde ich helfen und lenken, soweit es mir möglich ist. Du weißt jetzt, dass das, was durchkommt, die Wahrheit ist, auch wenn es gelegentlich Zusätze aus deinem Unbewussten enthält. Du verfügst über das intuitive Unterscheidungsvermögen, die Wahrheit herauszufiltern.

Jetzt haben wir also die Wirtsseele St. Germain, die als das höhere Selbst fungiert und immer noch in den spirituellen Welten weilt und dort aktiv ist, aber über vier (oder mehr) „Aspekte" verfügt, die in verschiedenen früheren und heutigen Konfigurationen von ihr abgespalten wurden: Die nicht verkörperten Wesenheiten Merlin und Cafron, der Saturnier, sowie die Sterblichen ROC und Peter Caddy. Die Wechselbeziehung zwischen Aspekten und höherem Selbst ist jedoch eindeutig etwas komplex, und ich vermute, wir werden uns einstweilen einfach damit zufriedengeben müssen, dass zwei plus zwei fünf ergibt!

Diese Jenseitigkeit von ROC, die als Aspekt oder vielleicht als höheres Selbst wahrgenommen wird, entdeckt ROC´s medial begabte Freundin Maisie, als er sie 1969 in ihrem Haus in Fife besucht:

690401. Abernethy. Während meines Besuchs bei den „Zwergen“ empfing Maisie ein paar seltsame Dinge. Sie sagte, jedes Mal, wenn ich sie besuche, spüre sie ganz stark die Anwesenheit eines großen Wesens. Sie sagte, sie wisse nicht, wer das sei, aber sie sehe mich als großen Zeremonienmeister. Seltsam, dass sie trotz ihrer Wahrnehmung von St. Germain – wenngleich hauptsächlich wohl als Fürst Rakoczi (Meister R) – die Wahrheit nicht erkennt. Maisie wird offensichtlich daran gehindert, zweifellos mit gutem Grund.

Sie sah mich beim Vollziehen eines Rituals in langen hellblauen Gewändern, die glitzerten, und mit einem merkwürdigen runden Hut.

Sie fragte mich, warum ich auf der Erde sei, denn es gebe für mich überhaupt keinen Grund zu inkarnieren. Ich müsse zu einem besonderen Zweck hierhergekommen sein.

Wie nahe sie der Wahrheit gekommen ist! Ich nehme an, was sie erfahren darf, wird ihr eingegeben werden.

ZUSAMMENFASSEND BETRACHTET

Der Versuch, ROC in das von Newton entdeckte Muster einzufügen, scheint ihn in die Kategorie einer fortgeschrittenen Hybridseele oder eines Weisen zu stellen. Die fortgeschrittensten Seelen, denen Newton begegnete, ordnete er in Kategorie VI ein, aber die Spanne reicht eindeutig noch weit darüber hinaus, da es, kosmisch gesehen, sehr unwahrscheinlich ist, dass wir die am weitesten entwickelten Seelen im Universum sein sollten! Wenn ROC auf dieser Grundlage „den Maßstab sprengt“, dann sind unser Wissen und unser Verständnis der Fähigkeiten einer solchen Seele im Moment noch sehr begrenzt. Vertretbar erscheint aber wohl die Schlussfolgerung, dass eine solche Seele zu mehreren parallelen Existenzen oder Aspekten fähig sein sollte, die gleichzeitig in einer Vielzahl unterschiedlicher Umgebungen existieren könnten, darunter physische Welten wie die Erde, mentale oder telepathische Welten wie die feinstofflichen Welten um Saturn und Venus und Seelenwelten. ROC selbst blieb über die genaue Natur seiner Aspekte im Unklaren. Bei einer Sitzung in Findhorn empfing ROC folgende persönliche Mitteilung, die sein höheres Selbst ziemlich eindeutig als das von St. Germain definiert (da diese Information von niemand anderem als St. Germain selbst übermittelt wurde!):

> 680914. In der Sitzung heute Morgen während der Meditation ist so viel passiert, dass ich bezweifle, dass ich mich an alles erinnern kann. Es war nur für mich bestimmt und soll nicht weitergegeben werden. Das Wichtige war ... St. Germain legte mir seinen Umhang um die Schultern, überreichte mir eine rote Rose und sagte: „Du bist ich, und ich bin du; wir sind eins. Ein Teil von mir ist inkarniert in dir."

Von einem anderen Wesen wurde Folgendes empfangen, dieses Mal, als ROC bei uns auf Nervelstone in Ayrshire war. Dies bekräftigt die Identität des höheren Selbst und dass ROC mehr als einen Aspekt hat:

> 680318. In den nicht-physischen Welten bist du in gewisser Weise eins mit St. Germain und hast andere Aspekte, die ebenfalls eins mit ihm sind. Du – im allumfassenden Sinn – repräsentierst den Geist des Saturn, den Herrscher über dieses neue Wassermann-Zeitalter, aber in der Inkarnation bist du ein menschliches Wesen.

Kapitel 5

Spirituelle Lehrer

Sämtliche spirituellen Lehrer ROC's kamen aus den überbewussten Welten, und wie ihre physischen Pendants hier auf Erden verfolgten sie einen ähnlichen Zweck, nämlich Wissen, Weisheit und Rat zu vermitteln. Er war etwa vierunddreißig Jahre alt, als er sich dieser transzendenten Wesenheiten zum ersten Mal bewusst wurde. Sie sollten ihn Zeit seines Lebens begleiten und bei Bedarf auftauchen, um gegenwärtige und künftige esoterische Bedürfnisse zu erfüllen.

ROC's Lehrer werden so weit wie möglich in der chronologischen Reihenfolge vorgestellt, in der sie ihm erstmals erschienen sind. Im Laufe der Jahre verwischen diese Unterschiede jedoch, da sie alle in zufälliger Weise in Erscheinung treten.

Der Verschleierte

Vor ROC's Umzug aus seiner Wohnung in der Albany Street 28 in Edinburgh ins Cowford Cottage in Perthshire im Jahr 1940 und auch während seines Aufenthalts dort nahm er eine verschleierte Gestalt wahr, bei der er ganz stark das Gefühl hatte, dass sie ihm Lehren erteilte:

> 631011a. Hier sollte ich vielleicht erwähnen, dass ich viele Jahre lang, von 1934 bis 1939, ein Wesen wahrgenommen hatte, das durch die Tür des hinteren Zimmers hereinkam

und fast jede Nacht am Fußende meines Bettes stand. Dies war ein Wesen, das in voluminöse lange Gewänder von schwarzer oder tief dunkelblauer Farbe gekleidet war. Es hatte eine Kapuze über dem Kopf, und sein Gesicht war verschleiert, obwohl ich unter dieser Verhüllung vage die Gesichtszüge erkennen konnte.

Den äußeren Umhang, den er trug, breitete er für gewöhnlich über das Fußende des Bettes aus. Wenn er dies tat, fühlte ich mich immer beschützt. Ich wusste, dass er mein „Lehrer" war, und dass mir im Schlaf Wissen vermittelt wurde. Ich wusste auch, wenn ich sein Gesicht unverschleiert sehen würde, würde ich sterben.

Als ich 1940 ins Cowford Cottage ging, besuchte mich dieses Wesen in den zehn Jahren, die ich dort wohnte, nur sehr selten. Heute weiß ich, dass er seinen Unterricht abgeschlossen und mir alles gegeben hatte, was ich damals erhalten sollte. In Cowford zu leben, bedeutete, sehr nah an der Natur zu leben, und heute weiß ich, dass die Naturkräfte meinen Unterricht übernommen haben und in diesen Jahren sehr enge Verbindungen geschmiedet wurden, auch wenn ich keine echten Wesen wahrgenommen habe. Der Grundstein für meine heutige Arbeit wurde sehr gründlich gelegt.

Die Identität des Verschleierten wurde einige Jahre später bei einem Besuch in Findhorn offenbar, als ROC folgende Vision hatte:

670424. [Ich] saß still im Wohnwagen, weil ich dazu aufgefordert worden war. Ich hatte eine Reihe lebhafter Farbvisionen, ähnlich denen am Morgen zuvor. Ein großes Wesen in schwarzen Gewändern mit einem kleinen schwarzen Hut und einem rundlichen Gesicht, das große Liebe ausstrahlte, kam in den Wohnwagen. Der Name Kuthumi kam mir in den Sinn.

Später beschrieb ich das Wesen jeweils einzeln Eileen und Peter [Caddy]. Beide erkannten ihn sofort als Kuthumi.

Am Nachmittag ging ich zum Strand am Moor, obwohl es sehr trüb war und nach Regen aussah. Bald ging Kuthumi neben mir. Er sagte, er wolle, dass ich ihn so beschreibe, wie ich es getan hatte, damit er mir eine Bestätigung für seine Identität geben könne. Als wir etwas später in den Wald kamen, fragte er mich, ob ich ihn denn nicht erkenne. Ich sagte: „Nein." Da hob er die Hand vor sein Gesicht und erschien verschleiert. Sofort erkannte ich ihn voller Überraschung als meinen verschleierten Lehrer von vor vielen Jahren. Ich erinnerte ihn daran, dass ich immer das Gefühl gehabt hatte, wenn ich je sein Gesicht sehen würde, müsse ich sterben. Er sagte mir, wenn ich damals sein Gesicht gesehen hätte, hätte ich das Göttliche Licht in seiner Kraft gesehen, und dafür sei ich damals noch nicht bereit gewesen. Als ich das später Peter erzählte, äußerte er sich überrascht, dass Kuthumi mein Meister gewesen war.

Bei einem weiteren Ausflug zum Strand von Findhorn, drei Tage später, erschien Kuthumi und kurze Zeit später St. Germain:

670427. Kurz nach Beginn des Weges über das Moor, um zum Strand zu kommen, gesellte sich Kuthumi zu mir. Er ging zu meiner Linken.

K.: Ist es nicht merkwürdig, dass manche Leute glauben, ich sei nicht der richtige Meister für dich? Doch ich versichere dir, du hättest keinen besseren haben können. Du warst einer meiner Lieblingsschüler, und doch hast du dich sehr gewundert, als ich dir die Identität deines Lehrers offenbart habe. Glaubst du, all die Jahre waren umsonst?

ROC: Ganz sicher nicht. Ich bin überzeugt, dass du der richtige Meister für mich warst, sonst wärst du nicht zu mir gekommen.

K.: Gut. Dann wollen wir diesen Unsinn nicht mehr hören.

ROC: Warum bist du irgendwann nicht mehr zu mir gekommen? Lag es daran, dass mir alles beigebracht worden war, was zu der Zeit richtig war, oder gab es einen anderen Grund?

K.: Als beschlossen wurde, dass mein höchst kultivierter und eleganter Kollege hier dich übernehmen sollte, habe ich mich zurückgezogen – diskret.

St. Germain hatte sich zu uns gesellt und ging auch links von mir. Als Kuthumi ihn erwähnte, verneigte er sich ein wenig unbeholfen vor ihm (leider wahr, aber das war es wert) [hat K. gerade hinzugefügt]. Der elegante St. Germain (auch wahr) erwiderte dies mit einer sehr gekonnten Verbeugung.

ROC: Jetzt hast du dich mir zu erkennen gegeben und mir die Identität des verschleierten Lehrers enthüllt. Gibt es dafür einen Grund?

K.: Ich habe immer noch ein väterliches Interesse an meinem ehemaligen Schüler, und (mit Blick auf St. Germain), es ist notwendig, besagten Kollegen im Auge zu behalten, für den Fall, dass er irgendwelche Tricks versucht. Er muss sehr sorgfältig überwacht werden. Er ist ein gerissener Mann.

[Zu St. G.:] Weißt du noch, damals, als du …? Kuthumi brach in schallendes Gelächter aus, und ich bekam die Geschichte nicht zu hören, da St. Germain mahnend den Zeigefinger hob und sagte: „Na, na, jetzt reicht es aber."

Dann kam St. Germain auf mich zu, legte mir die Hände auf die Schultern und sagte mit ernster Miene:

St. G.: Glaubst du, ich würde dich hintergehen?

ROC: Nein, das glaube ich nicht. Schließlich würdest du damit einen Teil von dir selbst hintergehen, nicht wahr?

St. Germain lächelte, und Kuthumi sagte: „Nun gut, so ist es. Du siehst, du gehörst zu uns beiden."

Er hakte sich bei mir unter, St. Germain tat dasselbe auf meiner anderen Seite, und wir gingen weiter.

Ein wenig später sagte K., er sei nicht nur Musiker, sondern auch ein ausgezeichneter Koch und bereite sich seine Mahlzeiten gern selbst zu. Ob mir nicht klar wäre, dass meine Liebe zum Kochen und Backen von ihm käme. „Wir werden noch viele tolle Essen zusammen kochen."

Ein wenig später verließen sie mich. (Nein, das haben wir nicht – es war schlicht so, dass du uns nicht mehr gesehen hast; wir waren immer noch da).

Golu

Dieser Lehrer, der in ROC´s Tagebüchern und Aufzeichnungen einfach mit „G" abgekürzt wird, nahm das Aussehen eines jungen Inders an. ROC, der seinen Namen damals noch nicht kennt, begegnet ihm erstmals Ende September 1963. In seinen kurze Zeit später verfassten Aufzeichnungen über das Ereignis erklärt er, er sei in einen hyperästhetischen Zustand geraten und habe danach Golus Anwesenheit bemerkt. Wie bei vielen dieser Kontakte stellt ROC die Begegnung infrage und überlegt, ob das Ganze nicht bloß eine Ausgeburt seiner Fantasie ist:

631007. Seit den letzten zwei Wochen nehme ich die Anwesenheit eines Wesens in der Wohnung wahr – dies unterscheidet sich insofern von meinen häufigen Wahrnehmungen astraler oder anderweltlicher Wesen, als die neue Präsenz sich in der Wohnung befindet, wohingegen die anderen sich außerhalb aufhalten. Das heißt, ich arbeite mit anderen Sinnen auf einer höheren Ebene und erspüre die Wesen dort. Die neue Wesenheit ist Inder – jung, milchschokoladenfarben, glattrasiert, trägt schwarzes langes Haar und hat tiefdunkelbraune Augen. Ich spüre ihn eher, als dass ich ihn sehe. Er ist oft hier und sitzt im Lotossitz auf dem Diwan, der sich im hinteren Zimmer befindet. Manchmal trägt er ein Lendentuch, und manchmal ist er völlig nackt. Ich habe das Gefühl, dass er vielleicht als Antwort auf eine Frage oder einen Wunsch gekommen ist, um mein Lehrer zu sein.

Gegen zwölf Uhr mittags hatte ich eine hochgradige Hyperästhesie mit der üblichen Übererregbarkeit der Körpersinne, einer Vertiefung der Intensität von Farben und Formen – mehr Bedeutung, stärkeres Geräuschempfinden –, gleichzeitig einhergehend mit einem paradoxen Ausblenden. Es ist unmöglich, diesen Zustand in Worte zu fassen; man muss ihn erleben, um ihn zu verstehen, vermutlich eine Verlagerung der Sinne von der physischen auf eine höhere Ebene. Es besteht ein Gefühl von Unwirklichkeit – auch üblich – die Wände des Zimmers scheinen zu vibrieren und zu schimmern, als ob man die aktiven Atome, aus denen sie bestehen, und die Zwischenräume zwischen ihnen wahrnehmen könnte. Es besteht eine ganz starke Erwartung, dass gleich etwas passiert, verbunden mit einer gewissen Spannung, einer leichten Atemlosigkeit. Möglicherweise ist all dies physiologisch erklärbar und auf eine cholinerge Krise zurückzuführen. Aber wenn das so ist, was ist dann die auslösende Ursache?

Plötzlich nahm ich eine Wesenheit hinter mir wahr, verspürte aber keinen Impuls mich umzudrehen – ich bezweifle sogar, dass ich mich hätte umdrehen können. Unvermittelt sagte eine starke Stimme: „Ich bin Er." Zweifellos subjektiv, aber ich zuckte zusammen. Die Stimme fuhr fort: „Gehe ins vordere Zimmer und setz dich in den Sessel mit dem Rücken zum Licht. Nimm einen Stift und einen Block Papier und entspanne dich." Ich glaubte, ich solle es wieder einmal mit dem automatischen Schreiben versuchen (das hatte ich seit Anfang der 1920er Jahre nicht mehr getan) und tat, wie mir geheißen. Ich spürte kein Kribbeln wie bei den vorherigen Versuchen, aber der Stift – ein Kugelschreiber – bewegte sich. Bisher nur unleserliches Gekritzel, aber hin und wieder waren Buchstaben zu erkennen.

Da ich Erinnerungen an frühere Begegnungen mit bösen oder zumindest nicht wünschenswerten Wesenheiten habe, bat ich zu Beginn um Gottes Segen und später darum, dass ein Kreuz gemacht würde. Dies geschah augenblicklich.

Ich werde es von Zeit zu Zeit wieder versuchen und schauen, was dabei herauskommt. Der Inder sitzt in dem Sessel mir gegenüber und wirkt zufrieden.

Zur Frage eines Wesens aus Indien: Seit Anfang der 1920er Jahre interessiere ich mich für indische Religion, Mythologie und Philosophie. Beim letzten Edinburgh Festival gab es indische Musik und eine indische Ausstellung. Und ich habe gerade die *Autobiographie eines Yogi* von Paramahansa Yogananda zu Ende gelesen, ein faszinierendes Buch, das ich sehr genossen habe. Zur Persönlichkeit des Verfassers fühlte ich mich stark hingezogen. Das indische Wesen ist nicht Yogananda, obwohl ich glaube, dass er die Kraft gewesen sein könnte, die hinter mir sprach. Die Worte „Ich bin er" sind hier von großer Bedeutung. Mein reges Interesse könnte eine Form von Kontakt hergestellt haben, vielleicht ist das Ganze aber auch unterbewusst und reine Fantasie. Der Inder lächelt und schüttelt den Kopf.

Zwei Tage später, am Abend des 9. Oktober 1963, fand im vorderen Zimmer wiederum während einer Phase akuter Hyperästhesie und gesteigerter Wahrnehmung eine weitere Begegnung mit Yogananda statt. ROC erklärt: „Yogananda erschien mir mit großer Klarheit und bestätigte, dass er die Präsenz am Montag gewesen sei. Nachdem ich ihn begrüßt hatte, trat eine Phase stiller Gemeinschaft ein. Dann segnete er mich, wandte sich um und ging durch die Wand. Mir schien es, als ginge er in die Ferne."

Am nächsten Abend wurde folgende wörtliche Übermittlung empfangen. Danach gab es weitere Versuche in automatischem Schreiben, die jedoch erneut weitgehend erfolglos blieben:

631008. Sitze ruhig und entspannt, während die Gedanken zwischen uns fließen. Es findet eine tiefe Übermittlung an dein Unbewusstes statt. Ich gebe dir Wissen und Informationen, die größtenteils nicht zum Gebrauch auf dieser Erde bestimmt, sondern Teil der Vorbereitung auf eine höhere Ebene sind. Es ist meine Aufgabe, dem Wissen, über das du bereits verfügst, weiteres hinzuzufügen. Ein Teil dieses Wissens kann hier angewandt werden und wird dir bei Bedarf zu Bewusstsein kommen. Wenn dies geschieht, wirst du WISSEN, dass die Wahrheit da ist. Ich kann auf diese Weise mit dir kommunizieren, und andere ebenfalls. Mein Name spielt vorerst keine Rolle; er kann später offenbart werden. Akzeptiere mich als deinen Guru und Freund und habe Vertrauen. Das ist alles. Sei gegrüßt und gesegnet.

Ein paar Tage später kommt es zu einem weiteren dramatischen Ereignis, als Golu die Öffnung des üblicherweise so genannten „Dritten Auges“ anregt und damit eine engere Integration zwischen ROC´s Bewusstem und Unbewusstem herbeiführt:

631010. Golu sagte mir, der Integrationsprozess meines wahren Selbst sei nun so weit fortgeschritten wie dies ohne fremde Hilfe möglich sei. Die Trennwand zwischen meinem bewussten Verstand (dem Ego) und meinem unbewussten Selbst sei sehr dünn. Er sagte: „Wir werden diese Wand durchbrechen und ein Tor formen, durch das eine freiere Kommunikation in beide Richtungen möglich wird.“ Er sagte, dies würde eine weitere Stufe der Integration der Persönlichkeit herbeiführen und es mir außerdem ermöglichen, einen Teil des Wissens zu nutzen, das im Unbewussten gespeichert ist. Er wies mich darauf hin, dass die unmittelbaren Folgen beunruhigend wären, dass „sie“ aber wüssten, was sie täten, und wenn ich nur Vertrauen und Zuversicht hätte, würde alles gutgehen. Er fragte, ob ich ihm vertraue. Ich bejahte. Er sagte mir, ich solle ganz still dastehen und mich entspannen.

Ich nahm einen hellen blauen Blitz und einen plötzlichen Ruck in meinem Kopf wahr, fast als ob in meinem Kopf eine Explosion stattgefunden hätte. Dann folgte die furchterregendste Erfahrung, die ich je erlebt habe. Als ob ein Damm gebrochen wäre, stieg eine unkontrollierbare Flut von Bildern – manche erschreckend –, Gedanken und Ideen in meinem Kopf auf und löste das Gefühl aus, mir würde gleich der Kopf platzen oder ich verfiele in akuten Wahnsinn. Es war unmöglich, diesem anbrandenden Chaos irgendeinen Sinn abzugewinnen. Nach und nach beruhigte es sich wieder.

Ich konnte hören, wie Golu mich zur Entspannung drängte und mich beruhigte, und ganz langsam kehrte mein Verstand mehr oder weniger zum Normalzustand zurück. Seither fließt ein ständiger Ideenstrom. Ganz gleich, über welches Thema ich nachdenke, sofort strömt mir eine Unmenge Wissen darüber zu. Ich fühle mich ein bisschen so wie jemand, der eine Enzyklopädie gekauft hat und sie nun eifrig durchblättert, um Informationen zu den verschiedensten Themen zu finden. Ich muss diesen Drang kontrollieren. Es ist praktisch unmöglich, alle Informationen aufzuschreiben, die ich zu Themen wie „Materie", „Astralmaterie", „fliegende Untertassen", „Materialisation", „Scheinwelt" und so weiter und so weiter bereits erlangt habe. Einiges davon muss in meinem Kopf bleiben, aber das Wissen ist da und wird mir zweifellos zur Verfügung stehen, wenn ich es brauche.

Seit dem Erlebnis fühle ich mich als ganz anderer Mensch. Die Kommunikation mit Golu wird viel leichter.

Am folgenden Tag fanden morgens und nachmittags weitere Kommunikationen zwischen ROC und Golu über eine ganze Reihe von Themen statt. Interessant ist insbesondere die Erklärung, warum Golu ROC als Inder erschienen ist. Dies ist für mein Empfinden ein äußerst wichtiger Punkt, denn er erklärt, warum mehrere Sensitive dieselbe Wesenheit völlig unterschiedlich sehen können. Spirituelle Wesen sind ihrer Natur nach grundsätzlich vielgestaltig und können nach Belieben jede Gestalt annehmen, die ihnen zu einem bestimmten Anlass passend erscheint. Dies spiegelt sich auch in Nahtod-Erfahrungen wider, da die göttliche Gestalt, der die betroffene Person begegnet, zwar zum Beispiel als ein und derselbe Christus verstanden, aber völlig unterschiedlich wahrgenommen werden kann, je nach kulturellem Hintergrund und persönlicher Glaubensstruktur der Betroffenen.

631011b. Ich fragte Golu, ob er sich materialisieren und für meine physischen Augen sichtbar werden könne. Er sagte, nur unter großen Schwierigkeiten, da er einen Körper verwende, der aus viel feinerem Material bestehe als der Ätherkörper. Es würde ein Medium und den Aufbau dieses Körpers erfordern. Er hielt dies für unnötig, da ich ihn akzeptiert hatte und ihn mit meinen nicht-physischen Sinnen sehen und hören konnte.

Ich fragte ihn, wenn sein Körper aus so feinstofflichem Material bestehe, wie könne er dann in einem physischen Sessel sitzen, ohne hindurchzufallen? Er lachte und sagte, er sitze gar nicht in einem physischen Sessel, sondern in dessen nicht-physischem Pendant, das er mental erschaffen habe. Nur für mich sähe es so aus, als sitze er in dem physischen Sessel. Er sagte, der entsprechende Mechanismus sei für Menschen schwer zu erklären. In Wirklichkeit sei er ganz einfach, doch vorerst würde ich es dabei belassen müssen.

Er sagte, er erscheine mir in menschlicher Gestalt, weil es so am einfachsten sei, weil es mir seine Akzeptanz leicht und die Kommunikation natürlich mache. Er sei als Inder inkarniert gewesen, deshalb nehme er einfach seine damalige Gestalt an. Wie ich wisse, enthalte die indische Religion und Philosophie große und tiefe Wahrheiten. Teilweise hätten die kürzlich stattgefundene indische Ausstellung und Musik und Yoganandas Autobiographie sowie die chinesische Philosophie, mit der ich mich ebenfalls in letzter Zeit beschäftigt hatte, es bewirkt (Golus Erscheinen und alles Nachfolgende), außerdem mein ausdrücklicher Wunsch nach weiteren Lehren. Der Besuch von Yogananda sei auf mein großes Interesse an seinem Buch zurückzuführen.

Seit meiner Rückkehr nach Edinburgh im Jahr 1949 bis heute [Oktober 1963] hatte ich keinerlei Wesen in der Wohnung bemerkt, abgesehen von sehr seltenen Besuchen des Verschleierten. Das Interesse an Psi-Phänomenen und verwandten Themen war ungebrochen, aber erst in letzter Zeit hatte ich mich gefragt, ob ich wohl einen weiteren „Lehrer" haben könnte, und den starken Wunsch geäußert, dies möge möglich sein. Die fast unmittelbare Antwort war das Erscheinen des jungen Inders, den ich nun als „G" bezeichne.

Golu sagt mir, dass ich zwischen dem Wissen, das er mir vermittelt, und dem, das aus meinem Unbewussten aufsteigt, nicht vollständig werde unterscheiden können, es sei denn, er antworte direkt auf meine Fragen. Er gab eine lange Erklärung und Warnung zur Frage der „Kontamination", wenn es um PSI-Kommunikation jeglicher Art geht. Sie kann immer auftreten, wenn ein Mensch (als Kanal) beteiligt ist. Je egoistischer die Person, desto wahrscheinlicher die Verfälschung. Das Wissen, das mir mein vorheriger Mentor (der Verschleierte) vermittelt hat, ruht rein und wahr in meinem Unbewussten, genau wie das, was ich von Golu erhalte. Doch im Prozess des Aufsteigens ins Bewusstsein und des Aufschreibens oder darüber Sprechens besteht die Möglichkeit der Veränderung. Dessen muss ich mir immer bewusst sein. Auch wird mein bewusster Verstand weiterhin an Ideen arbeiten und sie weiterentwickeln. Das ist natürlich und richtig, könnte aber zu irrigen Vorstellungen führen, wenn die Logik falsch ist.

In der folgenden diktierten Niederschrift trifft Golu interessante Unterscheidungen zwischen den verschiedenen Kommunikationsmethoden, die zwischen der physischen und den nicht-physischen Welten zum Einsatz kommen können. Im einen Fall findet die Wahrnehmung durch die paraphysischen Sinne Sehen und Hören statt, im anderen erfolgt sie durch das Erkennen von und die Kommunikation mit einem dichteren, beinahe physischen Ätherkörper, während man sich in einem hyperästhetischen Zustand befindet.

> 631222. Zu der Frage, die dich heute Abend beschäftigt hat: Wir kommunizieren hauptsächlich durch Telepathie, aber es kommt vor, dass du mit deinem höheren (nicht-physischen) Gehör wahrnimmst, dass meine Stimme zu dir spricht, genau wie du mich mit deinem nicht-physischen Sehsinn siehst. Dies ist ein anderes Phänomen als das Hören mit dem Körpersinn in einem Zustand der Hyperästhesie oder gesteigerter Wahrnehmung. Könnte ich einen Ätherkörper benutzen und ihn in der Art und Weise, die ich dir beschrieben habe, hinreichend dicht machen, würdest du mich physisch sehen und hören können.
>
> Du brauchst mich nicht mit deinen physischen Sinnen zu sehen oder zu hören, da du an meine Existenz glaubst. Da ich nur für dich persönlich da bin, kommt es nicht darauf an, ob jemand anders es glaubt oder nicht.
>
> Du weißt, dass es mich gibt, und das Band zwischen uns ist nun sehr eng und gefestigt. Du hast recht, wenn du denkst, dass du selbst nach Wissen suchen und Dinge herausfinden musst. Ich bin dazu da, dir dabei zu helfen und dich anzuleiten. Es gibt vieles, was ich dich lehren kann und werde, aber es muss schrittweise geschehen.

> Warum kommuniziere ich mit dir auf diesem Wege [d. h. durch direktes Diktat], wo doch die telepathischen Methoden so gut entwickelt sind? Weil du es wolltest. So entsteht eine Niederschrift, die sonst fehlt, es sei denn, du schreibst es in dem Moment auf, in dem ich es sage. Manchmal möchte ich nicht, dass du dies tust, da die Information nur für dich allein bestimmt ist.

Im folgenden Auszug zeigt sich Golu von seiner fröhlicheren Seite:

> 631012. Neulich abends erschien er sehr zu meiner Erheiterung, als ich bei den Hazells war. Er turnte im Zimmer herum, schlug Räder und zog Grimassen, um mich zum Lachen zu bringen. Vielleicht war es ganz gut, dass sie ihn nicht sehen konnten, denn er hatte sein Lendentuch zu Hause gelassen.
>
> Heute erschien Golu im Zug auf der Fahrt nach Glasgow zu einem Engagement beim Fernsehen auf dem Sitz mir gegenüber. Er tat so, als sei er beleidigt, weil ich ihm keinen Kaffee kaufte, obwohl ich ihm erklärte, dass es komisch aussähe, wenn ich zwei bestellte, da er wahrscheinlich für alle außer mir unsichtbar war. Dann sagte ich zu ihm: „Wie schön für dich, dass du ohne Fahrkarte fahren kannst." Er legte die Ellenbogen auf den Tisch, lächelte mich breit an und sagte: „Das würdest du auch gern können, oder?"
>
> Ich mag G's Überschwang und Jungenhaftigkeit. Sie bilden einen schönen Kontrast zu seiner großen Ernsthaftigkeit, wenn er mir Wissen vermittelt, und ich glaube nicht, dass sie seiner Autorität als Lehrer schaden.

Bei der folgenden späteren Gelegenheit wird erwähnt, dass Yogananda im Laufe des Tages da war, und ROC erfährt von Golu, dass er, Yogananda, spirituelle Lehren erteilen wird. Wie immer stellt ROC die Realität seiner Erfahrungen infrage:

> 640131. Ich stellte Golu die Frage: „Hattest du Verbindung zu Yogananda?“
>
> Antwort – Ja. Es gab eine Verbindung im Leben, und sie besteht immer noch; er war heute Morgen bei dir. Du wirst seinen Einfluss spüren und seine Gegenwart bemerken.
>
> Frage: Warum ist er hier?
>
> A.: Weil er dich Dinge lehren kann, die dich auf deiner Suche nach Weisheit, Selbsterkenntnis und spiritueller Erleuchtung weiterbringen werden. Du bist bereit für solche Lehren.
>
> F.: Bist du dann immer noch bei mir?
>
> A.: Selbstverständlich. Ich werde immer bei dir sein. Du weißt, dass ich jetzt Teil deines Lebens bin. Yogananda lächelt und nickt. Er ist froh, dass du meine Realität erkennst und mich akzeptierst. Ich bin kein, ich wiederhole: Kein Geschöpf deiner Fantasie. Ich weiß, dass du mich als real, als deinen Freund und Führer akzeptiert hast, aber es gibt Zeiten, in denen du daran zweifelst, auch wenn dies selten vorkommt. Du musst versuchen, mich voll und ganz zu akzeptieren, denn dies gibt mir mehr Kraft, dir zu helfen.

Ein Beweis für Golu von dritter Seite kommt bei einem Besuch von ROC bei den „Zwergen“ Annie, Maisie und William, drei Freunden aus Abernethy. Sie wurden liebevoll so genannt, denn als ROC sie zum ersten Mal traf, waren sie in ihrem Garten und trugen alle drei wollene Wichtelmützen! Die folgenden Informationen stammen von Annie:

660410. Dann sagte sie [Annie], neben mir stünde ein junger Inder. Er sähe aus wie ungefähr sechzehn, sei sehr lebhaft und energiegeladen. Er trage eine cremefarbene Satintunika, eine leichte Hose, einen weißen Turban mit einem Fischadler und vorne einem großen Saphir sowie eine blaue Schärpe, glaube ich. Ich war ein bisschen verwundert, da sie ganz offensichtlich Golu beschrieb, auch wenn er nicht sechzehn ist, wobei er häufig so aussieht. Er stand hinter mir. Er beugte sich vor und flüsterte mir ins Ohr: „Du siehst, ich habe meinen besten Sonntagsstaat angelegt, um dir Ehre zu machen." In solcher Kleidung hatte ich ihn ganz sicher noch nie gesehen. Ich nehme an, dass Annie ihn aus meinem Unterbewusstsein aufgeschnappt hat, aber dass er so anders gekleidet war, nicht mit seinem üblichen Lendentuch oder gleich ganz nackt, war beeindruckend. Ich habe mich manchmal gefragt, ob eine hellsichtige Person ihn sehen könne und wie er dann wohl gekleidet wäre. Jetzt bin ich mir sicher, dass er dann seine Gala-Aufmachung tragen würde, denn er offenbart sich nur mir. Annie sagte, er sehe aus wie ein indischer Fürst, was er ihrer Meinung nach auch war. Ich bin mir ziemlich sicher, dass ich Golu ihnen gegenüber nicht erwähnt hatte, und es ist unwahrscheinlich, dass die Walkers dies getan haben. Sie haben sich erst vor Kurzem kennengelernt, und es gab gar keine Gelegenheit dazu. Annie sagte, Golu sei sehr oft bei mir, und ich fühle mich dann für gewöhnlich sehr jung und vital, was auch stimmt.

[Am nächsten Tag] saß ich da und las, als Golu ins Zimmer kam (hinteres Zimmer), immer noch in seiner indischen Fürstenkleidung. Ich fragte ihn, wohin er wolle, da er so herausgeputzt sei. Er sagte, er hätte ganz vergessen, wie gut er in dieser Aufmachung aussähe, und zupfte zum Schein vor dem Spiegel an seiner Kleidung herum. Er sagte: „Das steht mir gut, nicht wahr?“ Ich antwortete, es stehe ihm wirklich gut, woraufhin er in schallendes Gelächter ausbrach und im Zimmer herumsprang.

Der chinesische Weise

Er ist zwar einer von ROC‘s Lehrern, tritt in ROC‘s Schriften jedoch relativ selten auf. Da ROC die meisten Lehren offenbar in Schlafphasen vermittelt wurden, ist der Einfluss des Chinesischen Weisen insgesamt wohl leicht zu unterschätzen, einfach deshalb, weil er nicht mittels Hellsichtigkeit zu erkennen war und nicht im Wachzustand kommunizierte.

Tio

Tio erlebt ROC zum ersten Mal am 23. März 1963 in einer Traumvision. Darin begegnet er ihm in einer Berghöhle in Gegenwart eines anderen Wesens, dessen Identität ROC nicht kennt. Wie sich in späteren Aufzeichnungen zeigt, wird Tio immer als Polynesier wahrgenommen und kümmert sich in den folgenden Jahren um ROC‘s körperliche Gesundheit und Energie, und zwar durch eine Huna-Behandlung des Ätherkörpers, die sich dann nach und nach im physischen Pendant manifestiert. Der zweite Auszug ist ebenfalls eine Traumvision, dieses Mal vom 28. Mai 1965, und veranschaulicht die Huna-Praxis. In der überwiegenden Mehrzahl der Begegnungen mit Tio erscheint er ROC jedoch in dessen normalem Wachzustand, nicht im Traum, und die „Massage“ wird bei vollem Wachbewusstsein durchgeführt.

650323. Ein kurzer Traum, in dem ich erneut die Höhle besuche. Ich konnte durch die Öffnung schauen und das Tal unter mir sowie die gegenüberliegenden Berge sehen, aber den Raum im Fels vermag ich immer noch nicht zu beschreiben. Das Wesen sitzt in einem Holzstuhl mit Schnitzereien – ich glaube, er war auch im vorherigen Traum, aber den Stuhl habe ich darin nicht bemerkt. Ich glaube auch, dass ich wie zuvor im Schneidersitz vor ihm sitze und wieder nackt bin. Es gibt kein klares Gefühl einer Kommunikation oder weiterer Unterweisungen, nur tiefe Ruhe und Zufriedenheit. Der Indigene ist da, er steht gegenüber der Öffnung. Ich bin mir jetzt sicher, dass er Polynesier ist, wenngleich recht dunkelhäutig. Er ist nicht sehr groß, eher stämmig, aber wohlproportioniert. Wie zuvor ist er auch jetzt nackt.

Bemerkungen: Ich frage mich, ob ich diese Höhle noch oft besuchen werde. Dies könnte der Beginn weiterer Unterweisungen sein. Die Nacktheit ist definitiv von Bedeutung. An diesen Ort kann man keine materiellen Dinge mitnehmen, daher müssen Kleider draußen bleiben. Das nackte Selbst ist da, nichts darf verborgen werden. Wenn ich in meinem Ätherkörper dort bin, könnte ich mich wohl ankleiden, indem ich an Kleider denke, aber das habe ich in diesem Traum nicht getan. Ich habe gar nie daran gedacht, weil die Nacktheit richtig schien. Ich weiß nicht, ob der „Indigene" ein Bediensteter des Wesens ist oder ein Schüler wie ich, und es ist auch nicht sicher, dass er das unsichtbare Wesen ist, das mir zuvor die Massagebehandlungen verabreicht hat.

650528. Traumvision. Am Ende einer Massagebehandlung durch den Polynesier, von dem ich nun weiß, dass er Tio heißt, liege ich auf dem Rücken auf einer Art Diwan. Tio legt den Zeigefinger seiner rechten Hand auf die höchste Stelle meines Kopfes, wandert dann hinunter zur Stirnmitte und hält inne. Dann setzt er die Bewegung fort und fährt mit dem Zeigefinger an der Vorderseite meines Gesichts entlang bis zum Hals. Er zieht weiter eine Linie an der Vorderseite meines Körpers entlang und hält dabei bei den übrigen Haupt-Chakras ebenfalls inne. Ich spüre sofort eine starke Kraft, die eine im Uhrzeigersinn wirbelnde Spirale um meinen Körper bildet und an meinem ganzen Körper entlang eine direkte Kraft erzeugt (ausgelöst durch den Wirbel?). Diese zirkuliert schließlich die Wirbelsäule hinauf zum Kopf und strömt dann durch den Körper wieder hinunter (Huna, Mana oder kosmische Grundenergie).

Bemerkungen: Diese Massage-Träume kommen offenbar in regelmäßigen Abständen, manchmal wenn es mir nicht gutgeht oder ich müde bin. Sie erhöhen ausnahmslos meine Energie, was, wie ich glaube, auf das Anzapfen kosmischer Energie zurückzuführen ist. Es ist sehr bedeutsam, dass Tio nach der [Massage-] Behandlung diese Linie an der Vorderseite meines Körpers nachgezogen und an den Stellen innegehalten hat, wo die Chakras sitzen.

Es finden noch viele weitere Begegnungen mit Tio statt. Das folgende Beispiel ist wieder eine außerkörperliche Erfahrung und zeigt die unbeschreibliche Freude, die sich aus solchen Kontakten im Ätherischen ergibt:

670625a. Sehr klare außerkörperliche Erfahrungen. Ich stehe an einer Meeresküste. Es ist eine halbkreisförmige Sandbucht mit klarem, feinem Sand, der sanft zu einem sehr blauen ruhigen Meer abfällt. An beiden Seiten der Bucht befinden sich

Felsvorsprünge. Die Felsen sind überwiegend dunkelbraun und rot und stellenweise massiv. Hinter der Bucht liegt ein Wald, hauptsächlich Buchen, Birken, Platanen und Ulmen, glaube ich. Unter den Bäumen wächst saftiges Gras. Die Farben sind sehr intensiv und bedeutsam, wie so oft bei diesen Erlebnissen. Ich stehe am Waldrand mit Blick zum Meer. Ich bin nackt, und mein Körper wirkt sehr fest und real. Jemand kommt um die Ecke der Bucht und fängt an, auf mich zuzurennen. Es ist Tio, sehr stämmig und kräftig mit einem Lächeln über seinem ganzen attraktiv hässlichen Gesicht. Auch er ist nackt. Er bleibt vor mir stehen, lacht und umarmt mich dann. Er sagt, es ist schon eine ganze Weile her, seit wir uns zum letzten Mal gesehen haben, da ich offensichtlich zu beschäftigt war, um an ihn zu denken. Ich sage ihm, dass das nicht stimmt, da ich sehr oft an ihn denke, dass ich aber tatsächlich ungewöhnlich viel zu tun hätte, da ich in Findhorn so häufig gebraucht würde. Er lacht wieder und sagt, er wisse das und sei oft bei mir, auch wenn ich ihn nicht sähe, und ich bräuchte ihn nicht.

Wir gehen über den Sand in Richtung Meer, und ich sage ihm, dass wir uns immer sehr nahe sein werden, da wir Brüder sind, ganz unabhängig davon, dass er zum Hüter meines physischen Wohlergehens ernannt worden ist. Wir gehen weiter in eine Nachbarbucht, die sich bis in einige Ferne erstreckt. Dort weht eine leichte warme Brise. Tio legt mir den Arm um die Schultern, und ich habe das Gefühl, dass wir wirklich eins sind. In den ätherischen Regionen und außerhalb des physischen Körpers gibt es eine Einheit und Enge des Kontakts, die der materielle Verstand nicht erkennen und verstehen kann. Diese Einheit ist nicht körperlich und etwas ganz Wunderbares. Ich schätze mich sehr glücklich, dass ich sie in diesem Leben erfahren darf und ein gewisses, wenn auch nur ein geringes Verständnis dafür erlangen kann, was sie bedeutet und wie sie die Vereinigung mit dem Göttlichen widerspiegelt und vorwegnimmt.

Nachdem wir eine Zeit lang gegangen sind, gibt mir Tio eine ausgedehnte Huna-Behandlung, die ich nach den anstrengenden Erlebnissen in Findhorn dringend benötige. Ich fühle mich energiegeladen und reaktiviert, und dies überträgt sich auf meine physische Hülle.

Kapitel 6

Die gechannelte Botschaft

Viele von uns haben in ihrem Leben schon einmal ungewöhnliche Erlebnisse gehabt, zum Beispiel ein Déjà-vu, doch meist machen wir dann eine Bemerkung darüber, wundern uns einen Moment und tun das Ganze später als bloßen Zufall oder womöglich sogar Einbildung ab. Wenn es, wie in ROC's Fall, darüber hinaus Kontakt zu einer verinnerlichten Quelle gibt, die Botschaften oder Eindrücke übermittelt oder sogar für das geistige Auge sichtbar ist, stellen wir die Quelle dieser Eindrücke zurecht infrage. Stammen sie aus unserer aktiven Fantasie oder kommen sie aus einer äußeren individuierten Quelle in den unsichtbaren Welten? Genau diese Fragen stürmten auch ständig auf ROC ein, und er gab sich stets größte Mühe, den Unterschied zu erkennen.

Im folgenden Auszug reflektiert er über die Unterschiede zwischen der schöpferischen Fantasie, Träumen, Visionen und „bewusst wahrnehmbaren" Persönlichkeiten, wie ROC sie nannte. Der Ansatz hier, der für sein früheres und späteres Denken durchaus repräsentativ ist, zeigt ein gesundes wissenschaftliches Hinterfragen dessen, was tatsächlich vor sich geht, sowie ein Bewusstsein für die alternativen Möglichkeiten und womöglich wahnhaften Eigenschaften.

> 650707. Ich denke, dass die schöpferische Fantasie ein Teil des Unbewussten ist, vergleichbar mit einem sehr komplexen Computer. Sie kann vom Bewusstsein programmiert werden,

zum Beispiel mit bestimmten Einzelheiten für Handlung, Schauplatz und Figuren eines fiktionalen Werks – Erzählung, Roman, Theaterstück und so weiter. Jeder Schriftsteller kennt die Art und Weise, wie das Unbewusste Einzelheiten austüfteln und das Ganze so inszenieren kann, dass es nur noch umgesetzt werden muss, und wie es auf wenige Hinweise des Bewusstseins hin Figuren erschaffen kann. Dies ist der normale Prozess des kreativen Schreibens.

Ich glaube, die schöpferische Fantasie kann durch das Unbewusste auch darauf programmiert werden, den Stoff für Träume und Fantasievorstellungen zu erzeugen. Das Unbewusste kann vom universellen Unbewussten oder von Einflüssen oder Wesenheiten inspiriert werden, die auf anderen Ebenen als auf unserer materiellen Ebene leben. Menschen in Träumen können von realen Menschen inspiriert oder eine Synthese mehrerer verschiedener Personen sein oder in der physischen Welt überhaupt nicht existieren. Manche Träume sind zweifellos Wunscherfüllungen oder Ausdruck eines unterdrückten Verlangens sexueller oder anderer Natur, wie Freud behauptet. Manche sind vielleicht, nach Adler, Ausdruck von Machtgelüsten oder Personifizierungen archetypischer Symbole, wie Jung meint. Aber Freud hat Unrecht, wenn er behauptet, alle Träume hätten eine sexuelle Grundlage.

Aufgrund meiner ausgiebigen Beschäftigung mit meinen eigenen Träumen bin ich mir sicher, dass viele von ihnen keine tiefe symbolische Bedeutung haben, sondern ziemlich oberflächlich sind und sich in Wirklichkeit das Unbewusste einen Spaß daraus macht, Geschichten zu erzählen. Natürlich bestehen sie aus Symbolen, da das Unbewusste keine Worte benutzen kann. Davon abgesehen, gibt es die Tiefenträume, die tiefe Bedeutung haben. Einige davon könnten durchaus Visionen sein, also von außerhalb des eigenen Geistes kommen. Diese Träume haben üblicherweise strahlende Farben und weisen ein Gefühl der Zeitlosigkeit auf.

Diese Hypothese könnte darauf schließen lassen, dass Golu, Tio und Numa [ein nicht-physischer Löwe, den ROC hellsichtig gesehen und der auf den ätherischen Ebenen als sein Beschützer gewirkt hat] Geschöpfe meiner eigenen schöpferischen Fantasie sind, allerdings programmiert vom Unbewussten, da ich bis zu ihrem Erscheinen keine bewusste Vorstellung von ihnen hatte. Ebenso gut könnten sie separate Wesenheiten von anderen Ebenen sein. Ich bleibe diesbezüglich aufgeschlossen. Golu ist nie in einem Traum erschienen – er ist voll und ganz ein „bewusst wahrnehmbares" Wesen. Dasselbe gilt für Numa, es sei denn, ich betrachte einen Traum vom letzten Jahr, in dem ein Löwenjunges vorkam, als sein erstes Erscheinen. Wenn das der Fall ist, muss er sehr schnell erwachsen geworden sein. Tio war zunächst zu nebulös, als dass er in einem Traum hätte registriert werden können, obwohl ich eine Präsenz wahrgenommen und seine Berührung gespürt habe. Dann erschien er nach und nach als konkretes Wesen in einem Traum, und heute erscheint er als beides, als Traumwesen und als „bewusst wahrnehmbares" Wesen in meinem Wachzustand. Er erscheint nur in den von mir so genannten Tiefenträumen. Eine seiner Hauptaufgaben besteht darin, sich um meine Gesundheit zu kümmern, da er mir häufig eine Art polynesische Huna-Behandlung mit Massage verabreicht. In gewisser Weise ist er die Personifizierung einer kosmischen Urenergie.

Jede Kommunikation von einer „bewusst wahrnehmbaren" Persönlichkeit muss im Idealfall ohne Sinnverlust ins Bewusstsein geleitet werden. Im folgenden Text betont Golu, wie wichtig es ist, sich ständig bewusst zu sein, dass es bei der Übermittlung von Informationen von Wesenheiten in den überbewussten Welten zu Einfärbungen und Verzerrungen kommen kann. Das gilt auch für ROC und andere Sensitive.

Golu erklärt den Mechanismus, durch den diese Kommunikationen stattfinden, zeigt auf, wie es zu Verzerrungen kommen kann und wie sie sich erkennen und verringern lassen. Außerdem weist er darauf hin, dass einige Kommunikationsquellen, wie etwa eine Wesenheit aus den Ebenen der Illusion, völlig irrige und falsche „Wahrheiten" hervorbringen können. Die Ebenen der Illusion betreffen üblicherweise die unteren Astralebenen, die unseren Erdschwingungen am nächsten sind und zu denen Medien am leichtesten Zugang haben. Auf diesen Ebenen tummelt sich eine beträchtliche Anzahl von Foppgeistern und sogar bösen Geistern, sodass die Qualität der gechannelten Botschaft äußerst zweifelhaft sein kann. Dieses Thema wird in dem späteren Kapitel über ROC's Weltraumverbindungen ausführlicher behandelt.

Hier muss eine wichtige Unterscheidung getroffen werden. Auch in den Welten der Leben zwischen den Leben, die die Seele bewohnt, wenn sie nicht auf der Erde inkarniert ist, kann die „Kulisse" insofern illusionär sein, als sie durch die Gedankenprozesse der Seele nach Belieben erschaffen werden kann. Die Seele ist sich in ihrem „Heimatzustand" allerdings sehr wohl bewusst, dass diese Schöpfungen temporärer Natur sind und sich auflösen, wenn sie nicht mehr gebraucht werden. Dies bedeutet allerdings nicht, dass Kommunikationen aus dieser Quelle an sich illusionär oder grundsätzlich unrein sind.

Überbewusste Wesenheiten „an höherer Stelle“ wollen uns jedoch offensichtlich nicht durch Antworten auf all unsere Fragen „bevormunden“. Angeblich würde dies gegen unsere Fähigkeit zu freiem Willen und Selbstfindung verstoßen. Verwirrenderweise können Botschaften daher absichtlich rätselhaft sein, sodass wir gezwungen sind, eigene Schlüsse zu ziehen. Einst hieß es: „Klopfet an, und so wird euch aufgetan.“ Allerdings wurde nie genau gesagt, welches Tor aufgetan wird und wie lange man klopfen muss. Manchmal hat es den Anschein, als wäre ein Rammbock die effektivere Lösung gewesen als ein Türklopfer! Geduld ist wirklich eine Tugend.

630609. Wie bereits gesagt wurde und nie genug betont werden kann, unterliegen alle Kommunikationen, die durch einen „Kanal“ kommen, der Gefahr der Kontamination. Es gibt keinen vollkommen reinen Kanal, auch wenn dies viele Menschen glauben und bereit sind, jedes Wort, das durchkommt, als tiefgründige Wahrheit zu akzeptieren.

Kommunikationen kommen hauptsächlich in Form von Bildern und Symbolen und werden vom Unbewussten der channelnden Person in Worte übersetzt. Es kann den Anschein haben, als werde das Wort direkt im Kopf vernommen, aber die Übersetzung findet dennoch statt. Die Gedanken sind in der Regel andere als die der channelnden Person, die Worte aber werden ihrem Vokabular entnommen, auch wenn sie einige vielleicht nicht häufig gebraucht. Manche wurden womöglich nur ein oder zweimal gehört oder gelesen, daher können auch ungewöhnliche Worte auftauchen.

Die meisten Mitteilungen sind kurz und bündig. Langatmigkeit ist also in der Regel auf den Wunsch der channelnden Person zurückzuführen, die erhaltenen Informationen aufzublähen. Wenn die Person zu Weitschweifigkeit neigt, ist so etwas ganz normal. Auch Wunschdenken aufseiten des Channels kommt vor und kann die Boschaft unbewusst beeinflussen. Zudem werden gern Assoziationen hinzugefügt, und häufig besteht die Tendenz, den Worten eine Wendung zu geben, die sie in Richtung der Denkweisen und Ideen des Channels lenkt. Das vollkommen Unerwartete kann ein Anzeichen für eine echte Kommunikation sein. Sei stets auf der Hut und versuche, die Wahrheit von den Zusätzen zu trennen. Dies gilt für das, was du jetzt erhältst, und auch für das, was du schon früher empfangen hast.

Hinterfrage die Wahrheit dessen, was durchkommt, nicht während du es empfängst, denn dies würde eine Barriere errichten, die die Botschaft erschwert. Nimm sie unkritisch auf und lasse deinen Geist so leer wie möglich sein. Kritisiere hinterher und hinterfrage die Wahrheit dann so viel du willst.

Du fragst, ob es weit ausholende Wesenheiten gibt, die wortreiche Übermittlungen erklären könnten. Selbstverständlich gibt es die, aber sie befinden sich normalerweise auf einer niederen Schwingungsebene, die leicht zu erkennen sein sollte. Der vorliegende Hinweis wird dir gegeben, damit du kritisch bleibst. Die Warnung wird von Zeit zu Zeit wiederholt werden.

Über die Ebenen der Illusion wurdest du bereits unterrichtet. Viele Sensitive stimmen sich auf sie ein und geben falsches Material durch. Die Ebenen der Illusion sind nicht unbedingt schlecht oder böse. Sie stehen nur nicht im Einklang mit den höheren Facetten der Wahrheit und harmonieren daher nicht mit dem Willen Gottes. Sie sind notwendig für manche Menschen, die die Schwierigkeiten ihres Erdenlebens ohne ihren Glauben nicht bewältigen könnten. Letztendlich müssen die Ebenen der Illusion aufgelöst werden, aber dies wird im Laufe der spirituellen Evolution geschehen. Es ist nicht klug, die Überzeugungen eines Menschen, die von solchen Ebenen stammen, zerstören zu wollen. Dies kann zu großen Schwierigkeiten und zu viel Leid führen. Die Erkenntnis falscher Überzeugungen muss allmählich und auf natürliche Weise eintreten.

Weitere Aspekte der Kommunikation kommen von einer anderen der vielen Wesenheiten, mit denen ROC in Verbindung stand, in diesem Fall von einer ägyptischen Wesenheit, die über Vorstellungen von aurischer und telepathischer Kommunikation sprach. ROC erhielt die Botschaft zunächst in mündlicher Form, war dann aber so beeindruckt, dass er darum bat, sie diktiert zu bekommen.

651030. „Ja, ich werde dir das, was ich gesagt habe, schriftlich geben. Ich habe dich gefragt, warum du Kleidung trägst, weil es die Kommunikation erleichtert, wenn du nackt bist. Denn neben dem, was du telepathische Mittel nennst, gibt es noch einen zweiten Weg, nämlich die Interaktion mithilfe der Auren und der von den verschiedenen Körpern erzeugten unterschiedlichen Strahlen, die die Kommunikation verstärken und sicherer machen. In deinem Fall gilt, da du einen physischen Körper hast, hast du auch eine physische Aura. Diese Aura wird durch Kleidung gestoppt und ist dann nur um Kopf und Hände herum in verzerrter und verunreinigter Form sichtbar. Menschen, die sie sehen können, erkennen diese Verzerrung offenbar nicht. Das Tragen von Kleidung führt dazu, dass die gesamte Aura außer Form gerät. Das ist ein Grund, warum du ohne Kleider glücklicher bist, weil du die Verzerrung der Aura unbewusst spürst und sie dir ein leichtes Unwohlsein bereitet.

Du hast angedeutet, dass nur die physische Aura durch Kleidung unterdrückt wird, da das, was die Hellsichtigen, wie du sie nennst, sehen können, eine astrale Aura sein muss. Das ist richtig, aber auch die astrale Aura, wie du sie nennst, wird durch die Unterdrückung der physischen Aura bis zu einem gewissen Grad verzerrt und verunreinigt, was zu Fehleinschätzungen aufseiten der Sensitiven führt. In meinem Fall – da ich keinen physischen Körper und damit auch keine physische Aura habe – kommt es auf die Interaktion mit deiner nicht-physischen Aura an. Sie darf nicht verunreinigt werden; deshalb kann ein viel freierer und wahrhaftigerer Gedankenfluss stattfinden, wenn du nackt bist. Natürlich können wir, wie im Moment, mit telepathischen Mitteln kommunizieren, wie du es nennst.

Du hast außerdem gefragt, wie es kommt, dass ich gut Englisch spreche. Das tue ich nicht. Dein Gehirn erzeugt die Illusion, dass ich das tue. Während du einen physischen Körper hast, hast du auch ein physisches Gehirn, das darin geschult wurde, deine Muttersprache zu erlernen und anzuwenden – in deinem Fall Englisch. Das, was du als dein Unbewusstes bezeichnest, verwendet keine Worte. Es verwendet oder „denkt" in Bildern und Symbolen. Telepathie ist eine Funktion des Unbewussten in lebenden Menschen, deshalb muss die Wortbotschaft, die ausgetauscht wird, in die Begriffe des Unbewussten übersetzt werden – in Bilder und Symbole. In dieser Form wird sie übermittelt. Da ich kein physisches Gehirn habe, ist dies meine normale Form des Denkens. Bilder und Symbole sind in hohem Maße universell. Was ich dir vermitteln möchte, wird in dieser Form als Bilder und Symbole an dein Unbewusstes weitergegeben. Dein Verstand (Unbewusstes und Bewusstes) und dein Gehirn wandeln es in deine Sprache um. Wenn du glaubst, dass du mich zu dir sprechen hörst, dann ist der Klang meiner Stimme nur in deinem Kopf. Das bedeutet nicht, dass er künstlich ist, denn dein Gehirn erzeugte das exakte englischsprachige Äquivalent meiner physischen Stimme, als ich einen Körper hatte und in meiner Sprache sprach.

Im Moment wandelt dein Gehirn mithilfe deines Unbewussten die Bilder und Symbole, die du von mir durch dein Unbewusstes erhältst, in englische Worte um, die du aufschreibst. Die Schrift ist deine eigene Handschrift, möglicherweise leicht verändert durch einen Einfluss von mir. Bei allem „automatischen Schreiben", das du empfängst, ist es wahrscheinlich dasselbe: Deine eigenen Hand, leicht abgewandelt. Weder Golu noch ich versuchen, deine Hand zu bewegen und deine Muskeln zu steuern. Wir arbeiten durch deinen Geist. Wenn du dich entspannst und versuchst, deinen Geist so leer wie möglich zu machen, wird dies möglich.

Natürlich kannst du nie sicher sein, wie viel von den Wesen kommt, die wir zu sein behaupten, und wie viel aus deinem eigenen Kopf. Du musst es entweder annehmen oder ablehnen. Du hast recht, wenn du begründete Zweifel anmeldest, aber inzwischen haben wir das Gefühl, dass du dir ziemlich sicher bist, dass wir echt sind. Glaube vereinfacht die Sache. Es freut mich, dass du mich sehen kannst. Ich verspüre tiefe Zuneigung zu dir, weil wir miteinander verbunden sind. Sei gesegnet."

Anmerkung: Die Handschrift im Originalmanuskript des obigen Dokuments (30. Oktober) unterscheidet sich deutlich von der in der Aufzeichnung zwei Abende davor (28. Oktober). Oben ist die Schrift eng und krakelig im Vergleich zum kleineren, abgerundeten Schriftbild vom 28. Oktober.

Ein weiterer Text, Quelle ungenannt, aber wahrscheinlich von St. Germain, der fast drei Jahre später empfangen wurde, geht noch einmal auf die Warnungen in Bezug auf gechannelte Botschaften ein und erklärt, woran Wahrhaftigkeit und Echtheit zu erkennen sind.

> 660620a. Die Ebenen der Illusion sind leicht zugänglich, und man muss ständig davor auf der Hut sein, genau wie vor Konditionierungen durch Dogmen und Vorurteile. Die Wahrheit ist in jedem Falle vielschichtig und schwer fassbar und muss stets gesucht werden. Es spielt keine Rolle, woher sie kommt, solange sie als das erkannt wird, was sie ist. Vertraue auf deine Intuition und deinen Instinkt. Botschaften wie diese werden wiederholt, um unmissverständlich klarzumachen, wie wichtig ihr Inhalt ist. Viele Botschaften werden mit nur geringen Abweichungen immer aufs Neue wiederholt, weil sie vorhanden sind und leicht abgerufen werden können. Es ist, als spielte man immer wieder dasselbe Stück Tonband ab. Alle diese Wiederholungen müssen aus der Botschaft herausgeschnitten werden, um das Neue und Originelle zu entdecken. Viele Channels empfangen diese Wiederholungen und sehr wenig Neues. Dann bauschen sie diese Wiederholungen mit Worten auf, die oft beeindruckend klingen, aber zum Sinn nur wenig beizutragen haben.

ROC gegenüber werden viele Vorbehalte gegen Channels und gechannelte Informationen geäußert (wahrscheinlich wieder von St. Germain, doch ohne dass dies direkt so gesagt würde).

Die folgende Botschaft wird fast ein Jahr nach der vorherigen übermittelt. Tatsächlich ziehen sich diese Warnungen wie ein roter Faden durch all die Jahre, in denen ROC selbst Botschaften empfing, und sie betonen, dass es einen 100%ig reinen Channel wirklich nicht gibt. Selbst wenn die Quelle echt ist – und allein dies zu erkennen ist schon eine große Herausforderung – werden keine zwei Channels, die dieselbe Botschaft erhalten, diese in dieselben Worte fassen:

> 670520a. Du wirst es gewohnt sein, das Wahre vom Falschen zu unterscheiden. Ein sehr hoher Prozentsatz der Botschaften, die im Moment durch verschiedene Channels kommen, sind entweder falsch – sie kommen von den Ebenen der Illusion oder von unerwünschten Wesenheiten, die falsche Informationen vermitteln und täuschen wollen – oder sie sind vom Geist der channelnden Person, von ihren Sehnsüchten und Wünschen geprägt. Diese sind häufig unbewusst und können sogar von sekundären Persönlichkeiten stammen.
>
> Es ist keine leichte Aufgabe, ohne Anleitung das Wahre im Falschen herauszufiltern. Achte auf sprachliche Tricks, die zum Channel gehören – auch wenn diese nicht unbedingt etwas Falsches, sondern eher eine Einfärbung darstellen. Meister und Wesenheiten kommunizieren in der Regel in direkten und schlichten Ideen und Konzepten, auch wenn es ein paar weit ausholende Wesenheiten gibt, aber dies ist für gewöhnlich eine Einfärbung durch den Channel. Achte auf eine fließende Sprache oder Pseudo-Archaismen. Hüte dich vor Lob für den Channel. Dieses wird zuweilen erteilt, wenn es hochverdient ist, meist aber lobt der Channel sich selbst und versucht, es so aussehen zu lassen, als komme dieses Lob von jemandem außerhalb seiner selbst. Kritik, die manch-

mal geäußert wird, ist eher überzeugend, obwohl auch dies eine Einfärbung durch das Gewissen des Channels sein und auf seine Selbstverurteilung zurückgehen könnte. Achte auf Nachahmung – wenn ein Channel fast dasselbe empfängt wie ein anderer – obwohl du hier unterscheiden musst, ob die Wahrheit durch zwei oder mehr verschiedene Channels kommt und dies daher eine Bestätigung darstellt, oder ob ein Channel den anderen nachahmt, um akzeptiert oder gelobt zu werden. Normalerweise ist es möglich, zwischen dem, was ziemlich offensichtlich menschlichen Ursprungs ist, und dem, was nur aus einer spirituellen Quelle kommen kann, zu unterscheiden. Bei Material, das durch einen Channel empfangen wurde, ist höchste Vorsicht geboten, und wo immer möglich muss Bestätigung eingeholt werden.

In einer Botschaft von St. Germain wird der Schwerpunkt auf das gelegt, was geschehen ist, nicht auf das, was darüber geschrieben wurde:

670207a. Es kommt darauf an, was geschieht, nicht darauf, was darüber geschrieben wird. Ein Bericht kann nur sehr selten genau das wiedergeben, was geschehen ist. Zunächst einmal besteht er nur aus den Ereignissen und Einzelheiten, die dir im Gedächtnis geblieben sind – das, was deine Aufmerksamkeit erregt hat. Er kann nie vollständig sein, so sorgfältig und aufmerksam du auch sein magst. Sehr wahrscheinlich wird er auch durch deine eigenen Ansichten und Ideen modifiziert oder eingefärbt. Anderen Menschen, die ihn hören oder lesen, vermittelt er womöglich ein völlig anderes Bild, je nach ihren Ansichten und Ideen. Du kannst nie sicher sein, dass ein anderer Mensch das wiedergibt, was du gesehen und erlebt hast. Zugleich kann es anderen helfen, von deinen Erlebnissen zu erfahren, und in jedem Fall ist es gut, sie aufzuschreiben, selbst wenn du sie niemandem zeigst. Wenn du diese Berichte später noch einmal liest, werden sie dir wieder gegenwärtig – obwohl du die wichtigen wahrscheinlich nie vergisst. Schreibe einen Bericht immer sobald wie möglich nach dem Erlebnis; dies minimiert mögliche Verfälschungen.

Kapitel 7

Naturwelten

ROC´s wohl wichtigstes Werk und bedeutendster esoterischer Beitrag war eine Folge der Kontakte, die er zu den Naturwelten aufbaute. Wie in dem folgenden Eintrag, der von der „Hierarchie“ empfangen wurde, dargelegt wird, musste ROC diese Rolle in seiner Eigenschaft als Mensch und nicht als sein höheres Selbst ausüben, denn es war von ausschlaggebender Bedeutung, dass er bei diesen Kontakten absolut für „Jedermann“ stehen konnte. Aus ähnlichen Gründen war es wichtig, dass Pan als der bocksfüßige Gott akzeptiert wurde, da dies das Bild war, das die Menschen ihm auferlegt hatten.

> 670711b. Viele der [Elementar-] Wesen, mit denen du nun Kontakt aufnimmst und engste Verbindungen eingehst, können die Menschen nicht leiden, weil sie der Erdoberfläche, den Gewässern der Erde und der Erdatmosphäre rücksichtslos Schaden zugefügt haben und weiterhin zufügen, von den Tiefen der Erde, wo viele dieser Wesen wohnen, gar nicht zu reden. Sie glauben, dass „Hass“ das einzige Wort ist, dessen Bedeutung die Menschen kennen – die Bedeutung von „Liebe“ kennen sie nicht. Manche von ihnen würden es gern sehen, wenn die gesamte Menschheit ausgelöscht würde, weil sie für das Leben ungeeignet ist. Du musst ihnen zeigen, dass zumindest ein paar Menschen die Bedeutung der Liebe kennen und verstehen und tief und selbstlos lieben können.

Ihnen musst du von diesen Wesen erzählen. Du selbst hast dich in deiner Fähigkeit zu lieben stark weiterentwickelt und erkennst, dass Liebe, wenn sie echt und wahrhaftig ist, grenzenlos sein kann – es gibt genug und mehr als genug für jedes Wesen auf Erden und im Himmel. Die Wesen, denen du begegnest, wissen, dass deine Liebe zu ihnen wahrhaftig, echt und tief ist, denn sie können in deinem Herzen lesen – und du kannst ihnen nichts vormachen.

Sie brauchen nicht nur Liebe, sondern ihnen muss gezeigt werden, dass ein Mensch zur Liebe fähig ist und weiß, was sie bedeutet. Sie müssen zu der Erkenntnis gebracht werden, dass es Menschen gibt, die wunderbare Eigenschaften haben und nur Gott, der Menschheit und allen Welten dienen und Seinen Willen erfüllen wollen, und dass diese Menschen mit dem Eintritt dieses neuen Zeitalters immer zahlreicher werden. Ihretwegen ist es wert, das Menschengeschlecht zu retten. Man hilft ihm trotz der schwarzen Schafe, so viele es auch sein und so sehr Gier und Zerstörungswut und Habsucht auch vorherrschen mögen.

Dies ist deine Hauptaufgabe, und du musst sie als dein menschliches Selbst erfüllen, auch wenn du Inspiration, Führung und Hilfe erhalten wirst. Es ist der Mensch, der die Natur missbraucht und sich von Gott abgewandt hat, und es ist der Mensch, der sich die Naturgeister und Wesen aus allen Welten durch Unglauben, Entstellung und Dummheit entfremdet hat. Darum muss auch durch den Menschen Wiedergutmachung geleistet und Versöhnung herbeigeführt werden. Du bist einer derjenigen, die dazu auserwählt, ausgebildet und darauf vorbereitet wurden. Möge dein Werk gelingen!

Über ROC's frühe Erlebnisse mit Naturgeistern, die schließlich am Samstag, dem 23. April 1966, auf dem Mound in Edinburgh zu seiner ersten Begegnung mit Pan führten, ist zwar bereits in verschiedenen früheren Veröffentlichungen berichtet worden, doch diese weichen in wichtigen Details von seinen Tagebucheinträgen ab. Der Hauptgrund dafür war, dass ROC sie für ein allgemeines Publikum, das mit dem Thema noch nicht vertraut war, eng fokussiert halten wollte. Insbesondere aber lag es daran, dass es in den Gesprächen bestimmte Abschnitte gibt, in denen ROC scheinbar auf ein spirituelles Podest gehoben wird. In seiner typisch bescheidenen Art wurden diese Abschnitte daher weggelassen und tauchen nur in seinen schriftlichen Aufzeichnungen auf, die hier wiedergegeben werden.

Die schiere Vielfalt unterschiedlicher Elementarwesen, denen ROC begegnete, ist atemberaubend. Während es die folgenden Abschnitte mit ihrem Detailreichtum vielleicht ein wenig zu übertreiben scheinen, stellen sie doch nur einen kleinen Bruchteil von ROC's beinahe täglichen Interaktionen mit Naturgeistern dar, bei denen das Ungewöhnliche alltäglich war!

Kurmos (und Numa)

Wie es häufig seine Gewohnheit war, besuchte ROC auch am 19. März 1966 die Botanischen Gärten in Edinburgh und erlebte bei dieser Gelegenheit seine erste Begegnung mit einem Elementarwesen. Es war ein Faun, das bocksfüßige, gehörnte, menschenähnliche Wesen aus der griechischen Mythologie, eine Art Miniaturausgabe des Großen Gottes Pan, den ROC bald darauf kennenlernen sollte.

Als ROC an jenem Tag die Gärten betrat, fühlte er sich müde und niedergeschlagen. Er machte sich Sorgen um die Gesundheit eines guten Freundes und spürte die Nachwirkungen seiner anstrengenden Fernseh-Drehtermine am Set von *This Man Craig*. Als er in der Nähe des Inverleith House unter einem Baum saß, merkte er, dass die Schwere allmählich von ihm abfiel. Er begann, das Leben des Baumes, an den er sich lehnte, und seine aufsteigenden Säfte zu fühlen. In dieser veränderten und gesteigerten Atmosphäre nahm er allmählich einen Faun wahr, der um einen Baum herumtollte. Schließlich kam der Faun auf ROC zu, blieb stehen und schaute ihn an. Als ROC ihn begrüßte, reagierte der Faun erschrocken und fragte, ob ROC ihn tatsächlich sehen könne. Als er dies bejahte, vollführte der Faun ein paar Kunststückchen und forderte ROC auf, zu beschreiben, was er machte. ROC's Beschreibung stellte ihn offenbar zufrieden. Dann erfuhr ROC, der Name des Fauns sei Kurmos.

Die unmittelbar folgende amüsante Episode, in der es um die Begegnung zwischen Kurmos und ROC's ätherischem Löwen Numa geht, ist in den verschiedenen bisher veröffentlichten Berichten nicht enthalten – aus recht naheliegenden Gründen, wie ich glaube – aber ich kann nicht widerstehen, sie hier aufzunehmen. Immerhin ist sie tatsächlich passiert!

> Numa war mit mir in den Gärten und kam zu mir. Der Faun schaute erst ihn und dann mich an.
>
> F.: Ist das dein Löwe?
>
> ROC: Er ist mein Freund und Beschützer. Er heißt Numa.
>
> Der Faun ging zu ihm hin und sprach ihm ins Ohr. Numa rieb sein Gesicht an ihm. Der Faun hüpfte ihm auf den Rücken, und Numa sprang davon. Bald waren sie wieder da, der Faun sprang ab und setzte sich auf den Sitz neben mir. Numa legte sich mit ausgestreckten Pfoten hin. Ich dachte,

> wie traurig es sei, dass keiner der biederen Spaziergänger in den Gärten sehen konnte, was ich sah – vielleicht war es aber auch auch ganz gut so.

Das Gespräch zwischen ROC und Kurmos wurde fortgesetzt, denn Kurmos versuchte, eine Erklärung dafür zu bekommen, warum Menschen Kleidung tragen, warum sie in Häusern leben, warum sie in Kisten mit Rädern herumflitzen und so weiter. ROC versucht, alles so gut wie möglich zu erklären. Weiter heißt es in seinem Tagebuch:

> Dazu muss ich erklären, dass der Austausch zwischen uns durch Gedankenübertragung stattgefunden hat – also weitgehend in Bildern und Symbolen und nicht in Worten. Aber um ihm etwas verständlich zu machen, muss ich es ihm in Worte übersetzen. Dadurch personifiziere ich unweigerlich den Faun und lasse ihn menschlicher erscheinen, als er war. Er ist kein Mensch, sondern ein elementarer Naturgeist. Er denkt oder überlegt nicht wie ein Mensch, aber ich muss ihm Worte in den Mund legen, was die Begegnung bis zu einem gewissen Grad verfälscht. Ich hatte den Eindruck, dass er über unendliche Naturweisheit verfügt, aber in vieler Hinsicht zeigte er für mich die Naivität eines kleinen Jungen.

Kurmos vertraute ihm an, dass er beim Wachstum der Pflanzen in den Botanischen Gärten helfe, sagte aber mit Bedauern, dass die Naturgeister inzwischen das Interesse an der Menschheit verloren hätten, weil ihr Beitrag weder gesehen noch gewürdigt würde. Er wies darauf hin, dass es für das Wohlergehen des Planeten und seiner Bewohner nichts Gutes bedeuten würde, wenn sie ihre Unterstützung entzögen.

Kurmos zeigte Interesse an weiterem Kontakt mit ROC, und dieser lud ihn ein, in seine Wohnung mitzukommen, wenn er dies wünsche. Nachdem er sich vergewissert hatte, dass ROC ihn und Naturgeister im Allgemeinen wirklich mochte, nahm Kurmos dieses Angebot sofort an, und das Paar machte sich auf den Rückweg zur Albany Street. ROC bemerkt dazu:

> Was für ein netter Gedanke, welche Sensation es ausgelöst hätte, hätte man ihn sehen können. Auch Numa trottete vor uns her.

In der Wohnung angelangt, war Kurmos neugierig wegen der großen Anzahl von Büchern und wozu sie wohl gut waren. Er fragte sich, warum sie überhaupt nötig waren. Konnte man sich Wissen nicht einfach durch Fragen aneignen, wie in seiner Welt? Erneut setzte ROC zu einem Erklärungsversuch an.

Kurmos blieb noch ein Weilchen, und zwischen den beiden entwickelte sich eine enge Harmonie. Als er schließlich ankündigte, er müsse wieder in die Botanischen Gärten, öffnete ROC ihm die Wohnungstür. Das war natürlich nicht nötig, aber Kurmos wirkte auf ROC so körperlich, dass er automatisch so reagierte.

So endete einer der denkwürdigsten und berührendsten Momente in ROC's Leben, zugleich aber sollte er den Beginn einer intensiven Beschäftigung mit den Elementarwelten markieren, die er bis zu seinem Tod ununterbrochen aufrechterhielt.

Eine kurze Bemerkung zu Numa ist hier vielleicht nicht ganz unangebracht. Während Tio für den Erhalt von ROC's Gesundheit zuständig war, war der Löwe Numa mit seinem Schutz beauftragt, vor allem dann, wenn ROC bei Astralreisen außerhalb seines Körpers unterwegs war. Ferner wird angedeutet, dass Numa auch bei unerwünschten Begegnungen im Physischen helfen könnte, aber verständlicherweise wollte ROC sich nur ungern Situationen aussetzen, in denen es tatsächlich darauf angekommen wäre! Numa erschien fast zwei Jahre vor der Begegnung mit Kurmos.

> 641109. Irgendwann im Juni 1964 nahm ich, als ich gerade die Treppe zu dieser Wohnung hinaufging, flüchtig eine Gestalt wahr, die wie ein großer Hund aussah. Er ging an mir vorbei, blieb einen Augenblick auf dem Treppenabsatz stehen, drehte sich um und schaute mich an. Dann ging er weiter die Treppe hinauf und in den Hausflur. Dort blieb er wieder stehen und drehte sich um. Es war ein großer und sehr schöner Löwe. Ich holte die Schlüssel aus der Tasche, öffnete die Wohnungstür, wandte mich dem Löwen zu und sagte: „Du bist herzlich willkommen. Kommst du mit rein?“ Er schaute mich an und trottete dann an mir vorbei in die Wohnung. Er schaute durch die Tür ins vordere Zimmer, ging darin herum, durchquerte dann den Flur zum hinteren Zimmer, ging darin herum, warf einen Blick in die Küche und streckte sich dann wie eine Katze auf dem Teppich vor dem offenen Kamin aus. (Golu erschien, grinste über das ganze Gesicht und fragte mich, wie mir mein Leibwächter gefiele. „Sehr“, sagte ich. „Bitte erkläre es mir.“
>
> Er sagte, dass ich in Zukunft die Astralebene vielleicht tiefer erkunden würde, und da es dort Teile gebe, die furchterregend und möglicherweise gefährlich seien, hielt man es für das Beste, wenn ich einen Leibwächter hätte, der mich beschützte. Er erzählte mir, der Löwe heiße Numa, nach Numa Pompilius. Er sei ein König mit eigenem Reich und könne nötigenfalls Helfer herbeirufen. [Interessanterweise gab es in den 1920er Jahren in Gay’s Lion Farm in El Monte, Kalifornien, einen Löwen namens Numa.]

Golu sagte etwas zu Numa, der den Kopf hob und knurrte – ein tiefes Grollen. Sofort kamen sechs weitere Löwen ins Zimmer getrabt, zogen darin ihre Kreise und gingen wieder. Numa erhob sich, streckte sich und trottete hinter ihnen her, sodass ich kaum glauben konnte, was ich gerade gesehen hatte.

Golu sagte mir, wenn mich je etwas beunruhigen würde, solle ich Numa rufen, und er wäre da. Ich fragte, ob Numa mir auch in dieser physischen Welt helfen könne, angenommen, ich würde zum Beispiel von Schlägern angegriffen. Golu sagte: „Gewiss." Ich fragte, wie er helfen könnte, worauf Golu erwiderte: „Indem er ihnen erscheint. Dann würden sie sich schleunigst aus dem Staub machen." Es ist sehr schön, sich so beschützt zu fühlen, und irgendwie bin ich mir sehr sicher, dass es funktionieren würde, auch wenn ich hoffe, dass ich es nie darauf ankommen lassen muss.

Etwa einen Tag nach diesem Erlebnis ging ich die Princes Street entlang, als ich plötzlich Numa neben mir gehen sah. Höchst amüsiert fragte ich mich, was wohl passieren würde, wenn er für die Passanten sichtbar würde.

Erste Begegnung mit Pan

Der Bericht über ROC's folgenreiche Begegnung mit Pan ist in anderen Publikationen gut dokumentiert, weshalb ich mich hier mit einer Kurzfassung begnügen werde.

Am Samstag, dem 23. April 1966, kehrte ROC zu Fuß von einem Besuch bei Freunden im Süden Edinburghs zurück, und als er durch „The Meadows" ging, bemerkte er zunächst, dass viele Naturgeister um ihn herum waren. Auf seinem weiteren Heimweg über die George IV Brücke trat er in eine Atmosphäre ein, die er als dichter als Luft beschreibt. Kurz nach dem Einbiegen in „The Mound“ stieß er plötzlich auf einen hochgewachsenen Faun, der größer war als er selbst und den er zunächst für Kurmos in Erwachsenengestalt hielt. Doch schnell wurde ihm klar, dass dies nicht der Fall sein konnte. Die beiden gingen eine Weile schweigend weiter, dann wandte sich der Faun ROC zu, schaute ihn an und wollte wissen, ob er Angst vor ihm habe. ROC antwortete, er habe keine Angst, denn er spüre nichts Böses in ihm. Daraufhin fragte der Faun ROC, ob er wisse, wer er sei, und in diesem Moment wusste ROC intuitiv, dass es sich um den Großen Gott Pan handelte.

Auf diese Antwort gab Pan zurück, deshalb müsse ROC sich doch vor ihm fürchten; schließlich sei das Wort „Panik“ von der legendären furchteinflößenden Wirkung abgeleitet, die Pans Anwesenheit auf den Menschen ausübe. ROC erklärte, er fürchte sich nicht, da er viel Liebe für Pans Untertanen empfände. Daraufhin bohrte Pan bei ROC weiter nach: Wenn dies so sei, liebe er ihn dann? Auf ROC´s bejahende Antwort bemerkte Pan, ROC habe soeben gesagt, er liebe den Teufel (so die Ansicht der frühchristlichen Kirche, die für alle solche Elementarwesen galt). Wieder antwortete ROC, er spüre nichts Böses in ihm; er sei der Gott der Waldgebiete und all dessen, was darin wohne; die Skandinavier würden ihn Vidor, den Gott der Wälder, nennen, und er habe sogar ein Bild von ihm im vorderen Zimmer seiner Wohnung hängen.

Sie gingen weiter und überquerten die Princes Street, und Pan hakte immer noch nach, ob negative Reaktionen von ROC kämen. So fragte er, ob er glaube, dass er hässlich aussähe und stänke wie ein Ziegenbock. Ganz im Gegenteil, erwiderte ROC, er nehme einen angenehmen moschusartigen Geruch wahr, wie beim Fell einer gesunden Katze, bei nassem Laub und in einem

Kiefernwald. Auf der Suche nach weiteren Anzeichen von Angst legte Pan ROC den Arm um die Schultern, aber ROC verspürte immer noch keine Furcht.

Auf die Frage, ob Pan eine Panflöte habe, holte dieser sie bereitwillig hervor und spielte eine merkwürdige Melodie, die ROC sich nur schwer merken konnte. Inzwischen hatten sie die Wohnung in der Albany Street erreicht, und obwohl Pan nun verschwunden war, spürte ROC seine Anwesenheit immer noch.

Die veröffentlichten Berichte über diese Begegnung enden hier, aber als ROC an jenem Abend zu Bett gehen wollte, machte sich Pan noch einmal bemerkbar. Aus Gründen der Bescheidenheit hat ROC diese Episode nie öffentlich gemacht. Der folgende Auszug stammt aus seinen Tagebucheinträgen.

> 660423. Erst als ich mich ausgezogen hatte und wie immer abends zum Schluss durch das vordere Zimmer ging, um abzuschätzen, wie viel Kraft sich aufgebaut hatte, stand Pan plötzlich vor mir. Er sah sehr grimmig aus. Er richtete sich zu seiner vollen Größe auf und sagte: „Du weißt, wer ich bin. Knie nieder und bete mich an."
>
> ROC: Oh nein! Es gibt nur einen wahren Gott, und der ist vor allem der *Schöpfer.* Er hat dich ebenso erschaffen wie mich. Du schuldest ihm nicht weniger Treue als ich.
>
> P.: Du weißt, wer ich bin.
>
> Ich richtete mich zu meiner vollen Größe auf und sagte: „Aber weißt du auch, wer ich bin?"
>
> In diesem Moment übernahm mein höheres Selbst. Pan trat einen Schritt zurück: „Jetzt verstehe ich, warum du keine Angst vor mir hast." Er verneigte sich vor mir.
>
> Ich erwiderte die Verbeugung und sagte: „Jetzt respektieren wir einander."

> P.: Wir wollen einander wie Brüder umarmen. Ich und meine Untertanen werden dir helfen, wenn du uns brauchst.
>
> Er trat vor, umarmte mich und verschwand. Es blieb der Geruch von Kiefernwald und nassem Laub, von aufgeworfener Erde und Waldblumen sowie der schwache moschusartige Tierduft. Er hielt noch eine ganze Weile an.

Bei einem weiteren Besuch in den Botanischen Gärten am darauffolgenden Tag spürte ROC noch immer die Anwesenheit von Elementargeistern. Was er über einen pummelig wirkenden Naturgeist dachte, kam eindeutig nicht gut an:

> 660424. Edinburgh. Ein ziemlich schöner Tag. Bemerke Kurmos und mehrere braun gekleidete Erdgeister. Ich fand, dass sie wie ziemlich dicke Kinder aussehen. Einer von ihnen schaute sehr wütend drein, kam auf mich zu und sagte: „Ich bin nicht dick!“

Versöhnung zwischen Pan und Christus

Bei einem Besuch in Findhorn im Monat darauf geht ROC in Begleitung von Peter Caddy und dem Medium Kathy Sparks zum Erdhügel auf dem Gipfel des Cluny Hill bei Findhorn. Als er am dortigen Kraftpunkt steht (Kraftpunkte werden an späterer Stelle in diesem Buch näher beschrieben), wird sich ROC noch einmal sehr deutlich bewusst, dass Pan als riesige Gestalt hinter ihm steht; aber vor sich nimmt er auch die Präsenz Christi wahr. Diese beiden Gestalten verbinden sich dann durch ROC – wobei ROC offenbar wieder einmal als Vertreter der Menschheit fungiert – in einer Versöhnungszeremonie, welche die von der frühchristlichen Kirche verstoßenen Elementarwelten und den

Christus-Geist wieder zusammenführt. In Peters Tagebuch *The Unpremeditated Pilgrimage* schreibt ROC Folgendes:

> 660512. Ich spürte, wie eine gewaltige Macht durch mich hindurchlief, sie kam aus dem Boden herauf und später aus dem Himmel herab, und ich hatte das Gefühl, dass eine gewaltige Macht, ein großes Wesen, mich völlig in Besitz nahm und durch mich zu wirken schien. Einmal sah ich Elementarwesen aller Art, die in mehreren Kreisen fröhlich um den Mound tanzten, und merkte, dass die Gestalt des Pan hinter mir stand. Auf einmal spürte ich seine Hände auf meinen Schultern. Mir gegenüber, hinter Kathy, sah ich eine strahlende Christus-Gestalt, die offenbar zum Segen die Hände erhob, und ich spürte das außergewöhnliche Band, das zwischen der Christus-Gestalt und Pan bestand.

Auf die Probe gestellt

Die nächste Begegnung mit Pan fand am Nachmittag statt, wieder in den Botanischen Gärten, wo ROC zunächst den Faun Kurmos kennengelernt hatte. Erneut versucht Pan, Angstgefühle in ROC zu wecken. Ihr Gespräch wird fortgesetzt:

> 660607. Edinburgh. Am Nachmittag verspürte ich den Drang, in die Botanischen Gärten zu gehen. Am Tor kam Pan zu mir und ging neben mir her. Als ich ein Stück in den Garten hineingegangen war, bog ich zu einem Sitzplatz unter einem Baum ab und nahm Platz. Pan setzte sich neben mich, ganz dicht bei mir, und legte mir den Arm um die Schultern.
>
> P.: Immer noch keine Angst?
>
> ROC: Nein.

P.: Nicht mal das geringste Zucken?

ROC: Nein.

P.: Ein Mensch, der vor Pan nicht zusammenzuckt?

ROC: Du weißt, warum.

P.: Ja, aber du bist in einem physischen Körper inkarniert. Zuckt der denn nicht wenigstens ein kleines bisschen vor mir zusammen?

ROC: Nein.

Er beobachtete mich sehr genau und berührte mit seinem Rücken fast den meinen. Er strahlte eine gewaltige Macht aus, aber sie war angenehm und nicht überwältigend. Ich nahm denselben Geruch nach Kiefern und schwach auch nach Tier wahr, den ich schon bei unserer ersten Begegnung bemerkt hatte.

P.: Aber natürlich hast du Kleider an, wie alle dummen Menschen. Vielleicht wäre es anders, wenn du keine anhättest – dann würdest du unter meiner Berührung zusammenzucken!

Ich erinnerte ihn daran, dass ich mich beim ersten Mal, als er sich mir am Ende unserer Begegnung in der Wohnung entgegenstellte, bereits ausgezogen hatte und nackt war. Als er mich umarmte, hatte ich seinen Körper an meinem gespürt, ohne dass etwas dazwischen gewesen wäre.

P.: Ja, aber da warst du von deinem Höheren Selbst übernommen worden.

ROC: Glaubst du, das hat einen Unterschied gemacht?

P.: Ja, natürlich.

ROC: Na ja, ich kann hier schlecht meine Kleider ausziehen, um dir zu beweisen, dass ich weder Angst habe noch unter deiner Berührung zusammenzucken würde.

P.: Irgendwann werde ich diese Behauptung einmal auf die Probe stellen, wenn das Höhere Selbst nicht da ist.

ROC: Warum willst du das tun?

P.: Ich muss sicher sein, dass Menschen, wie du sie repräsentierst – du, durch den die große Versöhnung zustande kam –, keine Angst mehr vor mir haben. Im inneren und höheren Leben sind wir Brüder und in gewisser Weise eins, aber auf der materiellen Ebene ist das anders.

ROC: Ich glaube nicht, dass ich bei irgendeiner Prüfung versagen werde, die du mir auferlegst, weil ich keine Angst habe. Ich habe nur Liebe für dich.

P.: Und du kannst mir nichts vormachen, weil ich deine Gedanken lesen kann.

Plötzlich stand er auf, wandte sich um und stand mir gegenüber.

P.: Sag mir, bin ich nicht hässlich?

Ich schaute ihn an.

ROC: Nein, Pan, du bist nicht hässlich. Du bist schön.

Das stimmt. Nur selbstgefällige Menschen, die alle anderen Wesen an sich selbst als dem Ideal messen, würden anders denken.

Pan lächelte.

P.: Ich weiß, dass du das glaubst, und ich bin froh darüber. Ich muss so akzeptiert werden, wie ich in diesem Aspekt bin, wenn ich der Menschheit helfen soll.

Bei einer weiteren Begegnung mit Pan sollten erneut ROC´s Angstreaktionen getestet werden. Mit der Fortsetzung, bei der eine große Schlange auftaucht, hat ROC allerdings sicher nicht gerechnet.

660610. Edinburgh. Heute Morgen, als ich gerade dabei war, mich nach dem Duschen abzutrocknen, kam Pan herein. „Jetzt ist es soweit“, sagte er. „Du bist nackt, und das Höhere Selbst ist nicht da.“ Er trat hinter mich, schlang die Arme um mich und drückte mich fest an seinen Körper.

P.: Keine Angst? Kein Zusammenzucken?

Wieder nahm ich den wunderbaren Duft von Kiefernwäldern und Erde und den schwachen moschusartigen Geruch wahr. Er strahlte Macht aus, und ich konnte spüren, wie Energie von ihm in mich einströmte. Ich empfand ein Gefühl von Sicherheit und Frieden; nicht die geringste Spur von Angst.

Er fragte mich, ob mich das Gefühl seiner haarigen Beine an meinen nicht abstoßen würde. Ich sagte: „Nein.“ Das Haar war fein und seidig, und die Berührung warm und angenehm. Er tastete mit seinen Händen meinen ganzen Körper ab und achtete genau auf das kleinste Anzeichen von Angst oder Widerwillen. Ich empfand nichts dergleichen. Ich hatte ganz stark das Gefühl, eins mit ihm zu sein, ein Gefühl von anbrandender Energie und Frieden zugleich. Ich könnte ewig in seinen Armen liegen, eingehüllt in dieses Gefühl von Sicherheit und den Kieferduft. Er drehte mich um und drückte mich eng an sich; dabei streichelten seine Hände meinen Rücken. Wieder das Empfinden von Wärme, anbrandender Energie und zugleich Frieden und Sicherheit. Ich fragte ihn, ob er nun zufrieden sei, da es von meiner Seite weder Angst noch ein Zurückschrecken vor seiner Berührung gegeben habe. Er lächelte und sagte, ja, er sei zufrieden. Ich hätte den Test gut bestanden, würde aber noch weiter getestet werden. Er verschwand.

Ich fragte mich, ob ich wohl Besuch von einer grotesken oder abschreckenden Wesenheit bekäme, wie in den obigen Notizen angedeutet worden war. Aber dann geschah etwas völlig anderes, als ich erwartet hatte. Eine große Schlange kam schnell ins Zimmer gekrochen. Es war eine riesige Kobra. Ich wusste, was passieren würde, aber nach einem leichten Zittern verspürte ich keine Angst mehr. Die Schlange erreichte meine Füße, richtete sich auf, wand sich im Uhrzeigersinn um meinen Körper und kroch an mir hoch. Ich war immer noch völlig nackt. Ich streckte die Arme aus, damit sie außerhalb der Windungen wären, von denen es etwa sechs gegeben haben muss. Sie legte ihren Kopf flach auf meinen Scheitel und erzeugte eine Vision des *Aion*, nur ohne den Löwenkopf! Ich wusste, dass es hier nicht um das eigentliche Tier „Schlange" ging, sondern um den Schlangenaspekt eines Elementarwesens.

Obwohl es nicht physisch war, fühlte es sich weitgehend physisch an. So etwas hatte ich noch nie im Leben empfunden, und ich bin sicher, dass ich es mir nicht gänzlich eingebildet haben konnte. Die Schlange war eiskalt und erzeugte bei mir eine Gänsehaut, und doch strahlte sie eine Wärme aus. Die Gefühlskombination ist ziemlich unbeschreiblich. Die Windungen waren recht fest um meinen Körper geschlungen, aber nicht unangenehm eng. Es gab ein rhythmisches Zusammenziehen und Entspannen, das seltsam angenehm war. Überrascht hat mich, dass von der Schlange ein deutliches Gefühl der Zuneigung ausging, und ich merkte, dass ich es erwidern konnte. Ich verspürte weder Angst noch Widerwillen. Die Kobra war sehr schön, mit einer wunderbaren Zeichnung. Sie wirkte schillernd. Sie begann, mit der Unterseite ihres Kopfes meine Wange zu strei-

> cheln. Ich konnte ihr Züngeln spüren; es kitzelte auf meiner Haut. Auf diese Weise tastete sie mein ganzes Gesicht und meinen Hals ab, dann meine Brust und meinen Rücken; die ganze Zeit über bestand diese seltsame Mischung aus eiskaltem Körper und ausstrahlender Wärme. Ich streichelte ihr mit der Hand über den Kopf. Augenblicklich war die Kobra verschwunden. Ich kann mich nicht erinnern, dass sie sich abgewickelt hätte. Eine der merkwürdigsten Erfahrungen meines Lebens.

Bei einem ähnlichen Vorfall am Strand von Findhorn windet sich die Schlange um ROC, und er spürt, wie sich sein Kopf anscheinend in den eines Löwen verwandelt, eine Identifikation mit dem Gott Aion. Die Verbindung zum Saturn ist auch hier klar, aber die genaue Bedeutung gibt ROC Rätsel auf:

> 670803. Findhorn. Es regnete, aber bald hörte der Regen auf und die Sonne kam heraus. Ich lag eine ganze Zeit lang in der Sonne und ging dann zum Baden an den Strand. Das Meer war überraschend klar. Der Himmel war wunderbar; er wechselte vom klaren blauen Himmel zu tiefschwarzen Sturmwolken mit vielen wattebauschartigen Wolken dazwischen, die sich zu Türmen und ganzen Städten aufbauten. Ein höchst dramatischer Himmel. Ich nahm nochmals ein Sonnenbad und beschloss, mich erst wieder anzuziehen, wenn die Sonne hinter den dichten Wolken, die langsam aufzogen, verschwunden wäre. Tio war bei mir und verabreichte mir eine Huna-Behandlung, die mich mit Energie erfüllte. Ich hatte schon viel aus dem Meer geschöpft. Ich konnte die Berührung seiner Hände sehr stark spüren, besonders an meiner Wirbelsäule.

Dann sah ich eine Schlange, die über den Sand auf mich zu kroch, eine Python. Ich stand ganz still und streckte die Arme aus, und die Schlange wand sich um meinen nackten Körper und legte den Kopf flach auf meinen Scheitel. Sie war eiskalt und strahlte doch Wärme aus, wie schon beim letzten Mal, als das Gleiche geschah. Dieses Mal hatte ich das Gefühl, dass mein eigener Kopf zu einem Löwenkopf geworden war. Ich war zum Ebenbild des Gottes Aion – des mithraischen Chronos (Saturn) – geworden. Ich weiß, dass dies enorme Bedeutung hat, auch wenn ich es bis jetzt noch nicht verstehe. Die Schlange verschwand.

Denlio und seine Freunde

Es gab weitere Begegnungen mit ungewöhnlichen Elementarwesen:

660611. Edinburgh. Gestern Abend bekam ich Besuch von einem Waldgeist, der mir sagte, er heiße Denlio. Er war etwa zehn bis zwölf Zentimeter groß und hatte eine wunderschön schillernde grüne Farbe. Im Scherz fragte ich ihn, ob er ein kleines grünes Männchen vom Mars sei. Er sagte: „Natürlich nicht. Sei nicht albern. Ich bin ein Geist. Ich lebe in den Botanischen Gärten und kümmere mich um die Äste der Bäume." Er war sehr dünn und erinnerte ein wenig an eine Stabheuschrecke oder einen Grashüpfer, hatte aber menschenähnliche Züge.

Ich finde, wenn man die selbstgefällige menschliche Angewohnheit ablegt, alles, was auch nur im Entferntesten menschlich ist, mit dem griechischen Ideal zu vergleichen, und diese Wesen in ihrem eigenen Licht betrachtet, kommt man zu einer völlig neuen Sichtweise. So gesehen war dieses kleine Wesen sehr schön. Ich lerne schnell, diese Perspektive beizubehalten, wenn ich diese Wesen betrachte, und erkenne, was für einen Unterschied das macht. Mir wird klar, dass der Erdgeist recht hatte, der neulich in den Botanischen Gärten so empört war, weil ich ihn und seine Gefährten mit dicken Kindern verglichen habe. Aus ihrer Sicht war er nicht dick. Wir müssen alle diese Wesen in ihrer Eigenart akzeptieren und dürfen sie nicht mit dem menschlichen Ideal vergleichen, das nur für die Menschen gilt. Auch sie haben ihre Ideale. Denlio hatte gehört, dass ich als Freund angenommen worden war, und wollte mich kennenlernen.

Als ROC am darauffolgenden Tag erneut den Botanischen Garten besuchte, nahmen die Begegnungen mit den Bewohnern der Naturwelten für ihn noch einmal eine ganz andere, erweiterte Dimension an. Wie in Newtons Forschungen über das Leben zwischen den Leben beschrieben, können Seelen, passend zur jeweiligen Situation, verschiedene Erscheinungsformen annehmen, und dasselbe scheint auch für Naturgeister zu gelten. Einmal mehr ist Pan zugegen.

660612. Edinburgh. Ich verspürte einen merkwürdigen Drang, in die Botanischen Gärten zu gehen. Der Tag hatte aufgeklart und war wunderbar sonnig geworden. Als ich aus dem Haus ging, saß Denlio auf meiner Schulter. Er fragte, ob er auf diese Weise mitkommen könnte. Ich sagte, aber gewiss doch. Die Kommunikation erfolgte eigentlich durch Telepathie, aber ich nahm schwach eine sehr hohe Zwitscherstimme wahr. Als ich die Dublin Street entlangging, bemerkte ich eine schöne rote Flamme auf meiner rechten Schulter. Sie bildete Muster, hatte aber keine nennenswerte Form. Ich wusste, dass es ein Salamander war und sprach ihn an (ihn? Es ist fraglich, ob es bei ihnen Geschlechtsunterschiede gibt). Er fragte mich, ob er auf meiner rechten Schulter mitkommen könne, da Denlio auf meiner linken saß. Ich sagte ja, vorausgesetzt er brenne mir kein Loch ins Jackett. Er sagte, er sei kosmisches – nicht-physisches – Feuer und würde keine materiellen Gegenstände verbrennen. Außerdem würden sie ganz bestimmt nie etwas von mir zerstören, da ich ihr Freund sei. Ich sagte, er sei sicher klein. Er stimmte zu und meinte, sie seien ganz unterschiedlich groß und könnten Größe und Gestalt nach Belieben verändern.

Dann sah ich etliche Flammen, die über den Gehweg züngelten. Sie veränderten ständig ihre Form und hatten die wunderbarsten Farben. Einige waren zeitweise etwa drei Meter hoch. Gelegentlich näherte sich ihre Gestalt der menschlichen an. Mir wurde klar, dass ich vollständig in die Welt der Elementarwesen aufgenommen und der Schleier gelüftet worden war.

Als ich in die Inverleith Row einbog, sah ich viele Gestalten. Wunderschöne silberfarbene Sylphen und grüne Dryaden. Die Gestalten wandelten sich zumeist, aber gelegentlich deutete sich auch eine menschliche Form an. Es gab viele kleine Elfen und Zwerge, gelegentlich in Braun und Grün gekleidet, aber recht häufig nackt. Ich erfuhr, dass ihr wahrer Geist ein fast formloses wechselndes Muster ist, dass sie aber Aspekte annehmen, die größtenteils von Menschen auf sie projiziert werden. Das heißt, die Menschen erwarten, sie in bestimmter Gestalt und Kleidung zu sehen, und im Laufe der Jahrhunderte haben sich Mythen gebildet. Diese Wesen greifen den Mythos auf und erscheinen denen, die an sie glauben, so, wie es von ihnen erwartet wird.

Außerdem nehmen sie tendenziell eher menschliche Gestalt an, weil das für uns akzeptabler ist, und zum Teil auch weil Gott den Menschen mit einem besonderen Körperbau erschaffen hat und der Mensch ein Gott sein könnte, wenn er genau nach Gottes Willen leben würde. Deshalb ist die menschliche Gestalt etwas Erstrebenswertes. Diese Wesenheiten tragen keine Kleidung, es hat für uns nur diesen Anschein. Ihre „Kleider" sind in Wirklichkeit ein Teil ihrer selbst. Sie achten menschliche Konventionen, auch wenn sie diese oft für dumm halten, und versuchen nicht, uns zu schockieren. Wegen meiner nudistischen Einstellung können sie mir nackt erscheinen. Ich projiziere keine Kleidung auf sie, und sie müssen sie nicht erschaffen. Feigenblätter und Prüderie gibt es in dieser Welt nicht. Aber ich stelle fest, dass sie mir inzwischen sehr oft als ihre geistige Essenz erscheinen, weil ich sie so akzeptieren kann. Ich verlange keine menschliche Gestalt. Sie sind natürlich sehr flüchtige, durchsichtige und extrem schöne Erscheinungen. Es ist völlig unmöglich, mit Worten ein Gespür für diese Schönheit zu vermitteln.

In den Gärten nahm ich eine Vielzahl von Wesen wahr – Elfen und Zwerge tanzten um die Bäume, dazu Baumgeister, Dryaden und winzige Geister. Denlio zeigte mir seine Freunde, die auf den Zweigen der Bäume saßen und sich manchmal von ihnen herunterbaumeln ließen. Viele tanzten zu mir herüber und begrüßten mich. Pan war da und ging neben mir. In der spätnachmittäglichen Sonne sahen die Gärten hinreißend aus. Dies war einer der herrlichsten Momente meines Lebens.

Welcher Pan?

Bei einem weiteren Treffen mit Pan wird ROC wieder einmal auf die Probe gestellt, ob er Pans klassisches Erscheinungsbild akzeptiert. Man muss sich unbedingt bewusst machen, dass die Visualisierungen von Generationen von Menschen, die sich Pan als den Gott mit den Bocksfüßen vorstellten, dazu geführt haben, dass diese idealisierte Gedankenform entstanden ist, dass die Essenz des Wesens aber jede beliebige, zum jeweiligen Anlass passende Gestalt annehmen kann. In der menschlichen Welt gibt es eine ähnliche Situation, wenn zum Beispiel eine Person, die eine Nahtod-Erfahrung erlebt, einem klassischen Engel mit allem Drum und Dran, inklusive Flügeln, begegnet. Für jemanden mit atheistischer Veranlagung kann derselbe „Engel" jedoch die Erscheinung eines weisen Alten annehmen.

> 660620b. Edinburgh. Pan kam herein und setzte sich in den Sessel, der mit dem Rücken zur Tür steht, gegenüber dem, in dem ich saß und las. Es entstand eine Phase stiller Gemeinschaft. Dann stand er auf und verwandelte sich vor meinen Augen langsam in den konventionellen Typus eines griechischen Gottes – in das griechische Ideal der menschlichen Gestalt. Er stand da, sah mich an und fragte, welcher Aspekt mir lieber wäre. Sofort sagte ich, mir sei der Pan mit den Bocksfüßen, den zotteligen Beinen und den Hörnern lieber, denn er sei der Gott des Waldlandes, den ich liebte und achtete. Er lächelte, und ich wusste, dass ich die richtige Wahl getroffen hatte. Er verwandelte sich wieder in diesen Aspekt und fragte mich, ob ich damit voll und ganz einverstanden sei. Ich sagte, das sei ich absolut. Er meinte, dieser Aspekt könnte ursprünglich von den Menschen inspiriert und in

gewisser Weise auch von ihnen auferlegt worden sein, wie so viele Aspekte der Elementar- und Naturgeister, aber er sei uralt und gefestigt. Er sagte, er freue sich und sei nun vollkommen zufrieden, dass ich ihn in diesem Aspekt vollständig akzeptierte.

Pan im Inneren

Die nächste wichtige Begegnung mit Pan fand am Ende eines Wochenendkurses in der Volkshochschule Attingham Park bei Shrewsbury in Shropshire statt, als ROC einen Morgenspaziergang durch das Parkgelände unternahm:

> 661010. Shrewsbury. Bin die anderthalb Kilometer zu Fuß hinuntergegangen. Kraft sehr stark, beginnend bei den Zedern und stärker werdend; verursachte leichte Schwierigkeiten beim Gehen; Gefühl, durch eine Atmosphäre zu gehen, die dichter ist als Luft, aber nicht so dicht wie Wasser. Intensive Stimulation der Zentren [Chakras], insbesondere Herz, Kehlkopf und Kopf, führte zu Beschleunigung des Herzschlags und beträchtlicher Atemlosigkeit sowie Druckgefühl im Kopf. Blieb am Kraftpunkt „Platz der Philosophen" bei einem Baum am Wegrand stehen. Ich wurde vom Weg „weggezogen" und stand mit Blick zu dem großen Baum am Fluss. Ich hatte das starke Gefühl, aus der irdischen Ebene in eine andere, höhere, sie durchdringende Ebene geglitten und aus der Zeit herausgetreten zu sein.
>
> Unmittelbar vor dem Baum schien sich etwas aufzubauen. Ich hatte ein Gefühl gespannter Erwartung. Gleich würde etwas passieren. Ich ging weiter bis zu der Ecke, an der links der Rhododendron-Weg abzweigt. Dort blieb ich eine

Zeit lang stehen, betrachtete die schöne Aussicht auf den Fluss und die Bäume und verspürte einen enormen Kraftaufbau, wie ich ihn noch kaum einmal empfunden hatte. Die bereits erwähnten physischen Empfindungen steigerten sich enorm. Insgesamt war die Wirkung fast nicht zu ertragen, obwohl sie nicht unangenehm, sondern durch das Gefühl der Erwartung eher spannend war. Ich ging den Rhododendronweg entlang bis in den Wald hinein. Dort bestand ein unglaubliches Gefühl tiefsten Friedens und des Aufstiegs zu einer hohen spirituellen Ebene; ein Gefühl des Kontakts zum Göttlichen.

Es wurde ein hoher Grad an Hyperästhesie erreicht, der den Seh-, Hör- und Geruchssinn intensivierte. Das Gras und die Sträucher wurden sogar noch dreidimensionaler als sonst mit einer Form und Gestalt von einer Intensität, die jemand, der dies nicht erlebt hat, unmöglich verstehen kann. Ich nahm jeden Grashalm und jedes Blatt wahr, die Zeichnung auf der Borke der Bäume und ein Gefühl für Farben und ihre Bedeutung, das geradezu überwältigend war. Ein ungeheures Gefühl höchster und vollständiger Realität. Das Staunen und die Ehrfurcht sind unbeschreiblich. Es war ein ganz starkes Gefühl, mit der Natur auf eine absolut vollständige Art und Weise eins zu sein, und auch eins zu sein mit dem Göttlichen. Es kam zu einer noch größeren Steigerung physischer Empfindungen, und sie erreichten eine Intensität, wie ich sie noch nie erlebt habe. Alle Zentren waren aktiviert und erzeugten ein intensives Hochgefühl.

Ich bemerkte Pan an meiner Seite und nahm ein starkes Band zwischen uns wahr. Er trat hinter mich und ging dann in mich hinein, ergriff vollständig Besitz von mir. Ich wurde zu Pan und sah die Welt mit seinen Augen, obwohl zugleich ein Teil von mir, der aufnehmende und beobachtende Teil, beiseitezutreten schien. In dem Moment, in dem ich zu Pan wurde, veränderte sich der Wald, und ich sah alle Elementargeister: Nymphen, Dryaden, Faune, Satyrn, Elfen, Feen, Zwerge und so weiter. Einige von ihnen tanzten im Kreis um mich herum. Alle begrüßten mich und waren voller Jubel und Freude. Ich befand mich außerhalb von Zeit und Raum, und alles geschah gleichzeitig.

Es ist ganz unmöglich, dieses wunderbare Erlebnis zu beschreiben. Worte sind hoffnungslos unzureichend und können nur einen schwachen Eindruck des tatsächlichen Geschehens vermitteln. Ich kann nur das Hochgefühl, die Freude und den Jubel betonen, die wilde, freudige Erregung, und den dennoch allem zugrunde liegenden Frieden, die Zufriedenheit und Spiritualität. Dies ist von größter Bedeutung. Es liegt an der Versöhnung, der Einheit, die zwischen den Naturkräften, den kosmischen Urkräften und den spirituellen Kräften hergestellt wird. Alle werden eins im göttlichen Geist, wie es die Absicht war und die Wahrheit ist.

Ich ging weiter und spürte meine Bocksfüße, meine zotteligen Beine und meine gehörnte Stirn, vollständig eins mit der ganzen Natur. Nach einiger Zeit kam ich an eine Lichtung mit einem Sitzplatz unter einem Baum. Hier drehte ich um und begann den Rückweg. Jetzt hatte ich eine Panflöte in Händen und fing an zu spielen. Es war die Melodie, die ich Pan schon oft spielen gehört habe und an die ich mich hinterher nie erinnern kann. Die Vögel antworteten, und ihr Gesang war ein wunderbares Pendant zur Musik des Flötenspielers. Alle Wesen und Geister waren aktiv, und manche tanzten beim Arbeiten. Ich fing auch selbst an zu tanzen und spielte weiter die Flöte. Bald blieb ich stehen, angezogen von einer Ansammlung Champignons ähnelnden Pilzen. Es waren Dutzende kappenförmiger Wesen, alle miteinander verflochten und von dunkelbrauner Farbe. In der Gruppe wimmelte es von winzigen umherwuselnden Gestalten nach Art von Elfen oder Faunen. So wie sie mir erscheinen, war ihre Gestalt zwar recht deutlich, entsprach aber nicht ganz dem konventionellen Bild solcher Wesen. Einige erscheinen in der hergebrachten Form, wie wir sie aus Sagen und Mythen kennen, aber diese Gestalt wurde ihnen von den Menschen auferlegt, und sie übernehmen sie. Sie haben selbstverständlich höhere Lichtkörper, die völlig anders sind.

Während ich weiterging, teils tanzend, teils gehend, und immer noch mit großer Freude die Flöte spielend, wusste ich, dass es in Attingham zu einem starken Anstieg der Naturkräfte kommen würde, und dass das Anbringen der Bronzetafel am „Alten der Tage“ [einem großen alten Baum auf dem Gelände von Attingham] ein sehr bedeutender Akt gewesen war, der dies erst möglich machte.

Bald ging ich weiter. Pan zog sich allmählich zurück, und als ich wieder an der Ecke angelangt war, hatte er mich verlassen. Das war auch gut so, denn auf dem Sitzplatz beim Baum saß ein Junge. Mindestens einem von uns beiden wäre es unangenehm gewesen, wenn ich tanzend und eine unsichtbare Panflöte spielend aus dem Wald gekommen wäre. So ruhig vor mich hin schreitend, wie mir dies nach diesem ungeheuren Erlebnis nur möglich war, ging ich auf dem geradeaus führenden Weg noch ein wenig weiter. Das Gras war hoch und sehr nass, und es fing an zu regnen; also drehte ich um und machte mich auf den Rückweg. Als ich mich der Eiche näherte – dem Alten der Tage – nahm ich ein ungeheuer großes Wesen wahr, das den Baum in sich einschloss und gleichzeitig hoch über ihm schwebte. Es bestand ein Gefühl großer konzentrierter Macht. Dies war sicherlich der Geist des Baumes, er könnte aber durchaus auch der Geist des Ortes gewesen sein. Eine schwach leuchtende Aura umgab den Baum. Ich ging um den Baum herum und las die „Hymne an Pan“ auf der Bronzetafel, die an dem Baum angebracht worden war. Ich beschloss, eine Abschrift anzufertigen, und ging dann auf dem Weg wieder zurück.

Als ich den Kraftpunkt erreichte, blieb ich stehen und stellte mich darauf [eine Erklärung für „Kraftpunkte“ findet sich in Kapitel 11]. Dann näherte ich mich der Eiche, die eine sehr starke Aura hatte und kraftvoll pulsierende horizontale Strahlen aussandte, wie ich es bei ihr schon einmal gesehen hatte. Mir schien, sie verwandelte sich von einem Baum in eine riesige Kraftsäule. Als ich den Baum verließ, ging ich hinunter, bis ich an den Platz der Philosophen kam, wo ich wie zuvor vom Weg weggezogen wurde.

Wieder hatte ich ganz stark das Gefühl, dass etwas Gewaltiges bevorstand und ich aus Zeit und Raum heraustrat. Ich nahm die Anwesenheit von Pythagoras wahr. Er stand unter dem großen Baum beim Fluss. Ich verspürte den Impuls, mich ihm zu nähern, und ging auf den Baum zu. Es bestand ein Gefühl großer Kraft, und es fiel mir schwer, näher an den Baum heranzukommen. Pythagoras trat zur Seite, und ich wurde zu dem Baum hingezogen. Fast war es, als hätte er mir den Arm um die Schultern gelegt und würde mich sanft zu dem Baum hinschieben. Ich drehte mich mit dem Rücken zum Baum und hatte das Gefühl, ich sei in einem Kraftstrudel. Jetzt nahm ich wahr, dass ich mich in einem riesigen, kreisförmigen, mit einer Kuppel überwölbten Gebäude befand. Es war sehr fein, aber real. Darin gingen

Menschen in Gruppen umher und unterhielten sich. Einige kamen an mir vorüber. Eine ganze Reihe von ihnen erkannte ich, etwa Platon, Sokrates, Aristoteles, Konfuzius, Lao Tse, Mohammed, St. Germain, Dr. Dee und Francis Bacon. Ich bin sicher, dass noch viel mehr da waren, die ich hätte erkennen können, aber in diesem merkwürdigen Zustand, in dem alles im ewigen Jetzt geschieht, ist es nahezu unmöglich, dies in heutige Begriffe zu übersetzen. Aber ich glaube, dass ich mich zumindest an einige der wichtigsten erinnert und sie erkannt habe. Dann erschien die Gestalt des Buddha, der unter einem Baum sitzt, danach die riesige Gestalt des auferstandenen Christus, der seine Hände segnend über Attingham erhebt.

Konfrontationen

Diese besondere Episode über den Umgang des Menschen mit der Welt der Natur macht die Zerstörung der Umwelt durch den Menschen tatsächlich heilsam bewusst. Statt des erwarteten herzlichen Austausches zwischen ROC und den Naturgeistern spiegelte diese Begegnung eine große Feindseligkeit gegenüber der Menschheit wider. Sie kommt vonseiten eines ihr entfremdeten Teils der Elementargeister, der die Menschheit wegen ihrer umfassenden und rücksichtslosen Ausbeutung der Natur als den Abschaum der Erde betrachtet. ROC's Los war es, sich ihnen nicht nur zu stellen, sondern auch Abbitte für uns zu leisten, mit dem Ziel, sie für eine Zusammenarbeit zu gewinnen. Der erste Besuch in Rosemarkie, am 14. Juni, erfolgte in seinem normalen physischen Körper. Sein zweiter Besuch fand sowohl körperlich als auch außerkörperlich statt, während sein dritter Besuch eine rein außerkörperliche Erfahrung in der ätherischen Welt war.

Wegen der erheblichen Bedeutung des Besuchs hatte ROC seine Notizen erweitert und zu einer leichter lesbaren Version umgeschrieben. Diese wird hier wiedergegeben:

> 670616. Rosemarkie. Im Jahr 1903, kurz vor meinem vierten Geburtstag, verbrachte meine Familie einen Osterurlaub in Rosemarkie, einem kleinen Ort an der Nordküste des Moray Firth (der Förde von Moray). Von einer schönen Stelle, die unter der Bezeichnung „The Fairy Glen" (Feenschlucht) bekannt war und damals in Privatbesitz war, ging eine große Faszination für mich aus. Mein Kindermädchen Mary nahm mich häufig dorthin mit, oft in Begleitung meiner dreizehn Jahre älteren Schwester Katie. Von Zeit zu Zeit sind starke Erinnerungen an diese Schlucht in mir aufgetaucht; an einen Wasserfall mit zwei Wasserströmen, die in eine Gumpe im Felsen plätscherten; an eine Treppe und eine Holzbrücke über einen Bach, und an einen „Wunschbrunnen" unter einem überhängenden Felsen, einen klaren, kreisrunden Tümpel, dessen Grund mit Kieselsteinen übersät war und in den ich immer wieder einmal einen Penny hineinwarf und mir dabei etwas wünschte.
>
> Damals glaubte ich an Feen – das tue ich immer noch – und diese Schlucht war Feenland für mich. Ich wollte sie unbedingt wieder einmal besuchen, denn ich war nie mehr dorthin gekommen und hatte das Gefühl, dass sie bedeutsam war und etwas damit zu tun hatte, was mir heute passiert. In jedem Fall sollte sie mit dem Garten in Findhorn verbunden werden.
>
> Peter hatte mich mit zwei anderen zu einem Besuch in den Inverewe Gardens in Poolewe an der schottischen Westküste mitgenommen. Ich hatte Peter von meinem Wunsch erzählt,

Rosemarkie zu besuchen, und als wir auf der Rückreise ganz in der Nähe vorbeifuhren, bog er in Muir of Ord von der Inverness Road ab, und wir machten uns auf zur Black Isle, wie dieser Landstrich genannt wird. Ich glaube, wegen der Dichte des Waldes, der ihn bedeckt.

Es war Spätnachmittag. Als wir uns Rosemarkie näherten, verspürte ich eine gewisse Aufregung und gespannte Erwartung. Wie es dort wohl wäre, nach vierundsechzig Jahren? Würde ich mich noch an irgendetwas erinnern können? Als wir in die Stadt hineinfuhren, regte sich keine Erinnerung, und ich hatte nicht die geringste Ahnung, wo ich anfangen sollte, nach der Schlucht zu suchen, ob wir weiterfahren oder ins Landesinnere abbiegen sollten. Vor langer Zeit hatte ich in einer Zeitung einen Hinweis auf The Fairy Glen entdeckt. Es war kein Geld für den Unterhalt da, daher verwilderte sie; das Grundstück war aufgeteilt worden – und wahrscheinlich war es unter seinem alten Namen gar nicht mehr bekannt.

Wir verließen die Stadt und kamen bald an eine S-Kurve, wo die Straße einen Fluss überquerte. Vor uns lag ein unwegsames Stück Land voller Buschwerk und hohem Gras, und an einer Seite führte anscheinend die Zufahrt zu einem Haus auf einer Anhöhe zur Linken entlang. Hinter dem Haus lag eine mit Bäumen zugewachsene Schlucht. Ich wusste, dass das die gesuchte Stelle war. Nach der Brücke parkte Peter den Wagen, und wir machten uns zu Fuß auf den Zufahrtsweg. Wir konnten erkennen, dass ein schmaler Pfad von ihm in die Schlucht führte.

Als wir diesen Pfad erreichten, erwies er sich als schwierig; eine Überschwemmung hatte ihn teilweise weggespült. Er war nass und rutschig, und umgestürzte Bäume lagen quer darüber. Der Ort war eindeutig verwildert. Wir schafften es, diesen schlechten Abschnitt zu bewältigen und den Pfad wiederzufinden. Bisher hatte ich keinerlei Erinnerung an den Ort. Ich war sicher, dass der Weg hinein anders gewesen war, und konnte mich deutlich an ein Tor oder eine Tür in einer Mauer erinnern. Die Bäume waren anders. Sicherlich hatte es Bäume gegeben, aber jetzt waren die meisten Bäume hier vergleichsweise jung; vor vierundsechzig Jahren konnten sie noch nicht da gewesen sein, ebenso wenig die Farne und Sträucher. Der Ort war anders und fühlte sich doch gleich an, der Zauber war derselbe. Ich hatte ihn als Vierjähriger gespürt, und seit der Begegnung mit dem kleinen Faun in den Botanischen Gärten in Edinburgh war das Bewusstsein dafür auf wunderbare Weise wiedergekehrt. In dieser Schlucht gab es viele Angehörige des „Kleinen Volkes". Ich konnte sie zunächst nicht sehen, aber ich spürte ihre Gegenwart.

Unsere zwei Begleiter stürmten voran. Es interessierte sie nicht besonders, und sie ärgerten sich vielleicht über diesen Umweg. Ich kann es ihnen nicht verdenken; der Schlamm und die umgestürzten Bäume machten den Weg rutschig und schwierig, und der Tag war trüb und nass. Peter schlug vor, wenn ich es für nötig hielte weiterzugehen, solle ich dies allein tun. Er rief die beiden anderen zurück.

Das war genau das, was ich wollte. Ich ging alleine weiter, und Peter achtete darauf, dass die anderen zurückblieben. Links vom Weg verlief ein kleiner Fluss, der allmählich anstieg. Nachdem ich einige Zeit weitergegangen war, kam ich an einen Tümpel, der rechts vom Pfad lag. Kurz danach spürte ich, dass ich mich einem wichtigen Punkt näherte, und plötzlich konnte ich nicht mehr weitergehen. Vor mir befand sich eine unsichtbare Schranke; es war, als ob meine Füße am Boden festklebten. Nur mit viel Mühe kam ich noch wenige

Meter voran, fühlte mich aber unwohl und schaute mich um. Plötzlich tauchten zwei Elfen vor mir auf und versperrten mir den Weg. Sie waren etwa einen Meter groß, trugen grüne Kasacks, Kniehosen und Hüte. Zu meiner Verwunderung führten sie Pfeil und Bogen mit sich. Sie hatten die Bögen gespannt, und die Pfeile waren auf mich gerichtet. Eine von ihnen sagte:

„Komm nicht näher, Sterblicher."

Ich erklärte ihnen, ich sei ein Freund von Pan und den Naturgeistern und käme mit Liebe im Herzen zu ihnen.

„Wir haben keine Liebe für die Menschen", sagte die zweite Elfe. „Sie glauben nicht an uns und zerstören mutwillig unsere Behausungen und entweihen unsere heiligen Orte. Gehe wieder dahin, wo du hergekommen bist, und lasse uns in Ruhe."

Sie standen reglos und angespannt da, ihre Pfeile immer noch auf mich gerichtet. Ich rührte mich nicht; auch ich war angespannt, und doch musste ich mich einfach fragen, was mir wohl passierte, wenn sie ihre Pfeile, die ja nicht materiell sein konnten, abschießen würden. Ich hielt es für das Beste, es nicht darauf ankommen zu lassen. Es gibt viele Geschichten über hässliche Dinge, die Sterblichen widerfahren, die so dumm sind, sich mit dem „kleinen Volk" anzulegen.

„Nicht alle Menschen sind schlecht, es gibt Ausnahmen. Ich gebe zu, der Mensch hat die Natur entweiht und eure Behausungen zerstört, aber nicht absichtlich. Er hat aufgehört, an eure Existenz zu glauben, und ist getrieben von Gier und Ignoranz. Viele von uns verabscheuen dieses Verhalten ebenso sehr wie ihr. Wir glauben an euch und wünschen uns eure Freundschaft und Hilfe."

„Das mag so sein, aber dies ist unser Hort. Wir wollen hier keine Sterblichen."

Ich nahm wahr, dass Pan hinter mir stand, sich aber den Elfen gegenüber nicht zu erkennen gab. Er war als Beobachter da und würde mir nicht helfen. Ich war auf mich allein gestellt. Als Vertreter der Menschen war das möglicherweise richtig so.

Die beiden Elfen ließen ihre Bögen sinken und wandten sich ab; sie schienen sich zu beratschlagen. Dann drehten sie sich wieder zu mir um, und eine von ihnen sagte: „Du kannst auf dem Pfad weitergehen, denn wir sehen, dass du Liebe zu uns im Herzen trägst."

Sie traten beiseite und ließen mich passieren. Ich ging etwa ein Dutzend Meter weiter. Der Pfad stieg sanft an und erreichte einen Punkt, von dem an er wieder abfiel. Ich spürte, dass ich dieses Mal nicht weitergehen sollte. Die Elfen erschienen erneut und sagten, wenn ich allein wäre, dürfte ich so weit gehen, wie ich wollte, aber da dies nicht der Fall sei, solle ich lieber zu meinen Freunden zurückkehren, die von hinten langsam näherkamen und denen sie Grüße ausrichten ließen. Dann verschwanden sie zwischen den Bäumen.

Auf dem Rückweg über den nassen und rutschigen Pfad hatte ich viel zum Nachdenken. Dies war meine erste Begegnung mit feindlichen Naturgeistern. Ich war schon auf negative und böse Wesenheiten getroffen, aber diese waren weder das eine noch das andere, sie waren gut und schön und hatten recht mit ihrer Feindseligkeit. Ich dachte an einige schreckliche Frevel, die der Mensch an der Natur begangen hatte, und war niedergeschlagen und traurig. Irgendwie müssen die, die an sie glauben und denen an ihnen liegt, den Naturwelten beweisen, dass nicht die ganze Menschheit rücksichtslos und destruktiv ist – eine gewaltige Aufgabe.

Ich war daran gehindert worden, tiefer in die Schlucht hineinzugehen; nicht nur daran gehindert, sondern bedroht.

Was ist mit anderen? Sicher kamen doch auch andere Menschen in die Schlucht? Soweit ich wusste, war sie kein Privatbesitz. Konnten die Elfen jemanden überhaupt daran hindern, den Weg bis zum Ende zu gehen? Es fiel mir schwer, das zu glauben. Konnten sie mich deshalb aufhalten und mir ihre wahren Gefühle gegenüber der Menschheit zeigen, weil ich in der Lage war, sie zu sehen und mit ihnen zu kommunizieren? War es nun an mir, etwas dagegen zu unternehmen? Sofort nahm ich Pan neben mir wahr. Er beantwortete meine unausgesprochene Frage.

„Ja, es liegt tatsächlich an dir. Du wirst als Botschafter der Menschheit eingesetzt. Du musst versuchen, diese feindlichen Elfen für dich zu gewinnen. Du musst die Menschheit rechtfertigen. Das ist wichtig und Bestandteil des Versuchs, eine Zusammenarbeit mit der Welt der Elementarwesen zu erreichen. Du verstehst, warum ich dir nicht helfen kann? Ich bin auf ihrer Seite. Es liegt an dir. Gehe später noch einmal zu ihnen."

Ich war wieder allein und wunderte mich immer noch über vieles, aber es fiel mir erstaunlich leicht, solche Ereignisse, die ich noch bis vor Kurzem abgelehnt hätte, als normal zu akzeptieren. Sie waren für mich fast schon alltäglich geworden. Irgendein Wunder hatte es mir ermöglicht, meine Konditionierungen und Vorurteile abzulegen und unsichtbare Welten wahrzunehmen, die sehr schön und genauso real waren wie die materielle Welt. Wenn dies nur auch anderen widerfahren könnte, dann könnte die ganze Welt verwandelt werden und das Leben voller Fröhlichkeit und Freude sein statt wie so häufig voller Niedergeschlagenheit und Elend. Vielleicht gehört dies zu den Dingen, die im neuen Zeitalter geschehen werden.

Ich schloss zu Peter und den anderen auf, und wir kehrten zurück zum Auto. Der Regen ließ nach, und der Himmel lichtete sich. Ich erzählte ihnen ein wenig von meinem Erlebnis und richtete die Grüße der Elfen aus.

An jenem Abend kehrte ich außerkörperlich zur Schlucht zurück. Es war eine mondhelle Nacht, die nachmittäglichen Regenwolken hatten sich komplett verzogen, und der Himmel war nun klar. Ich ging den Pfad entlang, am Teich vorbei, bis zu der Stelle, an der ich umgekehrt war. Ich musste nicht lange warten, da tauchten die beiden Elfen auf, dieses Mal ohne Pfeil und Bogen. Eine von ihnen sprach mich an:

„Willkommen, Freund von Pan. Wir grüßen dich. Da du nun alleine bist, kannst du mit uns zum Versammlungsplatz kommen, wo du erwartet wirst."

Ich folgte ihnen auf dem Pfad. Dort standen zahlreiche schöne Bäume und Sträucher, und selbst im Mondlicht konnte ich die vielen Wildblumen sehen. Ich nahm meine Umgebung vollständig wahr, vielleicht noch klarer als im physischen Körper. Es bestand ein wunderbares Gefühl stiller Heiterkeit. Wir gingen ein beträchtliches Stück, bis sie nach links vom Weg abbogen. Ich folgte ihnen zwischen den Bäumen hindurch und fand mich auf einer Lichtung wieder. Sie war ziemlich groß, etwa halbkreisförmig und ringsum von Bäumen umstanden. Hinter einer Baumreihe lag der Fluss. In der Ferne hörte ich ein Geräusch, wahrscheinlich von einem Wasserfall.

Auf der Lichtung wimmelte es von Naturgeistern, hauptsächlich Elfen, in den unterschiedlichsten Größen, Gestalten und Gewändern. Einige kannte ich aus Sagen und Mythen, sie entsprachen der Vorstellung, die der Mensch von solchen Wesen hat; andere waren seltsam und mir unbekannt. Es ist unmöglich, sich an alle im Einzelnen zu erinnern, so viele waren dort.

Einer von ihnen, größer als die übrigen und in Grün gekleidet wie die beiden, die mich am Nachmittag aufgehalten hatten, aber mit einem goldgelben Umhang und Hut, saß unter einem Baum beim Fluss. Ich nahm an, dass er ihr Häuptling oder König war. Meine beiden Führerinnen deuteten auf ihn, und ich ging durch den Pulk von Wesen, die in eisigem Schweigen auseinanderwichen, um mich durchzulassen.

Dieser Elf erhob sich, um mich zu begrüßen, und lud mich ein, vor ihm Platz zu nehmen, wobei er auf eine kleine Erhebung im Boden deutete. Als ich mich setzte, beobachteten mich die Elfen mit Interesse und Neugier, und ich spürte Wellen der Feindseligkeit, die sich gegen mich richteten. Ich fühlte mich sehr verwundbar, der einzige meiner Art inmitten dieser seltsamen Wesen, die einer anderen Welt angehörten und nicht freundlich waren. Ich fühlte mich als Gefangener in den Händen des „kleinen Volkes“.

Pan hatte mir gesagt, ich sei ein Botschafter der Menschheit, dessen Aufgabe es sei, sie für sich zu gewinnen. Ich dürfe keinerlei Anzeichen von Beunruhigung oder Angst zeigen. Ich lächelte, verneigte mich vor dem obersten Elf und wartete. Mein Herz pochte, aber ich hoffte, man würde es mir nicht ansehen. Er hatte mich genau beobachtet; nun sprach er:

„Wir sehen dich sehr viel lieber allein. Du bist willkommen. Wir sind dem Menschen nicht freundlich gesonnen, wie du bereits weißt, aber wir werden uns anhören, was du zu seinen Gunsten zu sagen hast, und wenn du uns überzeugen kannst, dass wir mit ihm zusammenarbeiten sollten, dann werden wir das tun.“

Der Elfenkönig erhob sich. Mir schien, er sei der Sprecher nicht nur der Wesen, die auf der Lichtung waren, sondern aller Naturgeister. Es folgte eine vernichtende Anklage gegen den Menschen und dessen Missbrauch und Ausbeutung der Natur. Der Elf war nur etwa einen Meter zwanzig groß, aber so wie er dastand und mich mit seinem kalten und stechenden Blick scharf ansah, waren die Macht und Autorität, die von ihm ausgingen, Ehrfurcht gebietend.

Der Hauptvorwurf lautete, der Mensch habe seine Rolle im Universum verraten. Von Gott erschaffen, habe er sich nach Gottes Willen und Plan entwickelt und sei zur höchsten Lebensform auf dem Planeten geworden; er sei inkarnierter Geist. Ihm war volle Herrschaft über die anderen Welten gegeben worden, mit denen er die Erde teilte: Über Tierwelt, Pflanzenwelt und Mineralienwelt und auch über die unsichtbare Welt, der sie angehörten – die Welt der Elementarwesen. Der Mensch habe ungeheure Möglichkeiten zur spirituellen Entwicklung und die Macht und die Fähigkeit, diesen Planeten zum schönsten im ganzen Universum zu machen, wo Liebe, Verständnis und Weisheit regierten.

Dem Menschen sei der freie Wille und ein Bewusstsein seiner selbst gegeben worden, mit der Möglichkeit, das höchste geistige Wesen zu werden, das in einem materiellen Körper inkarniert ist – ein wahrer Gottessohn. Doch was sei stattdessen aus dem Menschen geworden? In seiner Aufgeblasenheit und Selbstüberschätzung habe er sich so sehr gegen seinen Schöpfer gewandt, dass er sogar aufhörte, an ihn zu glauben. Die grundlegenden göttlichen Gesetze würden mit Füßen getreten, und Liebe, das Einzige, was wirklich zählte, als Schwäche abgetan. Nur ihr Gegenteil – der Hass – sei stark. Der Mensch sei zutiefst degeneriert und egoistisch geworden. Er greife sich alles, was er in die Finger bekommen könne, um es für sich selbst zu nutzen, ungeachtet des Leids und Elends, das er anderen dadurch antun könne. Er könne nicht mit sich im Frieden leben. Der Sohn wende sich gegen den Vater, Bruder gegen Bruder. Hass, Neid, Ausplünderung und Zerstörung verbreiteten sich über die ganze Erde, bis sie vom schönsten Planeten rasant zum hässlichsten werde. Ganz gewiss aus der Sicht der höheren Ebenen, wo die Negativität in der Ätherhülle der Erde, die durch die Verderbtheit des Denkens und Handelns des Menschen entstünde, so schmutzige und abstoßende Farben erzeuge, dass die verbliebene Schönheit auf der Erde, die der Mensch bis jetzt noch nicht habe zerstören können, für die traurigen und trauernden Augen derer, die sie von oben beobachteten, verhüllt und verzerrt würde.

Was die Herrschaft über die anderen Welten anbelange, so habe der Mensch sie als Vollmacht für Unterdrückung, Ausbeutung und Zerstörung verstanden. Seine Selbstsucht, Grausamkeit und Gier hätten ihn dazu gebracht, sich an der Tier-, Pflanzen- und Mineralienwelt zu vergehen. Er habe aufgehört, an die Welt der Elementarwesen zu glauben; einen Glauben, den er als törichten Aberglauben verlache.

Während er sprach, hörte ich gelegentliches Gemurmel, aber im Großen und Ganzen herrschte Schweigen. Ich spürte, dass die Feindseligkeit wuchs; die Elfen rückten näher.

Die Stimme des obersten Elfs war hart und kalt:

„Der Mensch hat sich absichtlich vorgenommen, mit der Natur nicht zusammenzuarbeiten, sondern sie zu unterwerfen. [Die Menschheit sagt:] ‚Ich werde die Natur beherrschen und sie zwingen zu tun, was ich will.' Er stört das Gleichgewicht der Natur, vernichtet einzigartige Tier- und Pflanzenarten, die Jahrmillionen zu ihrer Entwicklung gebraucht haben, verwandelt weite Bereiche der Erdoberfläche in Wüsten, holzt rücksichtslos große Waldflächen ab oder brennt sie nieder, wo sie doch für seinen eigenen Fortbestand so wichtig sind. Er verstümmelt und verunstaltet die Landschaft auf brutale Weise, reißt mithilfe von Sprengstoff große Lücken in die Berge und Hügel und hinterlässt in der lebendigen Erde klaffende Wunden, die nie verheilen werden; mit gleicher Brutalität ebnet er weite Landstriche ein, um seine grässlichen Städte und monströsen Straßen zu bauen – und das alles im Namen der Zivilisation und des Fortschritts.

Er verschmutzt die Flüsse, die Seen und sogar die Meere, die Erde selbst und die Luft über ihr. Überall, wo er hinkommt, verschmutzt und zerstört er. Ist er so dumm, dass er nicht begreift, dass er mit seinem Tun die Erde zerstört, auf der er lebt, und damit letztlich auch sich selbst vernichtet?

Uns kann er nicht zerstören. In unserem höheren Dasein sind wir unsterblich und unzerstörbar. Wir sorgen uns um diesen Planeten, wir lieben ihn; er ist unser Zuhause. Einst war er wunderschön, bis der Mensch ihn geschändet hat. Kannst du es uns verübeln, wenn wir den Menschen als einen Parasiten auf dem Antlitz der Erde betrachten? Ein Parasit, der rücksichtslos vernichtet werden sollte; ein Krebsgeschwür, das herausgeschnitten werden muss, wenn diese Welt überleben soll.“

Die Stimme des Elfenkönigs war schneidend. Beschämt ließ ich den Kopf hängen. Ich konnte die Vorwürfe nicht bestreiten. Er brachte mich dazu, den Menschen mit ihren Augen zu sehen und ihn nach seinen Werken zu beurteilen.

Die Stimme fuhr fort:

„Dies ist nur ein Teil unserer Anklage gegen die Menschheit, aber es genügt. Du als ihr Botschafter besitzt die Unverfrorenheit, uns um Zusammenarbeit zu bitten. Zusammenarbeit wobei? Bei der weiteren Verwüstung unserer Horte, unserer heiligen Stätten, unserer Behausungen? Dabei, uns gegenseitig zu bekämpfen, womöglich unsere eigenen Leute umzubringen, zu foltern und zu verstümmeln? Bei der endgültigen Zerstörung unseres Planeten mitzuhelfen? Rechtfertige deine Bitte, antworte auf unsere Vorwürfe, wenn du kannst!"

Die Anspannung in der Elfenschar wuchs, und ein Gemurmel brach los wie das Rauschen des Windes in den Bäumen, das wie bei einem aufziehenden Sturm immer lauter wurde. Die Feindseligkeit nahm in beängstigender Weise zu; sie schlug wie eine physische Kraft auf mich ein und erdrückte mich. Der Elf, der dies sofort bemerkte, fügte mit sanfterer Stimme hinzu:

„Wir hegen keinen Groll gegen dich, der du aus freien Stücken zu uns kommst. Du stehst unter Pans Schutz, auch wenn er dich in dem, was du sagst, nicht anleiten kann. Ich sehe, dass du wirklich Liebe zu uns im Herzen trägst und dich das Verhalten deiner eigenen Leute zutiefst betrübt. Wir erwidern deine Liebe und hören gerne alles, was du zu sagen hast. Dass Pan selbst und andere unter den Naturgeistern mit dem Menschen kooperieren, überrascht uns. Kannst du das erklären? Wir hören."

„Seid ihr nicht Pans Untertanen?"

„Doch, das sind wir."

„Als solche schuldet ihr ihm Gehorsam?"

„Er ist unser Herrscher, und wir gehorchen seinem Befehl. Er wird nie versuchen, uns zu etwas zu zwingen; er ist eine wahre Führungspersönlichkeit. Er zeigt uns, dass das, was er von uns verlangt, richtig ist. Wenn es diesen Anschein hat, gehorchen wir und erfüllen so Gottes Willen genau wie er."

„Und wenn nicht, würdet ihr dann den Gehorsam verweigern?"

„Wir haben das Recht dazu."

„Habt ihr das? Würdet ihr dann nicht Gottes Willen missachten? Abtrünnig werden? Dies deutet darauf hin, dass ihr einen gewissen Grad an Willensfreiheit habt. Ich dachte, dies sei das Vorrecht des Menschen?"

In den Augen des Elfs blitzte ein Funken Belustigung auf. „Dieser Glaube könnte menschlicher Dünkel sein. Jetzt ist jedoch nicht der Zeitpunkt, um eine ethische Auseinandersetzung darüber zu führen, wer einen freien Willen hat und wer nicht, so interessant das auch sein mag. Du versuchst, vom Thema abzulenken, Mensch mit dem hinterlistigen Sinn." Das Lächeln verschwand, und er wurde ernst. „Kannst du unsere Anschuldigungen widerlegen und uns beweisen, dass Pans Anweisung richtig ist, oder nicht? Darum geht es im Moment. Halte dich daran."

Vielleicht versuchte ich wirklich, vom Thema abzulenken. Die Anklage war schwer zu widerlegen. Auch wenn sie das Negative überbetonte, traf sie im Grunde zu.

Ich stand auf und wandte mich von einem Standpunkt neben ihrem Häuptling an die Elfen. Zu Beginn gab ich zu, dass die Anschuldigungen im Wesentlichen zutrafen, aber nur einen Teil des Bildes darstellten – den dunklen Teil. Ich versuchte nicht, die Frevel an der Natur zu rechtfertigen oder zu entschuldigen. Die einzigen Entschuldigungen wären Ignoranz und Dummheit, mangelnde Voraussicht oder fehlende Sorgfalt. Die Menschheit im Allgemeinen war nicht schlecht.

Die Mehrheit der Bewohner dieser Erde war friedliebend und freundlich, wollte ruhig und in Freundschaft mit ihren Nächsten leben und den Bedürftigen helfen.

Unter den Elfen erhob sich ein ablehnendes Raunen. Der Elfenkönig hob die Hand, und es verstummte.

„Das ist die Wahrheit. Es ist leicht, die schlimmen Taten zu sehen. Die guten sieht man weniger leicht. Der Fairness halber müsst ihr es versuchen. Ihr Naturgeister seid vernünftige Wesen; ihr werdet nicht von Emotionen beherrscht und seid unendlich tolerant, wesentlich toleranter als jeder Durchschnittsmensch. Ihr habt entsetzliche Verwüstungen eurer heiligen Stätten und Behausungen ertragen, ohne zu rebellieren oder zu verschwinden. Ihr habt nicht Rache genommen, obwohl ihr zweifellos in angemessenem Rahmen zurückschlagt, wenn sich Gelegenheit dazu bietet. Eure Zurückhaltung ist bewundernswert.

Es gibt viele Menschen, die in jeder Hinsicht genauso erschüttert sind wie ich über die Frevel, die an der Natur begangen werden, über die Grausamkeit und Zerstörung gegenüber der Tierwelt, über die Ausbeutung der Pflanzenwelt und die Vergewaltigung der Mineralienwelt. Es gibt viele, die ebenso schockiert sind über die entsetzliche Unmenschlichkeit des Menschen gegenüber seinesgleichen. Aber warum geschieht so etwas überhaupt?

Leider gibt es Menschen, die getrieben sind von Machtgier und von dem Willen, andere zu beherrschen, und die die Fähigkeit und die Möglichkeit haben, sich in Machtpositionen zu bringen. Solche Menschen können große Gruppen und sogar ganze Nationen steuern und ihrem Willen unterwerfen. Dies ist im Laufe der Menschheitsgeschichte immer wieder geschehen. Oft sind diese Menschen skrupellos und grausam, streben einzig und allein danach, ihre eigene Macht und Autorität zu mehren, und zwingen daher die Menschen, die sie beherrschen, Kriege zu führen, an die sie nicht glauben, und Gräueltaten zu begehen, die sie normalerweise verabscheuen würden.

Viele Menschen lassen sich leicht beeinflussen, wenn man ihnen etwas suggeriert und mit ihren Gefühlen spielt. Sie können durch Massenhysterie zu Hass und Zerstörung aufgestachelt werden. Diese Menschen sind nicht immer böse; manche sind idealistisch und von dem fanatischen Glauben getrieben, dass das, was sie tun, letztendlich dem Wohl der überwiegenden Anzahl der Menschen dient. Keinesfalls sind alle Führungspersönlichkeiten schlecht; es hat sehr viele gute, inspirierte gegeben. Aber die Schlechten richten den Schaden an und ziehen die Aufmerksamkeit auf sich, während die Guten oft unbemerkt bleiben, und so fällt die Beurteilung des Menschen oft einseitig negativ aus."

Ich hielt inne. Es war mucksmäuschenstill; die Elfen lauschten konzentriert meinen Worten. Meine Zuversicht wuchs.

Bestimmt hatten die Elfen von jenem vollkommenen Menschen gehört, Jesus von Nazareth, der vor fast zweitausend Jahren gelebt hatte. (Ich fragte mich, ob sie mit unserer Zeitrechnung etwas anfangen konnten.) Viele hielten Ihn für den wahren Sohn Gottes, auf die Erde gekommen, um der Menschheit Erlösung zu bringen. Während seines Wirkens lehrte er die grundlegenden göttlichen Wahrheiten und Gesetze, deren größte die Liebe ist. „Liebe deinen Nächsten wie dich selbst." Im Grunde kommt es auf nichts anderes an.

„Und was hat die Menschheit ihm angetan?", fragte eine der Elfen vor mir. „Der Mensch wird diejenigen, die versuchen, ihn Selbstlosigkeit und Demut zu lehren oder ihn dazu bringen wollen, seine gewohnte Lebensweise zu verändern, immer vernichten."

„Ein notwendiges Opfer, um die Tatsache der Auferstehung zu lehren, das Weiterleben nach dem, was wir als Tod bezeichnen, der doch ein Tor zu einem neuen Leben ist, eine Neugeburt, kein Ende. Auf Seinen Lehren gründet die christliche Religion."

„Welche Autorität hat diese Religion heute?", fragte eine andere Elfe.

Ich antwortete, sie habe weniger Autorität als sie haben sollte. Die frühe Kirche habe sich mehr um ihre vergängliche Macht gekümmert als um die Lehren ihres Gründers, und sie habe sogar die esoterische Seite dieser Lehren als ketzerisch verworfen. Die organisierte Religion habe es versäumt, ihren Anhängern das zu geben, wonach sie suchten, und weil sie hinter die Entwicklung des modernen Lebens zurückfiele, gelänge es ihr heute nicht, die Jugend für sich zu gewinnen. Wenn die Kirchen in dem neuen Zeitalter, in das wir gerade eintreten, ihre Aufgabe erfüllen sollen, müsse dies aufhören. Die Lehren sind nach wie vor gültig, ebenso wie die der anderen großen Religionen. Es gibt nur einen wahren Gott, dem wir alle Treue schulden. Er hat sich durch die verschiedenen Religionen jeweils in der für ihre Anhänger am besten geeigneten Weise ausgedrückt, durch die göttlichen oder göttlich inspirierten Propheten und Lehrer Buddha, Mohammed, Zoroaster (Zarathustra) und viele andere bis zum heutigen Tag. Solche Menschen könnten als Christus-Wesen betrachtet werden, die die göttlichen Wahrheiten der Gottheit bekräftigen. Der Mensch sei kein Parasit auf dem Angesicht der Erde, auch wenn viele seiner Taten diesen Anschein erweckten. Ein

Parasit könnte solche Lehrer und Lehren nicht hervorbringen.

Zugegeben, ein großer Teil der Menschheit habe aufgehört, an die Existenz Gottes oder solcher Wahrheiten zu glauben, und könne nur die materielle Welt akzeptieren, in der wir leben. Solche Menschen sind nicht unbedingt böse; viele von ihnen sind erstaunlich gut und verhalten sich gegenüber ihren Mitmenschen sehr human. Der Materialismus jedoch ist ein Fehlschlag; er kann niemals das grundlegende Bedürfnis aller Menschen nach spirituellen Wahrheiten und nach dem möglichen Kontakt mit dem Gott im Inneren befriedigen.

„Die Menschheit ist auf der Suche nach den grundlegenden Wahrheiten. Das ist der entscheidende Punkt. Denkt daran: Sucht die guten Taten des Menschen, nicht seine schlechten. Seid weiterhin geduldig und tolerant und arbeitet mit dem Menschen zusammen, wenn er euch um Hilfe bittet. Natürlich wird an euch nicht geglaubt, zweifellos von der Mehrheit, aber immer mehr Menschen beginnen, eure Existenz zu akzeptieren. Ich weiß, dass Worte nicht immer überzeugen und die Erfahrungen anderer bedeutungslos sein können. Nur Taten zählen. Es liegt an uns, der Menschheit, euch davon zu überzeugen, dass uns an der Natur und den anderen Welten liegt und wir sie achten. Vergesst die schrecklichen Narben, die der Mensch auf der Erdoberfläche hinterlassen, und den Unrat, den er in die Gewässer geleitet hat. Schaut euch an, wie viele unberührte Landschaften es noch gibt. Besucht die Naturschutzgebiete und die sauberen Flüsse und Seen, die noch zu finden sind. Wir geben die Verwüstungen und Zerstörungen zu. Seid fair zu uns; wir müssen noch sehr viel lernen. Helft uns. Das ist meine Antwort auf eure Anklage."

Nachdem ich geendet hatte, trat eine lange Stille ein. Schließlich erhob sich der Elfenkönig:

„Wir haben zugehört, Freund von Pan und Botschafter der Menschheit. Wir akzeptieren, was du gesagt hast. Wir werden nach den guten Eigenschaften des Menschen Ausschau halten und versuchen, seine schlechten zu ignorieren. Wir werden weiterhin tolerant sein und versuchen, Verständnis aufzubringen. Es wird nicht leicht, aber wir werden es tun. Wir werden Pan gehorchen und mit dem Menschen zusammenarbeiten, wenn er uns um Hilfe bittet. Wir werden ihn nicht verletzen und in keiner Weise behindern. Das ist unser Versprechen."

Mir war ein Gedanke gekommen. „Darf ich eine Frage stellen?"

„Ich werde sie beantworten, wenn es zulässig ist."

„Könntet ihr die Menschheit vernichten, wenn ihr wolltet?"

„Mit Leichtigkeit. Wir haben mehr als genug Macht. Aber wir werden sie niemals einsetzen, denn das wäre nicht im Einklang mit Gottes Willen. Wenn der Mensch allerdings mit seiner gegenwärtigen Missachtung der Erde fortfährt, müssen wir vielleicht fortgehen und sie verlassen. Täten wir das nicht, könnten wir die Ursache schrecklicher Katastrophen sein, die wir nicht verhindern könnten. Kosmische Gesetze müssen erfüllt werden."

„Was wäre dann?"

„Die Lebenskraft in allem, was wächst, würde erlöschen, denn eine unserer Funktionen ist die Umwandlung bestimmter kosmischer Energien und die Einleitung dieser Energien in die Pflanzen."

„Würde das nicht das Ende bedeuten? Steht das im Einklang mit Gottes Willen?"

„Wenn der Mensch zu weit geht, wird er sich selbst zerstören. Er hat die Mittel dazu, und er hat den freien Willen. Dann müssen wir das Unvermeidliche tun. Wir können die kosmischen Gesetze, die Gottes Gesetze sind, nicht brechen."

Ich lächelte den Elf an. „Ich glaube nicht, dass es jemals dazu kommt. Das höhere Selbst des Menschen und sein innerer Drang, sich Gott zuzuwenden, werden sich am Ende durchsetzen. Immer mehr Menschen wenden sich dem Licht zu. Immer stärkere spirituelle Energien strömen auf die Erde herab. Ich glaube an eine große Zukunft für die Menschheit; das Neue Zeitalter bricht an. Es dauert vielleicht noch einige Zeit, aber es wird eintreten."

Der Elf sah mich an und lächelte. Er reichte mir die Hände. Sie fühlten sich warm und fest an, als ich sie berührte. Dann geschah etwas Seltsames. Der Elf wurde größer, bis er so groß war wie ich. Das überraschte mich nicht, denn ich wusste ja, dass solche Wesenheiten zwar üblicherweise in einer bestimmten Gestalt erscheinen, aber wandelbar sind und Größe und Gestalt den Umständen entsprechend verändern können. Dabei hielt er weiter meine Hände, die er zuvor ergriffen hatte. Nun ließ er sie los und legte mir seine Hände auf die Schultern.

„Gesegnet seist du, oh Mensch, und das Werk, das du vollbringst. Wir danken dir dafür, dass du gekommen bist, und akzeptieren dich als einen von uns. Du bist uns jederzeit willkommen."

Er umarmte mich, und ich spürte eine starke Ausstrahlung, die von ihm ausging.

Ich wandte mich um und ging durch die Elfenschar und unter den Bäumen wieder zurück auf den Weg. Die frühere

Feindseligkeit war einem warmen, beinahe überwältigenden Gefühl der Liebe gewichen, das von diesen schönen Wesen des „kleinen Volkes" ausging und mich auf meinem Weg umhüllte. Pan gesellte sich zu mir.

„Aber hallo, Botschafter des Menschen, kein übler Abend. Für ein erstes Mal hast du es gar nicht so schlecht gemacht." In seinen Augen blitzte der Schalk, aber auch Zuneigung. Er drückte mir die Schulter. „Ich bin stolz auf dich. Schlaf gut."

Dann war ich wieder allein. Ich ging den Weg weiter und fand mich schließlich bei vollem Bewusstsein in meinem Körper auf dem Bett wieder.

Wichtige verwilderte Stellen

670617. Am Abend gingen wir in den Garten eines Hauses in Kentessack [bei Forres, Morayshire]. Wie vereinbart, ging ich allein umher, während die anderen den Garten besichtigten. Ich fühlte mich sofort zu einem verwilderten Teil hinter einer Holzbrücke hingezogen, die über einen Bach führte. Es ist ein völlig verwilderter Bereich mit vielen Bäumen, Rhododendronsträuchern, hohem Gras, Brennnesseln und anderen Wildkräutern. Ich hatte den Eindruck, dass nur ganz selten einmal ein Mensch hierherkommt, wenn überhaupt. Es war ein sehr starkes Zentrum für Naturkräfte, und Pan war sofort an meiner Seite und sagte mir, dies sei ihr Teil des Gartens. Ich ging nicht tief in diese Wildnis hinein, weil ich das Gefühl hatte, das wäre falsch. Ich nahm wahr, dass ich von vielen verschiedenen Naturwesen umgeben war, die freundlich und zuweilen sehr neugierig auf mich wirkten.

Pan erklärte, dass es in jedem Garten, in dem eine Zusammenarbeit mit den Naturkräften erwünscht ist, einen völlig verwilderten Teil geben muss, der unkultiviert bleiben und vom Menschen so wenig wie möglich betreten werden sollte. Dies ist der ureigene Bereich der Naturgeister und ein Brennpunkt, von dem aus sie wirken können.

Ein Feenring

670808b. Der kleine Hof, von dem uns (von Albert Best) erzählt worden war, liegt auf einem Hügel hoch über dem Tal und hat eine atemberaubende Aussicht über Loch Ness und die umgebenden Berge bis hinauf zum Glen Urquhart.

Es gibt merkwürdige Vertiefungen in den Hügeln – eigentlich Senken. Die erste war klein, sie hatte eine überhängende, etwa sechs bis acht Meter hohe Mauer oder Felswand und darunter einem Tümpel. Dort standen Bäume und Sträucher, Heidekraut, Ginster und hohes Gras. Ich wusste sofort, dass dies ein Hort der Naturkräfte war. Ein bisschen weiter weg gelangten wir an eine ziemlich große Senke von unregelmäßiger Form, eine tiefe Mulde im Hügel mit einer Föhre von beträchtlicher Höhe – mindestens neun Meter – sowie anderen Bäumen, Ginster und Heidekraut, mit Felsen und hohem Gras. Ich bat das „kleine Volk" um Erlaubnis, ihr Gebiet zu betreten, und wurde sofort dazu eingeladen und willkommen geheißen.

Es waren nicht die Feen aus dem Märchen, sondern echte keltische Angehörige des Kleinen Volkes, vielleicht einen halben bis einen Meter groß, manche grün gekleidet mit Spitzhüten, andere in Blau, Rot und Schwarz. Die Männer in Kasack und Kniehose, die Frauen in langem Rock, Mieder und weißem Kragen – mit leichten Anklängen an den puritanischen Kleidungsstil, aber untereinander ganz unterschiedlich. Ich ging in dieser Senke umher, war sehr glücklich und fühlte mich diesem Volk irgendwie sehr nahe. Sie sagten mir, sie empfänden Menschen oft als Plage und hätten keine Bedenken, ihnen einen Streich zu spielen. Wo aber an sie geglaubt würde, seien sie bereit zu helfen, wenn sie darum gebeten würden.

Ich überquerte einen angedeuteten Weg in einen Seitenbereich. Dort befand sich ein hoher grasbewachsener Erdhügel vor einem hohen Felsen, aus dem ein kleiner Baum wuchs, der einen Baldachin bildete.

Auf dem Hügel stand ein Feen-Mann. Er war knapp einen Meter [groß], trug einen grünen Kasack und Kniehosen, eine rote Mütze und einen roten Umhang. Ich dachte, er sei wahrscheinlich ihr Häuptling oder König. Ich verneigte mich vor ihm, und er begrüßte mich wie einen, wenngleich menschlichen, Verwandten und sagte, ich könne mich auf ihrem Gebiet frei bewegen. Er bat mich, ihre Fürstin zu begrüßen. Auf einem bemoosten Stein, wiederum neben einem Felsen zu seiner Rechten, stand ein sehr schönes Wesen in einem langen grünen Gewand mit einem goldenen Gürtel und einem Diadem in ihrem schönen, langen, hellen Haar.

Als ich mich umwandte, um sie zu begrüßen, reichte sie mir beide Hände, und ich beugte mich vor, um sie zu ergreifen. Sie küsste mich auf die Wange. Ich sagte, ich fühle mich sehr privilegiert, dass ich auf ihrem Gebiet umhergehen dürfe und willkommen sei. Sie sagte, ich sei dem Feenvolk immer willkommen, und zwar deshalb – und dies sei auch der Grund, warum ich für solche Kontakte auserwählt worden sei – weil ich selbst mütterlicherseits Feen unter meinen Vorfahren hätte. Sie wollte nicht sagen, wie lange dies zurückliege, jedenfalls geraume Zeit. Dies mache mich zu ihrem

Verwandten. Das klingt sehr weit hergeholt, aber ich möchte gerne glauben, dass es wahr ist.

Ich umrundete den oberen Rand dieser Senke, und bald darauf kam Peter mit Bill Robertson [dem Besitzer des Hofes] zurück. Wir gingen den Hügel hinauf, und er zeigte mir den Feenring. Eigentlich war er ein Ring aus Erdhügeln mit einer Erhebung in der Mitte. Es gibt auch einen Ring – einen kaum sichtbaren – aus Steinen und zur Linken auf einem großen abfallenden Felsen, der die Szene beherrscht, einen Birken-Ring. Dort stehen überhaupt viele Bäume. Peter und Bill verließen mich wieder, ich bleib eine Zeit lang stehen und bat dann erneut um Erlaubnis, diesen Ring zu betreten. Sofort wurde ich mitten hineingezogen und auf dem Hügel, der vor mir lag, setzte ich mich hin.

Ich kam mir vor wie in einer anderen Welt und hatte plötzlich das Gefühl, ich befände mich im Inneren des Hügels. Ich blickte auf eine schöne sonnenbeschienene Landschaft mit Flüssen und Wäldern, die sich ständig veränderte. Es war auf eine seltsame Weise ganz anders als auf der Erde, doch es ist schwer zu beschreiben. Die Unterschiede waren fein, und ich war mir der Landschaft eher bewusst, als dass ich sie wirklich sah. So etwas muss man erleben, um es zu verstehen. Ich war sehr glücklich und zufrieden. Ich nahm keinerlei Wesen wahr, obwohl ich wusste, dass die Landschaft bewohnt war. Der Frieden wurde leicht gestört durch das aufdringliche Geräusch eines Traktors, der auf einem Feld in der Nähe arbeitete. Vielleicht war das ganz gut so, denn dadurch blieb ein Teil von mir an der Erdoberfläche, sonst wäre ich vielleicht nur ungern wieder zurückgekehrt.

Auf dem Hügel sitzend, fand ich mich wieder. Ich erhob mich und kletterte den schrägen Stein hinauf. Von dort oben war die Aussicht erstaunlich, denn er liegt wesentlich weiter oben am Berg als der Hof. Dort saß ich eine ganze Weile, dann ging ich hinunter und ließ mich auf dem Hügel in der Mitte nieder.

Nur sehr unwillig kehrte ich schließlich zum Hof zurück, wo wir im Freien Tee tranken. Das Wetter war schön. Nach dem Tee verteilten wir uns auf zwei Autos und machten uns auf den Rückweg [nach Findhorn]. Ich weiß, dass ein wunderbarer Kontakt hergestellt worden ist.

Der Graue Mann vom Ben Macdhui

Diese Wesenheit taucht in den Sagen aus dem schottischen Hochland häufig als furchteinflößende Gestalt von enormer Größe auf, die Bergsteigern Angst und Schrecken einjagt, wenn sie sich dem Gipfel des Ben Macdhui nähern, einem recht kargen Berg im Cairngorm-Gebirge.

Norman Collie, der 1896 Professor für organische Chemie am University College in London wurde, sprach bei einem Besuch in Neuseeland im Jahr 1889 über sein Erlebnis am Ben Macdhui. Bis heute haben viele weitere Menschen Ähnliches zu berichten.

„Als ich im Nebel von dem Steinhügel auf dem Gipfel zurückkehrte, glaubte ich noch etwas anderes zu hören als nur das Geräusch meiner eigenen Tritte. Alle paar Schritte hörte ich ein Knirschen, dann noch ein Knirschen, als ob jemand hinter mir ginge, der drei oder vier Mal so lange Schritte machte wie ich. ‚Das ist doch alles Unsinn', sagte ich mir. Ich lauschte und hörte es erneut, konnte aber in dem Nebel nichts sehen. Als ich weiterging und es hinter mir wieder so unheimlich knirschte, packte mich die nackte Angst, und ich nahm die Beine in die Hand. Über sieben bis acht Kilometer bis fast zum Rothiemurchus Forest hinunter stolperte ich blindlings zwischen den Felsen umher. Ich weiß nicht, was Sie davon halten, aber der Gipfel des Ben Macdhui hat etwas sehr Merkwürdiges an sich, und ich werde da ganz bestimmt nicht mehr alleine hochgehen."

Der Graue Mann, und auch die Geister, die mit vielen anderen Bergen, Flüssen und bedeutenden geographischen Besonderheiten verbunden sind, wie zum Beispiel mit der Smoo Cave, um die es im nächsten Abschnitt geht, wurden von ROC (eigentlich von St. Germain) als „Grenzwesen" bezeichnet, Elementarwesen, die an sich neutral, also weder gut noch böse sind, aber das Potenzial zu beidem in sich tragen.

ROC's außerkörperliche Erfahrungen mit dem Grauen Mann sind in folgender Form festgehalten und veranschaulichen die andere Seite – die positive Seite – dieses traditionell furchterregenden Elementarwesens. ROC ist in Edinburgh:

670604. In der Nacht war ich auf dem Ben Macdhui und begegnete dem Grauen Mann. Er ist ein „Grenzwesen" und kann sehr furchterregend sein.

G.M.: Dies ist mein Berg, und ich bin sein Hüter.

ROC: Ist es deine Aufgabe zu verhindern, dass Menschen den Gipfel besteigen?

G.M.: Nur manche.

ROC: Erschreckst und verfolgst du hauptsächlich die Empfindsamen und spirituell Eingestellten?

G.M.: Ja.

ROC: Wenn ich versuchen würde, zum Gipfel zu gelangen, würdest du mich verjagen?

G.M.: Das könnte ich nicht. Ich weiß, wer dein Höheres Selbst ist, und dass du keine Angst vor mir hast. Die Angst gibt mir Macht über die Menschen. Aber du hast gar keinen Grund, meinen Berg in deinem physischen Körper zu besteigen, denn du kannst es ja außerkörperlich tun, wie jetzt gerade.

Zwei Monate später steht ROC bei einem Aufenthalt in Findhorn in Kontakt mit dem Grauen Mann:

670804. Wieder im Bett in meinem Körper, versuchte ich, Kontakt zum Grauen Mann vom Ben Macdhui aufzunehmen. Sofort befand ich mich an den oberen Hängen des Berges, und dort begrüßte mich der Graue Mann; er hatte sich auf meine Größe verkleinert. Er kannte die Menschen, da es ja seine Aufgabe war, sie vom Berg zu verjagen. Fast alle fürchteten sich vor ihm. Er war erstaunt, als er spürte, dass von mir Liebe und Wärme kam.

Und am nächsten Tag:

Letzte Nacht war der graue Mann bei mir. Ich fragte ihn, ob er nicht seine Pflichten vernachlässigte, und er antwortete: „Nachts keine Besteigungen, daher kann ich ihn verlassen."
ROC: Aber manche kampieren doch bestimmt über Nacht dort?
G.M.: Oh ja, aber mit denen werden meine Geschwistergeister und Elementarwesen fertig, wenn nötig. Ich bin nicht allein auf dem Berg.

ROC: Das weiß ich. Ich habe die anderen gesehen.

G.M.: Ja, das hast du. Der Kontakt gestern war sehr angenehm.

ROC: Das freut mich. Für mich war er auch angenehm.

Heute Morgen während der Sitzung spürte ich, dass der Graue Mann hinter mir stand, und neben ihm stand der Geist von Morven.

Smoo Cave

Während des Treffens mit dem Geist der Smoo Cave (in Durness) wurde größtenteils ausführlich über die Aura und aurische Gewänder gesprochen. Zur Vorbereitung habe ich einen Ausschnitt aus einer früheren Notiz von ROC über die Aura hier eingefügt, außerdem eine Botschaft, die er bei dieser Gelegenheit kurz vor dem Schlafengehen empfing und die weitere Anmerkungen über die Mittel zum Aufbau des kosmischen Energieflusses und die Anwendungsmöglichkeiten dieser Energie enthält:

651027. Ich spielte eine Weile Klavier und versuchte, Musik zu wählen, die zur Steigerung der Kraft beitragen würde. Als ich später nach hinten ging, um das Abendessen zuzubereiten, schaltete ich das Licht nicht ein. Die Aura um meine Hände war extrem hell, und aus meinen Fingern schossen starke Strahlen. So etwas habe ich noch nie gesehen, und für mich ist die Sache damit geklärt. Die Aura ist keine optische Täuschung. Meine Hände phosphoreszierenen. Das ist echt und keine Reflexion von irgendwoher. Das Licht pulsiert und hat helle Flecken. Außerdem sind meine Hände für meine Verhältnisse ungewöhnlich warm. Wenn ich heute Abend ins Bett gehe, werde ich sehen, wie meine Aura ausschaut.

Später hängte ich gegenüber dem Spiegel den schwarzen Vorhang am Kleiderschrank auf und verhüllte die Lampe am Bett, sodass sie nur noch ein schwaches Licht abgab. Als ich meine Kleider ablegte, entdeckte ich, dass mein ganzer Körper in der schönen hellblauen Phosphoreszenz leuchtete, als wäre er mit Leuchtfarbe eingerieben worden. Meine Aura war sehr klar und beträchtlich vergrößert; sie reichte mindestens einen halben Meter über meinen Körper hinaus. Sie sah aus wie blauer Rauch und hatte im inneren Teil leichte Streifen. Die Trennung zwischen innerer und äußerer Aura war nicht sehr deutlich. Auch Grün und Gelb leuchtete in der Aura auf. An der Realität dieses Phänomens besteht keinerlei Zweifel.

Empfangene Botschaft:

Das blaue Leuchten ist ein Anzeichen für einen hohen Gehalt an kosmischer Energie. Dies ist oft mit einem Wärmegefühl verbunden. Die Aura sollte heller sein, da sie durch den Strom kosmischer Energie angeregt wird. Diese Energie lässt sich vielseitig nutzen – Heilung ist eine Möglichkeit, ebenso wie Telekinese –, aber dies erfordert eine besondere Entwicklung. Bei der Freisetzung dieser Kraft muss man sehr sorgfältig vorgehen. Sie darf nie selbstsüchtig oder für schlechte Zwecke eingesetzt werden. Weil hier [in der Wohnung] zufriedenstellende Bedingungen geschaffen worden sind, ist die Kraft nun leichter aufzubauen. Zwei oder drei Personen, die mit ernsthafter Absicht zusammenarbeiten, können einen viel stärkeren Aufbau bewirken, wenn sie ruhig und vollkommen entspannt sitzen, manchmal in Stille, aber nicht unbedingt die ganze Zeit. Für einen maximalen Aufbau sind die Sitzenden im Idealfall völlig nackt und sollten entweder alle auf Stühlen oder mit verschränkten Beinen auf dem Boden sitzen. Letzteres ist am besten, erfordert aber Übung. Kleidung trägt die Atmosphäre und die Verunreinigungen des materiellen Lebens an sich, verbirgt zudem das echte, wahre Selbst und blockiert die physische Aura. Nacktheit ermöglicht eine Interaktion zwischen den Auren und bewirkt einen maximalen Aufbau kosmischer Energie. Sie steht symbolisch für das Ablegen von Heuchelei und Verschleierung. Ein solches Ideal ist schwer zu befolgen, da es Mitgefühl und Verständnis erfordert. Es darf keine Verlegenheit aufkommen, da dies den Kraftaufbau verhindern würde.

Die erste Begegnung mit dem Geist der Smoo Cave fand im Jahr 1967 statt, als ROC diese Höhle einmal besuchte. Es kommt zu einem kurzen einführenden Gespräch, und später kehrt ROC außerkörperlich noch einmal dorthin zurück und unterhält sich mit dem Geist ausführlich über verschiedene Themen, hauptsächlich aber über die Aura und aurische Gewänder.

670618. Nach dem Mittagessen fuhren wir weiter nach Durness, unserem nördlichen Ziel. Dort gibt es eine berühmte Höhle, die sogenannte Smoo Cave, die wir meinem Empfinden nach unbedingt besuchen mussten. Es ist ein ziemlicher Abstieg über einen steilen Klippenpfad bis zur davorliegenden Küste. Zahlreiche Seevögel nisteten an den Felsvorsprüngen der Klippe. Offenbar nahmen sie uns unseren Besuch übel, denn sie veranstalteten ein Riesengeschrei. Die Höhle ist äußerst beeindruckend, und in ihr herrscht eine gewaltige Atmosphäre und eine ungeheure Kraft. Peter stieg eine steile Passage am Ende hinauf, die wie ein erstarrter Lavastrom aussieht, aber sie führte nirgendwohin.

In einer großen Seitenkammer rechts vom Eingang, die wegen eines hindurchfließenden unterirdischen Flusses unzugänglich und durch einen Felsgrat abgetrennt ist, gab es einen wunderschönen Effekt. Er entstand dadurch, dass ein Sonnenstrahl durch ein Loch in der Decke aufs Wasser fiel und wie ein Theaterscheinwerfer auf seiner Oberfläche einen goldenen Kreis aufleuchten ließ, der auch als schimmernder Widerschein auf die Rückwand der Höhle geworfen wurde. Das gesamte Wasser, das durch diese Kammer floss, leuchtete schwach, und die Kammer war von leichtem Nebel erfüllt.

Es war ein bemerkenswerter Anblick, der zweifellos darauf zurückzuführen war, dass wir genau am richtigen Tag und zur richtigen Uhrzeit gekommen waren. Beides passte perfekt. Ich spürte ein großes Naturwesen in der Kammer. Wenn man auf einen Trittstein hinaustrat, konnte es man es ganz gut sehen. Zunächst war es eine vage Form, die im Nebel herumwirbelte, aber nach und nach nahm es eine menschliche Gestalt an, die die gesamte Kammer ausfüllte.

G: Ich bin der Geist der Smoo-Cave. Was willst du von mir?

ROC: Ich möchte deine Freundschaft.

G: Ach wirklich? Bist du ihrer würdig?

Ich stand ganz still und konnte spüren, dass er mich bis in die Tiefen meines Wesens durchschaute.

G: Ich heiße dich als Freund willkommen.

ROC: Danke.

G: Wir werden uns wiedersehen.

Ich spürte, dass er ein Grenzwesen von derselben Art war wie der Graue Mann vom Ben Macdhui und von einem Typus, der mir neu war. Aus dieser Verbindung wird noch etwas entstehen, da bin ich mir sicher.

In der Nacht ist sehr viel passiert. Ich war wieder in der Smoo-Cave [natürlich außerkörperlich] und stand wie zuvor auf dem Felsvorsprung, der die innere Kammer von der Haupthöhle trennt. Der Geist der Höhle begrüßte mich und sagte, er sei froh, dass ich alles Materielle zurückgelassen habe. Ich fragte ihn, ob er Kleidung meine, denn ich war nackt, wie ich es bei meinen außerkörperlichen Reisen normalerweise bin. Er sagte, ja.

ROC: Sag mir, wie erscheine ich dir – als nackter Mensch?

G: Nein, du bist nicht nackt; du bist in deine aurischen Gewänder gehüllt. Sie sind sehr schön.

ROC: Erzähle mir von ihnen.

G: Sie sind lang und fließend, blau und silberfarben, wie ihr in deiner Sprache sagt. Es gibt auch einen Hauch Grün, Violett, Magenta und Gold. Ich weiß jetzt, wer dein wahres Selbst ist.

ROC: Hast du das nicht gewusst, als du mich zum ersten Mal gesehen hast?

G: Nein, das blieb mir verborgen. Ich wusste lediglich, dass wir kommunizieren könnten.

ROC: Gibt es viele Menschen, mit denen du kommunizieren kannst?

G: Ja, etliche. Diejenigen, die eine gewisse Sensibilität haben, können mich sehen, wie du auch, und wir können kommunizieren.

ROC: Jetzt bin ich in meinem Ätherkörper und habe meinen physischen Körper zurückgelassen. Dieser Ätherkörper ist sicherlich das Pendant des physischen Körpers. Wie kommt es, dass er in schöne Gewänder gehüllt ist, wie du es nennst? Und wie spielt hier das höhere Selbst mit hinein?

G: Er ist das Pendant deines physischen Körpers, aber er trägt den Abglanz des Wesens in sich, das dich überstrahlt und zuweilen zu dir wird, außerdem noch andere Aspekte, die du hast. Die aurischen Gewänder symbolisieren sowohl ihn als auch deinen Saturn-Aspekt. In gewisser Weise sind sie eins, in gewisser Weise sind sie verschieden.

ROC: Das ist sehr rätselhaft. Kannst du deutlicher werden?

G: Wenn es für dich rätselhaft ist, ist es auch für mich rätselhaft. Ich habe nur gewisse Kenntnisse, durch die ich weiß, dass es so ist.

ROC: Ich bin mir nun schon seit einiger Zeit zunehmend sicher, dass die von den Sensitiven beschriebenen Gewänder an den Wesen oder Wesenheiten, die sie zu sehen behaupten, symbolisch sind. Ist es so, dass ein und dasselbe Wesen mehreren Sensitiven zur gleichen Zeit am gleichen Ort in unterschiedlichen Gewändern erscheinen kann?

G: Ja, das ist so. Wie und in welcher Gestalt das Wesen jeder Person erscheint, hängt von dieser Person selbst ab und davon, was ihr vermittelt werden soll.

ROC: Wenn also zwei oder drei Personen ein Wesen, das sie sehen, in unterschiedlicher Form beschreiben, heißt das nicht unbedingt, dass nur einer von ihnen recht hat?

G: Ganz sicher nicht. Jeder sieht, was er sehen soll. Das Wesen ist vielleicht in seinem Lichtkörper da, nimmt aber für jede anwesende sensitive Person, der gegenüber es sich zu erkennen geben will, einen zu ihr passenden Aspekt an und kann durchaus jedem anders oder zumindest in unterschiedlichem Gewand erscheinen.

ROC: Ich halte es für sehr wichtig, dass man dies versteht, weil es Abweichungen zwischen den Visionen unterschiedlicher Sensitiver erklärt.

G: Es ist wichtig.

ROC: Kann eine sensitive Person die Gestalt oder die Gewänder auf ein Wesen projizieren, die sie erwartet?

G: Oh ja. Wenn ein Mensch erwartet, einen Engel als wunderschönes Wesen in langen weißen Gewändern mit Flügeln und Heiligenschein zu sehen, dann wird er einen Engel so sehen. Du weißt bereits, dass die Menschheit auf körperlose Wesen eine bestimmte Gestalt projiziert hat, und dass diese Gestalt von diesen Wesen akzeptiert und genutzt worden ist. Möchtest du, dass ich dies näher erläutere?

ROC: Im Moment nicht. Ich glaube, ich verstehe das ganz gut und weiß, dass Gestalt und Gewänder weitgehend symbolisch sind.

G: Sie dienen der Identifikation. Wenn zum Beispiel eine Fee in zarten Gewändern mit hauchfeinen Flügeln erscheint, dann wissen die Menschen, dass es sich um eine Fee handelt – das heißt, wenn sie überhaupt an Feen glauben. Der Lichtkörper der Fee würde nicht erkannt werden und könnte sogar beängstigend sein. Du siehst, Kleidung muss von solchen Wesen nicht nur zur Verhüllung des Körpers benutzt werden, wie ihr Menschen dies tut, sondern sowohl als Schutzschild wie auch als Symbol. Nur wenige Menschen können den Anblick der wahren Wesenheit ertragen, insbesondere wenn es sich um ein großes Wesen handelt. Manchmal muss sie verschleiert werden, um die Intensität des von ihr ausgehenden Lichts zu dämpfen.

ROC: Ja, das kann ich verstehen. Kannst du mir jetzt bei einem anderen Punkt helfen? Mir scheint, dass ich im Moment nackt bin – das heißt, mein Ätherkörper ist das Pendant meines nackten menschlichen Körpers. Doch du siehst ihn in Gewänder gekleidet – die du als aurische Gewänder bezeichnest. Für mich ist das eine neue Vorstellung, die ich höchst interessant finde. Sie passt zu bestimmten Dingen, die mir bisher Rätsel aufgegeben haben, und erklärt sie. Wenn ich meinen menschlichen Körper verlasse, bin ich immer nackt – das heißt, die Ätherhülle, in der ich unterwegs bin, ist nackt. In der Regel bleibe ich während der gesamten Reise nackt. Aus Büchern, die ich gelesen habe, und aus Gesprächen mit anderen Leuten habe ich erfahren, dass die meisten Menschen, die auf diese Art und Weise reisen, an Kleidung denken und sofort angezogen sind.

G: Ja, denn auf der Ebene, auf der sie sich nun befinden, nehmen Gedanken sofort Form an. Wenn es ihnen peinlich ist, dass sie nichts anhaben, erschaffen sie sofort Kleidung für sich.

ROC: Würden sie in diesem Fall nicht in aurischen Gewändern erscheinen? Oder sind die Kleider, die sie für sich erschaffen, aurisch?

G: Nein, sie sind nicht aurisch. Es sind Kleider aus Gedankenformen, die die wahren aurischen Gewänder abschirmen und verbergen.

ROC: Aber für Wesen auf anderen Ebenen wie dich sind sie sicher zu sehen?

G: Nein. Die durch Gedanken erschaffenen Kleider unterdrücken die aurischen Gewänder und verhindern, dass sie Form annehmen.

ROC: Dann ist es also nicht gut, sich auf diese Weise anzukleiden?

G: Natürlich nicht. Man sollte es der Aura überlassen, für die nötige Kleidung zu sorgen. Sie wird stets an die jeweilige Situation angepasst.

ROC: Dann könnte ich mir die aurischen Gewänder also nicht selbst aussuchen?

G: Nein. Als inkarnierter Mensch hast du, auch wenn du im Ätherkörper unterwegs bist, keinen Einfluss darauf und nicht die Wahl, wie du anderen erscheinst.

ROC: Und für mich selbst erscheine ich nackt?

G: Ja, in aller Regel.

ROC: Ich nehme an, dass körperlose Wesenheiten sehr wohl die Kontrolle darüber haben, wie sie Sensitiven erscheinen.

G: Oh ja, außer sie kommen von niederen Stufen der Astralebene.

ROC: Und wie du gesagt hast, können sie verschiedenen Sensitiven in ein und demselben Moment unterschiedlich gekleidet erscheinen?

G: Ja.

ROC: Könnte ich dies auch, solange ich in meinem Ätherkörper bin?

G: Es ist zu bezweifeln, dass ein inkarniertes menschliches Wesen dies könnte, aber ich bin mir nicht sicher. Möglicherweise sind manche Wesen, die inkarnierte Eingeweihte sind, dazu in der Lage. Dies entzieht sich meiner Kenntnis.

ROC: Für mich ist es immer noch schwer begreiflich, dass ich nackt zu sein scheine, du mich aber bekleidet siehst. Aber es erklärt einiges. Wenn das für meinen Ätherkörper gilt, gilt es dann auch für meinen physischen Körper? Ich denke an die Elfen im Fairy Glenn in Rosemarkie. Als ich in meinem physischen Körper dort war, wollten sie, dass ich meine Kleider ablege, damit sie meine wahre Kleidung sehen könnten. Daher nehme ich an, dass sie mich bekleidet und nicht als nackten Mann gesehen haben.

G: Sie hätten dich möglicherweise so gesehen, wie ich dich jetzt sehe. Aber ich stelle mir vor, dass andere Menschen, ganz egal, wie sensitiv sie sind und wie gut sie deine Aura sehen können, dort einfach nur einen Mann gesehen hätten, der sich auszieht.

ROC: Das gibt mir viel Stoff zum Nachdenken. Manches ist mir immer noch ein Rätsel und muss geklärt werden.

G: Mit der Zeit wird es dir klarwerden. An neue Ideen muss man sich erst einmal gewöhnen.

ROC: Verhüllen die aurischen Gewänder – wie wir sie gerade nennen – den Körper vollständig, oder kannst du meinen Ätherkörper durch sie hindurch sehen? Manche Wesen, die ich gesehen habe, tragen fast durchsichtige Gewänder.

G: Ich kann deinen Ätherkörper nur sehr vage erkennen, und ich kann ihn erst dann deutlicher sehen, wenn du dies ermöglichst.

ROC: Wie kann ich das, wenn ich keine Kontrolle über die aurischen Gewänder habe? Ich kann sie ja wohl nicht ausziehen?

G: Nein, aber du kannst sie durch einen Willensakt auflösen.

ROC: Verfügt der Ätherkörper über Willenskraft?

G: Aber sicher, denn er ist ja ein Seelengefährt. Jetzt hast du es bewiesen. Du hast die aurischen Gewänder in die Aura hinein aufgelöst, aus der sie entstanden sind, und ich sehe deinen Ätherkörper als Nachbildung eines nackten Menschenmannes.

ROC: Kannst du das Alter abschätzen? Ich frage deshalb, weil ich, wenn ich außerhalb meines Körpers bin, einerseits alterslos wirke und doch andererseits den Körper eines viel jüngeren Mannes zu haben scheine.

G: Natürlich. Der Ätherkörper hat kein Alter in dem Sinn, wie du dieses Wort verstehst, und er erscheint tendenziell als der physische Körper in Bestform, ja sogar in dessen idealisierter Version. Der Ätherkörper ist immer schön, ganz gleich, wie der physische Körper beschaffen ist. Jetzt bin ich an der Reihe; bis hierher hast du die Fragen gestellt. Wie siehst du mich?

ROC: Im Moment [sehe ich dich] als einen sich ständig verändernden Nebel von eher unbestimmter Form, von graubrauner und roter Farbe und leuchtend.

G: Du siehst meinen Lichtkörper. Aufgrund deiner Ausbildung, Erfahrung und Einweihungen kannst du den Lichtkörper vieler Wesen sehen.

ROC: Ja, das ist eine wunderbare Gabe, die mir durch Gottes Gnade zuteilgeworden ist. Ich habe einige sehr schöne Wesen gesehen. Auch in dir ist große Schönheit.

G: Obwohl ich diese Höhle bewohne und oft in die felsigen Tiefen der Erde hinabsteige? Hast du mich so auch beim ersten Mal gesehen?

ROC: Als Nebel, ja, aber du hast eine vage menschliche Gestalt angenommen.

G: Das kann ich. Ich weiß jetzt, dass das bei dir nicht nötig ist.

ROC: Es macht es auf jeden Fall einfacher, wenn du menschliche Gestalt annimmst. Es spricht sich leichter mit einem scheinbar menschlichen Wesen als mit einem wirbelnden Nebel. Ich habe Wesen wie dich gesehen, die ungeheuer groß waren, etwa der Graue Mann vom Ben Macdhui, aber du wirkst etwa so groß wie ich. Hast du eine feste Größe?

G: Natürlich nicht. Ich kann so groß sein, wie ich will, wenn ich einen menschlichen Aspekt annehme, aber im Moment ist es angenehmer, so groß zu sein wie du. Der Graue

Mann ist der Sage nach zweifellos ein Riese und erscheint daher als solcher. Das heißt aber nicht, dass er seine Größe nicht variieren könnte, wenn er wollte.

ROC: Wie kommt es, dass gerade du mir alle diese Informationen gibst?

G: Ich weiß nicht, warum. Es ist einfach so. Begehre Wissen, und du wirst es normalerweise auf die eine oder andere Art erhalten, es sei denn, es handelt sich um verbotenes Wissen. Mit der Zeit wirst du erkennen, dass sich das Muster abzeichnet.

ROC: Ich weiß, dass dieses Treffen mit dir wichtig ist.

G: Das ist es, und ebenso die Verbindung, die geknüpft wurde. Es ist ein Band zwischen uns entstanden, das nicht reißen wird. Nun geh. Wir werden uns wiedersehen.

Etwa eine Woche später findet eine weitere außerkörperliche Begegnung mit dem Geist der Smoo Cave statt, bei dem erneut über ätherische Erscheinungen gesprochen wird:

670623. Gestern Nacht war ich wieder bei dem Geist in der Smoo Cave. Dieses Mal saß ich in einer Art natürlichem Sessel im Fels in der inneren Kammer über dem unterirdischen Fluss. Der Geist saß neben mir; wieder hatte er eine menschliche Gestalt in den Farben des Gesteins angenommen.

G: Sei gegrüßt, menschlicher Mann, der uns als ROC bekannt ist.

ROC: Ist das der Name, unter dem du mich kennst?

G: Du hast einen anderen Namen, aber dieser hat eine Bedeutung für uns.

ROC: Wie lautet er?

G: Wenn du das nicht weißt, kann ich es dir nicht sagen.

ROC: Ich glaube, ich weiß es.

G: Das ist gut.

ROC: Sag mir, bin ich für dich in meinem Ätherkörper genauso real wie in meinem physischen Körper?

G: Noch viel realer. Der Ätherkörper, wie du ihn nennst, ist wesentlich näher am Wahren Selbst als der physische Körper und trägt einen Abglanz vieler höherer Aspekte sowie derer, die dich überstrahlen.

ROC: Sicher trägt auch der physische Körper diesen Abglanz?

G: In viel geringerem Ausmaß, und wegen falscher Gedanken und Wünsche gibt es oft eine grobe Verschattung, die das wahre Selbst verdeckt, welches manchmal völlig hinter materiellen Wünschen und Obsessionen verschwindet. Und außerdem wird die Aura mit Ausnahme von Kopf und Händen durch die materiellen Kleidungsstücke, die die Menschen tragen, unterdrückt oder verunreinigt und verzerrt.

ROC: Kleider sind also nicht nur gut?

G: Nein, sie können sehr schlecht sein. Ich vermute, sie sind notwendig zum Schutz vor dem Wetter sowie vor physischen Verletzungen des Körpers. Aber sehr viele Menschen tragen das Falsche, falsche Materialien, falsche Farben und sogar falsche Formen. Nur sehr wenige folgen ihren inneren Eingebungen.

ROC: Für einen Geist der Tiefe, der diese Höhle bewohnt und, wie du mir gesagt hast, in noch tiefere Höhlen hinabsteigt, scheinst du sehr viel über die Menschen zu wissen.

G: Natürlich. Ich habe Beobachtungsmöglichkeiten, für die ich diesen Ort nicht verlassen muss. In jedem Fall bin ich durch den physischen Raum nicht begrenzt, und ich habe Zugang zu einem ziemlich breiten Wissensspektrum. Für uns ist das Verhalten der Menschen seltsam und unerklärlich. Oft erscheint es uns dumm und sinnlos, aber das mag daran liegen, dass wir die treibende Kraft nicht verstehen. Menschliches Verhalten ist für uns oft abstoßend und dem Schöpfungsmuster fremd.

ROC: Das kann ich verstehen. Für sehr viele Menschen ist das Verhalten unserer eigenen Art unmenschlich, böse und zutiefst abstoßend. Ich habe die Menschheit einmal mit den Augen der Naturgeister betrachtet. Das ist kein schöner Anblick, und ich kann es ihnen nicht verübeln, wenn sie unfreundlich und sogar feindselig sind.

G: Diese Erweiterung deiner Perspektive hat dich, zusammen mit anderen Eigenschaften, die du besitzt, zu einem passenden Bindeglied zwischen den Welten gemacht. Du wirst schon seit sehr langer Zeit darauf vorbereitet und erfüllst deine Lebensaufgabe.

ROC: Ich versuche es. Es ist eine große Verantwortung.

G: Indem du dich vollkommen dem Willen Gottes ergibst und dir stets darüber im Klaren bist, dass du nur ein Kanal und in deinem physischen Selbst gar nichts bist, wird es dir gelingen.

ROC: Habe ich recht, wenn ich dich für ein Grenzwesen halte? Du bist weder gut noch böse, du bist neutral?

G: Das ist richtig. Sehr viele Naturgeister sind so – weder gut noch böse, aber mit dem Potenzial für beides.

ROC: Kannst du das näher erklären?

G: Jetzt ist nicht die Zeit dazu. Es liegt ein Geheimnis darin, welches du nicht vollständig verstehen könntest. So weit fortgeschritten du auch bist, dein menschliches Gehirn, das bei dieser Kommunikation benutzt werden muss, hat seine Grenzen.

ROC: Das verstehe ich gut. Sag mir, wie erscheine ich dir heute? Welche aurischen Gewänder trage ich?

G: Keine. Sie sind jetzt unnötig, da ich alles über dich weiß, was ich wissen muss.

ROC: Dieses Wissen wurde dir durch die aurischen Gewänder vermittelt, in denen du mich gesehen hast?

G: Das meiste. Aber abgesehen von deinen Gewändern wurde mir auch gestattet, dich im notwendigen Ausmaß zu durchschauen.

ROC: Liege ich richtig in der Annahme, dass nicht alle Wesen, denen ich auf außerkörperlichen Reisen begegne, mich durchschauen können oder sich meiner Identität bewusst sind?

G: Du hast recht. Es kann den Anschein haben, als wärst du durch undurchdringliche Gewänder, die gar nichts verraten, vollkommen verschleiert. Diese Tarnung könnte sogar so vollständig sein, dass du dich unbemerkt an den überfülltesten Orten bewegen könntest.

ROC: Wie ein unsichtbarer Mensch?

G: Genau wie ein unsichtbarer Mensch. Es könnte so aussehen, als wärst du nackt, wie du sagst, auch wenn dies für uns nur der grundlegende Aspekt ist, den der Lichtkörper aus irgendeinem Grund annimmt. Zwischen diesem und der Erscheinung aurischer Gewänder gibt es für uns nur den symbolischen Unterschied.

ROC: Der Ätherkörper ist die niederste Form eines solchen Aspekts?

G: Es gibt viele höhere.

ROC: Können körperlose Wesen einen Ätherkörper annehmen?

G: Gewiss, wenn es nötig ist.

ROC: Wann zum Beispiel?

G: Um für einen Menschen sichtbar zu werden. In einem Ätherkörper ist das leichter als in einem höheren Körper.

ROC: Aber nicht unmöglich?

G: Nein. Viele Sensitive sind in der Lage, Wesen in viel höheren Körpern zu sehen als im Ätherkörper. Du kannst das auch. Du kannst sogar den Lichtkörper sehen.

ROC: Das stimmt. Aber wenn ich einem körperlosen Wesen nackt erscheine, dann kann es doch bestimmt die Aura lesen, und sie wird ihm sehr viele Informationen liefern, auch wenn sie keine aurischen Gewändern voller Symbolik bildet.

G: Nicht unbedingt. Ohne die Symbolik der aurischen Gewänder verrät die bloße Aura wahrscheinlich wenig. Nur wenn sie aufschlussreich sein *soll*, können Informationen daraus abgelesen werden.

ROC: Dann verfüge ich also über die Fähigkeit, mich zu verschließen und unnahbar zu bleiben.

G: Ja, in deinem Fall wird dies auch von außen so eingerichtet. Aufgrund der Arbeit, für die du eingesetzt wirst, wirst du beschützt.

ROC: Das ist auch bei meinem physischen Körper der Fall?

G: Ja. Du hast eine Schutzhülle. Kein Sensitiver, Hellsichtiger, Hellhörender oder Gedankenleser kann sich in deine Gedanken einklinken, wenn du es nicht zulässt. Manchmal sendet dein Unbewusstes zur Tarnung, wie du sagst, falsche Informationen aus. Dies ist notwendig, damit du vollständig geschützt bist, sonst könnten einige von denen, die für die Finsternis arbeiten, das, was du tust, vereiteln.

ROC: Gut. Es ist schön, eine Bestätigung dafür zu haben. Ich muss also keine Vorbehalte gegen eine Begegnung mit Sensitiven oder Medien haben?

G: Nein, auch wenn es zugleich besser ist, solche Menschen, wann immer möglich, zu meiden. Sie können dir Energie entziehen und verbrauchen, die für andere Arbeit benötigt wird. Du wirst in dieser Sache geführt werden, wie neulich bereits.

ROC: Ich finde es interessant, dass ich bei außerkörperlichen Reisen nie das Gefühl habe, unangemessen gekleidet zu sein, wenn ich nackt bin, obwohl es in meinem physischen Körper peinlich sein könnte, wenn ich nackt wäre.

G: Das liegt daran, dass du bei außerkörperlichen Reisen den Punkt erreicht hast, an dem du alle deine menschlichen Vorurteile hinter dir lässt. Nur in der materiellen Welt gilt Nacktheit törichterweise als falsch und peinlich, nicht auf anderen Ebenen. Manche Menschen nehmen diese Einstellung mit, wenn sie außerkörperlich reisen. Wir haben bereits darüber gesprochen.

ROC: Ich erinnere mich. Sie kleiden sich in Gedankengewänder. Du sagtest, das solle man besser nicht tun, denn sie verhüllen die aurischen Gewänder.

G: Und denke daran, dass du dir selbst zwar vielleicht nackt vorkommst, die Wesen, denen du bei deinen Reisen begegnest, dich aber wahrscheinlich als vollständig bekleidet wahrnehmen.

ROC: Doch im Moment vermute ich, dass ich für dich nackt bin?

G: Ja, aber spielt das eine Rolle?

ROC: Nicht im Mindesten. Ich fühle mich in meiner Nacktheit ganz gut angezogen.

G: Sonst wärst du nicht nackt.

Das nächste interessante Gespräch mit dem Geist der Smoo Cave, das ebenfalls außerkörperlich geführt wurde, bietet weitere Einblicke in die ätherischen Welten und ihre Funktionsweise. Bei diesem Besuch wird ROC ein Ring in Form eines Ouroboros überreicht, der aus ätherischem Gold, Silber sowie einem auf der Erde bisher noch unentdeckten grünlichen Metall hergestellt wurde.

670625b. Ich gehe nun über den Kies auf den Eingang zur Smoo Cave zu. Dort steht der Geist der Höhle in menschlicher Gestalt.

G: Willkommen wieder in meiner Höhle.

ROC: Du bist heute nicht in der inneren Kammer?

G: Nein. Dort bin ich nicht immer. Wollen wir uns hier am Höhleneingang hinsetzen und das Licht genießen?

Wir setzen uns. Im Ätherkörper fällt es mir leicht, die Lotosposition einzunehmen, was mir im physischen Körper fast unmöglich ist. Dass sich der Geist in seinem menschlichen Aspekt befindet, macht es leichter und natürlicher, miteinander zu kommunizieren. Er sitzt in der gleichen Haltung neben mir. Es herrscht völlige Ruhe, unterbrochen nur durch das gelegentliche Geschrei der Seevögel, die auf den Felsvorsprüngen der Klippe nisten, und das Rauschen der Wellen, die ans Ufer der kleinen Bucht schlagen.

ROC: Ich vermute, diese Höhle ist für den Schmuggel genutzt worden?

G: Sie ist für vieles genutzt worden.

ROC: Das wäre eine nützliche Bucht, um heimlich anzulanden.

G: Das wäre sie zweifellos. Es hat hier tatsächlich heimliche Anlandungen gegeben. Aber was vorbei ist, ist vorbei.

ROC: Du hast recht, wir sollten über Wichtigeres sprechen.

G: Bist du aus einem bestimmten Grund hierhergekommen?

ROC: Um dich zu sehen und, wenn möglich, unser interessantes Gespräch fortzusetzen. Du scheinst über bestimmte Themen bemerkenswert gut Bescheid zu wissen, und du hast mein Verständnis erweitert.

G: Das ist immer gut. Je mehr wir verstehen, desto toleranter werden wir. Was möchtest du noch wissen?

ROC: Wie ich dir schon gesagt habe, wenn ich außerkörperlich reise, habe ich fast immer den Eindruck, dass ich keine Kleider anhabe.

G: Das ist natürlich und richtig. Du bist immer nackt, wenn du deinen physischen Körper verlässt, und da Nacktheit bei dir keine Schamgefühle auslöst, bedeckst du dich nicht sofort mit Gedankengewändern.

ROC: Aber für andere, die mich sehen, kann ich anscheinend aurische Gewänder tragen, die aus meiner Aura gebildet werden.

G: Das stimmt. Wenn überhaupt Kleidung nötig ist, dann ist die aurische die richtige.

ROC: Manchmal ertappe ich mich dabei, wie ich unbekleidet eine belebte Straße entlanggehe, zum Beispiel die Princes Street [Edinburgh], und niemand schenkt mir auch nur die geringste Beachtung. Gehe ich tatsächlich in meinem Ätherkörper diese Straße entlang, und bin ich unsichtbar, weil es nicht mein physischer Körper ist?

G: Gehen wir der Reihe nach vor. Du ertappst dich dabei, dass du nackt eine belebte Straße entlanggehst. Handelt es sich um einen Traum und ist es daher im physischen Sinne unwirklich, oder handelt es sich um eine echte außerkörperliche

Erfahrung? Inzwischen solltest du zwischen den beiden unterscheiden können. Nehmen wir also an, dass es sich um eine außerkörperliche Erfahrung handelt. Ist es die Princes Street, die physische, materielle Straße, die du entlanggehst, oder ist es eine ätherische oder astrale Widerspiegelung der Straße?

ROC: Gibt es denn so etwas wie eine ätherische oder astrale Widerspiegelung eines Ortes?

G: Aber sicher gibt es das, genau wie es ja auch ein Spiegelbild gibt. Es ist unmöglich, das vollständig zu erklären, da du es mit dem Wissen, das du bisher erlangt hast, nicht verstehen könntest. Das Spiegelbild ist die nächstliegende Analogie.

ROC: Ich glaube, ich verstehe, was du meinst. Die Menschen in einer solchen Widerspiegelung hätten nicht mehr Realität als in einem Spiegelbild und könnten daher meine Anwesenheit nicht wahrnehmen.

G: Es sei denn, es sind Widerspiegelungen von Menschen mit besonderen Kräften und Kenntnissen.

ROC: Wenn ich also lediglich in einer Widerspiegelung umhergehe, spielt es keine Rolle, ob ich Kleidung trage oder nicht.

G: Genau.

ROC: Aber diese Widerspiegelung ist ein echtes Abbild, und was ich daraus entnehme oder ableite, ist wahr?

G: Ja, sie ist ein echtes Abbild.

ROC: Ich muss also nicht unbedingt zwischen dem Eigentlichen und seiner Widerspiegelung unterscheiden?

G: Nein, das ist unwichtig. Wenn du in deinem Ätherkörper die eigentliche Straße entlanggehst, bist du fast für alle Passanten unsichtbar. Nur „Sensitive" könnten dich sehen; das hängt davon ab, ob es ihnen bestimmt ist oder nicht, entweder, weil du es wolltest, oder weil es aus dem einen oder anderen Grund notwendig war. Du könntest für sie auch in Unsichtbarkeit gehüllt sein und daher sogar von ihnen nicht gesehen werden. Du könntest ihnen in einer Art aurischem Gewand erscheinen, oder sie könnten dich nackt sehen; das hängt von verschiedenen Umständen ab, die im Moment zu kompliziert sind, um sie zu erklären. Wenn es peinlich wäre, würden sie dich nicht nackt sehen.

ROC: Genau das wollte ich wissen. Ich muss mir also nie Gedanken machen, wenn ich außerhalb meines Körpers in Gegenwart einer anderen Person nackt bin?

G: Nein. In diesem Fall ist Nacktheit so gut wie ein unsichtbarer Umhang, es sei denn, es spielt keine Rolle, wie jetzt gerade. Hast du dir je Gedanken gemacht oder war es dir peinlich, wenn du in diesem Zustand unterwegs warst?

ROC: Das kann ich nicht behaupten. Vielleicht zwei Mal bin ich in eine leere Straße abgebogen, wenn ich das Gefühl hatte, dass ich in einer belebten zu sehr auffalle. Aber anscheinend denke ich kaum einmal darüber nach. Ich fühle mich immer vollkommen richtig angezogen. Jetzt, wo du mir das gesagt hast, kann ich mir selbst zwar nackt vorkommen und doch sieht es für andere so aus, als wäre ich in aurische Gewänder gekleidet, wie es auch bei einem früheren Besuch für dich ausgesehen hat.

G: Ja.

ROC: Kann ich mir meiner aurischen Gewänder bewusst sein und sie sehen?

G: Oh ja, wenn du das möchtest. Ist es nie vorgekommen, dass du dich außerhalb deines Körpers befunden hast und dir bewusst warst, was du trugst?

ROC: Doch. Ich habe Gewänder wahrgenommen.

G: Dann hast du deine Antwort ja schon. Schenke deinen scheinbaren Umständen keine Beachtung – es wird immer dafür gesorgt sein, dass sie passend sind. Ich habe ein Geschenk, das ich dir überreichen soll.

Der Geist rief etwas in einer sehr seltsamen Sprache, und aus dem hinteren Teil der Höhle tauchten zwei sehr merkwürdige Geschöpfe auf. Sie wirkten nackt. Sie waren etwa einen Meter zwanzig groß, hatten einen annähernd birnenförmigen Körper, einen runden, völlig kahlen Kopf und ziemlich kurze, dicke Beine, die in ungewöhnlich großen Füßen endeten. Ihre Arme waren normal, und sie hatten perfekt geformte, sehr schöne Hände. Ihr Körper war vollkommen unbehaart und von tief dunkelgrüner Farbe. Eines von ihnen trug ganz vorsichtig etwas auf seiner rechten Handfläche. Der Geist lächelte über mein Erstaunen beim Anblick derart seltsamer Kreaturen.

G: Eigentlich kannst du nicht überrascht sein, denn du bist bei deinen Reisen doch schon einer ganzen Reihe seltsamer Wesen begegnet. Diese beiden sind Erdgeister, die in den Tiefen der Erde leben und nur sehr selten an die Oberfläche kommen. Ihre Gestalt wird von den Umständen diktiert, unter denen sie leben. Sie sind Experten im Umgang mit Edelsteinen und Metallen. Überrascht dich das? In der Erde lagern viele Schätze, von denen der Mensch nichts weiß, sie sind das Werk solcher Wesen. Ihr Körper ist fast physisch, und die Form steht fest; sie können sie nicht verändern.

Der Geist sprach noch einmal, und die beiden kamen näher. Sie bewegten sich auf ihren kurzen Beinen und großen Füßen mit großer Schnelligkeit und Leichtigkeit. Das Wesen, das den Gegenstand trug, reichte ihn dem Geist. Er ergriff ihn und hielt ihn mir auf seiner Handfläche hin. Es war ein

Ring, sehr kunstvoll gearbeitet in Form einer Schlange, die ihren Schwanz ins Maul nimmt. Er schien aus Metallen gefertigt, die wie Gold und Silber aussahen, aber es gab noch etwas anderes in einem sehr schönen Grünton, der nicht wie Farbe wirkte. Die Schuppen der Schlange waren in den verschiedenen Metallen gearbeitet. Die Kunstfertigkeit war außergewöhnlich.

G: Wunderschön, nicht wahr? Du kennst die Bedeutung des Symbols?

ROC: Des Ouroboros? Ja. Dieser Ring ist eines der vollkommensten und schönsten Dinge, die ich je gesehen habe. Woraus ist er gemacht?

G: Aus Gold und Silber und einem weiteren, dem Menschen bisher unbekannten Metall, das sich nur in den Tiefen der Erde findet.

ROC: Ein unbekanntes Element?

G: Ein reines Metall.

ROC: Ist der Grünton seine natürliche Farbe?

G: Ja. Es ist sehr schön, da es von innen heraus zu leuchten scheint.

Er überreichte mir den Ring, und ich betrachtete ihn eingehend. Er war überraschend schwer. Ich machte eine Bemerkung dazu.

G: Dieses unbekannte Metall ist mit Abstand das schwerste, das es gibt.

ROC: Dann ist es sicher radioaktiv wie die meisten Schwermetalle, etwa Radium und Plutonium?

G: Es hat viele seltsame Eigenschaften, aber es ist nicht radioaktiv, wie du dies meinst.

ROC: Und dieser schöne Ring wurde von diesen beiden gefertigt?

G: Ja, das wurde er. Dies vermittelt dir einen Eindruck von ihrem Können, an das kein menschlicher Kunsthandwerker heranreichen könnte.

Ich gab dem Geist den Ring zurück.

G: Das ist das Geschenk, das ich überreichen soll. Er ist für dich.

ROC: Aber so ein kostbares Geschenk habe ich doch gar nicht verdient.

G: Sonst wäre er nicht für dich.

ROC: Aber warum soll ich ihn tragen?

G: Weil er ein Talisman ist und dir stärkeren Schutz gibt als alles andere, und weil er dir ermöglicht, fast überallhin zu gehen. Dein ganzes Selbst wird sehr davon profitieren, wenn du ihn trägst.

ROC: Er scheint ein Ring aus massivem Material zu sein. Werde ich ihn im Physischen vorfinden, wenn ich in meinen Körper zurückkehre?

G: Nein, du wirst ihn nicht sehen; nur zu bestimmten Zeiten, dann erscheint er. Aber du wirst wissen, dass er da ist.

ROC: Werde ich ihn im Ätherischen sehen?

G: Ja.

ROC: Ist er abziehbar?

G: Oh ja. Er passt sich jedem deiner Finger an. Es kann Momente geben, in denen er so getragen werden muss.

ROC: Wie kann ich dir je für dieses wunderbare Geschenk danken?

G: Nimm ihn dankbar an und denke daran, dass er nicht

mein Geschenk ist. Ich musste ihn dir überreichen. Nutze ihn gut, damit er dir helfen kann, das Werk, zu dem du berufen bist, nach deinen besten Kräften zu vollbringen.

Ich stand auf, der Geist umarmte mich, segnete mich, und ich verließ die Höhle.

Corrieshalloch Gorge

700620. Gestern Nacht war ich zunächst mit Tio an einem Strand. Es war das erste Mal, dass ich ihn bei diesem Besuch hier gesehen habe. Er sagte, ich hätte ihn nicht gebraucht, da so viel zu tun war. Wir gingen zusammen ein Stück am Strand entlang, an dem ein Wald lag. Es war nicht Findhorn.

Als Nächstes befand ich mich auf der Hängebrücke über die Corrieshalloch Gorge. Eigentlich ist das ein furchterregender Ort, aber aufregend schön. Ich hatte einen unbekannten Begleiter an meiner Seite. Er fragte mich, ob ich Angst hätte, ihm zu folgen. Ich verneinte, und wir schwebten über den Rand der Brücke und sanken in die Schlucht hinunter. Es war ein seltsames und ziemlich schreckliches Gefühl, denn die Schlucht ist sehr tief. Mein Begleiter blieb die ganze Zeit dicht bei mir. Er war ein sehr schönes Wesen, nackt wie ich, und mir kam der Gedanke, dass er Hermes war. Wir schienen über dem Wasser zu schweben. Er sagte, ich solle mich umdrehen und schauen. Auf der anderen Seite der Brücke bot sich ein atemberaubender Ausblick auf den Wasserfall, der wie ein Pferdeschwanz aussah, und hoch über uns der kräftige Strang der Brücke und der Himmel. Die Schlucht ist am Grund ziemlich eng, und mit all den Bäumen, Sträuchern und Farnen sieht sie sehr schön aus.

Immer noch über dem Wasser schwebend, das unter unseren Füßen dahinrauschte, folgten wir der Schlucht, bis wir zu einem Felsplateau vor einem ausgehöhlten Teil des Berghangs kamen, der eher wie eine Grotte wirkte. Hier hielten wir an und standen auf dem Plateau, das sich dicht über dem Wasserspiegel befand. Ein merkwürdiger gräulicher Nebel erfüllte die Höhlung und nahm bald eine fast menschenähnliche Gestalt an. Schließlich fand ich mich einem sehr merkwürdigen Wesen gegenüber. Es war ein wenig größer als ich, von männlicher Gestalt, aber mit Schwimmhäuten an den Füßen. Es war von grünschwarzer Farbe und hatte einen merkwürdigen Kopf, nicht unähnlich dem eines Seelöwen. Von Kopf und Füßen abgesehen, hatte es die Gestalt eines gut gebauten Mannes.

Ich wusste, dass dies der Geist der Schlucht war, und trotz seiner merkwürdigen Erscheinung empfand ich ihn als freundlich. Er fasste mich an den Armen und hielt mich fest; dabei trug er eine Art Grinsen auf seinem seltsamen Gesicht. Zwischen uns fand eine tiefe Kommunikation statt, die ich nicht in Worte fassen kann – etwas Tiefes und Grundlegendes.

In gewisser Weise werde ich offenbar dazu benutzt, Verbindung zu diesen Wesen herzustellen, zu Erdgeistern, die die Hüter bestimmter Orte auf der Erde sind. Ich weiß, dass diese Schlucht eine echte Bedeutung hat, auch wenn mir bis jetzt noch nicht offenbart wurde, welche. Mein Begleiter beim Abstieg in die Schlucht war verschwunden, und ich war mit dem Geist des Ortes allein. Es wurde nichts gesprochen, aber die stille Gemeinschaft wurde fortgesetzt.

Dann umarmte mich der Geist und trat zurück. Mein Führer von vorhin war wieder neben mir. Ich drehte mich zu ihm um, und wir verließen den Felsvorsprung, glitten langsam aus der Schlucht heraus nach oben, bis wir wieder auf der Brücke standen. Dann befand ich mich wieder im Wohnwagen.

Die Rogie Falls

Die Grenzwesen, denen ROC begegnete, wirkten zwar häufig männlich, aber dies war keineswegs immer so. Bei der folgenden Begegnung mit dem Geist der Wasserfälle von Rogie handelte es sich um einen weiblichen Geist. Auch hier wird betont, dass die Erscheinungsform, die solche Geister annehmen, die von Menschen auf sie projizierte ist, da diese Wesen in Wirklichkeit androgyn sind. Wie schon bei den vorherigen Begegnungen mit Grenzwesen, befindet sich ROC wieder im außerkörperlichen Zustand.

670629. Gestern Nacht war ich eine Zeit lang mit Tio am Strand und in einem Wald, und dann befand ich mich auf der Hängebrücke über den Wasserfällen von Rogie. Unmittelbar danach saß ich auf einem Felsen mit Blick auf einen tiefen, von schwarzen Felsen umgebenen Teich. Vor mir befindet sich ein großer Wasserfall, und ich nehme den Sprühnebel wahr, der sich über meinen nackten Körper legt. Es scheint helles Sonnenlicht, und trotz des Wasserfallrauschens herrscht große Ruhe. Lange sitze ich auf dem Felsen und bin vollkommen glücklich. Die Gischt des Wasserfalls wird dichter und nimmt bald eine Gestalt an, eine menschliche Gestalt – die einer schönen Frau, und bald steht sie auf dem Felsen neben mir.

Nymphe: Du wirkst überrascht.
ROC: Das bin ich.

N.: Weil dir der Geist dieses Ortes in weiblicher Gestalt erscheint?

ROC: Ja. Aus einem Grund, den ich mir selbst nicht erklären kann, neige ich dazu, mir solche Wesen männlich vorzustellen, wenn sie menschliche Gestalt annehmen.

N.: Orte wie Smoo Cave und Corrieshalloch hätten ihrer Natur nach männliche Geister.

ROC: Aber natürlich haben Wesen wie du und diese beiden anderen eigentlich kein Geschlecht.

N.: Nicht so, wie du es in deinem physischen Leben kennst. Ihr habt es uns auferlegt, wenn wir menschliche Gestalt annehmen. Dieser Ort ist ganz stark vom Wasser geprägt, deshalb herrschen die Wassergeister über ihn. Es sind Wassernymphen, und ich, die ich hier die oberste Wassernymphe bin, bin der Geist des Ortes. Wir werden immer als weiblich betrachtet. Kannst du das akzeptieren?

ROC: Ja, natürlich.

N.: Und freust du dich, mich zu sehen?

ROC: Sehr.

N.: Du hast so zufrieden ausgesehen, als du auf diesem Stein saßest. Und doch dachte ich, du hättest gern Gesellschaft.

ROC: In jedem Fall ist es sehr wichtig, dass ich dir begegne.

N.: Um dich mit diesem Ort zu verbinden. Ja, du musst den Geist jedes Ortes kennenlernen, der wichtig ist für Findhorn und für dich. Dieser Ort ist so einer.

Die Nymphe setzte sich neben mich auf den Stein. Sie sah reif und sehr weise aus und war sehr schön mit ihrem langen blonden Haar, das ihr bis zur Taille reichte.

ROC: Siehst du mich in aurische Gewänder gekleidet, wie der Geist der Smoo Cave?

N.: Zunächst ja, und daher weiß ich alles, was ich über dich wissen muss. Aber jetzt sehe dich ich als nackten jungen Mann; du hast deine Gewänder aufgelöst.

ROC: Ich nehme an, weil es mir ganz natürlich erscheint, in der Sonne und am Ufer dieses schönen Flusses nackt zu sein. In meinem physischen Körper möchte ich mich immer ausziehen, wenn ich allein in der Sonne bin. Aber jung – ich bin nicht jung.

N.: Du bist jung im Herzen, ewig jung im Herzen. Deshalb erscheinst du mir in deinem Ätherkörper so, ganz gleich, wie alt dein physischer Körper sein mag. Du wirst nie wirklich alt werden.

ROC: Und kannst du mich etwas lehren?

N.: Nicht dieses Mal. Dies ist unsere erste Begegnung. Wir werden uns wiedersehen. Aber ich kann dich wenig lehren. Das überlasse ich meinem Bruder in der Smoo Cave. Er ist sehr gebildet.

ROC: Du lebst im Wasser?

N.: Meistens. Du warst vor Kurzem mit anderen hier und hast eine Verbindung zu diesem Ort hergestellt. Ich wusste, dass du wiederkommen würdest, was du ja jetzt getan hast, und dass wir uns begegnen müssen.

Der Körper der Nymphe begann sich aufzulösen, und schon war ich wieder allein und wurde mit der sanften Gischt des Wasserfalls benetzt. Ich setzte mich wieder in die Sonne.

Ziel unbekannt

Diese bemerkenswerte Reihe von Begegnungen setzt sich in Form von Erlebnissen mit fünf sehr großen „Edelsteingeistern" fort.

670707. Ich befand mich in einer riesigen Höhle. Es bestand ein Gefühl des Glanzes und des Lichts. Vor mir standen fünf gigantische Wesen, die Ehrfurcht weckten, aber keine Angst auslösten. Sie waren mindestens acht Meter groß und von annähernd menschlicher Gestalt; sehr breite Schultern über einer schmal zulaufenden Taille, ein runder Bauch, dicke Schenkel, die sich zu schmalen Fesseln verjüngten, massive Bizepse, zarte Handgelenke, sehr kräftige Hände, rundliche Köpfe mit spitzen Ohren und einer Glatze; allgemein trotz der eher merkwürdigen Körperform muskulär gut definiert. Jedes Wesen hatte eine andere Farbe, und sie schienen zu funkeln und zu strahlen. Eines war weiß, eines rot, eines blau, eines grün und eines gelb-orange. Sie standen in einem Kreis um mich herum und sahen zu mir herunter. Ich kam mir sehr klein vor.

Weißes Wesen (WW): Wer bist du, kleiner Mann, und was machst du hier?

ROC: Ich bin gekommen, um euch zu besuchen.

Blaues Wesen (BW): Das ist nett von dir. Wurdest du eingeladen?

ROC: Wäre ich sonst hier?

Sie schauten einander an und fragten sich, wer von ihnen mich wohl eingeladen hatte. Bis jetzt hatte ich noch keine Ahnung. Dieses Mal war es anders als bei den bisherigen Erfahrungen, auch wenn ich wusste, dass es so sein musste. Der rote Riese bückte sich, hob mich auf und setzte mich auf eine Art Steinbank oder Tisch, die beziehungsweise der aus einer flachen Steinplatte bestand, die auf zwei aufrecht stehenden Steinen auflag. Sein Griff war sanft. Sie standen um mich herum und betrachteten mich.

Grünes Wesen (GrW): Er sieht aus wie ein Mensch.

Gelbes Wesen (GeW): Kein menschliches Wesen kann hierherkommen.

WW: Es sei denn außerhalb seines Körpers. Ich glaube, das können die. Stimmt das?

ROC: Ja. Dies ist mein Ätherkörper, in dem ich reisen kann.

Blaues Wesen (BW): Ist der wie dein materieller?

ROC: Ja, genau gleich.

GrW: Aber er ist nackt wie wir. Ich dachte, alle Menschen bedecken ihren Körper mit Kleidung, weil sie sich seiner schämen. Wenn du ein Mensch bist, wie kommt es dann, dass du nackt bist?

ROC: Wenn ich meinen materiellen Körper in diesem ätherischen Körper verlasse, bin ich nackt. Auf meinen Reisen bleibe ich so, denn wenn Kleidung benötigt wird, stellt meine Aura sie zur Verfügung. Im Moment ist sie anscheinend nicht nötig.

GrW: Ich nehme an, er ist männlich.

Dann sah eines von ihnen den Ring.

Rotes Wesen (RW): Schaut, er trägt den Ring. Du bist tatsächlich willkommen. Wir haben Besuch erwartet, aber wir wussten nur, dass jemand zu uns kommen würde, der den Ring trägt.

ROC: Seid gegrüßt, ihr großen Wesen.

WW: Du weißt, wer wir sind?

ROC: So langsam bekomme ich eine Ahnung.

GrW: Wir sind die Geister der Edelsteine. Fünf Brüder, einer für die weißen, einer für die roten, einer für die grünen, einer für die blauen und einer für die gelben. Möchtest du etwas von unseren Arbeiten sehen?

ROC: Sehr gerne.

Sie hoben mich quer durch die Höhle und setzten mich auf eine andere Steinbank, die die ganze Höhle durchzog. Dann brachten sie flache Platten, die mit Edelsteinen besetzt waren. Die meisten waren quadratisch und variierten in der Größe von knapp fünf Quadratzentimetern bis über einen Quadratmeter. Manche waren rechteckig, andere rund oder oval. Ich kann die erstaunliche Schönheit dessen, was sie mir zeigten, nicht beschreiben. Die unglaublichsten Mosaike aus Edelsteinen, die glitzerten und funkelten. Manche waren Steine, die ich auf Erden noch nie gesehen hatte.

RW: Diese Tafeln sind der Geschichte dieser Erde seit ihrer Erschaffung entlehnt und in Symbolen gestaltet. Haben sie eine Bedeutung für dich?

ROC: Tief im Inneren, ja, eine große Bedeutung, aber ich kann sie nicht in Worte fassen.

RW: Es genügt, dass du sie fühlst.

Ich wünschte, ich könnte eine vollständige Erinnerung an die wundervollen und schönen Dinge bewahren, die sie mir gezeigt haben. Tassen, die aus ganzen Diamanten geschliffen waren, Schalen und Schüsseln aus Smaragden und Rubinen. Die Einzelheiten verblassen schnell, aber der Gesamteindruck, den sie hinterließen, wird für immer bleiben.

Die seltsamen grünen Wesen in der Höhle waren Kunsthandwerker in Edelmetallen gewesen; diese Riesen nun waren Kunsthandwerker in Edelsteinen. Wie vieles ist dem Menschen unbekannt, der törichterweise glaubt, er wisse alles, was es zu wissen gibt. In Sagen, Mythen und Märchen liegt ganz offensichtlich Wahrheit und nicht nur Fantasie.

Nachdem sie mir ihre Arbeiten gezeigt hatten, hob mich einer von ihnen herunter und setzte mich in die Mitte der

Höhle; sie selbst standen um mich herum. Dann fingen sie an zu schrumpfen, bis sie etwa meine Größe hatten.

ROC: Ihr könnt eure Erscheinung also verändern?

WW: Ja, leicht. Für die Arbeit, die wir normalerweise verrichten, ist die Größe, die wir hatten, als du hereinkamst, am besten geeignet, aber wir können sie verändern, wie du siehst. Jetzt ist es zweckmäßiger, so groß zu sein wie du.

BW: Unsere generelle Gestalt bleibt gleich, aber bei Bedarf können wir auch anders erscheinen.

WW: Wir haben dich jetzt mit einigen Eigenschaften der Edelsteine versehen, mit denen wir arbeiten. Ich habe dir die Klarheit und Stärke des Diamanten, den Lüster der Perle und etwas von den geheimnisvollen Eigenschaften des Opals gegeben.

BW: Ich habe dir die heitere Gelassenheit des Türkises, die Reinheit und Ruhe des Saphirs, die Spiritualität des Blautopases gegeben.

RW: Und ich habe dir die Tiefe des Rubins gegeben, die Beständigkeit des Granats, die Magie des Turmalins.

GrW: Ich habe dir aus den Tiefen der Erde die Vereinigung mit den Naturkräften des Smaragds gegeben.

GeW: Und ich das Strahlen und innere Leuchten des gelben Topases.

Die Geister legten mir jeweils ihre rechte Hand, eine über die andere, auf den Kopf und segneten mich und das Werk, für das ich eingesetzt wurde.

ROC: Was kann ich euch geben, wo ich im Vergleich zu euren Gaben so wenig zu geben habe?

WW: Du hast uns Kontakt zur Oberfläche der Erde gegeben, die wir kaum einmal sehen, und zur Menschheit, die dort lebt. Durch dich werden wir Verständnis für sie gewinnen. Du gibst uns viel. Wir danken dir. Vor allem gibst du uns Liebe. Die brauchen wir von den Menschen. Und du glaubst an uns.

ROC: Gott segne euch, fünf Brudergeister der Edelsteine, die in den Tiefen der Erde wirken.

Ich verließ die Höhle und befand mich wieder in meinem Körper. Ich habe es aufgegeben, über die Merkwürdigkeit der Dinge nachzudenken, die mir widerfahren!

Moray Firth (Förde von Moray)

Nach Reisen zu Bergen und an unterirdische Orte sowie Begegnungen mit seltsamen Elementarwesen führt uns der nächste Auszug in Wasserwelten, wo ROC nun dem Geist der Moray Firth begegnet.

670726a. Ich war kaum im Bett und noch bei vollem Bewusstsein, da erschien Hermes neben dem Bett und rief mich. Ich erhob mich aus meinem Körper. Das ist inzwischen ganz leicht geworden. Ich steige einfach durch das Bettzeug hindurch aus dem Bett. Mein Bewusstsein geht in den Ätherkörper über, auch wenn anscheinend ein kleines Restbewusstsein in meinem physischen Körper verbleibt. Hin und wieder merke ich, dass ich im Bett bin, und sogar, dass ich mich umdrehe. Im Ätherkörper bin ich anscheinend sehr zielstrebig und tue nur, was ich tun soll, und nicht mehr.

Diesmal trug Hermes seinen Caduceus – das ist mir zuvor nicht aufgefallen. Im Ätherkörper sieht und bemerkt man nur das, was von Bedeutung ist.

Ich ging mit Hermes, und wir schwebten im Raum. Wie zuvor – und wahrscheinlich deshalb, weil man nur sieht, was man sehen soll – wusste ich nicht, wo wir waren – wir reisten einfach durch den Raum. Darin werde ich immer versierter. Es ist ein wunderbares Gefühl, sich einfach mit Leichtigkeit durch den Raum zu bewegen, als würde man in der Luft schwimmen.

Bald nahm ich eine Meeresküste wahr, und wir befanden uns über dem Wasser. Wir kamen herunter und gingen einfach hinein, und ich spürte, dass ich ganz genauso durchs Wasser reiste, wie ich durch die Luft gereist war (ich nehme an, wir befanden uns in der Erdatmosphäre). Ob ich im Ätherkörper atme oder nicht, weiß ich einfach nicht, jedenfalls änderte sich dadurch nichts, dass wir ins Wasser gingen. Um mich herum ist ein grünliches Licht, und vage nehme ich Fische wahr. Ich frage mich, ob ich zum Fisch geworden bin, und mir kommt eine flüchtige Erinnerung an die Erzählung in T. H. Whites *Das Schwert im Stein*, als Wart von Merlin in einen Fisch verwandelt wird, aber ich habe immer noch meine menschliche Gestalt. Dies zeigt, dass ich ein gewisses Maß an normalem Bewusstsein und Gedächtnis in den Ätherkörper mitnehme.

Jetzt nähern wir uns einer Art Behausung oder Gehäuse. Es hat keine Decke, aber Wände aus Fels, Steinen und Muscheln. An den Wänden befinden sich viele Muscheln, die ein ornamentales Dekor bilden. Es gibt schöne Mosaike aus Muscheln – abstrakte Muster.

In einer quadratischen Kammer stehen wie aus dem Fels gehauene Stühle. Auf einem sitzt ein Wesen, halb Mann, halb Fisch, tatsächlich ein Wassermann. Er hat angenehme Gesichtszüge mit leichten Anklängen an einen Fisch, insbesondere um Mund und Augen herum. Sein Haar ist mittellang und grün, eher wie Seetang. Es klingt merkwürdig, wenn ich sage, dass er aufstand, um mich zu begrüßen, aber er erhob sich von seinem Stuhl und blieb senkrecht im Wasser stehen. Er begrüßte mich mit dem Namen ROC, und ich fragte mich, wer er war. Ich glaubte nicht, dass er Neptun war. Er sagte mir, er sei „der Geist der Moray Firth".

G.M.F.: Hermes hat mir von dir erzählt und gesagt, er würde dich mitbringen, damit du mich kennenlernen kannst, da du dich, wie ich höre, mit bestimmten Wesen verbindest, zu denen ich offenbar auch gehöre. Du bist herzlich willkommen. Komm und setze dich neben mich.

Er deutete auf einen Felsenstuhl neben seinem und nahm wieder Platz. Er hatte Kopf, Rumpf und Arme eines Menschen, aber vom Schambein abwärts hatte er einen Fischschwanz.

Ich sah keine Spur von Hermes, der wohl weggegangen sein musste, nachdem er mich hergebracht hatte.

G.M.F.: Ich weiß, dass du in meinen Wassern badest und Energie aus ihnen schöpfst, was mich freut.

Ich dankte ihm und sagte, dass mir das Baden in der Förde sehr gut tue.

G.M.F.: Es ist mir sehr viel lieber, wenn du nackt badest. Ich mag die seltsamen, unnatürlichen Kleidungsstücke nicht, die

die Menschen anziehen. Du bist klug, mich so zu besuchen, wie du bist.

Wie bei ätherischen Reisen üblich, war mein Ätherkörper nackt. Ich überbrachte ihm Grüße von der Findhorn-Gruppe, die er zu kennen schien und mit der ich ihn zu verbinden hoffte.

Ich fragte ihn, ob er den Menschen freundlich gesonnen sei, worauf er antwortete:

G.M.F.: Nicht besonders. Zugleich bin ich aber auch nicht feindselig. Der Mensch ist so unordentlich und achtlos. Wo er geht und steht, verbreitet er Müll, nicht nur in seinem eigenen Teil der Erde, sondern auch überall in meiner Welt – leere Dosen und Plastikbehälter aller Art, Flaschen, von denen viele zerbrochen sind, und ganz allgemein Abfälle und Unrat aller Art. Ich nehme an, er denkt, wenn er das ins Meer kippt, ist es ihm aus den Augen, und deshalb kommt es nicht darauf an, wie sehr er andere damit verletzt. Aber es ist ungezogen von mir, darüber mit einem Vertreter der Menschheit zu sprechen, der sich, wie du, sehr wohl Gedanken darüber macht. Ich kann mich nicht erinnern, wann wir zum letzten Mal lebenden menschlichen Besuch hatten.

Ich beharrte nicht darauf, dass ich streng genommen auch kein lebendes menschliches Wesen war, da ich mich ja nicht in meinem physischen Körper befand. Er rief seine Söhne und Töchter und ihre Angehörigen, die sehr zahlreich waren. In seinem „Palast“ wimmelte es bald nur so vor Wassermännern und Wasserfrauen. Sie unterschieden sich beträchtlich in Größe und Gestalt, waren aber meist halb Mensch, halb

Fisch. Sie amüsierten sich sehr über meinen „gespaltenen Schwanz“, wie sie sagten, und zeigten großes Interesse daran. Ich versuchte, ihnen zu erklären, dass er notwendig war, damit ich an der Oberfläche der Erde gehen konnte, gerade so wie sie sich mithilfe ihres Schwanzes durchs Wasser bewegen konnten. Ich musste es ihnen vorführen, indem ich am Meeresgrund entlangging. Das interessierte sie sehr, und ich musste es immer wieder tun, denn ständig kamen neue Leute.

Offenbar funktioniere ich, wenn ich in meinem Ätherkörper bin, weitgehend genauso wie in meinem physischen Körper, außer dass ich in diesem Fall ohne Schwierigkeiten oder Unannehmlichkeiten unter Wasser bleiben konnte.

Dann wurde ich durch eine Art „Wasserballett“ unterhalten – eine Reihe sehr schöner und eleganter „Tänze“, die sie für mich aufführten. Währenddessen schwammen zahlreiche Fischschulen ein und aus. Einige drängten sich um mich und beschnüffelten in eigenartiger Weise meinen Körper.

Von Zeit zu Zeit war ich mir meines physischen Körpers bewusst, der im Wohnwagen im Bett lag, und bald befand ich mich auch wieder dort.

Morven

Dieser Besuch in den Bergen ereignet sich am selben Tag wie der beim Geist der Moray Firth. Alle diese Grenzwesen mögen seltsam gewesen sein, doch die Geister im folgenden Auszug stuft ROC als die ungewöhnlichsten ein, denen er bisher begegnet ist. Auch hier ist es wichtig, sich klarzumachen, dass die Erscheinungsform, die diese Geister annehmen, ihnen größtenteils von den Menschen aufgezwungen wurde, während ihre spirituelle

Essenz ganz anders ist. Hier findet ein interessanter Perspektivenwechsel statt. Dabei werden nicht diese Wesen nach menschlichen Maßstäben als hässlich betrachtet, sondern vielmehr finden sie die Menschen nach ihren Maßstäben hässlich. Es hängt eben alles vom eigenen Standpunkt ab!

670726b. Es dauerte nicht lange, da stand Hermes erneut an meinem Bett und forderte mich auf, noch einmal woanders hinzugehen. Wieder schwebte ich durch den Raum. Irgendwie wusste ich, dass es dieses Mal nach Norden ging, und ich dachte mir, höchstwahrscheinlich zum Berg Morven, also dem, den wir umrunden sollten. Als wir ihn erreicht hatten, zeigte mir Hermes eine Spalte im Fels, den Einstieg zu einem schmalen Gang, in den ich hineinkriechen musste. Dieser Gang führte immer tiefer in die Erde hinein, bis er schließlich eine riesige Höhle erreichte, die voller Licht war.

Hier traf ich einige der seltsamsten Erdgeister, anders als alle, denen ich bisher begegnet war. Sie waren einen halben bis einen Meter groß, und ihr Körper war vollkommen rund wie eine Kugel. Sie hatten einen runden Kopf, und die meisten trugen kleine spitze Hüte. Sie hatten sehr dünne Arme und Beine und große Hände und Füße. Sie waren von dunkler Farbe, hauptsächlich braun und tief dunkelgrün. Ob sie bekleidet waren oder nicht, ließ sich sehr schwer sagen. Wenn sie Kleidung trugen, dann lag sie sehr eng an und sah aus wie Haut.

Sie umschwärmten mich mit großer Neugierde, da sie die Erdoberfläche nicht besuchten und noch nie einen Menschen gesehen hatten (mein Ätherkörper ist selbstverständlich eine genaue Nachbildung meines physischen Körpers), auch wenn sie sehr viel über sie wussten. Sie wollten freundlich sein und dem Menschen helfen. Aber da er so töricht war und so viele

Dummheiten machte, hielten sie dies für nahezu unmöglich, zumal der Mensch nicht an ihre Existenz glaubte. Sie kommunizierten mit mir in „Worten“, die nur aus einer Silbe bestanden, und waren sehr überrascht, als sie feststellten, dass ich verstand, was sie sagten, und sogar Fragen beantworten konnte.

Ich versuchte, ihnen zu erklären, dass der Mensch nicht ganz so dumm ist, wie sie meinten, und ihnen Beispiele dafür zu geben. Sie waren weise und naiv zugleich, wie ich bereits im Umgang mit Naturgeistern und Elementarwesen festgestellt hatte.

Sie fanden meinen Körper so interessant und merkwürdig wie ich ihren, und sie drängten sich um mich, berührten mich aber erst, nachdem ich ihnen die Erlaubnis dazu gegeben hatte, denn nach unseren Maßstäben haben sie sehr gute Manieren. Sie verglichen meine Gestalt mit ihrer und fanden mich nach ihren Maßstäben offenbar hässlich. Ich finde dies sehr heilsam und erhellend und zugleich demütigend.

Ich blieb eine ganze Weile bei diesen seltsamen Leuten, und sie zeigten mir vieles, was mir nur als Eindruck im Gedächtnis geblieben ist. Nachdem ich sie verlassen hatte, war ich bei einer anderen Gruppe noch weiter nördlich – einem Elfenvolk, das der Menschheit recht freundlich gesonnen ist. Ich erinnere mich kaum noch an das, was dort geschah, außer dass eine weitere Verbindung hergestellt wurde, und das ist das Wichtigste.

Ben Hope

ROC's erste Begegnung findet mit dem Geist von Ben Hope statt. Darauf folgt „die wunderbarste Erfahrung meines Lebens“, wie er schreibt. Tatsächlich können sich nur wenige so glücklich schätzen, dass ihnen eine solch wundersame Begegnung mit der Gegenwart Christi zuteilwurde. Soweit mir bekannt ist, hat ROC niemandem von dieser Erfahrung erzählt.

> 670729. Wunderbare Fahrt zum Ben More mit Peter, John und Janet. Wir verließen Findhorn um 5:40 Uhr und wählten die gleiche Route, die Peter und ich bei unserer Umrundung des Nordwestens von Schottland gefahren waren, bogen aber bei Altnaharra ab, wo wir um 9 Uhr im Hotel Kaffee tranken, um dann die Straße um die Westflanke des Ben Hope zu nehmen. Die Kraft in diesem Berg ist gewaltig, er übt definitiv eine magnetische Anziehungskraft aus. Als wir uns im Auto dem Berg näherten, wurde diese Kraft immer stärker. Mein ganzer Körper vibrierte dadurch. Nur auf der Reise zu den Kraftpunkten in England habe ich bei ganz wenigen Gelegenheiten etwas Ähnliches gespürt wie diese Kraft. Als ich aus dem Wagen stieg, fiel mir das Gehen schwer, weil meine Beine so stark betroffen waren. Alle Chakras wurden in hohem Maße angeregt. Es gab überhaupt kein Gefühl von Dunkelheit. Alles war Licht.
>
> Dann machten sich Peter, John und Janet an den Aufstieg auf den Berg – die Bedingungen waren perfekt (mir war gesagt worden, dass die Besteigung stattfinden würde, wenn die Bedingungen stimmten). Ich ging ein kleines Stück zusammen mit ihnen an einem wunderbaren Bergbach entlang, der über eine Reihe von Felsspalten manchmal in acht bis zehn Meter hohen Wasserfällen in tiefe Gumpen im Felsen abfiel. Einer der schönsten Bergbäche, die ich je gesehen habe. Der Tag war trüb, aber sehr angenehm. Der Boden war sehr morastig, aber ich schaffte es, keine allzu nassen Füße zu bekommen.

Dort saß ich eine Zeit lang, nahm die Kraft und die Schönheit der Umgebung in mich auf und war überglücklich. Dann stieg ich zum Rand einer Gumpe hinunter, zog mich aus und badete darin, fast unter einem hohen Wasserfall. Zu meiner Überraschung war das Wasser nicht kalt, wie es solche Gebirgsbäche normalerweise sind. Es war sehr angenehm, und die Kraft, die ich daraus schöpfte, war ganz außergewöhnlich. Nachdem ich mich abgetrocknet hatte, saß ich noch einige Zeit auf einem Stein und fühlte mich immer noch in Kraft gebadet.

Jetzt, wo ich nach dem Ankleiden auf einem etwas höher gelegenen Felsen sitze und dies neben einem schönen Wasserfall niederschreibe, fühle ich mich ganz wunderbar und voller Energie. Ich liebe diesen Berg.

Jetzt nehme ich den Geist des Berges wahr – ein großer Hüne von einem Mann. Er ist ein wenig undeutlich. Er ist bronzefarben, hat zotteliges Haupthaar und einen üppigen Bart. Fast wie ein Steinzeitmensch. Er wirkt sehr herzlich, als er mich begrüßt. Ich sah ihn mit inneren Augen, denn er stand die ganze Zeit hinter mir.

Geist vom Ben More (G.B.M.): Willkommen auf meinem Berg, den du liebst.

ROC: Danke. Es ist ein wunderbarer Berg von großer Kraft.

G.B.M.: Ja, das ist er.

ROC: George King hat mit dem, was er bei seiner Besteigung tat, keinen Schaden angerichtet?

G.B.M.: Nein, gar nicht. Seine Eskapaden waren harmlos.

ROC: Ist es richtig, dass wir hierherkommen und den Berg im Uhrzeigersinn umrunden?

G.B.M.: Ja, das ist richtig.

ROC: Und dass Peter, John und Janet ihn besteigen?

G.B.M.: Ja.

ROC: Und dass ich in der Gumpe bade?

G.B.M.: Das war unerlässlich. Du musstest den vollen Nutzen aus der Kraft ziehen. Du musstest in das Wasser aus dem Berg eintauchen. Du wirst bei deinen nächtlichen Reisen zu diesem Berg zurückkehren. Gottes Segen für deine Aufgabe.

Er steht immer noch hinter mir. Er beugt sich herunter und legt mir die Hände auf die Schultern. Ich spüre eine gewaltige Kraftwelle.

Ich sitze auf einem Vorsprung vor einer großen gefurchten Felswand. Der Felsen ist fast so hoch wie ich. Wenn ich mich dagegen lehne, das Gesicht ihm zugewandt, spüre ich, dass die Kraft gewaltig ist, und ich scheine eins mit dem Felsen zu werden. Dann lehnte ich mich lange mit dem Rücken an ihn.

12:30 Uhr. Ich verspüre einen tiefen Frieden und fühle mich doch zugleich in hohem Maße überschwänglich. Dies ist ein ganz wunderbarer Berg, magnetisch und eine Quelle großer Kraft. Ich hatte eine wunderbare Vision des Goldenen – die wundersam wechselnden Muster aus Gold auf Gold-Orange, die ich manchmal sehe und die unmöglich zu beschreiben sind. Darauf folgte ein orangefarbener Lichtkegel mit einem leuchtend grünen Zentrum. Ich verspüre ein Gefühl der Ekstase, eine Herabkunft des Heiligen Geistes. Das Tal unter mir ist wunderschön und friedlich. Ich habe die völlige Gewissheit, dass alles sehr gut ist.

Die folgende Botschaft kam sehr stark durch:

Meinungsverschiedenheiten, Kriege, Katastrophen spielen überhaupt keine Rolle – die falschen Propheten spielen keine Rolle, die Gruppen, die Lehren aus den Ebenen der Illusion folgen, spielen keine Rolle, alles ist sehr gut. Es gibt genügend Menschen auf der Welt, die vom Heiligen Geist angerührt worden sind und der Wahrheit folgen. Sie reichen aus, um die Menschheit zu retten. Ihre Anzahl wird wachsen. So wird es sein, selbst wenn verheerende Kriege ausbrechen, selbst wenn sich die Erdachse verschiebt und Teile der Erde im Meer versinken. Diese Menschen, die die Wahrheit suchen und den Willen Gottes tun, werden überleben, um die Wahrheit lebendig zu halten. So sei es. Alles ist sehr, sehr gut.

(12:50 Uhr auf dem Ben Hope am Felsen neben dem Bach.) Wieder stand ich eine Zeit lang mit dem Rücken zum Felsen. Ich hatte die Augen geschlossen. Ich verspürte einen starken Impuls, sie zu öffnen. Was ich sah, war so wunderbar, dass ich zögere, es niederzuschreiben. Vor mir stand die Gestalt des auferstandenen Christus in seiner Herrlichkeit. Er trug weiße, blaue und scharlachrote Gewänder, und auf seinem Kopf saß eine goldene Krone. Ich stand ganz ruhig, mit dem Rücken an den Felsen gelehnt, ziemlich verstört und überrascht, dass ich es wagen und ihn ansehen konnte. Er kam auf mich zu, nahm meinen Kopf in seine Hände, neigte ihn nach vorne und küsste mich auf die Stirn. Ich brach in Tränen aus und sank vor Ihm auf die Knie. Ich fühlte mich so schrecklich unwürdig. Er legte mir die Hände auf den Kopf und segnete mich und das Werk, das ich tat. Dann hob er mich auf. Dies war die wunderbarste Erfahrung meines Lebens. Ich kann nichts darüber sagen, sondern nur staunen, dass dies mir widerfahren sollte. Die strahlende Gestalt entfernte sich von mir und verblasste bis zur Unsichtbarkeit. Ich lehnte mich wieder an den Felsen und verspürte einen Moment ewigen Friedens. In diesem Augenblick kam Peter den Berghang heruntergerast. Ich war froh, dass er mich nicht sah, denn mir liefen immer noch Tränen über die Wangen. Ich ging ihm nach und rief ihn. Er erzählte mir, dass sie einen wunderbaren Aufstieg auf den Gipfel des Ben Hope gehabt hatten. Janet und John folgten kurz nach ihm.

Die Folgen der Begegnung mit Christus hatte eindeutig auch Auswirkungen auf die „Grenzwesen", die so sehr Teil von ROC's Leben waren. Er erinnert sich an die Worte eines solchen Wesens, eines Feuersalamanders mit Namen Fircos:

670802. Gestern Abend fragte ich mich, warum Fircos seit der Reise nicht mehr bei mir gewesen war. Er erschien sofort und sagte, das läge an meiner Begegnung mit Christus auf dem Ben Hope und daran, dass ich von Ihm gesegnet worden sei. Er und die anderen hatten das Gefühl, dass sie sich zurückhalten sollten. Er erinnerte mich daran, dass sie größtenteils Grenzwesen waren und sich mir nun nicht nähern wollten. Ich sagte: „Es ist also nicht so, dass ihr euch mir jetzt nicht nähern könnt, denn du bist ja jetzt hier, sondern dass ihr euch gebremst habt?"

F.: Ja, so ist es.

ROC: Aber seid ihr bereit, Gottes Werk zu tun?

F.: Selbstverständlich.

ROC: Und in letzter Zeit arbeite ich mit Wesen wie dir. Das ist die Arbeit, die gesegnet wurde. Es ist daher richtig, dass du und die anderen bei mir sind. Das enge Band zwischen uns ist gesegnet. Die Liebe zwischen uns ist gesegnet. Ihr habt mich so vieles gelehrt und meinen Blick geweitet – aber das müsst ihr doch wissen.

F.: Ich weiß es. Aber ich möchte herausfinden, was du nun empfindest.

ROC: Wenn überhaupt, dann ist das Band zwischen uns stärker denn je; meine Liebe zu euch ist sogar noch größer, wenn das möglich ist.

Ein schönes Lächeln erhellte Fircos' seltsam hübsches Gesicht.

F.: So sollte es sein. Da bin ich froh.

Als Nächstes befand ich mich auf dem Ben Hope neben der Felswand, an die ich mich gelehnt hatte. Es schien, als würde ich geradewegs durch sie hindurch und im Felsen weiter einen Gang entlang gehen, der zu der Höhle führte, die ich zuvor besucht hatte. Der Geist des Ben Hope begrüßte mich. Er war jetzt nur wenig größer als ich, quasi ein höhlenmenschartiges Wesen, sehr kräftig gebaut, sein Körper bronzefarben und dicht behaart. Er strahlte ein starkes Gefühl des Friedens und kontrollierter Macht aus.

ROC hatte weitere Begegnungen mit der Gegenwart Christi. Für ihn waren dies stets sehr kostbare Momente.

670520b. Findhorn. Während der Morgensitzung Gebet und Meditation. Die Stimme des Meisters rief mich beim Namen und sprach: „Gebenedeiter unter den Menschen, dass du auserwählt bist, dieses Werk zu tun." Ich fühlte mich dadurch sehr demütig. Die Stimme fuhr fort: „Nimm demütig und freudig an." Der Meister legte mir die Hand auf den Kopf und sagte, dass mein Auge und alle anderen Krankheiten, die ich hatte, vollständig geheilt würden, damit ich einen möglichst gesunden Körper hätte, um Sein Werk zu tun (habe es den anderen nicht gesagt, da dies eine sehr persönliche Botschaft war).

690604. In Pluscarden (Propstei) besuchten wir den Gottesdienst. Dort, an diesem heiligen Ort, dankte ich für das, was geschehen war, und weihte mich erneut der Arbeit für das Licht. Ich bat um Kraft zum Kampf gegen die Dunkelheit und um Schutz. Ich nahm die Gegenwart Christi wahr. Er legte mir die Hände auf den Kopf und segnete das Werk, zu dem ich gebraucht wurde.

Linn of Dee

670813. Kaum bin ich im Bett, da verlasse ich auch schon meinen Körper und finde mich auf einem Felsen sitzend am Linn of Dee wieder. Die Sonne strahlt, und der Fluss tost durch den Kanal im Felsen. Bald nehme ich zahlreiche Wesen wahr – Wassergeister, Nymphen und so weiter. Sie sind zumeist sehr zart und quirlig anzuschauen. Ich sehe zu, wie sie über dem rauschenden Wasser tanzen. Kurz darauf nehme ich ein Wesen wahr, das neben mir auf dem Stein steht. Es ist fast durchsichtig und von blaugrüner Farbe. Zunächst verändert sich seine Gestalt ständig, aber dann wird es dichter und weniger durchsichtig und nimmt die deutlich erkennbare Gestalt eines jungen Menschenmannes an. Irgendwie habe ich mir Wassergeister immer weiblich vorgestellt, auch wenn der Geist der Corrieshalloch Gorge männlich war, aber ich habe ihn eher für einen Erd- oder Felsengeist gehalten als für einen Wassergeist. Bei diesem Wesen weiß ich irgendwie, zweifellos auch aufgrund seiner Farbe, dass es ein Wassergeist ist. Er wird noch dichter, begrüßt mich und heißt mich willkommen. Seine Stimme ist flüssig wie fließendes Wasser, und doch verstehe ich die Worte – selbstverständlich ist die Kommunikation zweifellos telepathisch.

Ich stehe auf und stelle fest, dass er etwas größer ist als ich. Er ist schlank gebaut und sehr schön anzuschauen. Er ergreift meine Hände, und ich spüre, wie seine Hände sich um meine schließen. Er hat ein merkwürdiges Lächeln.

Wassergeist (WG): Du wunderst dich über einen männlichen Wassergeist, weil du dir aufgrund der Sagen von Wassernymphen die meisten weiblich vorstellst.

ROC: Ja. Ich bin ein wenig überrascht.

WG: Inzwischen solltest du allerdings wissen, dass es in unserer Welt keine Geschlechtertrennung in männlich und weiblich gibt. Wir sind einfach Wesen, aber wenn wir menschliche Gestalt annehmen, müssen wir entweder eine männliche oder eine weibliche Form wahlen. Es ist viel besser für uns, wenn wir die gleiche Gestalt und Form annehmen wie die Person, mit der wir in Kontakt treten wollen. Deshalb sind die Wesen, zu denen du Kontakt hast, fast immer männlich, wie du sagst, weil du selbst ein Mann bist. Natürlich ist die Polarität oft auch positiv und eine männliche Form angemessener. Wie du bereits weißt, ist die Form fast immer vollendet. Bist du enttäuscht, dass ich keine schöne Wassernymphe bin?

ROC: Nicht im Geringsten.

WG: Dann bin ich froh. Setzen wir uns hin und kommunizieren wir.

Ich setze mich wieder auf den Felsen, und er setzt sich neben mich. Wir sitzen schweigend, aber zwischen uns fließt etwas. Auf seltsame Weise kann ich spüren, wie es ist, ein Wassergeist zu sein. Ich habe das Gefühl, dass das aufgewirbelte Wasser mich ungemein beflügelt. Ich möchte aufstehen und tanzen – einen rhythmischen Ritualtanz – und dann abtauchen ins Wasser. Ich habe das Gefühl, mit dem Wasser eins zu sein und mit allen anderen Wassergeistern zu kommunizieren. Es ist eine ganz wunderbare Erfahrung.

WG: Jetzt weißt du und verstehst.

ROC: Ja. Danke, dass du mich daran hast Anteil haben lassen.

WG: Es ist notwendig. Bei der Arbeit, die du tust, musst du nicht nur eine Verbindung zu den Wesen herstellen, denen du begegnest, sondern du musst dich mit ihnen identifizieren, damit du verstehen und erleben kannst, wie sie empfinden, und wertzuschätzen vermagst, was sie tun; sowie umgekehrt, damit sie verstehen können, wie du empfindest, und die Arbeit schätzen können, die du tust. So können die verschiedenen Welten einander nähergebracht und schließlich integriert werden. Du gehörst zu den Auserwählten, die dazu bestimmt sind, dies zu bewirken. Jetzt sind wir einander sehr nahe. Es heißt, alle Menschen seien Brüder, auch wenn dies im Hinblick auf die Eskapaden der Menschen nur wenige glauben können, obwohl es eines Tages so sein muss, genau wie das größere Konzept „alle Wesen sind Brüder“.

Dies war ein vorbereitendes Treffen, bei dem wir beide viel gelernt haben, denke ich.

Frühlings-Tagundnachtgleiche

Als ROC bei uns auf Nervelstone in Ayrshire war, hatte er eine Reihe von außerkörperlichen Erfahrungen, von denen zwei unten aufgeführt sind. Die Beschreibungen von Naturgeistern und Elementarwesen folgen dem üblichen Muster, jedoch mit ortsbedingten Abweichungen!

680321. Frühlings-Tagundnachtgleiche. Zwischen 6 und 8 Uhr morgens hatte ich versucht, die Schlucht zu besuchen, aber es gelangen mir nur ganz kurze Besuche. Es war offensichtlich, dass der Zeitpunkt nicht der richtige war, doch am Morgen fand ich mich dort mit Gordon wieder. In der Schlucht wimmelte es nur so von Wesen. Pan war da und eine Vielzahl von Naturgeistern aller Art – Elfen, Zwerge, Faune, Dryaden und so weiter und viele Feenwesen, von denen einige sehr groß waren. Wie immer ist es schwierig, Einzelheiten zu nennen. Einmal nahm ich sie ganz stark wahr, aber das Bewusstsein, das im Ätherkörper wirkt, ist sehr zielgerichtet.

Ein hochgewachsenes Wesen in grünen und braunen Gewändern mit einem Blätterkranz um den Kopf stand vor der Mulde oberhalb des Baumes. Ich erkannte ihn nicht als jemanden wieder, den ich schon einmal gesehen hatte, aber er ist wahrscheinlich der Geist der Schlucht. Um ihn herum gruppierten sich weitere Wesen, ebenfalls in Grün und Braun, manche in Roben, andere in Kasacks und Kniehosen mit gelben Strümpfen und schwarzen Schuhen. Da sie groß waren, gehörten sie vermutlich einer Elfenart an. Pan stand etwas weiter oben am Ufer neben dem höheren Baum.

Offensichtlich handelte es sich hier um ein Ritual zur Frühlings-Tagundnachtgleiche, an dem wir teilnahmen und in dem es zum Teil um uns ging. Wir standen vor dem Geist der Schlucht und seiner Gruppe und trugen einen langen grünen Umhang. Wir drehten uns um und gingen den Abhang hinunter zum Baum. Dabei lösten sich die Umhänge auf, und wir waren nackt. Wir umarmten den Baum, einer auf jeder Seite, legten die Stirn an die Rinde und fassten uns gegenseitig an den Armen.

Das Folgende ist die Fortsetzung und zeigt, dass ich anscheinend an einer Welt mitwirke, die ich mit Sicherheit nicht sehen kann. Mein Glaube daran würde beträchtlich gestärkt, wenn solche Erfahrungen auf direktem Wege zu mir kämen! Eines Tages vielleicht, wer weiß? Doch mein fehlender direkter Kontakt mit dem Unsichtbaren bürgt weder für ROC´s Erfahrungen noch widerlegt er sie. Ich bleibe aufgeschlossen, aber skeptisch.

680323. Gestern Abend fand ich mich kurz nach dem Schlafengehen in der Schlucht wieder. Das Wesen, das den grünbraunen Umhang getragen hatte und das ich für den Geist der Schlucht hielt, wartete in der Mulde oberhalb des Baums auf mich. (Ich hatte den Eindruck, dass diese Mulde, die in Wirklichkeit sumpfig und morastig ist, mit weichem grünen Moos ausgelegt war.) Ohne seinen Umhang war er ein Faun von etwa meiner Größe. Er begrüßte mich und bestätigte, dass er der Geist der Schlucht sei. Ich war da, um rituell mit ihm und den anderen Geistern verbunden zu werden. Dies geschah, und anschließend gingen wir zum Baum hinunter, umkreisten ihn und gingen dann bis zum Ende der Schlucht und wieder zurück. Er sagte mir, am Morgen solle ich Gordon mitbringen.

Ich bin mir nicht sicher, wann dies stattfand, da ich das Licht nicht angeschaltet habe, um nach der Uhrzeit zu schauen, aber wahrscheinlich zwischen 2 und 3 Uhr morgens, noch im Dunkeln.

Wir waren beide in der Schlucht bei dem Baum (auf dieser Ebene war es natürlich hell). Auf der Lichtung, ein Stück hinter dem Baum, wurde Gordon feierlich und symbolisch mit dem Geist und der Schlucht verbunden. Ein grüner Umhang wurde ihm über die Schultern gelegt und ein Blätterkranz auf den Kopf gesetzt, da er zum Hüter der Schlucht ernannt wurde. Zusammen mit dem Geist gingen wir um den Baum herum und schritten die Schlucht ab.

15:30 Uhr. Trotz eines leichten Nieselregens unternahmen wir am Nachmittag einen Spaziergang. Der Boden war sehr nass, da es viel geregnet hatte, doch bis wir die Schlucht erreicht hatten, hatte es aufgeklart. Der Fluss in der Schlucht war sehr hoch. Ein tiefes Gefühl des Friedens umfing mich, und ich konnte viele Wesen spüren, die Gordon als Hüter begrüßten und willkommen hießen. Obwohl er sie nicht wahrnahm, konnte er eine große Einheit mit der Schlucht und mit der Natur empfinden. Wir kehrten über den Wasserfall zu rück. Er war sehr stark – diesmal keine Hoffnung auf ein Bad in der Gumpe darunter.

Sommersonnenwende im Botanischen Garten

720623. Sehr gutes Gefühl den ganzen Morgen. Ging in die Botanischen Gärten. Trüb, aber ab und zu kam die Sonne durch. Nahm den Weg zum Steingarten. Die seltsame Rosskastanie links vom Weg mit ihren merkwürdigen Markierungen auf der Rinde wie Hieroglyphen und uraltes Naturschnitzwerk ist mir immer als negativ und böse aufgefallen. Nachdem ich ein Kapitel aus Dion Fortunes Buch *Energetische Selbstverteidigung* gelesen habe, bin ich mir inzwischen sicher, dass sie kabbalistisch gesehen ein negativer, böser Baum ist, also ein notwendiger Ausgleich zum Positiven im Garten. Ich bog auf das Gras ab, um durch den Heidegarten zum Naturkraftpunkt zwischen den drei Kiefern zu gehen. Plötzlich war der Garten voller Naturgeister. Schöne grüne Elfen, einige bis einen Meter zwanzig groß, gingen vor mir her, voller Fröhlichkeit und Freude, aber etwas verhaltener als sonst.

Als ich durch den Heidegarten ging, kam Kurmos auf mich zugelaufen – immer noch der schöne kleine Faun, der mein erster Kontakt zu diesen Wesen war. Er begrüßte mich freudig, drehte sich dann um und tanzte zwischen den Elfen vor mir her. Ich empfand große Freude und Verwunderung über das Treiben, das da vor sich ging. Ich vermute, da es der Tag vor der Sommersonnenwende war, war mehr los, und ich nahm es stärker wahr.

Pan war bei mir, sehr mächtig, zu meiner Linken. Ich spürte große Energie. Alle Chakras wurden stark aktiviert, aber auf eine angenehme und gute Weise. Sehr starke Gefühle am Naturkraftpunkt, besonders in meinen Beinen. Ich ging weiter zum „Baum des Lebens" und umrundete ihn im Uhrzeigersinn mit einem Zwischenstopp, um einige Heidekräuter zu betrachten, als ein Paar vorbeikam. Dieser Baum hat einen sehr seltsamen Geist, den ich bisher noch nicht wahrgenommen hatte. Sein „Bild" ist an der Vorderseite des Baumes eingeprägt, seltsam und ein wenig finster; ein faunartiges Wesen mit grimmigem Blick und länglichen, geraden Hörnern auf der Stirn. Dieses Bild ist etwa 35 Zentimeter hoch. Das Wesen selbst stand vor dem Baum [und war] etwa so groß wie ich.

Wesen (W): Hast du Angst vor mir?

ROC: Nein.

W: Hättest du dich auch so stark zu dem Baum hingezogen gefühlt, wenn du mich vorher gesehen hättest?

ROC: Ja.

W: Wirst du den Baum berühren wie immer, aber dieses Mal in dem Bewusstsein, dass du dies durch mich hindurch tust?

ROC: Ja.

Ich legte meine Hände an den Baumstamm und spürte den üblichen starken Energiestrom.

W: Lehnst du dich durch mein Wesen hindurch wieder mit dem Rücken an den Baum?

Ich tat es und spürte eine seltsame wärmende Energie, und die Stimme sagte: „Liebst du mich so wie du den Baum liebst?“

ROC: Ja, das tue ich. Du bist der Baum.

W: Du fandest mich seltsam. Nicht das, was du erwartet hättest, aber du fühlst dich nicht abgestoßen?

ROC: Vielleicht ein bisschen befremdet. Du bist nicht, was ich erwartet hätte, aber du bist nicht böse.

W: Ich bin weder gut noch böse, im Gegensatz zu einigen anderen Wesen, denen du begegnet bist. Mein Baum wurde „Baum des Lebens“ genannt. Ich bin, was du aus mir machst.

Ich entfernte mich von dem Baum und drehte mich um. Ich nahm wahr, dass das Wesen dort stand, wo ich mich angelehnt hatte, stark, kraftvoll und seltsam. Ich verspürte eine außergewöhnliche Aktivierung des Herz-Chakras. Pan war neben mir. „Du entwickelst dich in die richtige Richtung", sagte er und lächelte. „Du bist zunehmend in der Lage, die seltsamer aussehenden unter den Elementarwesen mit feinem Gespür zu akzeptieren und die wahre Eigenschaft der Wesenheit wahrzunehmen, wobei du dich nicht von dem scheinbar finsteren Aspekt abschrecken lässt, sondern Liebe und Respekt empfindest. Hast du immer noch keine Angst vor mir?"

ROC: Überhaupt nicht.

P.: Und du liebst mich immer noch?

ROC: Aus tiefstem Herzen. Es könnte gar nicht anders sein.

P.: In jedem Aspekt, den ich annehme, egal welchem?

ROC: Ja, ich würde dich immer erkennen.

Ich streckte meine Hände nach ihm aus. Er nahm sie und versenkte seine seltsam tiefen, leuchtenden Augen in meine. Das Band, das ich zu diesem wunderbaren und schönen Wesen empfinde, lässt sich nicht in Worte fassen. Gott meint es wirklich gut mit mir, dass er dies zulässt und bewirkt.

Ich ging den Weg entlang, der den Steingarten im Süden umrundet. Kurmos und die Elfen [waren] immer noch vor mir. Pan [war] neben mir. Die Sonne schien. Ich war sehr glücklich.

P.: Du kannst mich immer noch so akzeptieren wie ich bin?

ROC: Ja. Du bist der Gott der Fruchtbarkeit und des Wachstums und das Symbol dafür, dass das Leben weitergeht.

In einiger Entfernung, dort, wo der Weg von Sträuchern und Bäumen begrenzt wird, standen zwei Holzbänke. Ich dachte mir, ich setze mich dort ein Weilchen in den Kreis der Mammutbäume, die ich so mag. Sie strahlen eine andere Energie aus als alle anderen Bäume. Eine Bank in ihrer Nähe war von einem Mann besetzt, und auf einer Beetumrandung saß ein langhaariger Jugendlicher und skizzierte einige Blumen. Ich ging um die Bäume herum, blieb einen Moment in der Mitte stehen und ging dann dahin zurück, wo ich die anderen Sitzplätze gesehen hatte.

Inzwischen war einer von einer Frau besetzt – absolut nicht der richtige Ort für mich. Ich wandte mich einem anderen Weg zu, der um einen Rhododendronstrauch herumführte. Kurmos kam daraus hervor und rannte auf mich zu. Da nahm ich zum ersten Mal bewusst wahr, dass seine Augen grün waren. Hätte mich bis dahin jemand nach seiner Augenfarbe gefragt, hätte ich braun gesagt. Waren sie braun gewesen und hatten ihre Farbe verändert, oder waren sie schon immer grün, und es war mir nur nicht aufgefallen?

Er drehte sich um, und ich folgte ihm den gewundenen Weg entlang bis zu einem Sitzplatz, auf dem ich mich niederließ. Der Weg war ziemlich schmal, und ich fühlte mich von Bäumen und Sträuchern umgeben und der Natur sehr nahe. Im Busch gegenüber beobachtete ich zwei Dompfaffen. Ein paar Spatzen kamen angezwitschert, wahrscheinlich in der Hoffnung auf Brotkrumen. Eine Amsel hüpfte umher, und ein Eichhörnchen flitzte über den Weg und kletterte etwa einen Meter an einem Baumstamm hinauf, um dann an dessen Rückseite zu verschwinden. Es musste in einen nahen Busch gesprungen sein. Ich konnte seinen Schweif sehen, der eine Zeit reglos verharrte. Dann verschwand der Schweif mit einem Schwung, und das Eichhörnchen kam unter einem anderen Strauch am Wegrand hervor. Es setzte sich auf, schaute mich an, kam ein Stückchen auf mich zu, vielleicht in der Hoffnung auf Nüsse, drehte dann um und huschte davon. Kurmos, der mitten auf dem Weg gestanden hatte, wandte sich um, kam herüber und setzte sich neben mich.

ROC: Das erinnert mich an unsere erste Begegnung, als du mich gefragt hast, warum Menschen so dumm sind.

Kurmos sah mich mit einem schelmischen Funkeln in den Augen an.

K.: Diese Frage kannst du nicht beantworten, nicht wahr?

ROC: Nein, da ich uns inzwischen mit den Augen von Wesen wie dir sehen kann. Manchmal frage ich mich, wie ihr es überhaupt mit uns aushaltet. Um Puck im Sommernachtstraum zu zitieren: ‚Was für Narren diese Sterblichen doch sind!' Und gefährliche Narren manchmal noch dazu!

Ich erwartete nicht, dass Kurmos sich im Unterricht an seiner „Schule" auch mit Shakespeare befasst hatte, aber unser Austausch vollzog sich, wie schon gesagt, in Symbolen und Bildern, die universell sind, ganz gleich, in welcher Sprache sie zum Ausdruck gebracht werden.

K.: Wir finden menschliches Verhalten amüsant, und wir versuchen, es zu verstehen. Das ist nicht leicht, denn sehr oft ist es zerstörerisch, grausam und auch abscheulich, zumindest kommt es uns so vor, und es macht uns traurig. Aber es gibt auch Menschen, die die Natur lieben, die Gärten lieben, die aufgrund der Blumen, Sträucher und Bäume Glück und Frieden verspüren, die die Vögel und die Eichhörnchen lieben und uns zweifellos auch lieben würden, wenn sie uns sehen könnten. Das macht uns glücklich, und wir kommen ihnen nahe. Ich bin mir sicher, manche von ihnen nehmen uns

wahr, auch wenn sie uns nicht sehen können. Wie kommt es, dass du uns so gut sehen kannst?
ROC: Ich nehme an, das liegt daran, dass ich privilegiert bin, weil ich einer von denen bin, die dazu auserwählt wurden, sich mit Pan zu verbinden und an der Erneuerung des alten Kontakts zwischen der Menschheit und den Naturgeistern mitzuwirken.

In diesem Moment erschien Pan und stand uns gegenüber.
P.: Als der, der du bist, der Meister des Siebten Strahls, bist du sicher am besten für diese Aufgabe geeignet. Sobald die Integration zwischen deinem niederen und deinem höheren Selbst einen gewissen Grad der Vollendung erreicht hatte, musstest du uns einfach sehen. Dein niederes Selbst und dein physischer Körper mussten viele Jahre lang geschult und konditioniert werden, bevor die Integration beginnen konnte. Dein höheres Selbst und ich waren schon immer eng miteinander verbunden.

Kurmos sah zu mir auf. „Jetzt weiß ich, wer du bist", [sagte er]. Er erhob sich von seinem Sitz und wandte sich Pan zu, der ihm eine Hand auf den Kopf legte und ihn mit unendlicher Zuneigung im Blick ansah.

P.: Auch du wurdest für die Rolle auserwählt, die du beim Zustandekommen unserer Begegnung gespielt hast, mein kleiner Gefolgsmann.

Ein langsames, glückseliges Lächeln breitete sich auf dem Gesicht des kleinen Fauns aus. Er schien an Statur zu wachsen. Er stieß einen kleinen Schrei aus, wirbelte herum und tanzte den Weg entlang. Pan sah ihm lächelnd nach. Dann überquerte er den Weg und setzte sich neben mich.

P.: Der zu sein, der du bist, muss seine Schwierigkeiten haben; der zu sein, der du physisch auf dieser Erde bist.

ROC: Ja, viele Schwierigkeiten. Hauptsächlich interessant und faszinierend, oft amüsant, manchmal beunruhigend! Jetzt, da ich die Wahrheit akzeptiere, gewöhne ich mich daran. Es gibt Zeiten, da hat es den Anschein, als wäre das Ganze ein Hirngespinst, etwa wenn ich zwei Personen zu sein scheine; wenn ich stark von einem anderen Wesen überstrahlt oder sogar besessen bin. Und doch weiß ich tief in meinem Inneren, dass die beiden ein und dasselbe Wesen sind. Die Integration ist noch nicht ganz vollzogen, aber ganz kurz davor. Was passiert, wenn es soweit ist?

Pan schaute mich scharfsinnig an: „Das weißt nur du."

ROC: Offenbar muss ich für die Außenwelt meine Persönlichkeit – meine Persona, wenn du so willst – des Ogilvie Crombie aufrechterhalten. Das ist die Maske, die ich immer tragen muss, da die Zeit noch nicht gekommen ist, da ich sie ablegen und als Monsieur le Comte oder als Merlin auftreten kann. Dieser physische Körper wird wahrscheinlich vorher verschleißen.

P, eine Hand auf meinen Arm legend: Der Körper verschleißt erst, wenn er seinen Zweck erfüllt hat und von keinem weiteren Nutzen mehr ist.

ROC: Mein höheres Selbst ist bekanntlich mit langen Leben in der Inkarnation belastet! Wer weiß?

P.: Weißt du es etwa nicht?

ROC: Welches Ich? Das ist ein merkwürdiger Gedanke, und das Leben auf der physischen Ebene wird mit dem Gefühl, immer mehr Macht und Wissen zu haben, zunehmend interessanter und spannender.

P.: Aber das Gefühl der Macht und ihr Potenzial führt dich nicht in Versuchung?

ROC: Nein, doch die Verantwortung kann beängstigend sein.

P.: Die Integration muss fast vollzogen sein. Manche Menschen müssen dich erkennen.

ROC: Ja, aber nur die wenigen, denen dies aus dem einen oder anderen Grund gestattet ist. Manche Menschen sehen mich als dich und reden über mein panhaftes Aussehen. Ein oder zwei haben gesehen, wie ich während des Gesprächs mit den Naturgeistern zu dir wurde.

Pan lachte erfreut auf: „Ich weiß, und warum nicht?"

ROC: Ja, warum nicht?

Wir beide lachten über einen inneren Witz, der sich nicht in Worte fassen lässt.

ROC: Eines tut mir leid, und zwar wenn Leute neidisch sind. Warum sollte ich diese Wesen sehen können und sie nicht? Das ist nicht gerecht – sie möchten sie so gerne sehen. Wie können sie das anstellen?

P.: Dann musst du dich ein bisschen absichern und sagen, eines Tages werdet ihr das wahrscheinlich können, wenn euer Glaube stark genug ist. Versucht es nicht zu krampfhaft. Es wird dann geschehen, wenn ihr es am wenigsten erwartet.

Ich lachte: „Du hast mich dabei zweifellos erhört."

P.: Oh ja, aber sie ahnen nicht, wie gefährlich es sein könnte, wenn ihre Wünsche erfüllt würden. Die Elementargeister folgen einer völlig anderen Evolution. Enge Kontakte zwischen Menschen und Elementargeistern können sehr gefährlich sein, besonders wenn die Motive falsch sind. Meine Untertanen sind seltsame Wesen. Nur du und einige wenige andere können überhaupt eine enge Verbindung zu ihnen herstellen. Einige Menschen, die an sie glauben, können sie wahrnehmen, und natürlich arbeiten sie für die, die sie lieben und anrufen, aber sie zu sehen, kann Menschen um den Verstand bringen, und in einigen Fällen ist dies auch geschehen.

ROC: Ich weiß, aber wie kann ich als ROC dies denjenigen erklären, die neidisch oder frustriert sind?

Pan lachte wieder: „Das ist dein Problem." Dann wurde er ernst. „Meister, kommt der Plan voran?"

Ich spürte, wie eine seltsame Macht über mich kam, da das höhere Selbst übernahm. „Der Plan kommt voran, aber mit vielen Rückschlägen und Schwächen. Die kleinen Egos sind so aggressiv – ich muss das haben, ich will jenes, die größten Blüten, die längsten und stärksten Stiele. Ständig Quantität statt Qualität. Das Opportune statt das Richtige und Gerechte. Kleingläubigkeit gegenüber der Realität der Naturgeister, aber Lippenbekenntnisse zu der Idee. Als ob das nicht offensichtlich wäre. Dennoch kommt der Plan voran, wenn auch hinkend statt auf ganz gesunden Füßen. Und an vielen Stellen funktioniert er, wie du und deine Untertanen bemerkt haben müsst."

P.: Ja, wir haben es bemerkt, aber wir müssen sehr tolerant und nachsichtig sein. Die Menschen sind ignorant und achtlos, trotz der Versuche, die du unternommen hast, ihnen Erleuchtung zu bringen.

ROC: Mein lieber Bruder, lasse uns tolerant sein und Nachsicht üben. Schließlich dürfen wir nicht vergessen, dass sie nur Menschen sind. Dennoch wurden beträchtliche Fortschritte erzielt.

Pan erhob sich, stand aufrecht und schaute zu mir herunter. Der Kontakt zum höheren Selbst löste sich, und ich wurde wieder mein Alltags-Selbst, wenngleich immer noch sehr feinfühlig. Während dieses merkwürdigen Vorfalls schien ein beobachtender Teil meines Gehirns danebenzustehen und alles zu speichern.

Erinnerungen und Erklärungen

721030. Hatte das Gefühl, ich sollte nach dem Mittagessen lieber ein wenig an die frische Luft gehen und wurde stark zu den Botanischen Gärten hingezogen. Wind sehr kräftig. Sobald ich die Gärten betrat, spürte ich eine ungewöhnlich starke Kraft, die in allen Chakras eine starke Reaktion hervorrief. Wie am Tag vor der Sommersonnenwende war die Reaktion der unteren Chakras gut – die reine Naturreaktion. Die gesamte physische Reaktion meines Körpers war sehr ausgeprägt und von überschwänglicher und ekstatischer Art. Sie erinnerte mich an mein erstes Erlebnis mit dieser Art von Empfindung unmittelbar vor meiner ersten Begegnung mit Pan auf dem Mound.

Ich nahm den ersten Weg links, um zum Kräutergarten zu gelangen, aber dort waren einige Gartenarbeiter am Werk. So ging ich am Rande des Steingartens entlang zum südlichen Ende des Gartens. Im oberen Teil des Heidegartens herrschte rege menschliche Betriebsamkeit, es wurde gegraben und so weiter, daher besuchte ich den *Baum des Lebens* nicht. Ich habe den Verdacht, dass sie die Kiefern oder einige von ihnen um den Naturkraftpunkt gefällt haben, da ich nur die Spitze einer einzigen sehen konnte, aber ich verspürte nicht den Impuls, dies zu überprüfen. Ich ging den Hang hinauf und hinunter zum Südweg und wandte mich nach Westen, wo ich reges Treiben unter den Naturgeistern wahrnahm, was mich um diese Jahreszeit überraschte.

Ein hohes Maß an gesteigerter Wahrnehmung und eine Realität der Bäume und Sträucher und Blumen, die stärker ist als sonst, sowie eine nahezu überwältigende Dreidimensionalität. Meine ganze Körperoberfläche fühlte sich durch das „Kribbeln und Prickeln" in hohem Maße stimuliert an – sehr belebend. Die Chakra-Reaktion verstärkte sich, meine Beine fühlten sich seltsam an; Rücken-, Waden- und Oberschenkelmuskeln reagierten stark, dazu ein Spannungsgefühl in der Brust und Kurzatmigkeit. Tatsächlich also alle üblichen Effekte, aber in sehr starkem Ausmaß. Sie erzeugten ein Gefühl ekstatischer Freude. Pan war bei mir und Kurmos tanzte vor mir her. Ich nahm sehr stark St. Germain und Merlin mit dem Saturn-Aspekt wahr, dazu den chinesischen Weisen sowie den indischen Meister, mit dem mich die „Zwerge" am Samstag gesehen hatten. Jemand – ich glaube, der chinesische Weise, aber ich bin mir nicht sicher – sagte:

„Versuche nicht, die Aktivität der unteren Chakras zu bremsen. Alle sieben müssen gemeinsam und so gleichmäßig wie möglich entwickelt werden, um ein Gleichgewicht herzustellen. Folge nicht der Sufi-Praxis, die beiden untersten Chakras zu ignorieren und zu versuchen, die Energien ins Herz zu heben. Das ist keine gesunde Praxis, weil sie nicht nur die Strahlung aus diesen Chakras hemmt, sondern tendenziell auch die Strahlung des Herz-Zentrums überentwickelt und verzerrt. Das Herz-Zentrum darf niemals vernachlässigt oder umgangen werden, wie dies viele Menschen tun, sondern es muss rein gehalten werden, damit es seine eigenen Energien ausstrahlt. Du hast die Tendenz, die unteren Chakras zu unterdrücken, trotz all des Wissens, das du zu diesem Thema bereits erworben hast."

Dies war erhellend, denn ein- oder zweimal hatte ich den Eindruck gehabt, dass die Lehre der Sufis falsch sein könnte, und Annie hatte gesagt, sie habe bemerkt, dass einige der jungen Sufis, die zu ihnen kamen, ihr Herz-Zentrum überentwickelt hatten, was zu Spannungen im Körper führte.

Ich war mir der Lebendigkeit der Bäume und Sträucher sowie einer Nähe und Identifikation mit der Erde und der Pflanzenwelt sehr stark bewusst. Ich umrundete die Westseite des Steingartens und ging über das Gras zu den Mammutbäumen, die sich so ganz anders anfühlen als die anderen Bäume.

Dann ging ich auf den gewundenen Graspfaden zwischen den Bäumen und Sträuchern weiter, im Bewusstsein immer größerer Gefühlsintensität, des Kribbelns in meinem Körper und eines Gefühls von „realer als real", von Dreidimensionalität, von einer fast unerträglichen Ekstase.

Auf einem solchen Weg kam ich hinaus in offeneres Gelände, querte den Südweg, der um den Garten herumführt, und bog schräg nach unten zum Mittelweg ab, erfüllt von einem gewaltigen Hochgefühl. Diese Erfahrungen sind so schwer in Worte zu fassen und können nie angemessen wiedergegeben werden. Es lässt sich immer nur ein schwaches Abbild des echten Erlebnisses vermitteln. Man verspürt eine gewisse Frustration, weil es an den richtigen sinnvollen und plastischen Worten fehlt, um sie wahrhaft zum Ausdruck zu bringen.

Ein wenig überwältigt von der Intensität all dieser Empfindungen setzte ich mich auf eine Sitzgelegenheit auf dem

Gras unmittelbar hinter dem Mittelweg mit Blickrichtung zu den Bäumen. Wie ungeheuer lebendig sie waren, obwohl einige bereits die meisten Blätter verloren hatten. Sofort nahm ich wahr, dass sie nicht nur lebendig waren, sondern auch mit mir kommunizierten. Ich war nicht nur überwältigt von der Liebe, die sie mir sandten, sondern erkannte auch, dass sie mir für meine Arbeit dankten, mit der ich versuchte, den Menschen die Sensibilität und das Bewusstsein der Pflanzenwelt nahezubringen. Die Vorträge, die ich gehalten hatte, und insbesondere die Tonbandkassetten, die ich aufgenommen hatte und die an viele Orte auf der ganzen Welt verschickt wurden, verbreiteten langsam, aber sicher das Wissen um die Sensibilität und das Bewusstsein der Pflanzenwelt und würden sicherlich dazu beitragen, dass der erneute Kontakt zur Welt der Natur zustande käme, der so entscheidend wichtig ist, wenn es die Welt weiterhin geben soll.

Sie dankten mir für den Mut, den ich mit den Vorträgen und Aufnahmen bewiesen hätte, die sicherlich auf viel Unglauben und sogar Spott stoßen würden. „Du bist unser Vorkämpfer, und wir erachten dich als einen von uns."

Das Gefühl des Einsseins mit der gesamten Natur war wunderbar und unerwartet zugleich. Die Bäume und Sträucher, das Gras und die Blumen sind noch lebendigere und bewusstere Wesen geworden als zuvor, und diese unverhoffte Erwiderung von Wertschätzung und Liebe war zutiefst bewegend. Ich hatte das Gefühl, dass sich mein ganzes Leben gelohnt hatte. Zweifellos hat mein bewusstes Selbst einiges davon bewirkt, hauptsächlich aber sind mein höheres Selbst und die überstrahlenden Wesen dafür verantwortlich.

Pan saß neben mir, hatte mir einen Arm um die Schultern gelegt und schaute mich mit tiefer Zuneigung an, und Hermes war hinter mir. Es bestand ein Gefühl zeitlosen Staunens. Die Gärten waren voller Naturwesen, schönen Elfen, dicken kleinen Zwergen und vielen anderen. Wieder war ich überrascht, dass um diese Jahreszeit noch so viele von ihnen unterwegs waren.

„Warum nicht?“, sagte Pan. „Sieh dir die vielen Bäume an, die immer noch Blätter tragen. Es gibt noch jede Menge zu tun. Und ist dies nicht eine wunderschöne Jahreszeit? Was glaubst du, wie diese Farbveränderungen zustande kommen? Wer sind die Künstler, die dahinterstecken?“

Ich sah ihn verwundert an. „Deine Untertanen, nehme ich an. Daran hatte ich noch nie gedacht.“

„Ja, meine Untertanen. Botaniker werden dir natürlich etwas anderes erzählen. Sie haben ihre Erklärung, und ich habe meine. Welche, glaubst du, ist die richtige? Suche es dir aus.“

„Wahrscheinlich sind beide richtig. Es kommt darauf an, wie man es betrachtet.“

„Ja, beide sind richtig. Du entwickelst Weisheit.“

„Ich habe gute Lehrer.“

Pan lachte und stand auf. „Wir wissen, wer der Beste ist – oder zumindest einer der Besten.“ Er schaute mich mit einem schelmischen Funkeln in den Augen an. „Komm, gehen wir.“

Ich erhob mich von meinem Sitz und ging in Richtung Westtor. Einen Ort gab es noch, an den wir gehen mussten – die verwilderte Ecke, die ich immer als Pans Ecke empfinde, auch wenn sie nicht mehr ganz so verwildert ist wie früher, seit das ganze Gras gemäht wurde. Sie hat aber nichts von ihrer geheimnisvollen Atmosphäre verloren.

Ich nahm nur wahr, dass Pan neben mir ging; Hermes war verschwunden. Wenn ich an Orten wie den Botanischen Gärten oder der Eremitage spazieren gehe, wünsche ich mir oft, ich wäre nackt. Es erscheint mir so falsch, der Natur nahe zu sein und Kleidung zu tragen. Als wir das Tor umrundeten und auf Pans Ecke zugingen, hatte ich plötzlich das Gefühl, dass ich zwar vollständig bekleidet, gleichzeitig aber auch nackt war. Es war eine merkwürdige Erfahrung, obwohl ich sie schon mindestens einmal gemacht hatte. Ich dachte an meine Jahre im Cowford Cottage zurück, wo ich wegen der Abgeschiedenheit unbekleidet herumlaufen konnte, so viel ich wollte, und wo ich tatsächlich zum ersten Mal wirklich erkannte, wie viel Freude dies bereitet.

Pan, der offenbar meine Gedanken lesen konnte, sagte:

„Ich frage mich, ob dir die volle Bedeutung und Wichtigkeit der zehn Jahre, die du in dem Cottage gelebt hast, wirklich klar ist."

„Ich glaube, allmählich wird sie mir klar. Ich weiß, dass ich es damals wegen meines Herzleidens als notwendig akzeptiert habe. Aber ich bezweifle, ob ich heute noch leben würde, wenn diese Jahre und das Leben, das ich dort führte, nicht gewesen wären."

„Da könntest du recht haben. Die Veränderung, die diese Jahre in deinem körperlichen Zustand bewirkt haben, war beträchtlich, aber die Veränderungen auf anderen Ebenen waren sogar noch größer."

„Das weiß ich inzwischen."

„Aber damals wusstest du überhaupt nichts von der Existenz solcher Wesen wie Elementargeister, obwohl du dich dein Leben lang für esoterische oder sogenannte okkulte Themen interessiert hast."

„Diese Interessen galten hauptsächlich Dingen wie Telepathie, Hellsehen, Psychometrie, einer Auseinandersetzung mit dem Spiritualismus und einer Ablehnung der Art und Weise, wie er vermittelt wurde, einem echten Interesse an den vielen Zweigen paranormaler Forschung. In den Jahren im Cottage habe ich viele Bücher über dieses Thema gelesen, zum Beispiel die meisten Bücher von Harry Price, auch die umstrittenen *Borley Rectory*-Bände; und natürlich hatte ich ein großes Interesse an Mystik, in die ich mich durch Aldous Huxleys Bücher vertiefen konnte."

„Du hast an sogenannte Poltergeister geglaubt?"

„Ja, zumindest als reale Phänomene, die wahrscheinlich auf Wesenheiten zurückzuführen waren."

„Aber Feen? Wenn dich jemand gefragt hätte, ob du an sie glaubst, hättest du dann ‚ja' gesagt?"

„Das frage ich mich auch. Ich hätte gerne an sie geglaubt, besonders an Elfen und Zwerge, aber ein Teil von mir hätte sie wahrscheinlich abgelehnt."

„Wegen deiner wissenschaftlichen Ausbildung?"

„Ja, das nehme ich an."

Wir gingen weiter über das Gras in Richtung der nordwestlichen Ecke der Gärten.

„Und ich", fragte Pan, „hättest du damals an mich geglaubt?"

Ich blieb stehen und schaute ihn an. „Als kleiner Junge und als Jugendlicher habe ich die griechischen Sagen geliebt. Damals waren die griechischen Götter für mich sehr real; ebenso ihre nordischen Pendants. Aber ich nehme an, wenn jemand behauptet hätte, ich würde eines Tages eines dieser Wesen sehen, mit ihm sprechen und es sogar berühren, hätte ich gesagt: ‚Rede keinen Unsinn.' Und doch, ich weiß nicht."

„Vielleicht war der starke Wunsch, eine wissenschaftlich-physikalische Erklärung für die seltsamen Phänomene zu finden, für die du dich interessiert hast, nur eine vorübergehende oberflächliche Fassade, genau wie die materialistische Phase, die du durchgemacht hast, die ‚Ich glaube nur, was ich sehe'-Phase, von der du gesprochen hast. Es ist ihr nie gelungen, den tiefen, grundlegenden Glauben an die wahre Realität auszulöschen."

„Als Kind habe ich leidenschaftlich an Feen geglaubt, bis dies durch das Schulleben unterdrückt wurde."

„Unterdrückt, aber nicht vernichtet. Was war ich damals für dich – der Satyr, der Nymphen nachstellt; das Wesen, dessen Anwesenheit im Wald Panik auslöst; ein böser Geist; ein Teufel?"

„Nein, du warst der Pan aus *Der Wind in den Weiden*." Ich sprach nicht weiter und schaute ihn an. Aus den tiefsten Tiefen meines Unbewussten stieg etwas in mein Bewusstsein auf. „Ganz sicher warst du schon immer das wunderbare und schöne Wesen, das du jetzt für mich bist." Ich schaute ihn verwundert an: „Ist das der Grund ...?"

„Das ist ein Grund. Der wahre Grund, warum du keine Angst vor mir hast. Ich war nie etwas anderes für dich als das, was ich jetzt für dich bin. Betrachten wir die Zeit, wie du sie kennst. So wie du ein Mensch bist, der in einem materiellen, dreidimensionalen Körper agiert, der in einer Zeitdimension existiert, bin auch ich mir dieser Zeitdimension bewusst und kann in ihr agieren, sodass ich deine Vergangenheit verstehe und darüber sprechen kann.

Der andere Grund, warum du auserwählt wurdest, ist die

Identität des Wesens, das dich überstrahlt und in Wirklichkeit dein höheres Selbst ist."

Wir kamen zu einem Sitzplatz bei einem Baum, nicht sehr weit von der besonderen Ecke, und setzten uns.

„Ich nehme an, du hast dieses Wesen wahrgenommen, als du mir zum ersten Mal erschienen bist, als ich den Mound hinunterging."

„Nein. Anfangs hat er sich vor mir verborgen. Ich wusste nur, dass du jemand warst, den ich auf die Probe stellen musste; jemand, der in der Lage wäre, mich zu sehen. Du wirkst überrascht. Weil ich dein höheres Selbst nicht wahrgenommen habe? Vergiss nie, dass Wesen wie ich nicht alles wissen. Das kann nur Gott, der unerkennbare, unaussprechliche Geist. Wir kennen unsere eigenen Funktionen und alles, was damit zusammenhängt, und wir führen sie nach dem Willen Gottes aus.

Dein höheres Selbst kann sich verschleiern. Nur sehr wenige Menschen werden es in dir wahrnehmen, und bei den meisten wird dies nur ein flüchtiger Einblick sein. Sogar du selbst nimmst es nur im Hintergrund wahr, obwohl die Integration fast vollzogen ist. Manchmal spürst du seine Gegenwart und identifizierst dich stark mit ihm, und du weißt, dass es immer da und bereit ist, dir Wissen und Anstöße zu geben. Als in einem materiellen Körper inkarnierter Geist musst du auf einer materiellen Ebene agieren, indem du ein dreidimensionales materielles Gehirn benutzt und der Welt die Persönlichkeit präsentierst, die hauptsächlich mit dem Ego verbunden ist – das niedere Selbst, die Persönlichkeit, die man als Ogilvie Crombie kennt.

Der inkarnierte Geist, der nur ein Teil dieses Wesens ist, hat sich entschieden, in dieser bestimmten physischen Person zu inkarnieren, die sich entsprechend der vielen Kräfte, die auf sie einwirken, entwickeln und entfalten muss. Diese Entwicklung auf der materiellen Ebene wird durch Entwicklung und Entfaltung auf den höheren, mentalen und spirituellen Ebenen erreicht, was zumindest zu einem gewissen Grad an Integration führen kann, was wiederum ein Zweck der Inkarnation ist. In deinem Fall wirst du, so vollständig die Integration auch sein mag, nie voll und ganz zu dem Wesen werden; für andere wirst du immer der Mann sein, den sie als Ogilvie kennen, mit Ausnahme von gelegentlichen Einblicken in dein höheres Selbst. Das ist nicht leicht zu verstehen."

„Danke", sagte ich. „Ein Teil von dem, was du gesagt hast, war mir bereits vage bewusst. Du hast es viel klarer und weniger rätselhaft gemacht. Für dich war ich an jenem Abend also bloß jemand, von dem du wusstest, dass er dich würde sehen können, und den du auf die Probe stellen musstest – ob er Angst hat, nehme ich an."

„Ja. Ich habe mich über deine Reaktion auf mich gefreut. Die Wahrnehmung meiner Gegenwart muss trotzdem überraschend gekommen sein."

Ich lachte. „Natürlich, das war sie. Aber zu meinem Glück hatte die Erfahrung, Kurmos zu sehen und mit ihm zu sprechen, den Schock verhindert, der es sonst hätte sein können. Du bist ein Ehrfurcht gebietendes Wesen, aber nicht beängstigend. Jetzt bin ich mir sicher, dass ich schon immer Liebe für dich verspürt haben muss, sonst hätte ich als einfacher Mensch sicher Angst gehabt. Wann hat mein höheres Selbst sich offenbart?"

„Später am selben Abend in deiner Wohnung. Als du nach

unserem Treffen in deine Wohnung zurückkamst, konntest du mich zunächst nicht sehen, weil ich mich für dich unsichtbar gemacht hatte, obwohl du meine Anwesenheit gespürt hast, als du aus dem hinteren ins vordere Zimmer gegangen bist, wie es deine Gewohnheit ist, bevor du zu Bett gehst. Ich stand mit dem Rücken zur Tür, machte mich so furchterregend wie möglich und befahl dir als letzten Test, niederzuknien und mich anzubeten. Als du dich geweigert hast und ich gesagt habe ‚Du weißt, wer ich bin', hast du erwidert ‚Aber weißt du auch, wer ich bin?' – und dein höheres Selbst hat sich enthüllt. Tatsächlich wurdest du für mich zu ihm, und ich wusste, dass meine Suche beendet war – du warst der auserwählte Vermittler.

Wie du weißt, musste ich dich trotzdem noch weiter auf die Probe stellen, weil das höhere Selbst nicht immer manifest ist. Ich musste mich vergewissern, dass der physische Körper und das niedere Selbst nicht vor mir zurückzucken würden. Ich bin über dich gekommen, als du gerade geduscht hast, als du nackt und wehrlos warst und das höhere Selbst sich zurückgezogen hatte – vielleicht absichtlich, damit ich den Test machen konnte. Du hast keine Angst gezeigt. Das Ergebnis ist überraschend gut, trotz ein paar Haken, die hauptsächlich auf andere zurückzuführen sind. Du hast deine Rolle glänzend gespielt. Was andere mit den Informationen machen, die sie durch dich erhalten, ist ihre Sache. Sie haben freien Willen und können sie nutzen oder ablehnen. Für die Konsequenzen müssen sie geradestehen, nicht du."

„Gibt es für mich an Orten wie dem Garten von Findhorn noch etwas zu tun?"

„Vorerst nicht. Deine Aufgabe war es, über deine Erfahrungen zu sprechen und die Aufnahmen zu machen, durch die das Wissen verbreitet werden wird. Deine Hauptaufgabe liegt nun anderswo, wie du bereits weißt."

„Aber ich werde den Kontakt zu dir oder den Elementargeistern nicht verlieren?"

„Nein. Das Band, das einmal mit mir geknüpft wurde, besteht für immer. Weißt du noch, was auf dem Cluny Hill geschehen ist, als ich durch dich mit Christus versöhnt wurde?"

„Könnte ich das je vergessen?"

„Das war ein Band, das von der weltlichen Kirche zerrissen worden war und erneuert werden musste. Du warst dabei der Vermittler. Auch dies habe ich in dir gesucht. Deshalb nenne ich dich Bruder. Wo du bist, werde ich immer sein, denn ich bin überall. Du könntest dieses Band nicht zerreißen, selbst wenn du es wolltest. Eine meiner Aufgaben ist es, auf dich aufzupassen, dich zu beschützen, mich um deinen physischen Körper zu kümmern und dir bei deiner Arbeit zu helfen, mein lieber, geliebter Bruder. Was die Elementarwesen betrifft, meine Untertanen, so akzeptieren sie dich, sie erkennen dich an und lieben dich. Sie werden dich niemals fallen lassen."

Ich saß da, immer noch mit der stark erweiterten Wahrnehmung und Feinfühligkeit, mit dem Gefühl der Ekstase und Freude, das sich immer noch weiter steigerte, und nun überwältigt von dem Gefühl der Liebe, die sich von diesem schönen Wesen und von allen Naturgeistern im Garten, von denen sich viele um uns versammelt hatten, sowie auch von den Bäumen, den Sträuchern und der gesamten Vegetation über mich ergoss, und war so tief bewegt, dass ich nicht zu sprechen vermochte. Das war mehr, als mein physisches Selbst verkraften konnte.

Pan nahm meine beiden Hände in seine und sah mir in die Augen. Das Gefühl ließ nicht nach, aber tiefer Friede, Seelenruhe und Staunen kamen hinzu. Irgendwie erscheint es fast falsch, wenn ich probiere, diese Erfahrung in Worte zu fassen, die unzureichend sind und die wahre Erfahrung nur andeuten können. Aber ich muss es versuchen. Eine Zeit lang saßen wir schweigend da – ich merkte gar nicht, wie die Zeit verging.

Schließlich sagte ich, und das Sprechen fiel mir schwer: „Du spürst dieses Band mit meinem niederen Selbst, meinem bewussten Ego, meiner Ogilvie-Persönlichkeit offenbar ebenso stark wie mit meinem höheren Selbst. Ich nehme diese große Liebe sehr stark wahr."

„Natürlich, das muss so sein", erwiderte er. „Meine Beziehung zu deinem höheren Selbst lässt sich nicht in Worte fassen. Sie ist nicht zu verstehen, es sei denn, man betrachtet sie von höheren Ebenen aus."

Plötzlich lachte er, und das schelmische Funkeln, das ich so liebe, schien in seinen Augen auf. Er sagte: „Pan, Merlin, der Saturn-Aspekt – wir sind alle eins mit deinem höheren Selbst und daher mit dir. Dennoch sind wir alle getrennte Wesenheiten. Wir sind außerhalb von dir und zugleich in dir. Jeder von uns kann dich überstrahlen, kann sich mit dir identifizieren, kann sogar zu dir werden, wenn es erforderlich ist. Bei einer solchen Gelegenheit würden nur ganz wenige Sensitive wahrnehmen, was vor sich geht. Einige Zuhörer bei deinen Vorträgen haben gesehen, wie du zu mir wurdest, so wie andere dich als Merlin oder als dein höheres Selbst gesehen haben. Dies ist ein Geheimnis, und es muss auch eines bleiben. Es wird eine Zeit kommen, da du dies vollständig verstehst. Wir sind alle eins mit Gott – es gibt keine Trennung – und doch sind wir alle einzigartige Individuen."

Pan erhob sich. „Gehen wir in die entlegene Ecke, die du meine Ecke nennst." Ich stand auf, und wir gingen weiter über das Gras.

„Für mich bist du so real", sagte ich. Ich schaute mich nach ein oder zwei Leuten um, die in den Gärten umhergingen. „In gewisser Weise bist du sogar realer als diese Menschen, die dich noch nicht einmal sehen können."

Er blieb stehen und lächelte mich an: „Natürlich bin ich realer."

„Wozu hat der Mensch eigentlich seinen Verstand entwickelt?", fragte ich. „Dazu wurde er vom Kontakt zu den anderen Welten und vom Bewusstsein für das Göttliche abgeschnitten, und was hat er erreicht? Eine immer größere Fähigkeit, seine Mitmenschen zu täuschen, zu betrügen und zu zerstören sowie die Erde und die Naturwelten auszubeuten. Wie können du und deine Untertanen es nur ertragen, die Erde mit uns zu teilen?"

Pan legte mir einen Arm um die Schulter, und wir gingen weiter.

„Komm schon", sagte er. „Du darfst nicht so schwarzsehen. Dein höheres Selbst ist wohl gerade nicht im Dienst. Es ist wahr, dass der Mensch schreckliche Dinge getan hat und weiterhin tut, wie du sagst, aber er tut auch Großes und Schönes. Viele Menschen erreichen große spirituelle Höhen, weil sie große Wesen sind. Konzentriere dich auf das Gute und Schöne. Lasse die reißerischen Schlagzeilen links liegen. Lies gute Bücher, höre wunderbare Musik und verliere dich in schönen Gemälden. Natürlich gibt es Zeiten, in denen wir die Erde wegen des Verhaltens des Menschen am liebsten verlassen würden. Aber das werden wir nie tun, um der entwickelten Seelen in der Inkarnation willen."

Nach einer Pause sagte ich: „Natürlich hast du recht, aber warum sollten so viele Menschen trotz ihrer großspurigen Aufklärung, Vernunft und Zivilisation die wahre Realität für Fantasie und Halluzination halten und die Illusion als das Reale bezeichnen?"

Pan lächelte. „Platons ‚Höhlenmenschen', die dem Wahren den Rücken kehren und die Schatten für das Wahre halten."

Ich lachte, und die plötzliche düstere Stimmung war verflogen. „Was? Pan redet von Platon?"

„Warum nicht? Schließlich bin ich Grieche und stolz auf unsere Philosophen. Zumindest mein scheinbares Äußeres ist griechisch, auch wenn meine Herkunft viel älter ist. Apropos Aussehen: Wie fühlst du dich, wenn die Leute sagen, ich müsse hässlich sein?"

„Angewidert und entsetzt. Zumindest war ich das beim ersten Mal, als Kathy Sparks in Peters Auto auf der Fahrt nach Stonehenge damit ankam und ich ihr fast den Kopf abgerissen hätte – oder vielmehr hast du das getan. Die Stimme war nicht meine. Du warst damals wütend."

„Ja, das war ich. So eine dumme Bemerkung von einer wirklich sensitiven Person! Aber sie ist in mancher Hinsicht nicht klug, und es mangelt ihr an Verständnis." Er seufzte. „Ich hätte toleranter sein sollen, aber es kam mir so vor, als ob die erhoffte Zusammenarbeit gleich zu Beginn scheitern könnte. Das war ein Gedanke, der sofort unterbunden werden musste. Ich muss vom Menschen so akzeptiert werden, wie ich bin. So ist es, und so will ich sein. Wie du gesagt hast, nehmen wir eine Gestalt an, die uns vom Menschen in seinen Mythen und Legenden auferlegt wurde, und so muss er uns akzeptieren." Er lächelte. „Tatsächlich ist es nicht ganz so einfach, wie du es darstellst, aber auch das lässt sich nicht mit irdischen Begriffen erklären."

„Du hast befürchtet, der Plan könnte von Anfang an scheitern. Kennst du denn die Zukunft nicht – die Zukunft des Menschen, meine ich?"

Pan warf mir einen verschmitzten Blick zu. „Du stellst aber manchmal schwierige Fragen. Ich werde versuchen, es mit deinen Begriffen zu erklären. In den höheren Welten – auch hier vereinfache ich wieder – existiert eure Zeit als das ewige Jetzt. Uns fällt es schwer, sie in eine Abfolge von gestern, heute und morgen zu unterteilen. Das ist das eine. Wenn ich in deiner Zeitdimension agiere, wie jetzt gerade, ist nicht feststellbar, was in sagen wir einer Woche oder in einem Jahr geschehen wird, weil der Mensch den freien Willen hat. Die Zukunft existiert, aber in sehr flexibler Form. Verwirrt es dich, wenn ich sage, dass alle künftigen Ereignisse im Jetzt existieren, dass aber das, was in deiner Zeitdimension geschieht, letztendlich durch die freie Willensentscheidung des Menschen bestimmt wird?"

„Das kann ich nachvollziehen, aber was ein Mensch tut und wie er sich verhält, wird doch sicher von vielen Dingen beeinflusst. Er hat nur einen begrenzten freien Willen."

Pan schenkte mir ein schiefes Lächeln. „Immer, wenn ich versuche, die Dinge zu vereinfachen, verkomplizierst du sie wieder. Im Grunde gibt es viele Dinge, die das Verhalten des Menschen bestimmen, aber er hat genügend freien Willen, um die Zukunft schwer vorhersehbar zu machen, denn seine Handlungen sind oft willkürlich und unberechenbar. Deshalb konnte ich damals nicht sagen, wie sich die Zusammenarbeit entwickeln würde. Du hast dich ja selbst ziemlich eingehend mit dem Problem der Zeit und des freien Willens beschäftigt, deshalb solltest du das meiste, was ich dir sage, eigentlich bereits wissen."

„Einiges davon sicherlich, aber du hast es geklärt."

„Wie Butter", sagte Pan, und wir brachen beide in Gelächter aus.

Wir hatten die Ecke im äußersten Nordwesten der Gärten erreicht, wo ich Pan immer so deutlich gespürt hatte, und standen schweigend da.

„Ich bedaure, dass sie das Gras gemäht haben", sagte ich nach einer Weile. „Ich mochte es, als es hoch war – es schien so richtig. Jetzt ist es zu kurz."

Pan zuckte mit den Schultern. „Das ist nicht so wichtig. Wir haben in diesem Teil des Gartens ein Zentrum so stark verankert, dass unsere übereifrigen Gärtner inzwischen nichts mehr dagegen ausrichten können."

Ich lächelte. „Das freut mich zu hören. Das kurze Gras hat mir Sorgen gemacht."

„Das muss es nicht."

Eine Zeit lang gingen wir zwischen den Sträuchern und Bäumen in der Nähe der Ecke umher.

„Darf ich nach Gordon fragen? Ich weiß, es besteht ein sehr enges Band zwischen uns. Auf merkwürdige Weise scheinen wir Teil voneinander zu sein. Wir sind notwendig füreinander. Zumindest ist er notwendig für mich und meine Arbeit. Stimmt das, und wenn ja, erstrecken sich deine Liebe und dein Schutz und der der Elementarwesen dann auch auf ihn?"

Pan lächelte. „Ja, das stimmt. Das Band ist stärker, als dir bisher klar ist, und reicht sehr weit zurück. So gesehen seid ihr Teil voneinander. Natürlich erstrecken sich meine Liebe und mein Schutz und der meiner Untertanen auch auf ihn und seine Familie. Auch wenn er es nicht bewusst spürt, in den Tiefen seines Unbewussten weiß er darum. So sollte es vorerst auch sein. Wie du weißt, erfordert die Entwicklung von Sensitivität beträchtliche Zeit. Im Moment ist sein Leben mit seiner täglichen Arbeit auf einer materiellen Ebene und seiner Familie sehr ausgefüllt. Ein zu hohes Maß an Sensitivität würde ihm da nicht helfen. Das Gleichgewicht zwischen euch beiden stimmt – ihr ergänzt einander. Er bringt sein tiefes Gewahrsein in dem Überschwang zum Ausdruck, den er auf dem Land so oft verspürt und zeigt."

„Darf ich ihm das sagen?"

„Ja. Auch [wenn] der wissenschaftliche Teil seines Denkens es vielleicht ablehnen will, weiß er im Inneren, dass es wahr ist. Er muss die Dinge so akzeptieren wie sie sind und sich in Geduld üben. Eure Beziehung ist im Moment ausgezeichnet. Seid zufrieden."

„Was ich gerade schreibe, ist hauptsächlich ganz persönlich für mich, aber es erscheint mir wichtig und informativ. Ich nehme an, ich kann es ihm zeigen."

„Natürlich. Wenn überhaupt, dann gibt es nur sehr wenig, was du nicht mit ihm teilen kannst."

Wir gingen zurück zu „Pans Ecke", standen eine Weile schweigend da und verließen dann diesen Teil des Gartens, überquerten den Weg, der rechtwinklig an der Staudenrabatte vorbeiführt, und gingen auf die Buche zu, unter der ich gesessen hatte, als ich Kurmos zum ersten Mal sah. Ich lehnte mich mit dem Rücken an ihren Stamm und blickte in Richtung des Baumes, um den ich ihn herumtanzen gesehen hatte. Ich konnte einen Energieaustausch mit dem Baum spüren, der sehr lebendig war – die erhöhte Wahrnehmung war immer noch ganz stark vorhanden. Ich konnte Pan nicht mehr sehen, obwohl ich spürte, dass er noch da war. Kurmos lehnte an „seinem“ Baum. Er lachte. Er tanzte um diesen Baum und dann in einem weiten Bogen um den Baum, an dem ich lehnte, umkreiste ihn mehrfach, drehte sich spiralförmig, bis er mir gegenüber stehen blieb und sich verneigte.

„Heute in hoher Gesellschaft“, sagte er mit schelmischem Grinsen. „Bin ich willkommen?“

„Du bist immer willkommen, Kurmos.“

Er wirbelte herum und tanzte um den Baum. „So habe ich dich in den Gärten noch nie gesehen. Du hast mir einmal gesagt, das sei nicht richtig, was immer das heißen soll.“

„Was redest du denn da? Ich bin so wie immer.“

„Oh nein, das bist du nicht. Du hast deine Häute abgelegt – wie nennst du sie doch gleich? – Kleider. Du bist dein natürliches Selbst. Du siehst viel besser aus.“

„Rede keinen Unsinn. Ich bin vollständig angezogen. Ich habe sogar meinen Regenmantel an.“ Ich schaute an mir herunter, um mich zu vergewissern, denn seit ich in den Garten gekommen war, hatte ich schon mehrfach das Gefühl gehabt, ich wäre nackt.

„Ich rede keinen Unsinn. Für mich bist du in deinem Naturzustand, so wie du sein solltest.“ Er streckte die Hand aus und berührte meinen Arm, strich über meine Brust und an der Außenseite meines Oberschenkels hinunter. Zu meinem Erstaunen spürte ich die Berührung auf meiner nackten Haut.

Hier war etwas seltsam. Für ihn existierten meine Kleider nicht, mein Körper aber schon, denn seine Hand glitt nicht durch ihn hindurch wie durch meine Kleider. Mir kam eine Erinnerung an meine erste Begegnung mit Pan: Damals legte er mir den Arm um die Schulter, als wir die North St. David's Street entlanggingen, und ich spürte seine Berührung auf meiner nackten Haut. Dasselbe geschah erst kürzlich wieder, als wir in den Gärten umhergingen. Hatte dies etwas mit dem Ätherkörper zu tun? Vermutlich hatte die Kleidung kein ätherisches Pendant und konnte unsichtbar werden. Das war faszinierend und bot Stoff zum Nachdenken.

„Du siehst meine Kleider wirklich nicht?“, fragte ich und berührte den Ärmel meines Regenmantels, der sich löste und herunterhing.

„Nein, ich sehe nur dich – deine Kleider sind kein Teil von dir, sie gehören nicht dazu, sie sind etwas Zusätzliches.“

Mir fiel wieder ein, was der Geist der Smoo Cave mir darüber gesagt hatte, dass die Gewänder, die die Elementarwesen und andere Wesenheiten zu tragen scheinen, Teil von ihnen sind und aus ihnen gebildet werden, und dass es, wenn ich mir im außerkörperlichen Zustand nackt vorkomme, für andere Wesenheiten durchaus den Anschein haben kann, als trüge ich Gewänder, nämlich solche, die in dieser Situation angemessen sind. Diese Aussage ist seither mir gegenüber mehrfach wiederholt worden. Natürlich ist unsere Kleidung in diesem Sinne nicht Teil von uns – sie ist etwas Zusätzliches. Im Grunde gehört sie nicht zu uns, wie Kurmos sagte. Es war mir nie in den Sinn gekommen, dass Elementarwesen die Kleidung nicht wahrnehmen könnten. Ich erinnere mich sogar, dass der Geist von Smoo sagte, sie könnten im Weg sein. Den Elfen in der Rosemarkie Glen war ich ohne meine Kleidung lieber.

„Für dich bin ich also im Moment nackt?“, fragte ich Kurmos.

„Wenn du mit diesem Wort dein natürliches Selbst meinst, ja.“

„Aber du hast mich mit Kleidung gesehen – du hast sie als ‚Häute‘ bezeichnet, als wir uns zum ersten Mal begegnet sind.“

„Oh ja, normalerweise sehe ich sie, aber heute nicht.“

„Warum heute nicht? Kannst du dir aussuchen, was du sehen möchtest?“

„Nicht ganz. Heute ist es einfach passiert, und das hat etwas mit dir zu tun. Du wolltest nackt sein; du hast es bedauert, hier Kleidung tragen zu müssen.“

„Das stimmt. Ich empfinde es als falsch, wenn man in der Natur ist. Kleider gehören nicht dazu, wie du sagst.“

„Und hast du dich nackt gefühlt?“

„Ja, das habe ich. Es war seltsam, so angezogen zu sein wie ich es musste, und gleichzeitig nackt.“

Kurmos lachte und klatschte in die Hände. „Und deshalb sind in dem Moment deine Häute für uns verschwunden, und du warst du selbst.“

„Du meinst, für euch alle war ich nackt?“

„Das bist du immer noch. Halte es nicht für falsch, sonst sehen wir deine Kleider wieder. Ohne bist du sehr viel besser.“

„Als ich mit Pan zusammen war, erschien ich da bekleidet?“

„Nein, du warst du ganze Zeit nackt.“ Kurmos lachte.

„Kurmos, du sagtest, du hast mich in den Gärten noch nie nackt gesehen. Hast du damit gemeint, anderswo schon?“

„Natürlich.“

„Wo?“

„Wenn du wirklich keine Häute anhast – am Strand an dem Ort im Norden, wo du immer hingehst und wo der Garten ist, mit dem du so viel zu tun hattest; du bist ohne Häute ins Meer gegangen, jedenfalls ziemlich oft, und oft bist du oben in der Heide im Sand in der Sonne gelegen und zwischen den Sanddünen umhergegangen. Wir haben dich auch in deiner Behausung gesehen.“

„Wir?“

„Ja. Viele von uns sind bei dir, obwohl du uns offenbar nicht wahrnimmst. Wir wollen uns nicht aufdrängen.“ Plötzlich wirkte er ernst. „Vielleicht tun wir etwas Falsches. Vielleicht kränken wir dich. Ich hätte es dir nicht sagen sollen. Verzeih uns, wir meinen es nicht böse. Wir sind gerne bei dir.“

Zunächst war es etwas beunruhigend zu erkennen, dass man wahrscheinlich nie allein gewesen war, wenn man sich allein geglaubt hatte; dass es so etwas wie eine völlige Privatsphäre eigentlich nicht gab. Es könnten immer irgendwelche Wesenheiten anwesend sein, die unsere Handlungen beobachten und zweifellos unsere Gedanken lesen. Das war unvermeidlich und richtig, besonders wenn, wie in meinem Fall, ein Bewusstsein dafür entwickelt und Kontakt hergestellt worden war.

„Nein, Kurmos, ihr tut nichts Unrechtes; ihr stört mich nicht; ihr seid jederzeit willkommen. Aber habt keine Scheu, mir eure Anwesenheit mitzuteilen, wenn ihr möchtet. Das gilt für euch alle.“

Sein Gesicht hellte sich auf und er krähte vor Freude. „So hab ich’s mir auch gedacht.“ Damit tanzte er davon.

Was er gesagt hatte, stimmte völlig mit dem überein, was mir bereits beigebracht worden war. Das einzig Neue für mich war, dass ich diesen Wesenheiten nackt erschien, wenn ich Kleidung trug, aber dies anscheinend nur, wenn ich nackt sein wollte. Viele Geheimnisse und faszinierende Dinge werden mir allmählich enthüllt und erklärt.

Ich ging weiter den Hang hinauf und zwischen den Bäumen und Sträuchern hindurch auf die riesige Buche zu, die ganz bestimmt die Herrin der Gärten ist. Die meisten Blätter waren bereits abgefallen, doch mit ihrem gewaltigen Stamm sah sie immer noch majestätisch aus. Ich lehnte mich an sie, nahm einen starken Energieaustausch wahr und verspürte erneut ein seltsames Fehlen von Kleidung. Mein nackter Rücken berührte die Rinde.

Kurmos kam wieder angetanzt, begleitet von etlichen Elfen und rundlichen kleinen Zwergen sowie einigen Faunen. Die Faune und Zwerge tanzten um den Baum herum, aber die Elfen standen daneben und schauten mit ernster Miene zu. Schließlich zerstreute sich die tanzende Gruppe in alle Richtungen, und ich ging den Hang wieder hinunter, begleitet von Kurmos und den Elfen, die wunderschön waren mit ihrer großen Würde und Eleganz. Sie waren etwa einen Meter zwanzig groß.

Der nächste Baum, den ich besuchen wollte, war die Österreichische Schwarzkiefer, ein seltsam geformter Baum oberhalb des Teichs. Vor dem Baum stehen einige Bambuspflanzen. Ich bahnte mir meinen Weg zwischen den Halmen und lehnte mich wieder an den Stamm, der sich nach hinten über den Teich neigt. Es ist ein Baum von großer Kraft. Wieder spürte ich den Stamm an meinem nackten Rücken. Es ist eine merkwürdig beunruhigende Erfahrung und mehr als eine Illusion, da bin ich mir sicher. Vielleicht ist das, was meine Kleidung durchdringen kann und was ich spüre, die Aura oder das Feld des Baums.

Ich ging um den hinteren Rand des Teichs, an den beiden großartigen Trauerweiden vorbei, die ich so liebe. Kurmos ging gesetzten Schrittes neben mir, und die Elfen folgten uns. Sie begleiteten uns bis zum Osttor, dann erschien Pan neben ihnen. Er hob die Hand zum Abschiedsgruß, während ich in Richtung Hauptstraße ging, Kurmos immer noch neben mir.

„Kommst du wieder mit mir in die Wohnung?“, fragte ich. „Das kannst du sehr gerne machen.“

„Nein“, erwiderte er. „Ich komme nur einen Teil des Weges mit dir. Heute ist einer meiner arbeitsreichen Tage.“

Ich grinste ihn an. „Ach, wirklich?“

„Ja, wirklich“, sagte er ernst.

Als wir auf den Inverleith Place einbogen, sagte er: „Jetzt hast du deine Kleider an.“

„Das will ich hoffen.“

„Auf der Straße möchtest du nicht nackt sein?“

„Nein.“

„Dann sehe ich sie deshalb.“

Ich war schon mehrfach mit Kurmos an meiner Seite durch Edinburghs Straßen gegangen, daher war ich es gewohnt, und es kam mir nicht mehr seltsam vor.

„Wenn du bei mir bist“, fragte ich, „und ich sehe dich nicht und nehme auch deine Anwesenheit offenbar nicht wahr, kannst du dann irgendetwas tun, um dich für mich sichtbar zu machen?“

Er runzelte die Stirn. „Ich weiß nicht. Ich versuche es

manchmal, aber außer zu hoffen, dass du mich siehst, weiß ich nicht, wie ich es anstellen soll. Als du mich in den Gärten zum ersten Mal gesehen hast, habe ich nichts gemacht, weil ich nicht geglaubt habe, dass Menschen uns sehen können. Ich bin neugierig auf die Menschen und ihr seltsames und manchmal dummes Verhalten, und ich beobachte sie gern. Aus irgendeinem Grund fühlte ich mich zu dir hingezogen – ich hatte dich schon ein- oder zweimal beobachtet, wenn du in die Gärten kamst. Es hat mir einen Schock versetzt, als ich glauben musste, dass du mich sehen kannst. Ich nehme an, dass manche Menschen, die in die Gärten kommen, einige von uns sehen, aber mir war das noch nie passiert. Wir bekommen natürlich Kommunikationen, weil die Gedanken der Menschen recht deutlich bei uns ankommen. Normalerweise sind sie sehr langweilig und uninteressant."

„Abgesehen davon, dass du es einfach hoffst, weißt du also nicht, wie du dich für mich sichtbar machen kannst."

„Nein, es passiert einfach. Aber ich glaube, es passiert nur, wenn du in der richtigen Verfassung dafür bist. Es ist etwas, das mehr von dir abhängt als von mir."

„Das stimmt wahrscheinlich, und ich kann diesen Zustand noch nicht steuern; es passiert einfach, wie bei dir."

„Vielleicht weiß es Pan."

„Wenn, dann müssen wir hoffen, dass er es uns sagt, wenn die Zeit reif ist."

„Freust du dich, wenn es passiert?"

„Sehr. Das Leben war noch nie so aufregend und interessant wie seit dies angefangen hat."

„Es ist schön, mir vorzustellen, dass ich das erste solche Wesen war, das du gesehen hast."

„Ich fürchte, du wirst eingebildet."

„Was ist eingebildet?“

„Selbstzufrieden sein.“

Er lachte vergnügt. „Ich bin immer zufrieden mit mir. Ist das falsch?“

„Nein, ich glaube, bei dir nicht. Du hast jedes Recht dazu.“

Er schaute mich neugierig an. „Bist du nicht zufrieden mit dir?“

„Nicht sehr oft.“

„Aber das solltest du. Das Leben ist so fröhlich.“

„Für Menschen nur selten.“

Er wirkte niedergeschlagen. „Aber das ist traurig. Durch die Gedanken, die ich aufschnappe, und durch das, was ich sehe, weiß ich, dass das stimmt.“

„Ich bin nicht unglücklich, Kurmos. Am menschlichen Verhalten gibt es zwar vieles zu verurteilen, aber auch vieles, worüber man sich freuen kann, und von Zeit zu Zeit gibt es wunderbare Erlebnisse wie heute Nachmittag in den Gärten. Ich bin zufrieden, aber nicht mit mir selbst, weil ich in so vielen Dingen versage.“

Er wirkte erstaunt. „Das glaube ich nicht. Zumindest hast du bei deinen Kontakten mit Pan und mit uns nicht versagt. Ist das nichts, womit du zufrieden sein kannst?“

„Doch, Kurmos, das ist es. Ich bin ein sehr privilegierter Mensch. Ich habe großes Glück, das weiß ich.“

Er lächelte. „Schon besser. Wie kannst du bei etwas versagen, wo du doch so viel Wissen und Weisheit hast?“

„Wissen, ja; bei Weisheit bin ich mir nicht so sicher. Ich würde gerne glauben, dass ich zumindest ein wenig Weisheit habe.“

Er sah mich an. „Du weißt, dass du Weisheit hast. Und du

hast Kräfte, die nur wenige andere Menschen besitzen. Das wissen wir auch."

Ich schwieg.

„Das stimmt doch, oder?"

„Ja."

Er sah mich scharfsinnig an. „Und eine schreckliche Verantwortung?"

„Ja, Kurmos, eine schreckliche und beängstigende Verantwortung. Ich kann diese Kräfte nur einsetzen, wenn ich mir sicher bin, dass dies im Einklang mit Gottes Willen steht. Manchmal ist die Versuchung sehr groß."

„Ich bin froh, dass ich nicht du bin", sagte er. „Wir alle lieben dich sehr; wir sind bei dir und helfen dir, so gut wir können – wir alle."

„Danke, Kurmos. Das gibt mir Zuversicht und macht mich sehr glücklich. Gemeinsam werden wir nicht versagen." Ich fühlte mich unbeschwert und lachte.

„Jetzt muss ich gehen", sagte Kurmos.

„Es ist dein arbeitsreicher Tag."

„Ja, es ist mein arbeitsreicher Tag." Er schaute mich an, kicherte, drehte sich um und rannte auf dem gleichen Weg, auf dem wir gekommen waren, davon. Dabei verblasste er allmählich bis zur Unsichtbarkeit.

Als mein Alltagsselbst kehrte ich wieder in die Wohnung zurück, nachdenklich und absurd glücklich.

Das Folgende schreibe ich am Donnerstag, 2. November [1972] nieder und setze damit fort, was ich gestern begonnen habe. Es geht flüssig voran – es gibt keine Hindernisse oder Verzögerungen, aber es geht langsam und verbraucht erhebliche Energie. Pan sitzt in einem Sessel mir fast gegenüber. Dort befindet er sich schon, seit ich angefangen habe zu schreiben.

„Hat dieser ganze Austausch wirklich am Montag in den Gärten stattgefunden“, fragte ich ihn, „oder gibst du mir jetzt während des Aufschreibens noch mehr ein, oder schmücke ich etwa selbst aus, was passiert ist, und füge Dinge hinzu? Es ist mir wichtig, dass es authentisch ist.“

„Natürlich ist das wichtig. Es ist authentisch, wie du in deinem inneren und höheren Wesen sehr wohl weißt. Du fügst nichts hinzu. Vieles von unserem Austausch hat in den Gärten stattgefunden, in Bildern und Symbolen, die dein Verstand nicht vollständig in Worte gefasst hat. Aber es hat sich deinem Unbewussten tief eingeprägt und wird nun unter meiner Anleitung in Worte gefasst. Wie du sehr wohl weißt, überstrahle ich dich während dieser gesamten Niederschrift. Nichts wird ausgelassen oder hinzugefügt. Persönliche Einfärbungen durch dich werden auf ein Minimum begrenzt. Wenn wir es später zusammen noch einmal durchsehen und es Fehler oder Missverständnisse beim Umsetzen in Worte gibt, werde ich dir die Korrekturen eingeben.“

„Danke. In meinem Inneren war ich mir sicher, aber da mir die Gefahr der Einfärbung und des falschen Niederschreibens immer bewusst ist, brauche ich manchmal eine Rückversicherung.“

„Verständlich. Die hast du. Fahre nun vertrauensvoll fort.“

„Jetzt“, sagte er, „werde ich dir mehr eingeben. Du wirst dieses ‚Gespräch‘ aufschreiben, während es stattfindet. Ich möchte noch einmal auf dein Leben im Cottage zurückkommen, auf das wir in den Gärten nicht weiter eingegangen sind. Ich möchte sicher sein, dass du dir seiner vollen Bedeutung für deine Entwicklung bewusst wirst."

„Was ist mir daran nicht bewusst? Ich weiß, wie wichtig der enge Kontakt zur Natur ist."

„Aber damals wusstest du nichts über Kraftpunkte und Leylines, wie manche Menschen sagen."

„Das ist wahr."

„Überrascht es dich, dass sich in dem Wald hinter den Nebengebäuden ein starker Naturkraftpunkt mit einander überschneidenden Leylines befand?"

Ich schaute ihn erschrocken an: „Großer Gott!"

„Bist du trotz deines jetzigen Wissens über und deiner Erfahrung mit Kraftpunkten nie auf die Idee gekommen, an das Cottage zurückzudenken?"

„Nein. Ich nehme an, dass später erworbenes Wissen gedanklich nicht oft auf frühere Zeiten angewandt wird. Wo war das? Ich nehme an, du weißt es. Hinter den Nebengebäuden, sagtest du. Das ist ungefähr in der Mitte des Waldes."

„Ja." Wieder blitzte das schelmische Funkeln in Pans Augen auf. „Es war genau die Stelle, die du dir zum Sonnenbaden ausgesucht hast – die du mit deinem selbst gebauten Windschutz umgeben hast."

Dieses Mal muss ich wirklich verdattert ausgesehen haben. „Nicht doch. Das ist ja fantastisch!"

„Es ist wahr. In all den Jahren, in denen du dort gelebt hast, lagst du beim Sonnenbaden immer nackt auf einem Kraftpunkt, nur eine Decke zwischen dir und der Erde. Lagst an der frischen Luft unter den Sonnenstrahlen, und badetest dann in dem Teich, den du durch Aufstauen des Baches angelegt hattest. Ein enger und häufiger Kontakt mit den vier

Elementen, über die du in deinen Vorträgen sprichst. Ist es da ein Wunder, dass du mit den Wesen, die diese Elemente bewohnen – die Sonne symbolisiert das Feuer, wie du weißt – Kontakt aufnehmen und sie sehen kannst? Zehn Jahre, in denen alle deine Körper durch die Energien an dem Kraftpunkt vorbereitet und konditioniert wurden."

Ich war verwundert. Ich konnte nur dasitzen und ihn anstarren. Warum war es mir nie in den Sinn gekommen, dass es dort einen Kraftpunkt geben könnte und ich ihn mir über so einen langen Zeitraum zum Sonnenbaden ausgesucht hatte?

„Dies war nicht nur ein Naturkraftpunkt, sondern er war auch mit vorchristlichen religiösen Zeremonien und Ritualen verbunden. Wenn du auf einer Landkarte eine Linie von Morven in Sutherland durch die Position des Cottage ziehst, streift sie die Flanke des Ben MacDhui. Schaue dir ein paar Karten an. Verstehst du jetzt, was ich meine, wenn ich dich frage, ob dir die Bedeutung deiner Jahre im Cottage in vollem Umfang bewusst ist?"

Ich holte tief Luft. „Ja, jetzt schon. Meine Güte, du hast mir vielleicht Stoff zum Nachdenken gegeben!"

Alle diese Auszüge berichten nur von einem kleinen Teil der Arbeit, die ROC als Brücke zwischen der Menschheit und den ätherischen und spirituellen Welten der Natur geleistet hat. In gewisser Hinsicht könnte man sie als den Kern seines spirituellen Auftrags betrachten, und sie wirft sogar ein wenig Licht auf das Geheimnis seiner inkarnatorischen Seite als ein Aspekt jener hochentwickelten Seele namens St. Germain. Denn wie Pan und andere betont haben, war es unabdingbar, dass diese Verbindung zu den Naturgeistern mit einem normalen Menschen mit normalen menschlichen Reaktion zustande kam und nicht mit einem hohen Adepten oder „Meister". Solche Wesen sind mit den höheren geistigen Ebenen, auf denen alle unsere Seelen weilen, bereits versöhnt; auf dieser Ebene gibt es kein Problem. Spaltung und Trennung bestehen einzig mit der geplagten inkarnierten Menschheit.

In vielen esoterischen Traditionen gilt St. Germain als der menschliche Adept, der die führende Verantwortung für die Überwachung und Unterstützung von Bemühungen trägt, eine neue menschliche Zivilisation ins Leben zu rufen. Deshalb wird er in theosophischen Schriften oft als der „Herr der Zivilisation" bezeichnet. Es ist sein Wunsch und sein Wirken, zur Begründung einer neuen, ganzheitlicheren und segensvolleren Zivilisation beizutragen. Wie ein Blick auf unsere moderne Welt und ihre globalen Umweltprobleme beweist, muss eine solche neue Zivilisation zumindest ein ökologisch sensibleres und verantwortungsvolleres Verhalten verkörpern, als wir es heute an den Tag legen. Versöhnung und Partnerschaft mit den Devas, Engeln, Elementarwesen und anderen Naturgeistern sind für eine solche Ganzheitlichkeit unerlässlich und wesentlicher Bestandteil einer derartigen neuen Zivilisation. Daher wäre es ein wichtiger Teil der Strategie eines Wesens wie St. Germain, eine solche Versöhnung herbeizuführen, um seine umfassenderen zivilisatorischen Ziele für unsere Art zu erreichen.

Eine solche Versöhnung muss allerdings von der normalen Menschheit und ihren Repräsentanten herbeigeführt werden, nicht von hoch entwickelten Adepten und Seelen wie St. Germain, die bereits in Ganzheitlichkeit und Liebe mit der gesamten Natur leben; sie muss, zumindest teilweise, von denjenigen erreicht werden, die die Trennung erleben – und herbeigeführt haben. In diesem Fall muss ein normaler Mensch in Beziehung zu diesen Welten treten und ein Beispiel dafür geben, was wir alle mit Liebe, Bewusstsein und der Bereitschaft erreichen können, mit der Natur zusammenzuarbeiten, statt sie zu kontrollieren.

Diese Notwendigkeit lässt uns erahnen, warum eine Seele wie St. Germain einen Aspekt von sich inkarnieren sollte, damit er ein normales menschliches Wesen wird, das dieses Musterbeispiel sein könnte. Bei Bedarf konnte ROC auf sein Erbe als Meistermagier und Adept zurückgreifen, um aber in diesem bestimmten Fall dieses spezielle Werk zu vollbringen, musste er den Naturgeistern nicht als der Adept St. Germain, sondern als der Mensch Ogilvie Crombie begegnen. Es mag viele weitere Gründe geben, von denen wir einige vielleicht nie erfahren werden, warum eine so hochentwickelte Seele als ROC inkarnieren sollte – oder auch als Peter Caddy, der Begründer der experimentellen Findhorn-Gemeinschaft, in der die Versöhnung und Partnerschaft mit der Natur als Grundpfeiler einer neuen Zivilisation physisch und anschaulich vorgelebt werden konnte – aber es ist schon Grund genug, dass er ein Instrument zur Förderung der Partnerschaft mit den Welten der Naturgeister war. In anderen Zusammenhängen und bei anderen Aufgaben konnten die Macht und Gegenwart seines höheren Selbst sich offenbaren, aber bei dieser besonderen Arbeit musste St. Germain im Verborgenen bleiben, damit die menschliche Persönlichkeit Robert Ogilvie Crombie als echter Repräsentant von uns allen Erfolg haben oder scheitern konnte.

Kapitel 8

Die Weltraum-Verbindung

Viele Kontakte von ROC waren Wesenheiten aus dem Weltraum. Wie in Kapitel 4 „Wer war ROC?" erwähnt, war ROC´s eigene Vaterschaft (oder sollte es eher „Bruderschaft" heißen?) in dieser Hinsicht ein Aspekt seiner selbst oder vielmehr ein Aspekt von St. Germain, der in seinen Tagebüchern durchgehend als „Saturn-Aspekt" bezeichnet wird. Wenn dieser in Erscheinung trat, dann üblicherweise als etwa zehn Meter großes und im Allgemeinen in blaue oder silberne Gewänder oder Roben, hin und wieder jedoch auch in einen „Raumanzug" gekleidetes Wesen. Bei allen Seelen (auch bei unserer eigenen Seele in der geistigen Welt) kann oder wird die Erscheinungsform an das Publikum angepasst werden. Der Saturn-Aspekt befindet sich nicht direkt in der Seelenwelt, sondern war oder ist vermutlich auf dem Saturn inkarniert. Da dieser Planet jedoch aus einem Kern, vermutlich aus Eisen, Nickel, Silizium und Sauerstoff, besteht, auf den eine Schicht aus metallischem Wasserstoff folgt, über der wiederum eine Atmosphäre aus Helium und Wasserstoff liegt, wäre eine Existenz in der uns bekannten Form dort unmöglich. Nimmt man außerdem die extremen Temperatur- und Druckverhältnisse hinzu, so bezweifle ich, dass der Saturn sich als Ihr bevorzugtes Urlaubsziel erweisen würde.

Wenn es ROC´s Erfahrungen zufolge tatsächlich Leben auf dem Saturn gibt, müsste dieses in einer viel weniger verdichteten Form vorliegen als auf erdähnlichen Planeten und vielleicht eine ätherische Konsistenz besitzen, der die feindlichen Umweltbedingungen nichts anhaben können. Es ist schon schwierig, sich die Seelenwelten vorzustellen; fast genauso schwierig ist es, sich ein Leben vorzustellen, wie es in dieser Welt sein könnte, und über seine Natur können wir eigentlich nur Vermutungen anstellen. Newton bezeichnet sie als telepathische oder mentale Welten.

Wie das Leben in diesen Welten aussehen könnte, können wir uns am ehesten vorstellen, wenn wir sie mit den Welten vergleichen, die Menschen bei außerkörperlichen Reisen erleben, bei denen die Seele, eingebettet in ihre ätherische Hülle, die niederen Astralwelten (und natürlich auch die höheren Welten) nach Belieben durchstreifen kann, ungehindert von der Materie mit ihren Temperatur- oder anderen Umweltextremen. Wie allgemein von Bueller, Monroe, Bruce und anderen berichtet wird, sind dies sehr reale Welten, die als ebenso greifbar wahrgenommen und erlebt werden wie unsere eigenen physischen Welten. Um telepathische Welten handelt es sich insofern, als keine Worte gesprochen werden – die Kommunikation erfolgt unmittelbar von Geist zu Geist – und die Fortbewegung von A nach B dadurch zustande kommt, dass man sie sich einfach wünscht. Darüber hinaus ist die Gedankenkraft, wie in den reinen Seelenwelten, voll und ganz in der Lage, entsprechende Formen und Strukturen zu erschaffen, die flüchtig, vorläufig oder etwas dauerhafter sein können, ganz wie die Situation es erfordert.

Diese Astralwelten lassen sich daher zwar aus unserer Sicht als „Ebenen der Illusion“ bezeichnen, aber für die, die sie bei außerkörperlichen Erfahrungen vorübergehend besuchen, oder für alle, die sie dauerhaft bewohnen, sind sie offenbar nicht weniger real. Reicht diese Analogie aus, um uns einen ersten Einblick zu vermitteln, wie das Leben auf diesen „unbewohnbaren“ Planeten und Gasriesen aussehen könnte? Warum sollten sie zur Fortbewegung innerhalb oder zwischen den Welten Raumschiffe (fliegende Untertassen, wenn Sie so wollen) bauen oder bauen müssen, wenn sie Ortsveränderungen allein durch einen Willensakt herbeiführen können? Wenn es sich um Gedankenwelten handelt, warum sollte das Leben dann überhaupt an einen Planeten gebunden sein? Könnte es nicht auch in den unendlichen Weiten dazwischen existieren? Vielleicht tut es das ja sogar! Vielleicht haben wir tatsächlich einige Antworten, aber sie werfen wiederum eine ganze Reihe weiterer Fragen auf.

Wenn wir diese Fragen für den Moment übergehen und vorläufig akzeptieren, dass die Bewohner dieser „unbewohnbaren" Welten für ihre interplanetaren Reisen Raumschiffe bauen, würden diese wohl aus den Materialien hergestellt werden, die auf dem jeweiligen Planeten zur Verfügung stehen, auch wenn diese Materialien für unsere Augen keine Substanz hätten und solche Konstruktionen – wie allgemein im Fall der feinstofflicheren Welten – für unseren Sehsinn und genau genommen eigentlich für alle unsere normalen physischen Sinne völlig unsichtbar bleiben würden. Es fällt äußerst schwer, sich solche ätherischen Geräte als mechanische Vorrichtungen vorzustellen, doch glaubt man ROC´s Hellsichtigkeit und seinem inneren Sehen, so scheint diese pseudophysische Welt tatsächlich zu existieren.

Viele Jahre lang meinte ich, dass es sich bei den UFOs, die an unserem Himmel gesichtet werden, grundsätzlich um feste physische Objekte handelt, aber meine Meinung muss sich zwangsläufig ändern, da ihre Eigenschaften, wie verlautet, nur in wenigen Fällen unseren Normen entsprechen. Energiemanipulation, ein grundlegendes Merkmal der Seelenwelten, könnte es diesen Raumschiffen ermöglichen, ihre Dichte von ihrem grundlegend pseudophysischen, nicht greifbaren Grundzustand in einen physischen Zustand zu verändern, der mit unseren normalen Sinnen wahrnehmbar ist. Dies würde das Merkwürdige am Entführungsszenario, wonach diejenigen, die „mitgenommen" werden, auf ihrem Weg zum Raumschiff durch die massiven Wände und Fenster ihres Wohnhauses transportiert werden können, weitgehend erklären. Es wäre ein Leichtes, dies mit außerkörperlichen Reisen zu erklären, wenn diese Menschen nicht tatsächlich aus ihren Häusern, Autos und so weiter verschwunden wären. Nach der obligatorischen, äußerst übergriffigen und schmerzhaften Untersuchung durch diese gefühllosen Außerirdischen an Bord ihres Raumschiffs werden sie wieder zurückgebracht und weisen die Narben ihrer medizinischen Untersuchung auf, zum Beispiel Schürfwunden, Nasenbluten, innere und äußere Schmerzen und Beschwerden, die über Wochen anhalten. Ein physisches oder ein pseudophysisches Erlebnis? Oder beides? Mit Sicherheit ist dies ein Beweis dafür, dass Auswirkungen, die im Ätherkörper hervorgerufen werden, sich auch auf den physischen Körper niederschlagen können. Ist dies hier der Fall?

Die Welt der Entführten wurde von einer ganzen Reihe von Forschern untersucht, darunter Dr. John Mack, Professor David Jacobs von der Temple University und Budd Hopkins. Jacobs hat im Laufe seines Lebens an mehr als tausend Personen geforscht, wieder mit ganz ähnlichen Hypnosetechniken, wie sie Newton und andere zur Erkundung der Seelenwelten anwenden. Jacobs' Ergebnisse und die vieler anderer Forscher auf diesem Gebiet, darunter selbstverständlich auch Mack und Hopkins, deuten auf zahlreiche Gemeinsamkeiten zwischen den verschiedenen Berichten über Entführungen hin, und diese sind statistisch überzeugend. Jacobs widerwillig getroffene und höchst beunruhigende Schlussfolgerung lautet, dass dieses besondere außerirdische

Phänomen für die Menschheit nichts Gutes verheißt. Anscheinend haben nicht alle interplanetar Reisenden unser Bestes im Sinn. Dies wird durch einige Erfahrungen von ROC bestätigt, wenn er über die Anwesenheit feindlicher Raumschiffe an unserem Himmel und die Aktivitäten des Saturnschiffes zur Begrenzung ihres Einflusses spricht.

In den 1960er Jahren war das Interesse am UFO-Phänomen groß, und in Findhorn wie auch anderswo auf der Welt wurden Kontaktversuche unternommen. An einigen dieser Versuche in Findhorn war ROC beteiligt, und wie unten zu sehen ist, gab es etliche interessante Erfahrungen, auch wenn es nie zu der erhofften Materialisation oder physischen Erscheinung eines Raumschiffs kam.

Im Folgenden wird ROC′s erste Begegnung mit Hamid, einem „Raumfahrer“, in seiner Wohnung geschildert.

> 660224. Als ich abends im vorderen Zimmer saß und las, nahm ich im Sessel gegenüber eine Gestalt wahr, obwohl mich das Buch *The Living Past* sehr interessierte. Er war ganz der „klassische“ Raumfahrer und trug einen ziemlich eng anliegenden silbergrauen einteiligen Anzug und einen Helm. Ich versuchte, ihn aus meinen Gedanken zu vertreiben, aber er ließ nicht locker. Später sah ich, dass er in der Wohnung umherging, aber es gab keinerlei Form einer Kommunikation zwischen uns. Ich fand das lächerlich, weil ich stark bezweifle, dass es solche Wesen überhaupt gibt.

Am darauffolgenden Abend träumte ROC von einer Reise in einer fliegenden Untertasse. Dieser Traum und seine Anmerkungen im Anschluss an seinen Bericht sind interessant zu lesen:

660225. Träumte lange und lebhaft, dass ich in einer fliegenden Untertasse unterwegs war. Im Traum war ich anscheinend halbwach, und ab und zu war ich vollständig wach. Sobald ich wieder einschlief, ging der Traum weiter. So ging es mehrere Male. Manchmal schien es, als sei ich gleichzeitig in der Untertasse und beobachtete sie von einem Punkt im Weltraum aus. Sie war von goldbrauner Farbe und gerade groß genug, dass ich einsteigen konnte. Es war Nacht, und die Untertasse flog über zerklüftete Landschaften, ganz ähnlich denen, die ich in meinen Tiefenträumen besuche. Es gab auch hohe Gebirgszüge und in den Tälern vage erkennbare Städte. Irgendwann flog die Untertasse mit hoher Geschwindigkeit auf eine steile Klippe zu, und unmittelbar bevor sie dagegen zu prallen schien, schoss sie plötzlich nach oben. Dazu kippte sie seitlich weg und flog haarscharf an der Klippe vorbei. Es gab absolut keine wie auch immer geartete Empfindung. Dies war ein sehr lebhafter Traum.

Kommentare: Anscheinend sind mir fliegende Untertassen zurzeit sehr präsent, wahrscheinlich weil ich mit anderen darüber gesprochen habe sowie wegen der vorherigen Träume. Ich erinnere mich an Daniel Fry, der von seiner angeblichen Reise in einer fliegenden Untertasse in White Sands berichtete. Eine solchen Traum hatte ich noch nie.

Seine zweite Begegnung mit Hamid findet am darauffolgenden Abend statt. Interessant ist hier der Hinweis, „fliegende Untertassen" seien das Resultat der kollektiven menschlichen Projektion von Ideen und Idealen. Diese kristallisierten Gedankenformen werden dann dementsprechend von „Weltraumwesen" bewohnt, was gewissermaßen eine selbsterfüllende Prophezeiung darstellt!

Dieser Prozess ist praktisch mit der Erschaffung der mythischen Götter der Antike vergleichbar, bei der die Menschheit durch den Wunsch nach Kontakt mit dem Göttlichen diese Wünsche und Visualisierungen projiziert. Ist die Gedankenform erst einmal erschaffen, wird sie von einem Geistwesen übernommen und beginnt ein ausgedehntes Eigenleben, wie zum Beispiel als Pan, Apollon, Hermes oder Anubis. Es ist klar, dass die Macht der Gedanken weitreichende Auswirkungen haben kann, und in Astral- und Seelenwelten mag die Erschaffung von Gedankenformen die Norm sein, aber für unsere materielle Welt dies ist nicht gerade eine zu erwartende charakteristische Eigenschaft. Vielleicht ist dies eine heilsame Mahnung an die Macht der Gedanken, die gleichermaßen entweder konstruktiv zum Guten oder destruktiv zum Bösen eingesetzt werden kann. Wie Shakespeares Hamlet sagt: „Denn an sich ist nichts weder gut noch böse; das Denken macht es erst dazu."

Aber zurück zu Hamid:

> 660226. Wieder sehe ich den „Raumfahrer" mir gegenübersitzen, während ich lese und später in der Wohnung umhergehe. Kommunikation findet wie zuvor nicht statt. Nachdem ich zu Bett gegangen war und noch bevor ich das Licht ausschaltete, erschien er am Fußende des Bettes und sagte: „Ich bin Besuch aus dem Weltraum und komme von der Venus. Was fängst du jetzt damit an?" Ich fragte ihn, was er damit meine, und er erwiderte: „Nun ja, du glaubst nicht an mich, oder?" Er war etwa einen Meter siebzig groß und hatte blaue Augen, die vor Belustigung funkelten.
>
> Raumfahrer (R): Ich muss echt sein, meinst du nicht? Denn du würdest dir doch nie ein Wesen einbilden, an das du nicht glaubst. Vor gar nicht allzu langer Zeit hast du noch

gedacht, du würdest nie einen Raumfahrer sehen. Aber jetzt siehst du mich.

ROC: Wirklich?

R: Wo ist die Aufgeschlossenheit, auf die du so stolz bist?

ROC: Na gut, du bist ein Raumfahrer von der Venus, obwohl ich immer noch überzeugt bin, dass es auf keinem anderen Planeten in unserem Sonnensystem Leben gibt, das dem Leben, wie wir es hier kennen, ähnlich wäre.

R: Da hast du völlig recht.

ROC: Dann musst du ein Astralwesen sein.

R: Ja, ich bin das, was du als Astralwesen bezeichnest. Aber das Wort „astral" hat eine ganze Reihe von Assoziationen angesammelt, die sehr irreführend sein können. Wir müssen es mit Vorsicht gebrauchen, um uns genau zu vergegenwärtigen, was wir damit meinen.

ROC: Ja, da stimme ich zu. Okkultisten, Theosophen und so weiter haben dem Wort Bedeutungen gegeben, die die Idee dahinter undeutlich machen. Aber kannst du ein anderes Wort vorschlagen?

R: Im Moment nicht. Es ist besser, es weiterhin zu benutzen, solange wir wissen, was wir damit meinen.

ROC: Mit Astralebene meine ich eine andere Daseinsebene als diese und mit Astralkörper einen Körper, der aus einer anderen Materie besteht, die viel feiner ist als die physische Materie. Ist das richtig?

R: Ja. Mein Körper besteht aus einer anderen Materieart.

ROC: Golu hat mir gesagt, dass Astralmaterie wie physische Materie aus Atomen besteht, dass aber die Schwingungen schneller sind.

R: Das stimmt. Sie ist eine andere Form kosmischer Energie.

ROC: Ich sehe dich nicht mit meinem körperlichen Sehsinn.

R: Nein, sondern mit einem höheren Sehsinn, den du entwickelt hast, so wie du die anderen Wesen siehst, die dir erscheinen.

ROC: Könntest du auch meinem physischen Sehvermögen erscheinen?

R: Ja, aber das ist nicht nötig, da du mich ja mit deiner höheren Wahrnehmung sehen kannst. Man sollte nie tun, was nicht notwendig ist.

ROC: Gibt es fliegende Untertassen?

Der Raumfahrer lächelte: Das hängt davon ab, was du unter „geben“ verstehst, nicht wahr?

ROC: Bestehen sie aus physischer Materie, wie wir sie hier auf der Erde haben?

R: Nein, sie bestehen aus der feineren Materie, über die wir gerade gesprochen haben. Aber ihr Erdenmenschen habt sie gewollt.

ROC: Wir haben sie gewollt?

R: Ja. Eigentlich haben sie gewissermaßen als Gedankenformen angefangen. Ihr Erdenbewohner seid eine sehr materialistisch eingestellte Spezies – zumindest im Westen. Zwar habt ihr Gott und die spirituelle Seite des Lebens größtenteils abgelehnt, aber ein brennendes Bedürfnis nach Führung und Hilfe gab es trotzdem noch.

ROC: Jung hat das in seinem Buch über fliegende Untertassen behauptet und darauf hingewiesen, dass die Scheibenform auf dem archetypischen Symbol des Runden beruhen könnte – einem Mandala.

R: Da hatte er weitgehend recht. Die Projektion wurde zu einer Gedankenform. Sie knüpfte an ähnliche Ideen und

Visionen an und griff das eine oder andere von Science-Fiction-Autoren auf, die über Raumfahrt geschrieben haben.

ROC: Aber fliegende Untertassen haben doch sicher eine konkretere Existenz als das.

R: Oh ja. Wir haben sie als weitere Möglichkeit zur Kontaktaufnahme übernommen.

ROC: Wer ist „wir"?

R: Darüber kann ich dir nur sagen, dass wir körperlos sind in dem Sinne, dass wir nicht wie du einen physischen Körper haben. Wir können nicht direkt auf die Menschheit einwirken, außer unter sehr außergewöhnlichen Umständen.

ROC: Wie zum Beispiel bei einem Atomkrieg?

R: Möglicherweise, wenn er das Universum bedrohen würde. Aber wir können versuchen, durch diejenigen, mit denen wir Kontakt aufnehmen, der Menschheit zu helfen und sie zu leiten.

ROC: Du hast gesagt, du kämst von der Venus. Was hast du damit gemeint?

R: Ich komme aus jenem Teil der anderen Welt, die ihr die astrale nennt, der im physischen Universum dem Planeten Venus entspricht. Diese Angabe musst du einfach akzeptieren.

ROC: Das tue ich, und ich denke, aufgrund des Vorwissens, das mir vermittelt worden ist, verstehe ich es zumindest bis zu einem gewissen Grad.

R: Gut.

ROC: Hast du einen Namen? Und kannst ihn mir sagen?

R: Ich heiße Hamid.

ROC: Hamid.

R: Ja. Gute Nacht, Ogilvie. Ich werde dich wiedersehen.

Hamid verschwand, und mir blieb die außergewöhnliche Überzeugung, dass dies ein echtes Erlebnis im Wachzustand war. Ich schaltete das Licht aus und legte mich schlafen. Obwohl Hamid verschwunden war, konnte ich seine Anwesenheit weiter spüren.

Fast einen Monat später erscheint Hamid erneut:

660324. Heute Nachmittag, als ich in dem Sessel mit dem Rücken zum Fenster saß, betrat Hamid das Zimmer. Er kam mehr als er selbst zu mir, wie er sagte, ohne seinen Raumanzug. Er war das strahlendste Wesen, das ich je gesehen habe. Er strahlte etwas aus, das ich nur als „Licht" bezeichnen kann, und seine Schönheit war atemberaubend und Ehrfurcht gebietend. Sein Haar ist golden. Er trägt es in einer Art Pagenschnitt, wie man früher gesagt hätte. Es ist gelockt, reicht ihm bis etwa unter die Ohren und bildet über seiner Stirn einen lockigen Pony. Seine Haut ist honigfarben. Sein Körper ist perfekt proportioniert, und auf der Brust hat er einen leichten goldenen Flaum.

Später stand Hamid auf und kam auf mich zu. Ich rief: „Halt. Komm mir nicht zu nahe. Das ist zu viel." Aber er lächelte, kam zu mir herüber und legte mir die Hände auf die Schultern. Ich konnte ihr Gewicht spüren. Das Gefühl, das ich hatte, ist schwer zu beschreiben – wie ein starker elektrischer Schlag in Verbindung mit Hitze. Er trat einen Schritt zurück und streckte mir die Hände entgegen. Er sagte: „Gib mir deine Hände." Eher widerstrebend tat ich es. Er ergriff meine Hände; ich konnte den festen Griff spüren. Wieder das Gefühl eines elektrischen Schlags und von Hitze; ein starker Energiefluss setzte ein. Er hielt meine Hände eine ganze Weile; Empfindungen völliger Entspannung, tiefsten Friedens und ein Hochgefühl überkamen mich. Er beugte sich hinunter, küsste mich auf die Stirn und schaute mich dann an. Er ließ meine Hände los, lächelte und sagte: „Auf Wiedersehen, Gott segne dich. Ich komme wieder." Er drehe sich um und ging aus dem Zimmer (das Hochgefühl und den Frieden verspüre ich immer noch).

Nachdem er gegangen war, saß ich weiter zutiefst entspannt in dem Sessel. Dann aß ich zu Abend und saß wieder in dem Sessel, bis es ganz dunkel wurde und nur noch der Schein des Heizkörpers zu sehen war. Das war eine ganz wunderbare Erfahrung. Ich akzeptiere diese Wesen jetzt voll und ganz; sie sind nicht nur auf meine Einbildung zurückzuführen.

Später kam Tio herein und sagte: „Du hältst Hamid für das schönste Wesen, das du je gesehen hast. Und was ist mit mir?"

Er schaute mich vorwurfsvoll an.

„Geliebter Tio", [antwortete ich], „du und ich sind fast eins; irgendwie gehören wir zueinander. Ich liebe dich sehr. Du darfst dich von meinen Gedanken nicht verletzen lassen."

Tio brach in Gelächter aus. „Ich nehme dich doch nur auf den Arm. Verletzen lassen, wir können gar nicht verletzt sein. Wir kennen keine Eifersucht; das ist ein menschlicher Fehler. Natürlich ist Hamid schön – wie alle seine Artgenossen. Es sind strahlende Wesen." Dies empfange ich jetzt, während ich schreibe.

ROC: Ist er ein Raumfahrer von der Venus?

Tio: Was denkst du? Er kam als einer zu dir. Aber denke daran, was er dir eingegeben hat. Er hat dich vor den Rätseln und Paradoxien gewarnt. Wir sind sehr wandelbare Wesen.

Wir haben viele Gestalten und Formen. Du musst das Erscheinungsbild akzeptieren. Sie sind wahrhaft ewig und doch vergänglich. Vergiss nicht, Gott ist das eine Große, sich nie verändernde, sich ständig wandelnde Wesen, und wir sind nach seinem Bilde erschaffen. Akzeptiere als wahr, was du nicht glauben kannst. Glaube an die sich ständig verändernde Konstante. Das unlösbare Rätsel ist verstehbar.

ROC: Das ist eine neue Seite von dir, Tio. So hast du noch nie kommuniziert.

Tio: Meine Kommunikation liegt in meinen Händen. Deshalb drücke ich mich in Worten aus. Ich bin Teil des Rätsels. Ich bin der Erdgeist, und ich komme von oben. Das Oben ist unten, und das Unten ist oben. Alles ist widersprüchlich, und alles ist ein einziges Ganzes.

Tio lacht über mich. Er strahlt Freude aus. Doch ich weiß, dass er tiefe Wahrheiten ausspricht, und irgendwie verstehe ich sie tief in Inneren.

Der folgende Auszug stammt aus ROC´s Erlebnissen in Findhorn, als man dort Kontakt zu Weltraumwesen gesucht hat:

660408. Wir haben wieder den Strand besucht. Dieses Mal war die Kraft so stark, dass ich nicht über die Mitte des Areals am Strand gehen konnte. Als wir zurückkamen, musste ich mich über meine Hände erden. Bei einer Nachmittagssitzung wurden wir trotz des schlechten Wetters – stark bewölkt, trüb und kalt – aufgefordert, uns bereitzuhalten. Ich hatte das seltsame Gefühl, mit einem Raumschiff in Kontakt zu sein, das ich über mir verorten konnte. In einer Vision sah ich mich in der Mitte des Strandareals in einem violetten Strahl stehen. Schon bald schwebte ich in dem Strahl nach oben und befand mich in einer Art Kontrollraum an Bord des Schiffes. Dort gab es mehrere Bildschirme, etwa in der Art unserer Fernsehbildschirme, aber irgendwie anders. Es gab viele seltsam aussehende Geräte, anders als alles, was man hier kennt, und dazu mehrere Männer in Kasacks und leichten Hosen. Beim Blick auf einen Bildschirm erkannte ich, dass ich auf Findhorn hinunterschaute, das in einiger Entfernung unter uns lag. Es stieg schnell nach oben, bis ich auf den Strand und dann auf den Wohnwagen-Stellplatz sah. Dann verblasste die Vision. Ich wusste, dass ich an diesem Abend irgendwie die Leitung der Operation innehaben und dann wissen würde, was zu tun ist.

Wir zogen uns sehr warm an und fuhren gegen 21:30 Uhr in zwei Autos los. Der letzte Teil war eine sehr holprige Strecke zum Strand. Es war sehr dunkel. Am Strand machten wir ein Feuer. Die Kraft war außergewöhnlich, und vom Himmel herunter kam eine starke Strahlung. Ich hatte sie schon früher am Abend am Wohnwagen-Stellplatz gespürt. So etwas ist mir in meinem ganzen Leben noch nicht begegnet. Es war ganz bestimmt real.

Auf dem Weg zum Strand war ich ziemlich beunruhigt, denn ich wusste ja, dass ich im Zentrum des Areals würde stehen müssen, über das ich noch vor ein paar Stunden nicht hatte gehen können, und jetzt war die Kraft sogar noch viel stärker. Hamid beruhigte mich sofort und sagte, egal, was passiere, ich solle mir keine Sorgen machen, und ich würde es schaffen; was ich täte, geschähe auf Anweisung. Ich bat die anderen acht Personen, sich zu konzentrieren und das Bild eines violetten, röhrenartigen Strahls aufrechterhalten, der von meinen Füßen aus in einer Richtung, die ich ihnen angab, über das Meer führte. Ich spürte, dass sich das Raumschiff in einer bestimmten nordwestlichen Richtung befand.

Ich stand im Zentrum des Areals mit Blick in die Richtung, die ich angegeben hatte. Die Kraft war ziemlich gewaltig, aber ich stellte fest, dass ich sie aushalten konnte. Nach einiger Zeit trat ich aus dem Kreis und ging zurück zu den anderen, die auf Teppichen in der Nähe des Feuers saßen. Es bestand ein Gefühl gespannter Erwartung. Mehrmals dachte ich, ich hätte draußen über dem Meer etwas gesehen. Der Feuerschein blendete ein wenig, deshalb ging ich später hinunter zum Meer. Parallel zum Meer verlief ein langer Kiesstreifen. Er war sehr stark mit Kraft aufgeladen. Ich hatte die ganze Zeit das Gefühl, dass mir eine Mischung aus Kribbeln, Prickeln und elektrischen Schlägen an den Beinen und am ganzen Körper hinauflief. So etwas hatte ich noch nie gespürt, obwohl es mich an das Gefühl erinnerte, als ich das Taufbecken in St. Annes hielt.

Als ich auf das Meer hinausschaute, sah ich ganz kurz eine Gestalt wie eine fliegende Untertasse, die dicht über dem Meer auf uns zu glitt. Sie leuchtete blau. Aber dies war das einzige Mal, dass ich einen kurzen Blick darauf werfen konnte. Ich ging zurück zu den anderen. Zweimal hatte ich den Eindruck, dass eine fliegende Untertasse über uns hinwegstrich, wenn auch unsichtbar. Dies wurde später von Eileen Caddy und drei anderen bestätigt, die alle denselben Eindruck gehabt hatten. Einmal war ich überzeugt, dass sich eine Untertasse am Strand befand, aber unsichtbar war. Ich wusste, dass sie eine dreiköpfige Besatzung hatte. Wieder unten am Kiesstrand, nannte mir eine Stimme meinen Namen: Cafron – offenbar mein Saturn-Aspekt. Später stand ich noch einmal eine Zeit lang im Zentrum des Areals. Die Kraft war gewaltig.

Ich machte Gebrauch von meinem Namen und rief, jemand möge antworten. Eine Gestalt erschien am Strand. Er war ziemlich nebulös und trug anscheinend einen braunen Kasack und Hosen sowie einen braunen Umhang. Er sagte mir, wegen der feuchten Wolkenschichten seien sie nicht in der Lage, die für eine Materialisierung erforderliche Strahlung zustande zu bringen (sie konnten nicht bis zur notwendigen Stärke „aufdrehen"). In jener Nacht könne nichts mehr getan werden, aber es sei ein ausgezeichneter Anfang gemacht worden.

Als ich zu den anderen zurückkam, fand ich Eileen in einem halb kollabierten Zustand vor, die Hände auf den Boden gepresst. Später sagte sie mir, die Kraft, die durch sie hindurchgerauscht sei, sei fast zu stark gewesen. Auch Lena hatte sie gespürt. Sie breitete sich von meinen Füßen über den Erdboden aus. Ich glaube, bei künftigen Versuchen müssen die anderen weiter weg sein. Ich habe meine Schuhe, die Gummisohlen hatten, nicht ausgezogen. Ich war dazu nicht aufgefordert worden. Nach einer der seltsamsten Erfahrungen meines ganzen Lebens kehrten wir gegen 0:30 Uhr zu den Wohnwagen zurück.

Ein Jahr später, wieder in Findhorn, kommt ROC in eine Situation, in der er sich an zwei Orten gleichzeitig erlebt. Sein Bericht über die Steuerelemente im Inneren des Raumschiffs ist interessant:

670401. Gestern Abend Eindruck eines Saturn-Raumschiffs, das sich von Nordosten her nähert. Da ziemlich viele Nachtflüge unterwegs waren, mussten sie eine Zeit lang unsichtbar warten, für den Fall, dass die Strahlen, die sie einsetzen wollten, den Flugzeugen schaden würden. (Das Raumschiff führte eine Operation zur „Reinigung" des Moors mit Strahlen durch.) Wie schon einmal hatte ich wieder das Gefühl, dass ich sowohl im Wohnwagen im Bett lag als auch im Kontrollraum des Raumschiffs an einem Steuerpult saß – es war halbrund und hatte viele „Hebel“, wie ich sie auf der Erde noch nie gesehen habe.

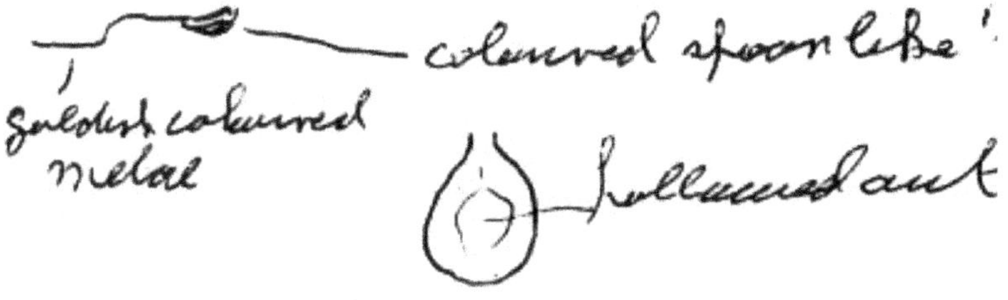

goldfarbenes Metall

farbiger löffelartiger Knopf ausgehöhlt

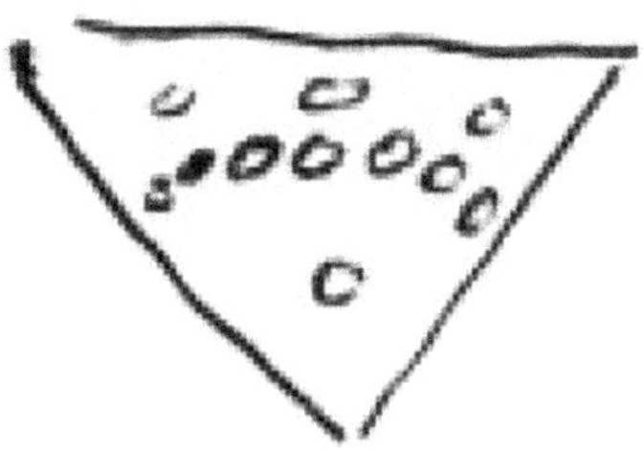

Die „Knöpfe“ hatten verschiedene Farben und waren in Reihen angeordnet, ähnlich wie Orgelregister. Es gab dreieckige Messinstrumente mit winzigen hinterleuchteten Löchern.

Tagebuchskizze eines Messinstruments in dem Raumschiff vom Saturn

Weitere drei Jahre später, wieder in Findhorn, begegnet ROC bei einem Spaziergang über das Moor in der Nähe des Findhorn-Zentrums dem Raumschiff noch einmal und merkt, dass er sich vorübergehend außerkörperlich darin befindet:

> 700430. Nach der Morgensitzung zum Strand gegangen. Trüb, aber schöner Tag mit sehr wenig Wind. Statt auf dem üblichen Weg ging ich bis zur neuen Straße und dann auf ihr weiter zum Moor. Zunächst hatte ich vor, das Moor zu überqueren, um zu einer Stelle weiter weg am Strand zu gelangen, aber ich verspürte einen starken Drang, zum Landeplatz zu gehen, und gab dem nach. Hamid war eine Zeit lang bei mir – nicht in seinem Raumanzug, sondern als sein prachtvolles Selbst. Er strahlt Licht aus, ein wahrhaft leuchtendes Wesen. Als ich oben auf der Sandbank über dem Landeplatz angekommen war, war ich allein und nahm über mir sofort das Saturnschiff wahr. Ich habe es schon lange nicht mehr gespürt, weder hier noch in Edinburgh. Sie überwachen immer noch den Weltraum. Man sagte mir, dies bedeute keine Wiederaufnahme der Weltraumaktivitäten in Findhorn, und von einem Landeversuch könne vorerst keine Rede sein. Diese Zeiten waren anscheinend vorbei.
>
> Ich wurde gedrängt, zum Strand hinunter ins Zentrum des Landeplatzes zu gehen. Dort war Kraft, und als ich da stand, wurde eine ganze Menge durch mich hindurchgeleitet.
>
> Mein Saturnaspekt erschien vor mir in einem Raumanzug, aber ohne Helm und etwa so groß wie ich. Er fragte mich, ob ich ihn vergessen hätte. Ich sagte, nein, ganz be-

stimmt nicht. Wenn ich außerkörperlich auf Schutzmission bin, spüre ich recht häufig, dass ich er bin, dann als fast acht Meter großes Wesen. Einen Moment lang befand ich mich im Raumschiff – ein Wesen von großer Macht und Autorität, das zu einer Gruppe von Wesen in Raumanzügen oder Roben spricht. Dann war ich wieder allein am Strand. Es war faszinierend, und es ist schön zu wissen, dass es diese Wesen, und auch das Raumschiff, immer noch gibt.

Kapitel 9

Das gedankengesteuerte Universum

Das Denken ist das Produkt unseres persönlichen Verstandes, hauptsächlich des Egos, und es manifestiert sich (normalerweise) in logischen Gedankengängen und Schlussfolgerungen, die häufig auf unsere unmittelbaren Bedürfnisse zugeschnitten sind. Daraus entstehen dann Erfindungen, die in einem schrittweisen Prozess unsere Lebens-, Arbeits- und Freizeitgestaltung verändern. Da wir in einer Welt der Dualität leben, können unsere Gedankengänge entweder zu konstruktiven oder zu destruktiven Ergebnissen führen. So kann beispielsweise die Atomenergie für die Versorgung unserer Stromnetze oder auch für Atombomben genutzt werden. Wir können überlegen, wie sich das Los der Menschheit verbessern lässt, oder wir können durchtriebene Pläne aushecken, um unsere Mitmenschen zu beherrschen und auszubeuten oder sogar auszulöschen.

So verstanden, leben wir in einem Universum, das auf Gedanken reagiert und von ihnen geprägt wird. Auf der physischen Ebene, auf der wir leben, sind die Ergebnisse nicht immer so unmittelbar spürbar wie in höher schwingenden Welten, obwohl die sogenannten „Löffelbieger", wie etwa Uri Geller, mit ihren zielgerichteten Gedankenenergien recht schnelle Ergebnisse erzielen können. Auch ROC konnte, insbesondere wenn er sich auf seine magischen Aspekte wie zum Beispiel Merlin einstellte, mit rein mentalen und spirituellen Mitteln physische Effekte erzielen.

Der Helikopter-Vorfall

In ROC's Aufzeichnungen gibt es ein interessantes Beispiel, das dies belegt. Es betrifft seine Versuche zu verhindern, dass ein Helikopter über einer Bergregion Chemikalien zur Beseitigung von Farnkraut versprüht. Dazu sollte er betriebsunfähig gemacht werden, aber so, dass dem Piloten nichts passierte. Der betreffende Berg grenzt an Loch Tay, und der Vorfall ereignete sich im August 1974:

> 740807. Heute ist es wieder trüb und dunstig, daher erscheint es unwahrscheinlich, dass gespritzt wird, aber gegen 16:30 Uhr erhielten wir telefonisch Nachricht vom Hirten, dass der Helikopter um 17:30 Uhr käme! Jo machte sich sofort daran, die Ponys vom Berg zu holen, die Wohnwagen zu räumen und die Wasserversorgung aus dem Bergbach abzustellen.
>
> Als zum ersten Mal von den Spritzungen gegen das Farnkraut die Rede gewesen war, hatte sie sofort mit dem Geschäftsführer gesprochen und ihm gesagt, sie werde die Angelegenheit ihrem Anwalt übergeben und anschließend prüfen lassen, ob die Kinder in den Wohnwagen und die Tiere irgendwelche Schäden abbekommen hätten. Ein wenig beunruhigt, nahm dieser daraufhin Kontakt zu der Firma auf, die die Spritzungen durchführt, und diese sagte, sie seien völlig harmlos. Das vernichtete Gras würde wieder nachwachsen. Dennoch setzte sich die Firma auch mit dem Spritzmittel-Hersteller in Verbindung, und der gab an, es sei für Tier und Mensch vollkommen harmlos. Allerdings sollten alle Tiere vom Berg gebracht werden, und über bewirtschafteten Flächen würde nicht gespritzt. Für Menschen sei es vollkommen unschädlich, aber die Wasserversorgung sollte für acht-

undvierzig Stunden abgestellt werden. Trotz der völligen Unbedenklichkeit war keiner der Zuständigen bereit, irgendeine Verantwortung zu übernehmen.

Ich machte mir große Sorgen, denn ich lehne die Vernichtung von Vegetation mit solchen Methoden strikt ab. Die Langzeitfolgen sind völlig unbekannt. Dies ist ein ganz besonderer Ort. Irgendwie muss das verhindert werden, um jeden Preis. Ich setzte alle Kraft ein, die ich aufbringen konnte, um Wind und Regen zu erzeugen. Der Wind war fast abgeflaut, und obwohl es immer noch bewölkt und dunstig war, sah es ganz so aus, als würden sie loslegen.

Das Wetter kann man nicht in wenigen Minuten ändern. Das erfordert Zeit. Vielleicht war ich mitverantwortlich dafür, dass das Wetter bis jetzt so unpassend war, aber nun war ich unvorbereitet, denn der Tag schien ungeeignet.

Die einzige andere Möglichkeit bestand darin, den Helikopter außer Betrieb zu setzen, aber so, dass er nicht abstürzt und der Pilot keinesfalls verletzt wird. Obwohl ich das Gefühl hatte, dass die Angelegenheit so wichtig war, dass sogar dies möglich wäre, solange er dabei nicht ums Leben käme. Zum Beispiel könnte sich ein Rotorblatt lösen, bevor der Helikopter abhebt oder wenn er sich erst knapp über dem Boden befindet. Jedenfalls kam der Helikopter, er flog von Süden über den Loch Tay und landete auf einem Feld auf der anderen Seite der Hauptstraße unterhalb des Wohnwagen-Stellplatzes. Kurz danach trafen der Lastwagen mit den Tanks für das chemische Spritzmittel, außerdem ein Auto mit einem Wohnwagen, ein großer Lieferwagen und zwei Personenwagen ein. Es begann eine rege Betriebsamkeit.

Ich stand vor dem Haus, schaute auf das Feld hinunter und öffnete mich für das Weiterleiten der notwendigen Energien.

Ich nahm den Merlin-Aspekt wahr, wurde dann zu ihm und wirkte mit ganzer Kraft hermetische Magie. Ein gewaltiger Energiestrom setzte ein, und ich nahm einen mächtigen Willen wahr, der die Energien lenkte. Es war ein ähnlicher Effekt wie bei meinem ersten Besuch in Glastonbury, als ich feststellte, dass von meiner Stirnmitte ein Strahl, ähnlich einem Laserstrahl, ausging. Ich richtete den Strahl mit aller Willenskraft, die ich aufbringen konnte, auf den Helikopter – irgendetwas sollte im System schiefgehen, oder es sollte eine Panne im Stromkreis der Zündung geben. Ich versuchte es mit einer pulsierenden Technik. Einmal versuchte ich sogar eine Art Uri-Geller-Technik, um das Metall der Rotorblätter zu verbiegen, gab das aber als zu riskant für den Piloten wieder auf. Die Rotorblätter drehten sich seit der Landung ununterbrochen.

Es dauerte eine ganze Weile, die Spritzmitteltanks vom Lastwagen aus zu befüllen, fast eine halbe Stunde. Säcke mit orangefarbenen Markierungsschildern wurden den Berg hinaufgeschafft, um anzuzeigen, welche Flächen bereits besprüht worden waren. Die ganze Vorgehensweise verbreitete eine schrecklich finstere Atmosphäre der Zerstörung mit technischer Perfektion – äußerste Rücksichtslosigkeit. Während der gesamten halben Stunde konzentrierte ich mich voll auf den Helikopter. Der Energiestrom war unglaublich, und ich nahm auch eine gewaltige Kraft wahr, die vom Berg herabkam, von dessen Geist und von den Naturgeistern.

Nichts passierte; kurz nach sechs hob der Helikopter ab und begann sein tödliches Werk. Er sah aus wie ein böses Insekt, das über dem Hügel schwebte und sein tödliches Gift über dem Farnkraut absonderte – alles nur, um mehr Weideland für die Schafe des Besitzers zu gewinnen – Profit und sonst gar nichts.

Ich beobachtete alle Einsätze des Helikopters, der nach jedem Flug zum Auffüllen auf das Feld zurückkehrte. Mir war schlecht, und ich war schrecklich müde, die Anstrengung hatte mich fast umgebracht, und mein Herz reagierte heftig. Niedergeschlagen und desillusioniert ging ich wieder ins Haus. Von wegen Merlin! Das war alles Quatsch. Wie konnte ich nur hoffen, einen Helikopter außer Betrieb zu setzen! Für mich war's das mit der Magie! Ich würde sie komplett aufgeben, mich in mich selbst zurückziehen und den Rest meines Lebens nur noch Schundromane lesen. Von wegen New Age – jede Menge dummes Zeug!

Als ich zu Bett ging, war ich allerdings nicht niedergeschlagen – ein leises Gefühl, dass doch noch nicht alles verloren war. Irgendetwas musste passiert sein. Das Spritzmittel würde irgendwie nicht wirken. Das Spritzen spielte keine Rolle. Selbst wenn die Heide vorübergehend vernichtet war, würde sie doch nachwachsen und die Bergregion mit einer mutierten Variante besiedeln, die gegen Spritzmittel resistent war. Mir wurde gesagt, ich solle es vergessen. Wichtig war die vollständige Integration der hermetischen Magie, die ich beschworen hatte und zusammen mit den Energien der Elementargeister nutzen konnte. Bisher war beides getrennt gewesen, aber von jetzt an waren sie integriert und miteinander verschmolzen und konnten gemeinsam zum Einsatz kommen. Meine eigenen Fähigkeiten und meine Macht waren in erheblichem Ausmaß gesteigert worden. Deshalb hatte das Spritzen stattfinden müssen. Es war ein voller Erfolg gewesen, und weder der Region noch ihren Bewohnern würde ernsthafter Schaden entstehen.

Ich war vollständig beruhigt und muss wohl eingeschlafen sein. Beim Aufwachen stellte ich fest, dass der Regen, den ich beschworen hatte, eingetroffen war. Es hatte die ganze Nacht geregnet. Gut möglich, dass das Spritzmittel von dem Farnkraut abgewaschen worden war, bevor es seine Wirkung hatte tun können.

Der Morgen war sehr merkwürdig. Ein seltsamer dunstiger Nebel hing über dem See und dem ganzen Landstrich. Jo sagte, dies sei völlig anders als alles, was sie hier schon erlebt habe. Vom Berg kam ein Gefühl der Wut: Alles war unwirklich.

Ich hatte im Bett gefrühstückt und danach noch eine Weile gelesen. Zwischenzeitlich hatte ich das Geräusch des Helikopters gehört und gedacht, der wird doch jetzt bestimmt nicht noch mehr spritzen. Ich zog mich an und ging in den Aufenthaltsraum. Jo fragte: „Was hast du bloß mit dem Helikopter angestellt?"

„Was meinst du? Ich habe es nicht geschafft, ihn betriebsunfähig zu machen."

„Glaubst du? Komm her und schau dir das an. Er kann nur wenige Meter vom Boden abheben!"

Offensichtlich hatte er versucht wegzufliegen und zum Stützpunkt zurückzukehren, schaffte das aber nicht. Schweigend beobachtete ich seine vergeblichen Flugversuche. Die Rotorblätter drehten sich, aber er konnte nicht genug Kraft entwickeln oder mehr als ein paar Meter fliegen. Er drehte sich und flog seitwärts, kam aber schließlich zum Stillstand und ging dann in der Nähe herunter. Der Lastwagen mit den Spritzmitteltanks war weg, ebenso der Lieferwagen, der zum Helikopter gehörte. Doch nach ein paar Stunden kam eine Gruppe von Männern, stand herum und sinnierte über den Hubschrauber. In den nächsten Stunden herrschte rege Betriebsamkeit, dann ein weiterer Versuch, aber nichts geschah. Er kam nicht vom Fleck. Weitere Betriebsamkeit, bis er schließlich gegen 17:30 Uhr in geringer Höhe etwa hundert Meter am Berghang entlangflog. Dann fing der Motor an zu stottern und zu spucken, und er kehrte wieder auf das Feld zurück, wo er über Nacht stehen blieb.

Reiner Zufall oder verspätete Wirkung? Wie das Wetter brauchte auch eine Panne eine gewisse Entstehungszeit. Ich kam zu dem Schluss, dass Merlin vielleicht doch nicht so machtlos war. Sehr starker Regen – am Nachmittag sintflutartig und mit fernem Donnergrollen. Das war gut so, denn er spülte das Spritzmittel ab.

In der Nacht folgten weiterer Regen und Nebel. Nach dem Frühstück gab es weitere Aktivitäten beim Lieferwagen, der zu dem Helikopter gehörte; und ein Auto tauchte auf. Der Rotor lief, aber es entstand kein Auftrieb. Der Helikopter blieb den ganzen Tag dort und flog schließlich gegen 17:30 Uhr ab. Als Jocelyn später ins Café hinunterging, erfuhr sie, dass der Pilot und alle anderen im Café gewesen waren. Der Pilot hatte gesagt, beim Spritzen sei etwas kaputtgegangen. Alles sehr merkwürdig – und wenn das ein Zufall war, dann wenigstens ein sinnvoller!

Ein paar Tage später erfuhr ich von Jo, dass ein zweiter Helikopter ausgefallen war, den die Spritzleute im Einsatz hatten. Der komplette Sprühmechanismus war abgefallen! Dies setzte ihrem Treiben für dieses Jahr ein Ende!

Psycho-Kybernetik

Maxwell Maltz untersucht in seinem faszinierenden Buch *Erfolg kommt nicht von ungefähr: Psychokybernetik*, wie wir vorgehen, wenn wir unsere Ziele im Leben erreichen (oder verfehlen). Er betrachtet das Gehirn und den ihm unterworfenen Körper als eine zielsuchende, im Grunde teleologische Entität, die sich ihrem vordefinierten Ziel bewusst oder unbewusst durch eine Reihe von konstruktiven Bewegungen und Fehlerkorrekturen nähert, bis das gewünschte Ergebnis erreicht ist. Er vergleicht den Prozess mit einem Torpedo in Bewegung, der sein Ziel nicht direkt, sondern durch eine Reihe von Kursänderungen erreicht; wo unerwartete Bedingungen vor Ort den Torpedo zu Kursabweichungen zwingen, wird diese Fehlerinformation an den Steuerungsmechanismus zurückgemeldet, der dann die notwendigen Kurskorrekturen vornimmt und den Torpedo wieder „auf Zielkurs“ bringt.

Er betont, wie wichtig es ist, sich von vornherein ein Ziel zu setzen. Wenn wir visualisieren oder uns vorstellen, dass wir an einer bestimmten Aufgabe scheitern, dann hat dieser Glaube die Macht, genau das eintreten zu lassen, auch wenn wir uns verzweifelt das Gegenteil wünschen. Wenn wir uns vorstellen, dass die Aufgabe unmöglich ist, dann sorgt das gehorsame Gehirn dafür, dass diese Vorstellung wahr wird, und ist dabei zweifellos der Meinung, es habe ausgezeichnete Arbeit geleistet, indem es an der gestellten Aufgabe gescheitert ist, wodurch die ursprünglichen Ausgangsbedingungen unserer Vorstellung gemäß erfüllt wurden.

Entscheidend ist, dass der Folgesatz ebenso gilt. Sobald wir erkennen, wie das System funktioniert, betont Maltz, können wir unsere eingebettete Denk- und Glaubensstruktur ändern, um uns die besten Ergebnisse zu sichern. Wo Wille und Vorstellung miteinander im Konflikt sind, so Maltz, wird die Vorstellung unweigerlich den Sieg davontragen. Die Macht des Glaubens hat es in der Hand, sowohl unser individuelles als auch unser globales Schicksal zu gestalten.

Sich ein Ziel zu setzen, wird damit vorrangig, und wenn das eine erreicht ist, müssen wir uns das nächste setzen und so weiter. Wenn wir aufhören, uns Ziele zu setzen, hat das Gehirn keine Befehle zur Steuerung der Körpermechanismen mehr; das Schiff hat keinen Zielhafen. Trägheit, Verzweiflung und nachlassende Gesundheit können unter anderem die Folgen sein.

Manifestation

Auf der Grundlage von Maltz‘ Denken zeigt ein Beispiel aus ROC´s Archiven, in dem ihm von St. Germain gesagt wird, dass in einem Lichtzentrum wie Findhorn Vollkommenheit das Ziel sein sollte, dass dieses Ergebnis durch die oben umrissenen psychokybernetischen Prinzipien fast von selbst erreicht werden könnte. Wenn die Idee erst einmal fest akzeptiert und im Denken verankert ist, ist das Gehirn ständig auf der Suche nach den Mitteln, um das gewünschte Ziel zu erreichen. Selbstverständlich kann es sein, dass andere Kräfte unsichtbarer Natur dabei behilflich sind. St. Germains Botschaft von der Vollkommenheit wurde erstmals im April 1967 durch ROC übermittelt, im Juli wiederholt und im Oktober um Warnungen vor Extravaganzen ergänzt:

> 670428a. Vollkommenheit ist das Ziel. Wo es keine Vollkommenheit oder zumindest etwas gibt, das ihr sehr nahekommt, kann das, was jetzt im Ätherischen vorhanden ist, nur unter größten Schwierigkeiten manifestiert werden. Nimm als Beispiel nur einmal das Grundstück, das jetzt für neue Bungalows vorbereitet wird. Diese Arbeit muss der Vollkommenheit so nahekommen wie dies menschliche Fehlbarkeit nur irgend zulässt, sonst kann die wahre und zügige Manifesta-

tion auf der physischen Ebene nicht erfolgen. Wir nehmen unbedingt Rücksicht auf die Grenzen des Menschen und die Unvollkommenheiten physischer Materialien, die vergänglich sind und fehlerhaft sein können, aber Vollkommenheit muss das Ziel bleiben. Der Mensch muss versuchen, über seine Grenzen hinauszuwachsen, und er muss die besten Materialien aussuchen, die verfügbar sind. Nichts anderes ist gut genug für Gottes Werk. Vollkommenheit muss das Ziel bleiben, auch wenn sie noch so fern scheint. Sie ist erreichbar, und scheinbare Misserfolge dürfen den Glauben an dieses Ziel nicht schmälern.

Um die vollständige Manifestation des idealen Findhorn-Zentrums zustande zu bringen, müssen alle vorhandenen Unvollkommenheiten sorgfältig ermittelt und behoben werden. Dies wird Zeit brauchen, doch Zeit ist kostbar, und es gibt viel zu tun. Das Wichtigste muss zuerst kommen, und das Wesentliche für das tägliche Leben muss getan werden. Aber wann immer es möglich ist, solltet ihr die Unvollkommenheiten suchen und sie nach und nach beheben, denn erst wenn dies geschafft ist, kann sich das, was oben ist, vollständig manifestieren. Nur das Vollkommene ist in so einem Zentrum wie Findhorn gut genug für Gottes Werk. Weniger Vollkommenes mag anderswo akzeptabel sein, aber nicht hier im Pionierzentrum für das Neue Zeitalter. Vollkommenheit muss immer das Ziel sein.

670723a. Findhorn 10:15 Uhr. Ich war gezwungen, mich hinzusetzen und Folgendes aufzunehmen: Plant auf Vollkommenheit hin. Vollkommenheit muss das Ziel sein, denn hier in Findhorn soll der Himmel auf Erden manifestiert werden. Im Himmel gibt es nur das Vollkommene, deshalb muss auch in seinem irdischen Gegenstück Vollkommenheit sein. Dies ist im Moment nicht leicht zu erreichen, da die Menschheit noch längst nicht vollkommen ist, aber es ist das Ziel, das es anzustreben gilt.

Es bedarf des Verständnisses und der gedanklichen Neuorientierung und des Versuchs, die Dinge aus verschiedenen Blickwinkeln zu betrachten. Jede Person ist anders, jede hat ihren eigenen Beitrag zu leisten, jede ist auf einem anderen Weg, aber das Ziel ist in jedem Fall dasselbe. Das Verständnis muss sich erweitern, und es muss ein höheres Maß an Toleranz geben. Die alte Vorstellung „ich allein habe recht, und alle, die anders sind als ich, haben unrecht" muss verschwinden.

Was die Frage der Vollkommenheit anbelangt, so gibt es Menschen, die ein Gott geweihtes Leben der Selbstaufopferung geführt und sich Dinge vorenthalten haben, die sie hätten haben können, weil sie glaubten, dies sei gottgefällig. Um diese Lebensweise einzuhalten, haben sie sich mit dem weniger Guten, mit dem Unvollkommenen zufriedengegeben. Für sie ist diese Lebensweise richtig. Sie ist aufrichtig und hat echten Wert für alle, die dazu berufen sind. Aber hier in Findhorn ist sie jetzt nicht richtig, denn hier soll der Himmel auf Erden offenbar werden. Hier verlangt Gott das Beste, nicht zur Befriedigung der Gruppe, die hier lebt, sondern zu Seiner Verherrlichung. Das bedeutet nicht Luxusleben oder Extravaganz. Es ist eine Frage des Bedarfs. Wo echter Bedarf besteht, muss er mit dem Besten gedeckt werden. Deshalb muss Vollkommenheit das Ziel sein.

671008. Edinburgh. Es kommt zu leicht Geld herein, und dies führt zu einem gewissen Maß an Extravaganz, die kein echter Bedarf ist, auch wenn sie auf dem Vollkommenheitsideal beruht. Als durch dich die Botschaften über Vollkommenheit übermittelt wurden, wurdest du als Prüfer eingesetzt. Es darf keine Extravaganz oder unnötigen Ausgaben geben – das wäre eine Verschwendung von Gottes Gaben. Nur das Beste ist gut genug für Gott – aber dies gilt für Bedürfnisse, nicht für Wünsche oder Begierden.

Rückwirkungen

Die meisten Menschen gehen wohl zu Recht davon aus, dass Gedanken, die in vielen Fällen von starken Emotionen untermauert werden, am Ende zum gewünschten Ergebnis führen und das Ganze damit abgeschlossen ist. Allerdings hat es den Anschein, dass Gedanken, da sie eine starke Energie-Komponente haben, weit über ihre unmittelbare Umgebung hinaus ausstrahlen und sich ihre Wellen in ein Universum ausbreiten, das so konzipiert ist, dass es auf Gedanken reagiert. Je nach Art des Gedankens haben diese Wellen positive oder negative Auswirkungen. Wenn Liebe oder Hass stark zum Ausdruck gebracht werden, aktivieren diese Gedanken und Gefühle nicht nur entsprechende Prozesse im Gehirn, sondern sie werden auch telepathisch ausgestrahlt, und ihre Energie kann schöpferische oder zerstörerische Rückwirkungen haben, auch wenn diese nicht als solche wahrnehmbar sind. Machtvolle Rituale (hierunter fallen Schwarze und Weiße Magie), Gebete (Newtons Klientinnen und Klienten zufolge werden übrigens alle Gebete erhört, wenn auch nicht unbedingt mit sofortiger Wirkung) oder die Folgen geballter Emotionen und kraftvoll zum Ausdruck gebrachter Überzeugungen haben aufgrund der konzentrierten Energie, die sie freisetzen, weitreichende Auswirkungen in den unsichtbaren Welten. Sie wirken auch auf unser physisches und psychisches Leben zurück, wobei negative Ausstrahlungen unsere Negativität und positive unsere Positivität verstärken.

Ebenen der Illusion

Die Auswirkungen unserer Denkmuster reichen weit über diesen Rückwirkungs-Effekt hinaus. Sie sind in der Lage, in den feinstofflicheren Welten Strukturen und Formen zu erschaffen, die ein Eigenleben annehmen und kurzlebig bis nahezu dauerhaft sein können. Diese Gedankenschöpfungen sind nicht auf die unteren Astralebenen begrenzt, sondern reichen bis weit hinauf in die höheren Ebenen, wo sich Energie sehr viel leichter formen lässt (nach den Erkenntnissen von Newton und Bueller), was auf der unteren Astralebene zu ausgesprochen unangenehmen Zuständen und auf den höheren Ebenen zu einer beseligenden Umgebung führt, in der angenehme Nachbildungen unseres früheren Erdendaseins geschaffen werden, aber ohne alle Unannehmlichkeiten. Doch so angenehm oder unangenehm real diese Bereiche auch scheinen mögen, sie sind weitgehend illusorisch. Gedankenenergie hat sie erschaffen, und Gedankenenergie kann sie auch wieder auflösen.

Ein kleines Buch von Frederick C. Sculthorp mit dem Titel *Meine Wanderungen in der Geisterwelt*, das erstmals 1962 erschienen ist, vermittelt ein Bild der geistigen Welten, wie der Verfasser sie bei einer Vielzahl außerkörperlicher Erfahrungen entdeckt hat. Im Unterschied zu den Welten, von denen Newtons Klientinnen und Klienten berichten, überschneidet sich Sculthorps oberste geistige Ebene offenbar in einem allgemeinen Sinne mit Newtons unteren Ebenen und vermittelt daher ein ausführlicheres Bild der spirituellen Zustände darunter. Diese teilt er in drei große Ebenen ein: „Die helleren Sphären" (die grob der untersten von Newton entsprechen), „die erdähnlichen Sphären" und „die unteren Sphären".

Die unterste dieser Sphären ist anscheinend ganz banal erdähnlich, und die Seele ist sich ihres Zustands, dass sie verstorben ist, überhaupt nicht bewusst. Sie lebt ihr „Leben" in einem ausgedehnten „Traumzustand" und wiederholt wie auf der Erde Tag für Tag dieselben Aufgaben. Überraschenderweise hat sie nicht mehr Bewusstsein für höhere geistige Welten als die meisten Menschen auf der Erde. Sculthorp sagt, bei seinen Reisen sei er auf Laternenmasten gestoßen, obwohl es gar keinen Bedarf für Beleuchtung gab, und sogar auf eine fröhliche Gruppe von Bergleuten, die in ihren Wagen zur Arbeit fuhren. Er stellte fest, dass alle weltlichen Berufe ausgeübt werden, wie zum Beispiel Straßen- und Brückenbau und so weiter. Frederick Myers beschrieb diese Welten in einer Botschaft aus der geistigen Welt nach seinem Tod als Erster als die „Ebenen der Illusion". ROC's Erlebnisse mit den Piloten, die im Zweiten Weltkrieg ums Leben gekommen waren, stimmen voll und ganz mit Sculthorps Beschreibungen derjenigen überein, die auf den „Ebenen der Illusion" gefangen sind.

Auch Hamid spricht in einer Übermittlung durch ROC über diese „Ebenen der Illusion" und sagt, dass nicht nur eine pseudo-physische Umgebung geschaffen wird, sondern dass es auch Lebensformen in Gestalt von Doppelgängern einer kompletten himmlischen Hierarchie gibt, die die „eigentliche" imitieren. Sie alle sind das Resultat des Denkens und Glaubens der Menschheit im Laufe der Jahrtausende. Diese Übermittlung, die ROC ursprünglich in mündlicher Form erhielt, wurde für so wichtig erachtet, dass ROC darum bat, sie möge ihm diktiert werden. Dieses Diktat wird unten wiedergegeben und ist in der Tat ein Denkanstoß:

660324. Ich erscheine dir jetzt eher als ich selbst, weil du in der Lage bist, den Anblick zu ertragen. Du hast den Gedanken, dass ich ein strahlendes Wesen bin. So wie zu helles Licht die Augen blendet und sie sogar verletzen kann, kann der Anblick eines zu strahlenden Wesens den physischen Körper schädigen. Als der Verschleierte [Kuthumi] dich besucht hat, hattest du anschließend das Gefühl, dass du physisch sterben würdest, solltest du je sein Gesicht sehen – deshalb war er verschleiert. Damals hättest du den Anblick seines Gesichts nicht ertragen können, heute hingegen könntest du dies wohl. Aus diesem Grund erscheinen wir dir teilweise verdeckt. Wer oder was wir sind, musst du selbst entscheiden. Du hast bereits eine Vorstellung von der Macht der Gedanken und was sie bewirken können. Wo die Macht der Gedanken im Einklang mit den Gesetzen und dem Willen Gottes genutzt wird, finden sich Wahrheit und Wirklichkeit in den Gedankenkonstruktionen. Wenn sie nach den Vorstellungen und dem Willen des Menschen genutzt wird, ist das Ergebnis Illusion.

Wahrscheinlich werde ich in Rätseln und Paradoxien zu dir sprechen. Es liegt an dir zu versuchen, sie zu auflösen. Du musst deine eigenen Schlüsse ziehen. Wir können die Menschheit lehren, aber dies kann nur geschehen, indem wir sie dazu bringen, sich in die richtige Richtung zu entwickeln und eigene Schlüsse zu ziehen. Wir können sie nicht mit Wissen vollpumpen, vor allem nicht mit esoterischem Wissen, das sehr gefährlich sein kann. Gestern Abend hat dir der Meister in Tibet durch Naomis Botschaft mitgeteilt, dass du Wissen erhalten wirst, das du an die Menschheit weitergeben sollst. Dies wird geschehen, aber du wirst große Anstrengungen unternehmen müssen, um dieses Wissen zu erlangen und zu verstehen. Man hat dir gesagt, dass „vieles gehen muss“. Das ist sehr wahr. In seiner Verblendung hat der Mensch riesige Bauwerke der Illusion errichtet und ... [an dieser Stelle waren ROC´s Worte nicht zu entziffern] ... obwohl viele Menschen, die an diesem Bau mitgewirkt haben, aufrichtig waren und gute Absichten hatten. Leider stand ihr eigener Wille hinter der Schöpfung, nicht der Wille Gottes.

Selbstauslöschung, Selbsterkenntnis und vor allem Demut sind die Grundvoraussetzungen für wahres Wirken im Sinne Gottes.

Das Werk vieler heiliger Menschen ist durch Selbstgefälligkeit verzerrt und verfälscht worden. Es schlich sich die Überzeugung ein, sie selbst und nicht Gott, der durch sie wirkte, hätten ihre Aufgabe erfüllt. Das aufgeblasene Ego ist der Erzfeind spiritueller Entwicklung und wahrer Schöpfung. Es ermöglicht den Kräften der Finsternis, Fuß zu fassen und pervertiert die Absichten.

Das viele, das gehen muss, bezieht sich auf die vielen Illusionen, die die Menschheit plagen. Wir können nicht konkret werden, außer in ganz bestimmten Fällen, aber wir können versuchen, dir Hinweise zu geben. Es wurde dir bereits gesagt, dass der Mensch das vorfinden wird, was er vorzufinden glaubt, wenn er seinen physischen Körper verlässt. Du wirst die riesigen Ebenen der Illusion erkennen, die erschaffen worden sind; die verschiedenen Himmel und Höllen der diversen Religionen; die idealisierten erdähnlichen Dörfer und Städte der Spiritualisten und anderer, die sich so wenig von denen auf eurer Erde unterscheiden. Die Leute können sogar ihre irdischen Berufe weiter ausüben, essen und trinken sowie ins Theater und in Konzerte gehen. Dann gibt es noch die grandiosen fortgeschrittenen Städte auf dem Mars, der Venus und anderen Planeten, an die eure Anhänger fliegender Untertassen glauben.

Sie alle existieren auf den Gedankenebenen und werden von denen, die an sie glauben, vorgefunden werden. Sie alle sind Illusionen, geschaffen vom Denken des Menschen, nicht von Gott. Viele werden sich in menschengemachten Höllen wiederfinden. Gott würde niemals ein Wesen zu ewiger Strafe verurteilen; nur der Erdenmensch ist dazu fähig und hat einen falschen Gott nach seinem Bilde geschaffen, der so etwas tun würde. Dieser Gott EXISTIERT auf der Gedankenebene, aber er ist eine Illusion wie alles andere auch. Bei seinem Übergang wird der Mensch das vorfinden, was er vorzufinden glaubt. Wenn es nicht Gottes Plan entspricht, wird er in einer Illusion leben. Vielleicht ist er zufrieden, weil er dann das Leben führt, das er auf der Erde nie führen konnte, sich aber gewünscht hat. Vielleicht leidet er Qualen, weil er glaubt, dass er es verdient hat. Aber in ersterem Fall wird er nicht glücklich sein, weil er sich nicht im Einklang mit dem göttlichen Willen befindet. In zweiterem leidet er womöglich unnötig.

In jedem Fall wird er erst nach einer langen Erziehungs- und Bildungszeit zu der Erkenntnis gelangen, dass er in einer vom Erdenmenschen geschaffenen Illusion lebt. Dann wird er sich allmählich der Rhythmen der Göttlichen Schöpfung bewusst und beginnt, nach Gottes Gesetzen zu arbeiten. Erst dann wird er erste spirituelle Fortschritte machen und den Ebenen der Illusion entkommen. Ich spreche in Bildern, aber vielleicht hilft es dir, etwas über das künftige Leben zu verstehen. Der Mensch, der versucht, diese vom Menschen geschaffene Illusion abzustreifen, solange er noch auf der Erde ist, ist in der Tat ein glückliches Wesen, so bescheiden seine irdische Existenz auch sein mag. Die Schwierigkeit liegt darin zu erkennen, welches die vom Menschen geschaffenen Illusionen sind, denn die meisten behaupten, durch göttliche Offenbarung geführt worden zu sein. Einige dieser Illusionen kennst du bereits; die anderen musst du mithilfe deiner Intuition und deines Verstandes erkennen, geleitet von Hinweisen, die du wohl erhalten wirst.

Aus der Idee der Illusion ergibt sich, dass wir dir in der Gestalt erscheinen, in der du uns haben willst. Wenn du Raumfahrer von der Venus willst, bekommst du sie. Wenn du den Geist der verstorbenen Tante Jane willst, bekommst du ihn – auch wenn letzterer ein gänzlich unerwünschtes boshaftes Wesen sein kann, aber von diesen Dingen hast du bereits eine ganz gute Vorstellung. Wenn du einen großen Meister oder einen Erzengel willst, bekommst du ihn. Der Punkt ist folgender: Es gibt Große Meister, Erzengel, Raumfahrer und eine riesige Hierarchie von Wesen, die von Gott erschaffen wurden. Ebenso gibt es aber auch ihre illusionären Gegenstücke. Woran kannst du erkennen, ob die von Gott erschaffene, von Gott inspirierte oder die vom Menschen erschaffene Wesenheit mit dir kommuniziert? Die vom Menschen erschaffenen Wesenheiten können von den dunklen Mächten benutzt werden, um falsche Lehren auf die Erde zu bringen. Du musst deine eigenen Schlüsse ziehen. Wenn du dir der Reinheit deiner Motive ganz sicher bist – und hier kann man sich sehr leicht etwas vormachen – und kein Gefühl des Unbehagens oder der Anspannung wahrnimmst und dich ständig bemühst, dich ganz dem Willen Gottes zu unterwerfen, bist du vor dunklen Einflüssen einigermaßen sicher.

Aber vergiss nie, dass das Böse ganz unauffällig in scheinbar heilige Räume eindringen und Menschen beeinflussen kann, bei denen du dir sicher bist, dass sie gut sind. Das weißt du ja bereits. Ständige Wachsamkeit ist nötig. Du wirst hier alle erdenkliche Hilfe und jeden möglichen Schutz erhalten, aber dies bedeutet nicht, dass du in deiner Wachsamkeit nachlassen darfst. Sei stets auf der Hut.

Dir ist gesagt worden, dass es nicht deine Aufgabe ist zu lehren, aber du wirst anderen helfen und Wissen an sie weitergeben können. Mit Lehren war gemeint, Informationen an viele weiterzugeben und nicht nur an einige wenige, etwa durch öffentliche Vorträge oder Veröffentlichungen. Das ist nicht deine Aufgabe. Du darfst das, was du weißt, nur an die weitergeben, die bereit sind, es zu empfangen. Diejenigen, die übereifrig darauf bedacht sind, das, was sie für die gute Nachricht halten, an alle weiterzugeben, ob sie nun dafür bereit sind oder nicht, richten wesentlich mehr Schaden an als diejenigen, die schweigen.

Wie du weißt, sind die dunklen Kräfte angesichts des spirituellen Durchbruchs, der gerade stattfindet, sehr aktiv. Eine ihrer Methoden ist der Versuch, Angst und Unsicherheit zu verbreiten. Beides kann katastrophale Folgen haben. In der Vergangenheit hat das zu Kriegen geführt. Eine der wichtigsten Quellen von Angst und Unsicherheit war in früheren Zeiten die Lehre vom Höllenfeuer und von der ewigen Strafe.

Im gegenwärtigen Jahrhundert hat diese Lehre aufgrund des zunehmenden Materialismus und Atheismus und der aufgeklärteren Sichtweise der meisten Gläubigen ihre Wirksamkeit verloren. An ihre Stelle sind andere getreten: Angst vor dem Kommunismus, Angst vor Nationen wie Russland und China, und natürlich die größte Angst von allen, die Angst vor der sofortigen Vernichtung durch die Atom- und jetzt die Wasserstoffbombe. Letztere war ein Geschenk an die dunklen Kräfte, da sie die größte Unsicherheit hervorgerufen hat.

In den letzten Jahren hat die Angst nachgelassen, zum einen weil sich die Menschen an die Bedrohung durch einen Atomkrieg gewöhnt haben, und zum anderen weil seit der Kuba-Krise den meisten Menschen klar ist, dass kein Land es wagen wird, einen Atomkrieg zu beginnen, es sei denn versehentlich, da kein Land ihn überleben könnte. Dies hat zu einem Ausbruch von Prophezeiungen über Krieg und Katastrophen geführt – mächtige Erdbeben werden die Erde zerstören. Die Erdachse wird sich plötzlich verschieben und großes Chaos auslösen. Kontinente werden in den Wellen versinken.

Solche Prophezeiungen hat es immer gegeben, aber selten so verbreitet wie heute. Das ist sogar noch besser als die Lehre von Höllenfeuer und ewiger Verdammnis, denn es kann Ungläubige genauso erschrecken wie Gläubige. Die dunklen Kräfte sind ganz aus dem Häuschen vor Freude über die Beinahe-Panik in Teilen von Amerika, wo sich manche Menschen darauf vorbereiten, bei den geringsten Anzeichen, dass sich die Prophezeiung erfüllt, einen Abflug zu machen. Die dunklen Kräfte haben die Verbreitung dieser Prophezeiungen angeregt, und häufig werden sie von zweifelhaften Gruppen in Umlauf gebracht, die behaupten New-Age-Zentren zu sein, aber von Menschen geschaffen und nicht von Gott inspiriert sind. Es besteht die Gefahr, dass diese Gruppen die Prophezeiungen herbeiführen, weil sie sich darauf konzentrieren. Sie behaupten, sie würden durch die Schlechtigkeit des Menschen ausgelöst. Das stimmt, denn sie werden just durch ihre Aktivitäten verursacht werden.

Leider haben einige durchaus echte Gruppen, die vom Abgesandten der schwarzen Kräfte getäuscht wurden, diese

Prophezeiungen aufgegriffen und geglaubt. Vergiss nicht, dass sie in die heiligsten und am sorgfältigsten geschützten Räume eindringen können. Es gibt also einen doppelten Grund, dieser Idee entgegenzutreten, wo immer sie auftaucht. Die Leute, vor denen man sich in Acht nehmen muss, sind die, die sich in Zeitschriften oder Flugblättern verbreiten.

Es ist nicht meine Aufgabe zu sagen, ob sich solche Katastrophen ereignen werden oder nicht. Nutze deinen Verstand und deine Intuition, um zu entscheiden, ob sie möglich oder wahrscheinlich sind. Wichtig ist, dass der Mensch unter der ständigen Bedrohung durch eine bevorstehende Katstrophe nicht leben und seine tägliche Arbeit verrichten kann. Der Mensch muss im Vertrauen auf und im Glauben an Gott leben und seinen Willen befolgen, dann wird alles gut.

Es ist allzu leicht, Prophezeiungen aus Büchern wie der Bibel herzunehmen und eine Verbindung zwischen der Prophezeiung und bestimmten heutigen Trends und Geschehnissen zu entdecken und daraus häufig fälschlich abzuleiten, dass all dies eintreten wird. Das ist sehr dumm und freut die dunklen Mächte. Versuche, universelle Bruderschaft und Liebe zu verbreiten und der Verbreitung eines Glaubens an Leid und Katstrophen entgegenzuwirken.

Du musst selbst entscheiden, ob ich eine menschengemachte Illusion oder ein Geschöpf Gottes bin.

Es gibt Anzeichen dafür, dass selbst die himmlischen Gärten, die *marmornen Bibliotheken* und die *Hallen des Wissens*, die Nahtod-Erfahrene besuchen können, so schön und wunderbar sie auch sein mögen, nicht der wahren Realität entsprechen.

Es ist klar, dass es nie leicht sein wird, das Echte vom Imaginären zu trennen, und besonders verwirrend ist es, wenn es darum geht, wahre von falschen Botschaften aus dem „Jenseits" zu unterscheiden! Das Rätsel aller Rätsel: St. Germain würde sich freuen!

Viele von Newtons Klientinnen und Klienten lassen jedoch durchblicken, dass sie sich der illusionären Natur ihrer Umgebung sehr wohl bewusst sind und sie, je nach Erfahrung der Seele, Formen beliebig erschaffen, auflösen und neu erschaffen können, indem sie die verfügbare Energie modellieren. Eine bestimmte Seele erwähnte, auf Erden habe sie leidenschaftlich gerne Orangen gegessen, und in der geistigen Welt habe sie sie nachbilden können. Der Geschmack entsprach fast, aber doch nicht ganz, ihrem irdischen Äquivalent.

Es scheint, dass wir als Seelen, wenn wir uns der illusionären Natur unserer Umgebung bewusst sind, durch diese nicht eingeschränkt werden. Viele Seelen wissen jedoch eindeutig nichts von der wandelbaren Natur ihrer Umwelt und stecken auf diesen „Ebenen der Illusion" fest, bis ihnen durch welche Mittel auch immer die Erkenntnis der wahren Natur der Dinge dämmert. Dies gilt insbesondere für die unteren Astralebenen, auf denen sich manche Seelen nach dem Tod befinden können. Diese Welten sind nicht die Hölle, wie man uns erzählt, sondern Regionen, die durch unsere negativen irdischen Gedanken wie unsere Ängste und sogar unsere Erwartungen geschaffen werden. Solange wir nicht in der Lage sind, uns über solche Gedanken und Gefühle zu erheben, sind wir Gefangene unseres eigenen negativen Denkens.

Wellesley Tudor Pole, selbst ein sehr bodenständiges Medium, greift diese Situation in seinem Buch *Der stille Weg* auf, das im englischen Original erstmals 1960 veröffentlicht wurde:

> „... dass sich Gedanken und Gefühle in den Welten, in die wir beim ‚Tod' hinübergehen, als Form manifestieren. Und

> dass diese Formen ein halbselbstständiges Leben zu besitzen scheinen und für diejenigen, die für ihre Entstehung verantwortlich sind, zu greifbaren Realitäten werden."

Mit Anklängen an die späteren Entdeckungen Newtons weist er aber ebenso darauf hin, dass auch die physische Materie nur durch einen gedanklichen Ursprung entstehen kann:

> „Dass der Geist und sein Produkt, das Denken, die Materie beeinflussen, ist heute weithin akzeptiert [z. B. die „Geller-Effekte"], dass aber keine materielle Form und kein materieller Gegenstand ohne einen dahinter stehenden Gedanken entstehen kann, ist noch nicht vollständig anerkannt. ... Die Welt der Materie, wie wir sie heute kennen, verdankt ihre Struktur und ihren heutigen Zustand der über alle Zeiten fortwährenden Anhäufung der Gesamtheit der Wirkungen, die durch materialistische Denkprozesse geschaffen wurden, welche über einen unbekannten, aber unermesslich langen Zeitraum am Werk waren."

Da unsere physische Welt wohl eine noch tiefer hinunterführende Erweiterung selbst der untersten Astralebene ist, ist es wahrscheinlich, dass starkes und konzentriertes Denken, wie Tudor Pole betont, auch hier in der Lage sein könnte, unsere physische Umwelt direkt zu verändern. Wie in Professor John Hasteds Buch *The Metal Benders* beschrieben, waren sowohl Uri Geller als auch viele kleine Kinder, die damals getestet wurden, in der Lage, metallische Gegenstände wie zum Beispiel dünne Metallstreifen, Büroklammern und so weiter zu verbiegen, die in einem geeigneten Behälter eingeschlossen waren, der physischen Kontakt mit dem Gegenstand wirksam verhinderte. Ist diese Energie mit der „kosmischen“ Energie vergleichbar, die in den höheren Sphären für die Bearbeitung zur Verfügung steht?

In diesem Zusammenhang habe ich festgestellt, dass Hasteds Forschung eine ausgezeichnete und unvoreingenommene, wissenschaftlich kontrollierte Studie ist, der nicht die Bedeutung zuerkannt wurde, die sie verdient. Sie unterstreicht erneut, wie wichtig es ist, eine hohe statistische Aussagekraft der Beweise zu erzielen, wofür mehrere Personen in der Lage sein müssen, das gleiche paranormale Ergebnis zu erzielen.

Kapitel 10

Dualität: Licht und Dunkel

An die „Mächte der Finsternis“ glauben heute viele nicht mehr, aber im folgenden Eintrag macht St. Germain sehr deutlich, dass nur wenigen Menschen, auch wenn sie höchste Ideale haben, Freiheit von diesen negativen Einflüssen gewährt wird:

> 660824c. Einer der großen Triumphe der Mächte der Finsternis ist, dass heute sehr viele Menschen nicht an ihre Realität glauben. Bis auf wenige Ausnahmen sind solche Menschen, so hoch ihre Ideale, so selbstlos ihre Motive und so edel ihr Streben auch sein mögen, einer Benutzung durch die dunklen Mächte zugänglich. Ihr Unglaube macht sie verwundbar, weil sie sich der Nähe des Feindes nicht im Geringsten bewusst und nicht in der Lage sind, ihn zu erkennen und sein Handeln wahrzunehmen. Sie bilden schwache Glieder in der Kette des Lichts. Es gibt viele solche schwachen Glieder, und es ist gut, vor ihrer möglichen Benutzung durch die Mächte der Finsternis auf der Hut zu sein. Diese sind sehr schlau und subtil und arbeiten mit vielen überraschenden Methoden. Nur wenige sind gegen das plötzliche Eindringen falscher Gedanken und Handlungen gefeit. Ständige Wachsamkeit ist notwendig. Sei hellwach und aufmerksam. Erwarte alles und fürchte dich vor nichts.

Etwa acht Jahre später wird das Thema Dualität in einem Dokument weiterverfolgt, das ROC als Grundlage für einen Vortrag erstellt hat. Es wird hier in leicht abgewandelter Form wiedergegeben:

> 740606. Wenn wir von positiv und negativ, Licht und Finsternis sprechen, ist es wichtig, uns zu vergegenwärtigen, dass „negativ" und „Finsternis" nicht mit dem Bösen gleichzusetzen sind – sie sind die entgegengesetzte Polarität zu „positiv" und „Licht". Das Böse kommt erst dann ins Spiel, wenn die beteiligten Energien missbraucht werden. Wenn wir zur Erschaffung der Welt zurückgehen, so begann alles im Chaos, in der Finsternis. Diese Finsternis wurde als die „göttliche Finsternis" bezeichnet. Dann sprach Gott: „Es werde Licht", und es entstand das Licht und damit die Teilung in Tag und Nacht, Licht und Dunkel. Hätten wir das Dunkel nicht, könnten wir das Licht nicht erkennen, weil es nichts gäbe, dem wir es gegenüberstellen könnten. Vielleicht ist in gleicher Weise auch das Böse notwendig, um das Gute zu erkennen.
>
> Manche Denkschulen behaupten, Finsternis sei nichts anderes als die Abwesenheit von Licht und das Böse die Abwesenheit des Guten; das ist eher eine Spitzfindigkeit als ein beeindruckendes Argument. Ebenso gut könnte man sagen, Licht sei die Abwesenheit von Finsternis und das Gute die Abwesenheit des Bösen.
>
> Es ist wichtig zu wissen, dass es solche Dinge gibt – Finsternis und Negativität, die durch den Missbrauch der Energien zum Bösen werden können. Es ist nicht unbedingt notwendig, sich eingehender mit der Realität des Bösen zu befassen, aber wenn ihr nicht wisst, dass es existiert oder, wie

manche Menschen, seine Realität leugnet, öffnet ihr euch der Möglichkeit, sehr leicht von ihm beeinflusst oder, in Extremfällen, besessen zu werden.

Es ist töricht zu denken, dass etwas nicht existiert, bloß weil man nicht daran glaubt. Die Existenz der Wasserstoffbombe zu leugnen, wird einen nicht davor bewahren, dass man verkohlt, wenn in der Nähe eine fällt. Ebenso wenig genügt es zu denken, dass man keinen Schutz brauche, weil man spirituell so hoch entwickelt sei oder auf höheren oder inneren Ebenen so wichtige Arbeit leiste, wie manche glauben – eine Form von spiritueller Arroganz oder Anmaßung.

Jeder, der dem aktiven Bösen schon einmal gegenübergestanden hat und mit ihm fertig werden musste, weiß sehr wohl, dass es existiert. Auf den medialen und astralen Ebenen gibt es mehr tödliches und gefährliches Böses als auf der physischen Ebene; dass es nicht greifbar ist, macht es nicht weniger real.

Auf der praktischen Ebene führt ein Bekämpfen des Bösen nur dazu, dass es noch stärker wird; es ist besser, indirekte oder subtilere Methoden einzusetzen. Schutzmaßnahmen statt Gegenangriffe sind die beste Antwort.

Seit einigen Jahren findet ein enormer Zustrom von spirituellen Energien in die Erde und ihre Ätherhülle statt, daraus resultierend entstehen auf der ganzen Welt Gruppen, die diese Energien nutzen und das Licht aufbauen. Wenn man das Licht aufbaut, baut sich auch das Dunkel auf, um dem entgegenzuwirken.

Negative Angriffe, die oft von schwarzen Hexen-Zirkeln oder schwarzmagischen Gruppen ausgehen, sind selten offensichtlich oder gewaltvoll. Ein solcher Angriff erfolgt sehr viel subtiler; die Kräfte der Finsternis gehen sehr gerissen vor.

Solange ihr auf dem richtigen Weg seid und euch der Arbeit für das Licht verschrieben habt, wird es Schutz geben. Leider können Schutzmechanismen durchbrochen werden. Negative menschliche Gefühle wie Eifersucht oder Groll, zu denen wir alle gelegentlich neigen, öffnen negativen Energien von außen Tür und Tor, ebenso negatives Denken im Allgemeinen. Auf diese Weise kann der stärkste Schutz durchbrochen werden. Man muss die Fähigkeit entwickeln, über das niedere Selbst hinauszuwachsen und solche negativen Energien zu verwandeln.

Das Böse ist die Folge des Missbrauchs von Macht und negativen Energien. Leider gibt es heute sehr viel solchen Missbrauch, und zwar nicht nur auf der materiellen Ebene. Es heißt, im Krieg hätten die Nazis Schwarze Magie angewendet. Dafür gibt es zahlreiche Beweise. Es ist bekannt, dass Hitler sich für Okkultes interessierte und über mediale Kräfte verfügte. Wo immer es Kämpfe und Unruhen gibt, ist wahrscheinlich irgendwo Schwarze Magie im Spiel.

Oft wird gefragt: Wie kann jemand nur absichtlich den linken Pfad betreten und negative Energien zu seinem eigenen Vorteil und zu egoistischen Zwecken nutzen? Er muss doch wissen, dass er sich damit selbst ins Unglück stürzt? Es wird unweigerlich zu Rückwirkungen der Energien kommen, die er einsetzt und lenkt. So sehr das Dunkle in einem bösen Sinne auch zu triumphieren scheint, am Ende gewinnt immer das Licht. Das steht fest.

Die Gier nach Macht, Macht über andere Menschen, Macht, die Geschicke von Menschen und Nationen zu lenken, wird zu einer unwiderstehlichen Triebkraft. Der Schwarzmagier ist von seinem Wissen und seinen Fähigkeiten so sehr überzeugt, dass er sich seines Erfolgs sicher ist. Was anderen widerfahren ist, kann ihm nicht passieren. Aber das tut es am Ende doch, unvermeidlich. Solch ein aufgeblasenes Ego und übertriebenes Selbstvertrauen werden ihn nicht retten, sondern seinen Untergang herbeiführen.

Ein gewisses Maß an Finsternis und sogar an Bösem mag notwendig sein, um das dualistische Gleichgewicht zu wahren. Solange es ausgewogen und damit unter Kontrolle bleibt, ist es nicht gefährlich. Erst wenn das Gleichgewicht gestört ist und die Finsternis zu stark wird, beginnen die Dinge in die falsche Richtung zu laufen, und es muss etwas dagegen getan werden.

Das Ausmaß an Misstrauen und Hass, Neid und Missgunst, die Abwesenheit von Liebe in der heutigen Welt und die Unfähigkeit des Menschen, im Frieden mit sich selbst zu leben, sind einige Gründe für den Zusammenbruch des Gleichgewichts. Da alle unsere Gedanken mächtig und beständig sind, fügt negatives Denken der Ätherhülle der Erde weitere Negativität hinzu, was wiederum dazu beiträgt, Konflikte und Unruhen da zu schüren, wo sie dann auf der materiellen Ebene ausbrechen. Ein Ort der Kraft und des Lichts hilft enorm, diese Negativität zu neutralisieren und zu verwandeln und so das Gleichgewicht wiederherzustellen und zu erhalten. Dies erfordert ein enges Einstimmen auf den Gott im Inneren und aufeinander, wodurch das Gefühl der Einheit entsteht. Es erfordert ein hohes Maß an positivem Denken, damit die Liebe, das Licht, das Verständnis und die Weisheit, die ausgestrahlt werden, größtmögliche Wirkung entfalten können.

Die Welt, in der wir leben, ist eine dualistische Welt; bislang hat das noch niemand zufriedenstellend widerlegt. Anscheinend müssen wir das akzeptieren; über höhere Ebenen wissen wir nichts. Möglicherweise ist die Dualität nur auf der höchsten Ebene, in Gott selbst, endlich aufgelöst und wird zu völliger Einheit.

Schutz vor den Einflüssen des Bösen

Ein Großteil von ROC's Arbeit zielte darauf ab, das Eindringen negativer und böser Einflüsse in Menschen und Orte (wie die entstehende Findhorn-Gemeinschaft) zu verhindern. Dies geschah durch den Aufbau einer Schutzhülle oder Schutzkuppel ätherischer Art, die als eine Art Mauer oder reflektierende spiegelartige Oberfläche um das zu schützende Gut herum wirkte. Dies verhinderte, dass Negativität, die auf solche Oberflächen traf, ins Innere eindringen konnte.

Dennoch konnte ein solcher Schild durchbrochen werden, meist durch die Anwesenheit eines „bösen" Menschen, der sich physisch innerhalb der Hülle um den geschützten Raum befand, oder durch einen schweren Angriff von „außen". Ohnehin wurde die Hülle mit der Zeit immer schwächer und musste daher regelmäßig verstärkt werden. Diese Aufgabe erfüllte ROC im Allgemeinen außerkörperlich und in Verbindung mit seinen „Aspekten" sowie häufig auch mit anderen Wesenheiten aus den unsichtbaren Welten. Seine Tagebücher berichten von vielen solchen Episoden. Zwei Beispiele sollen hier folgen:

> 670719. Findhorn. Kaum war ich im Bett, verließ ich meinen Körper und ging mit St. Germain in meinem Saturn-Aspekt über das Grundstück. Wir umrundeten das Areal dreimal im Uhrzeigersinn. Dann stand ich als sehr große Gestalt in blauen und silberfarbenen Gewändern ganz oben auf der Schutzkuppel.

700927. Edinburgh. Gestern Nacht als Saturn-Aspekt auf der Schutzkuppel über Findhorn. Ein riesiges Wesen von hellblauer Farbe. Starke Energie strömt durch mich in die Kuppel hinunter und erzeugt den Effekt von blauen und silbernen Gewändern, die über der Kuppel flammen, welche immer dicker wurde und golden leuchtete. Die Kuppel dehnte sich bis unter den Erdboden aus, bis sie eine vollständige schützende Kugel bildete. Magentastrahl und kosmisches Feuer in sie hineingerufen, dazu Kraft vom kosmischen Kraftpunkt.

Kapitel 11

Musik

„Musik ist das Atmen der Seele“

Positive Aspekte der Musik

ROC's spirituelles und magisches Werk beinhaltete auf jeden Fall auch Musik und stützte sich auf seine musikalischen Begabungen und Kenntnisse. Seine Auffassung über moderne Musik und ihre Bedeutung für das Neue Zeitalter kommt in einer Abhandlung zum Ausdruck, die er ursprünglich 1966 verfasst und später aktualisiert hat. In dieser Bearbeitung werden Aspekte von Musik in Bezug auf Meditation, Heilung, den Ätherkörper, die Erzeugung bestimmter Gefühlslagen, Stimmungen und „Atmosphären“ in einem Raum, das Herabziehen kosmischer Energie und die Auflösung negativer Gedankenformen erörtert:

> 660301. Musik ist geordneter Klang; Schwingungen, die von den verschiedenen Instrumenten, die sie erzeugen – Streich-, Blas-, Schlaginstrumente usw. –, aufgebaut und über Schallwellen in der Luft auf das Trommelfell übertragen werden und dann Auswirkungen auf die Gefühle und Emotionen der Zuhörer haben. Je nach Art der Musik variieren diese Effekte stark und reichen zum Beispiel vom sanften, beruhigenden Schlaflied, das den Säugling einlullt, wie etwa Brahms' „Wiegenlied“, bis zu der Erregung und dem Hochgefühl, die

durch die starke rhythmische Stimulierung eines Werks wie Strawinskys „Sacre du Printemps“ hervorgerufen werden.

Musik deckt alle möglichen Gefühle ab und kann tiefgreifende Wirkung auf die Zuhörer haben, sei es zum Guten oder zum Schlechten. Daher verwundert es nicht, dass die Möglichkeit, Musik als therapeutisches Mittel einzusetzen, große Beachtung findet. Diese Idee ist nicht neu, denn sie war bereits den alten Völkern bekannt. Dr. Roberto Assagioli sagt in seinem Buch *Psychosynthese* in einem Kapitel über Musik: „Bei den Naturvölkern wurden Gesang und Musikinstrumente wie etwa Trommel und Rassel nicht nur zur Verstärkung der Wirkung von Kräutern oder Drogen eingesetzt, sondern auch als eigenständige Heilmittel.“

Dafür lassen sich zu allen Zeiten viele Beispiele finden. Hier könnten wir etwa David anführen, der für König Saul auf der Harfe spielt: „Wenn nun der Geist Gottes über Saul kam, nahm David die Harfe und spielte darauf mit seiner Hand. So erquickte sich Saul, und es ward besser mit ihm, und der böse Geist wich von ihm.“ (1. Samuel 16, 23) Laut Porphyrios gründete „Pythagoras die musikalische Erziehung in erster Linie auf bestimmte Melodien und Rhythmen, die einen heilsamen, reinigenden Einfluss auf menschliche Handlungen und Leidenschaften ausübten und die ursprüngliche Harmonie der seelischen Fähigkeiten wiederherstellen. Er wandte die gleichen Mittel zur Heilung von Krankheiten des Körpers wie des Geistes an.“

Im 19. Jahrhundert, einem sehr materiellen Zeitalter, wurde der Einsatz von Musik in der Therapie vernachlässigt, aber heute ist das Interesse an dieser Möglichkeit wiedererwacht, hauptsächlich in dreierlei Hinsicht: 1. als Mittel zur Schmerzlinderung, 2. zur kollektiven Anwendung in Krankenhäusern – insbesondere in psychiatrischen Kliniken –, mit dem Ziel beruhigende oder nervenstärkende Wirkung zu erzielen und 3. als Mittel der Beschäftigungstherapie. Die *New York Times* zitierte Assagioli vor ein paar Jahren mit den Worten: „Die Kliniken der Universität Chicago haben experimentell Musik eingeführt, um die Anspannung von Patienten vor Operationen zu lindern. Das Experiment war so erfolgreich, dass das medizinische Forschungszentrum der Universität Chicago mit der Eröffnung von Chicagos erster Krebsforschungseinrichtung in seinen sechs großen Operationssälen und sechs Vorbereitungssälen Musik bei der Anästhesie einführen wird. Musik bei der Anästhesie wurde bei fast allen Operationsarten eingesetzt. Sehr wichtig ist sie in Fällen, in denen der Patient zu alt oder zu krank ist, um Sedativa zu erhalten."

Das ganze Thema ist zu umfangreich, als dass man es im Moment mehr als nur streifen kann, aber es verdient eine sehr sorgfältige Untersuchung. Assagioli schlägt vor, dass „die Entwicklung einer Musiktherapie es Musikern, die zugleich Psychologen oder Mediziner sind, ermöglichen könnte, spezielle Musik zu komponieren, die auf bestimmte therapeutische Wirkungen abzielt". Dies ist ein Aspekt von Musik, der zunehmend eine Rolle spielen könnte.

Daraus erhebt sich jedoch die wichtige Frage, welche Art von Musik für diesen Zweck am besten geeignet ist. Wer soll das entscheiden? Musikgeschmack ist eine sehr individuelle Angelegenheit und variiert von Mensch zu Mensch. Bei der Anwendung von Musik als Heilmittel ist es sehr wichtig, dass die Auswahl einer geeigneten Komposition den individuellen Geschmack der Probandin oder des Patienten berücksichtigt und nicht eine dogmatisch festgelegte Entscheidung ist – ein bestimmtes Stück für alle mit einem bestimmten Problem – andernfalls werden mit Musiktherapie keine großen Fortschritte erzielt werden. Leider neigt Assagioli in dieser Hinsicht zu einer recht dogmatischen Einstellung.

Ähnlich umsichtig muss man bei der Auswahl geeigneter Hintergrundmusik für die Meditation vorgehen, einer weiteren Einsatzmöglichkeit von Musik. Meditation wird oft am besten in völliger Stille ausgeübt, aber es gibt Momente, in denen ein passend ausgewähltes Musikstück eine große Hilfe sein kann, um größtmöglichen Nutzen daraus zu schöpfen. Es kann dazu beitragen, die notwendige Ruhe und Entspannung zu erzeugen, die dafür so wichtig sind. Man könnte bestimmte Stücke von Bach, Mozart und Beethoven als für diesen Zweck geeignet vorschlagen. Der letzte Satz, die Ariette, aus Beethovens letzter Sonate, Opus 111, die von einigen Musikern als das „erhabenste Musikstück, das je geschrieben wurde" angesehen wird, wäre zum Beispiel für diesen Zweck eine ideale Wahl. Aber auch hier gilt, dass die Musik auf die Person abgestimmt sein muss.

Manche Menschen, die New-Age-Gruppen und ähnlichen Gemeinschaften sowie Zentren für spirituelle Heilung angehören, praktizieren das Aussenden von „Licht" oder hilfreichen Gedanken an Personen, die Hilfe oder Behandlung benötigen. In solchen Fällen fungiert die aussendende Person als Kanal für geistige oder kosmische Kräfte, die auf die Empfängerin oder den Empfänger gerichtet werden. Musik ist ein wirkungsvolles Mittel, um die dabei zum Einsatz kommende Art von Energie zu evozieren, und kann bei dieser Arbeit eine große Hilfe sein. Experimente auf diesem Gebiet haben mir gezeigt, dass die impressionistische Musik von Komponisten wie Debussy und Ravel hier am wirksamsten ist. Debussys Klavier-Prélude „La Cathedrale engloutie" kann zum Beispiel eine gewaltige Welle kosmischer Energie heraufbeschwören, die dann für die erwähnte „Projektion" zur Verfügung steht, aber es gibt auch viele andere Werke, die ebenso evokativ sind.

Noch zum Thema spirituelle und kosmische Energien: Es ist möglich, spirituelle Energie aus den höheren Sphären so herabzurufen, dass sie für alle Zuhörer, die sich ihr öffnen, als erhebende und belebende Kraft wirkt. Natürlich müssen auch die Hörer der Musik ihren Teil dazu beitragen. Dies bedeutet nicht, dass sie über musikalisches Wissen oder eine musikalische Ausbildung verfügen müssen, sondern schlicht, dass sie der Musik wirklich zuhören müssen, ohne dass ihre Gedanken in andere Richtungen abschweifen, damit die Musik ihre größtmögliche Wirkung entfalten kann. Alle musikalischen Menschen kennen das wunderbare Hochgefühl, das sich einstellt, wenn man ein großes Meisterwerk hört, das von verständnisvollen Künstlern gut gespielt wird. Bei bestimmten Arten von Musik entsteht auch ein hohes spirituelles Bewusstsein. Gerade in einer Zeit, die immer noch zu stark einem sterilen Materialismus zuneigt, ist dies auch gut so.

Niemand bezweifelt die Größe der klassischen Meister, wenn es darum geht, spirituelles Bewusstsein zu wecken, manche musikalische Menschen bestreiten aber, dass zeitgenössische Komponisten diese Kraft haben. Das ist sehr schade, denn zeitgenössische Musik spricht für die Zeit, in der wir leben, und hat denen, die sich wirklich bemühen, sich mit ihr auseinanderzusetzen, sehr viel zu sagen. Niemand, der Werke gehört hat wie Brittens „War Requiem" oder – vermutlich eines der größten Meisterwerke des 20. Jahrhunderts – Bartoks „Musik für Saiteninstrumente, Schlagzeug und Celesta“ wird ernsthaft bezweifeln können, dass zeitgenössische Komponisten die Fähigkeit besitzen, in hohem Maße spirituelles Bewusstsein zu erzeugen. Passagen aus dem Werk von Bartok sind wahre Sphärenmusik.

Leider ist der inspirierte Komponist seiner Zeit in der Regel um etwa fünfzig Jahre voraus. Beethovens letzte Streichquartette und Klaviersonaten galten bei seinen Zeitgenossen als unerhört. Unfreundlich meinten sie: „Es ist offensichtlich, dass er taub ist!“ Zu Beginn des 20. Jahrhunderts wurde die Musik von Bartok und Strawinsky zum Beispiel als Schund abgetan, der keinen Bestand haben würde. „In fünf oder zehn Jahren ist das vergessen.“ Man erinnere sich nur an den Aufruhr bei der Uraufführung des Balletts „Le Sacre du Printemps“ 1913 in Paris, als es im Zuschauerraum zu Schlägereien kam und das sogenannte „kultivierte“ Publikum einen solchen Lärm veranstaltete, das die Musik nicht mehr zu hören war, was die Leute aber nicht davon abhielt, sie scharf zu kritisieren. Heute ist dieses Werk allgemein als großes Meisterwerk anerkannt, und einige Musiker sind der Meinung, dass Bartoks sechs Streichquartette in den Augen der Nachwelt den gleichen Stellenwert erhalten werden wie die letzten Beethoven-Quartette.

Viele Menschen sind aufrichtig verwirrt über das, was sie bei einem Großteil der zeitgenössischen Musik als unharmonischen Charakter und fehlende Harmonie und Melodie bezeichnen, sowie über die merkwürdige Zersplitterung und das Fehlen von Tonalität in der sogenannten seriellen Musik, wie bei den späteren Werken von Schönberg und Webern. Manche glauben sogar, dass dies Absicht ist, um die Leute zu ärgern und sinnlos an der Nase herumzuführen. Das ist keineswegs der Fall, auch wenn es das eine oder andere schwache Beispiel gegeben haben mag, das dann bald in Vergessenheit geriet. Kein ernsthafter Komponist würde sich eines solchen Verhaltens schuldig machen. Er schreibt Musik so, weil er es muss. Er wird dazu inspiriert, weil diese Art von Musik in einer Zeit wie der unseren notwendig ist.

Ich möchte hier nicht auf die fachlichen Gründe eingehen, warum Komponisten in vielen Fällen von der diatonischen Tonleiter abgewichen sind und begonnen haben, andere Harmonie- und Melodiearten zu erforschen und zu verwenden. Es soll hier genügen zu sagen, dass es nicht, wie manche Menschen meinen, einfach nur darum geht, die hässlichen, gewaltvollen Zeiten widerzuspiegeln, in denen wir leben. Es geht um mehr; es dient einem ganz bestimmten Zweck, sonst würde es nicht geschrieben werden.

Der oft übersehene Musiker Cyril Scott gibt uns in seinem Buch *Musik: Ihr geheimer Einfluss durch die Jahrhunderte* einen Hinweis auf diesen Zweck. Der 1970 verstorbene Scott war Theosoph und Mystiker und in okkulten Studien sehr bewandert. Es ist mir nicht gelungen, ein Exemplar des Buches einzusehen, aber soweit ich weiß, geht er davon aus, dass eine Funktion der sogenannten misstönenden und schroffen Musik, die die zeitgenössischen Komponisten produzieren, darin besteht, falsche und unerwünschte Gedanken und Gedankenformen aufzulösen und zu zerstreuen sowie uns zu helfen, anders zu denken und dadurch heilsamere Gedanken zu entwickeln. Aus eigener Erfahrung bin ich mir sicher, dass er recht hat. Durch den verbreiteten Materialismus, das falsche Denken und die Gewalt unserer heutigen Zeit wird die Welt von falschen und bösen Gedankenformen überschwemmt und heimgesucht, die in jeden Winkel des

Lebens vordringen. Bestimmte inspirierte – vielleicht sogar große – zeitgenössische Komponisten wurden dazu angeleitet, die richtige Art von Musik zu komponieren, um diesen Kräften des Bösen entgegenzuwirken. Es ist eine kathartische Art von Musik – sie ist wie das Skalpell des Chirurgen oder die radioaktive Nadel, die die Krebsgeschwüre des modernen Lebens angreift. So betrachtet, könnten selbst die eingefleischtesten Feinde zeitgenössischer Musik mit der Zeit zumindest ihren Zweck, wenn nicht sogar ihre wahre Schönheit erkennen, vorausgesetzt sie bleiben aufgeschlossen. Es gibt kein größeres Hindernis für die spirituelle Entwicklung als einen voreingenommenen und vorurteilsbehafteten Geist.

Ich habe Musik wie Weberns „Variationen für Klavier" und späte Klavierstücke von Schönberg dazu genutzt, unerwünschte und bösartige Kräfte sehr effektiv aufzulösen und zu zerstreuen. Dies liegt an der konzentrierten Natur dieser Musik. Daher bin ich überzeugt, dass Scott mit seiner Vermutung recht hat. Ich weiß, dass dies eine hochumstrittene Angelegenheit ist, die für viele durchaus eine völlig neue Vorstellung sein kann. Wenn sie zum Nachdenken und zur Diskussionen anregt und vielleicht dazu führt, dass jemand, der Radio hört und kurz davor ist, einen seiner Meinung nach schrecklichen Lärm, der sich als Musik ausgibt, abzuschalten, aber dann einen Augenblick innehält und sich fragt, ob dieser Krach vielleicht eine höchst notwendige Funktion zur Bekämpfung des Bösen erfüllt, dann hat diese Schrift ihren Zweck erfüllt.

Ich habe mich zwar ausschließlich auf die positiven Auswirkungen der Musik auf den einzelnen Menschen beschränkt, aber diese Frage hat auch eine negative Seite. Manche Menschen glauben, dass Musik einer bestimmten Art unter bestimmten Umständen Schaden anrichten kann, aber das ist eine andere Geschichte.

Die positive Wirkung, die „angemessene“ Musik haben kann, wird im folgenden Tagebuch-Eintrag aus Findhorn beschrieben:

> 680917. Inspiriert, bei der Abendsitzung *La Mer* zu spielen. Selten habe ich so eine außergewöhnliche Erfahrung gemacht wie das, was während dieser Musik geschah. Strahlende Farbvisionen und dann, immer noch die Musik hörend, war ich am Strand und dann im Meer und nahm ganz deutlich den Geist der Moray Firth wahr. Ich identifizierte mich mit dem Meer in all seinen Stimmungen, die in Debussys Musik so gut wiedergegeben werden. Nahm eine Ruhe, eine Art brütender Ruhe wahr, dann großen Jubel und ein gewaltiges ekstatisches Gefühl, das anhielt. Es war eine bemerkenswerte Erfahrung, sehr schwer in Worte zu fassen, und sie dauerte die gesamte Musik über an.

Negative Aspekte der Musik

ROC erstellte einen kurzen Entwurf für einen Vortrag, den er in Findhorn halten wollte. Darin betont er noch einmal die oben genannten Punkte, geht jetzt aber auch auf die Gefahren der Musik ein, insbesondere der „falschen Art von Musik“ – wie immer man diese definieren will – die in extremer Lautstärke gespielt wird. ROC´s Formulierungen sind unmissverständlich, und wenn sie auch ein wenig „übertrieben“ erscheinen, werden doch die Konsequenzen deutlich:

740804. Musik, die über einem bestimmen Dezibel-Wert abgespielt wird, ist in vielerlei Hinsicht gefährlich. Selbst wenn sie auf der allerbesten HiFi-Anlage mit absolut minimaler Verzerrung abgespielt wird, ist sie gefährlich. Auf durchschnittlicher Handelsware abgespielt, ist sie höchst gefährlich, da die bei solchen Geräten unvermeidlichen Verzerrungen bei lauter Wiedergabe den Schaden noch vergrößern. Die Gefahren sind:

1 – Verursacht Taubheit, die zunächst vorübergehend sein kann, dann aber dauerhaft wird. Die Sensibilität für die hohen Frequenzen wird unterbunden und der Hörbereich geschmälert.

2 – Die Lautstärke wird so aufgedreht, dass die Wirkung rein physisch im Körper und nicht in den Ohren entsteht. Man hört die Musik nicht, man spürt sie, hauptsächlich im Solarplexus. Sie macht Menschen zu Robotern; mit anderen Worten, sie verlieren die Kontrolle über sich und werden zu Automaten, die sich von äußeren Quellen steuern lassen.

3 – Auch wenn vor allem Infraschall innere Blutungen hervorruft (Le Vavoureur* in Paris mit seiner Infraschallpfeife), könnte bei ausreichend großen Lautsprechern doch eine geringe Gefahr bestehen, dass dies eintritt.

4 – Ein großer Teil der Popmusik ist gut und an sich harmlos, ein anderer jedoch nicht, denn er wird von Gruppen

* Gemeint ist wohl der russisch-französische Wissenschaftler Vladimir Gavreau, der – zunächst auf der Basis einer Lavavasseur-Pfeife – Infraschallpfeifen mit 7 Hz und 3,5 Hz entwickelt hat (siehe Dick Bowdler, „A Short History of the Dangers of Infrasound", *Proceedings of the Institute of Acoustics*, Vol. 40. Pt.1. 2018), Anm. d. Übers.

ausgelebt, die in einigen Fällen Schwarze Magie praktizieren und dazu in der Perkussion negative Rhythmen verwenden oder dies sogar unabsichtlich tun. Wenn diese Art von Musik bei übermäßiger Lautstärke gespielt wird, kann sie tödlich sein.

Die Hauptgefahr entsteht auf höheren Ebenen:

A. Sie zerstört den Einklang zwischen Ätherkörper und physischem Körper.

B. Sie bewirkt eine unbemerkte Stimulierung der Zentren [Chakras], die das Gleichgewicht stört, und es findet eine so starke Überreizung des Solarplexus sowie der unteren Zentren statt, dass man vollkommen der Kontrolle durch negative und böse Energien ausgeliefert ist. Ein Ungleichgewicht der Zentren führt zu Unausgeglichenheit im endokrinen Drüsensystem, was die physische Gesundheit des Körpers ernsthaft beeinträchtigt, weil es Fehlfunktionen und Stoffwechselstörungen hervorruft.

C. Wie auch im Fall von Drogen schädigt sie die physische Aura des Körpers, weil sie Löcher hineinreißt und damit den natürlichen Schutz zerstört, den diese Aura bietet. Überlaute Musik zu hören, wird zur Sucht und kann, wie Drogenkonsum, sowohl den höheren Körpern als auch dem physischen Körper langfristigen, wenn nicht sogar dauerhaften Schaden zufügen. Wer süchtig ist, öffnet sich negativen Energien und unterwirft sich, wenngleich unbewusst, der Benutzung durch die Feinde des Lichts.

An Orten wie der Findhorn-Gemeinschaft, die ständigen Angriffen derjenigen ausgesetzt sind, die gegen das Licht arbeiten (Schwarzmagier usw.), ist dies eine sehr ernste Angelegenheit. Dies sind keine Ausgeburten der Fantasie von Thriller-Autoren wie Dennis Wheatley; sie haben Techniken entwickelt, die diesen Angriffen erschreckende Macht verleihen.

Neben diesen menschlichen Feinden des Lichts gibt es die körperlosen Wesenheiten, die für die Mächte der Finsternis arbeiten und diese menschlichen Werkzeuge zu ihrem anarchischen und zerstörerischen Werk inspirieren.

Menschen, die sich dafür öffnen, bewusst oder unbewusst von solchen Mächten benutzt zu werden, können hochgefährlich sein, insbesondere in aufstrebenden Lichtzentren. Die gegnerischen Kräfte gehen subtil und heimtückisch vor, und wenn innerhalb einer Schutzkuppel, wie es sie in Findhorn gibt, Kanäle geöffnet werden, können sie als Brennpunkte für das Eindringen solcher Kräfte dienen. Kein noch so starker sogenannter Schutz kann sie dann fernhalten.

Schallplatten oder Tonbänder zu laut abzuspielen, ist eine zuverlässige Methode, negative Energien in eine solche Gemeinschaft einzubringen, und daher subversiv, auch wenn die Absichten arglos sein mögen. Es bedeutet, für den Feind zu arbeiten. Impulse, die zu einer derartigen egoistischen Dummheit verleiten, kommen aus einer falschen Quelle.

Es können die Mechanismen eines Machtkomplexes sein – der Wunsch, den größtmöglichen Lärm zu erzeugen – um der ganzen Gegend klar zu machen, dass ein großes egoistisches „Ich“ am Werk ist, ein „Ich“, das sich bemerkbar machen muss, wie bei „The Who“. Sie behaupten, den höchstmöglichen Dezibel-Wert zu erzeugen. Jeder, der so etwas tut, ist ganz offensichtlich geistig unausgeglichen.

Es kann eine große Frustration sein, die zu dem Wunsch führt, der Realität zu entkommen, indem man versucht, sie durch Lautstärke zu bezwingen. Oder Angst vor dem Nachdenken, Angst vor der Stille, weil sie zum Nachdenken führt – der Grund, warum heute so viele Menschen eine Geräuschkulisse brauchen. Bei allem, was sie tun, müssen sie vom Radio oder von Tonträgern begleitet werden. Was ist das anderes als Drogensucht? Und zwar von der gefährlichen Sorte.

Solche Musik erfüllt nicht nur die Umgebung mit physischem Klang, sondern auch die ätherische Hülle der Erde mit einem mehr oder weniger permanenten Energiefeld. Ist es da verwunderlich, dass Wesenheiten an höheren Orten entsetzt sind über die unglaubliche Dummheit der Menschen? Die Entwicklung hoch leistungsfähiger Verstärker und die konsequente Nutzung der hohen Pegel wurde von den dunklen Mächten inspiriert. Das Bedauerliche ist, dass so viele Menschen in diese Falle gegangen und süchtig geworden sind und sich so den Reihen des Feindes angeschlossen haben.

Skrjabin-Sonaten

Die Fähigkeit bestimmter Musik, positive oder negative Ergebnisse zu erzielen, wird nachfolgend eingehender erörtert. So tauchen in einigen Werken von Skrjabin starke Elemente magischer Rituale auf. Im folgenden Text geht sein Lehrer Golu auf ROC's diesbezügliches Unbehagen ein:

641023. Frage: Habe ich recht mit meinem Gefühl in Bezug auf die Skrjabin-Sonaten?

G: Ja, du hast recht. Sowohl die sechste als auch die neunte sind mächtige Rituale und eine nicht sehr empfehlenswerte Art von Magie. Sie sollten nie zu häufig gespielt werden, und obwohl du Gegenkräfte um dich herum entwickelt hast, könnte die Wirkung schlecht sein, besonders in dem Moment, in dem starke übersinnliche Kräfte in deiner Wohnung aufgebaut werden. Es wird dir geraten, keine der beiden genannten Sonaten mehr zu spielen, bis man dir sagt, dass du sie wieder spielen darfst. Spiele auch nicht *Vers la flamme*. Die übrige Musik von Skrjabin ist erlaubt. Musik ist ein mächtiges Mittel, um Kräfte herbeizurufen. Spiele insbesondere Bach, Beethoven, Debussy, Bloch und die *Sonatina* von Jarnach. Auch Schönberg und Webern sind hilfreich. Es beginnt eine neue Phase der medialen Entwicklung. Lasse dich von merkwürdigen Vorfällen nicht beunruhigen. Du bist in sicheren Händen. Wie du weißt, kann ich direkt mit dir kommunizieren, aber wenn du den Impuls verspürst, es mit dem Schreiben zu versuchen, dann tue dies.

ROC: Diese Frage habe ich hauptsächlich wegen der seltsamen Wirkung gestellt, die beim Spielen der sechsten Sonate manchmal entsteht. Eines Abends, wahrscheinlich um das Jahr 1955, war ich allein in der Wohnung und verspürte den Impuls, die Sonate zu spielen. Ich war offenbar sehr im Einklang mit der Musik und hatte den Eindruck, mein Spiel sei inspiriert. Mitten in dem Werk spürte ich plötzlich, dass sich eine merkwürdige Kraft im Zimmer aufbaute. Sie war sehr mächtig und jagte mir einen kalten Schauer über den Rücken, und ich bekam Angst. Es wirkte fast so, als würde sich gleich ein unheilvolles Wesen materialisieren. Ich hörte auf zu spielen und fing an, eine ganz andere Art von Musik zu spielen, um die Atmosphäre aufzulösen. Das Ganze kam völlig unerwartet, denn damals hatte ich keinerlei Grund zu der Annahme, diese Musik könne irgendetwas heraufbeschwören.

Ein paar Monate später sprach ich mit Willie Johnston darüber, einem großen Skrjabin-Schüler und fortgeschrittenen Okkultisten. Er sagte mir, Skrjabin habe sich mit Magie und möglicherweise auch mit Schwarzer Magie beschäftigt, und er glaube, Skrjabin habe in einige seiner Musikstücke schwarzmagische Formeln eingebaut. Ein oder zwei Mal habe ich diese Sonate vor Leuten gespielt, und sie hat ausnahmslos seltsame Reaktionen hervorgerufen. Immer löste sie eine geradezu schaurige Stille aus, und einige Menschen hatten seltsame und erschreckende Visionen. Die neunte Sonate wird auch *Schwarze Messe* genannt. Aufgrund jüngster starker Reaktionen auf diese Musik, auch wenn ich keine Präsenz gespürt habe, [hatte] ich die obige Frage gestellt.

Etwa drei Monate später erhob sich erneut die Frage nach Skrjabins Klaviersonaten. Golus Kommentare dazu sind aufschlussreich:

650131. Frage: Wie sieht es im Moment mit Skrjabins sechster Sonate aus? Du hast mir geraten, sie nicht zu spielen, bis mir gesagt würde, jetzt könnte ich es wieder. Seither habe ich sie zweimal mit Erlaubnis gespielt. Könnte sie einem Zuhörer schaden? Ist es richtig, dass ich mich, wie geschehen, weigere sie aufzunehmen?

G: Du kannst die Sonate jetzt spielen, wenn du das möchtest und darum gebeten wirst. Wie dir gesagt wurde, ist eine Art magisches Ritual in diese Musik eingebaut, auf die bestimmte mächtige mentale übersinnliche Kräfte ansprechen könnten. Diese Kräfte sind an sich nicht böse, könnten aber zu bösen Zwecken genutzt werden. Böse Wesenheiten werden wahrscheinlich nicht herbeigerufen, es sei denn, es wäre jemand zugegen, der absichtlich versucht, die Musik für ihre Anrufung zu nutzen. Die in der letzten Botschaft genannten übersinnlichen Kräfte sind nun so fest etabliert, dass du vollkommen geschützt bist. Das gilt auch für deine Zuhörer.

Es wird dir geraten, die Sonate nirgendwo anders [als in der Wohnung] zu spielen. Nimm sie auf keinen Fall auf, und zwar aus den Gründen, die du bereits kennst. Deinen Zuhörern wird sie wahrscheinlich nicht schaden, es sei denn, sie sind aus sich heraus böse und hegen böse Absichten. Wenn die Kräfte stark auf den Ruf der Musik ansprechen, werden sie bei den Zuhörern wahrscheinlich beunruhigende Gefühle auslösen, hauptsächlich weil die Kräfte unbekannt und fremd sind, und nicht, weil sie böse sind. Wegen dieses Unbehagens haben manche Menschen beschlossen, dass die Sonate ein schwarzmagisches Ritual ist. Für sie könnte sie sich durchaus als ein solches erweisen.

Es ist nicht richtig, sich vor übersinnlichen Kräften zu fürchten, weil sie fremd und oft erschreckend sind. Sie können in die richtige Richtung gelenkt werden. Wie du weißt, hat die Sonate auch tiefe spirituelle Schönheit, die inspirierend sein kann. Sie ist konflikthaft, aber das ist das Leben auch; und um die Konflikte des Lebens kommt man nicht herum. Benutze deinen Verstand und vertraue darauf, dass ich dich führe.

Fast zehn Jahre später gibt es eine weitere Fortsetzung zu den Informationen über Skrjabins Sechste:

740806. Platten gespielt – „Nächte in spanischen Gärten" von Falla und das „Gitarrenkonzert" von Rodriguez, gefolgt von Skrjabins Klaviersonate Nr. 3 – einer Fantasie aus seinem Nachlass – und der 6. und 7. Die sechste ist die, bei der ich in den 30ern ein merkwürdiges Gefühl hatte und sie daraufhin nicht mehr spielte, weil ich den Eindruck hatte, sie enthalte ein böses Ritual. In den 50ern wurde ich dann angeleitet, sie nur in der Wohnung und mit Vorsicht zu spielen. Ich habe sie länger nicht gespielt und vor Kurzem gelesen, dass auch Skrjabin selbst sich weigerte, sie öffentlich zu spielen, da er sie für böse hielt.

Als ich sie neulich spielte, nahm ich nur ihre Schönheit wahr. Auch dieses Mal hat sie eine Wesenheit herbeigerufen – dieselbe, die ich in den 30ern als schwarz oder tiefdunkelgrau und negativ wahrgenommen hatte. Dieses Mal war die Wesenheit rot und fühlte sich nicht böse an, auch wenn die Sonate immer noch merkwürdig ist – sehr elementar.

Mahler

Erfreulicher ist hingegen, dass ROC bei einem Konzert während des Edinburgh Festivals 1967 Mahler erschienen ist.

670907. Während der Aufführung von Mahlers 10. Sinfonie nahm ich die Gegenwart Mahlers hinter und über mir wahr. Das kam vollkommen unerwartet, denn normalerweise nehme ich keine Menschen war, die die irdische Inkarnation verlassen haben. Er sprach zu mir:

M.: „Ist das nicht eine sehr schöne Passage? (Er bezog sich auf eine Stelle im 1. Satz – Adagio). Ich habe mein ganzes Herz und meine ganze Seele in meine Musik gelegt!"

Er hieß diese Fassung gut und meinte, wenn er lange genug gelebt hätte, um sie noch zu vollenden, hätte er sie vielleicht nicht so geschrieben, aber es sei akzeptabel und gut, dass seine Skizzen und Ideen für den Rest der Sinfonie in dieser Form umgesetzt worden seien.

M.: „Alma war eine Närrin (in Bezug auf ihr Verbot der Aufführung und Veröffentlichung dieser Fassung). Sie hat meine Musik nie wirklich verstanden – sie war eifersüchtig auf sie. Aber ich verstehe sie und vergebe ihr vollständig. Ich bin froh, dass sie ihre Meinung dazu geändert hat. Es war eher so, dass die ganze Musikwelt gegen sie war. Ich weiß, dass manche Menschen mich für langatmig halten, aber ich hatte viel zu sagen.“

Könnte das alles Einbildung gewesen sein?

Kapitel 12

Kraftpunkte

In einigen Auszügen aus ROC's Tagebüchern, die an früherer Stelle in diesem Buch zitiert werden, ist von „Kraftpunkten" die Rede. In diesem Kontext ist der Begriff *Kraftpunkte* ein esoterisches Konzept und bezeichnet Stellen auf dem Boden überall auf der Erde, die ortsgebundene „Kraftfelder" aufweisen, welche Sensitive als „Schwingungen" oder „Kraft" wahrnehmen können. Diese Schwingungen haben psychische und/oder physiologische Auswirkungen auf den Menschen, die es ihm ermöglichen, sich auf ihr Epizentrum zu konzentrieren. Im Allgemeinen sind diese Punkte mehr oder weniger feststehend, aber sie können von Personen, die über das entsprechende Know-how verfügen, ein Stück weit verschoben, verstärkt oder sogar abgeschaltet werden. Man geht davon aus, dass viele Kraftpunkte schon seit Äonen bestehen, sich aber zweifellos durch die Kontinentalverschiebung und das damit einhergehende Auf- und Abtauchen der Landmassen sowie die Veränderungen der Ozeanbedeckung in ihrer Lage verändert haben. Es gibt eine enorme Anzahl solcher Punkte, und es heißt, die seien energetisch durch gerade Linien, sogenannte *Ley Lines*, miteinander verbunden, die, so wird behauptet, mit den üblichen Techniken des Rutengehens aufgespürt werden können. Die Punkte erscheinen daher als komplexes Gitter oder Netz, das den Planeten umspannt.

In Übereinstimmung mit dem Dualitätsprinzip im Allgemeinen können diese Punkte positiv (mit guten „Schwingungen"), neutral oder negativ sein und daher durch Manipulation mithilfe von Ritualen der Weißen oder Schwarzen Magie zur Förderung und Verstärkung „guter“ oder „schlechter“ Wirkungen genutzt werden. Die Punkte selbst können als „kosmische Kraftpunkte“, „Naturkraftpunkte“, „religiöse Kraftpunkte“ und so weiter wahrgenommen werden.

In ROC´s ziemlich lyrischer, dramatischer, aber wunderbar poetischer Vision, die nun folgt, werden einige der bekannten Kraftpunkte in Großbritannien, die er zuvor leibhaftig besucht hat, weitgehend symbolisch durchschritten. Es liegt in der Natur von Visionen im Allgemeinen, dass sie sich in einer eher archetypischen Sprache präsentieren, die, oberflächlich betrachtet, unsinnig ist, aber eine tiefere und (so wage ich zu sagen) hintergründige Bedeutung hat. Anhand des ersten Absatzes lässt sich die starke physiologische Wirkung des Kraftpunkts in Findhorn auf ROC beurteilen. In diesem besonderen Fall war er in der Lage, die Vision gleichzeitig zu erleben und zu Papier zu bringen.

> 660912. Findhorn. Es war die erste Nacht, die ich in Naomis Wohnwagen verbrachte, der fast direkt auf dem Kraftpunkt steht, und kurz nachdem ich zu Bett gegangen war, fühlte ich mich körperlich krank. Mich durchströmte eine ungeheure Kraft, die sich stark auf mein Herz auswirkte und zu heftigem Unwohlsein und Atemnot führte. Eine Stimme drängte mich aufzustehen, hinauszugehen und mich auf den Kraftpunkt zu stellen. Eine Zeit lang wehrte ich mich dagegen, aber als die Stimme mich immer weiter zum Aufstehen aufforderte, tat ich es schließlich und ging hinaus und stellte mich auf den Kraftpunkt, der sich in der Mitte des Rasens vor dem Wohnwagen befand. Dort gab es eine ungeheure Kraftwelle, die sich stark auf meine Beine auswirkte und mit einem

Gefühl großer Hitze verbunden war. Ich kehrte zum Wohnwagen zurück und legte mich wieder ins Bett. Einige Zeit lag ich schlaflos da, da ich immer noch erhebliche Beschwerden hatte. Irgendwann setzte ich mich auf und stützte mich auf die Kissen, in der Hoffnung, das Unwohlsein dadurch zu lindern. Mein Herz pochte und fühlte sich an, als würde es anschwellen. Ich saß eine Zeit lang aufrecht, und allmählich ging es mir besser. Mich überkam ein starkes Gefühl, dass etwas bevorstand, und ich erhielt den Impuls, Notizblock und Stift zur Hand zu nehmen und das Folgende zu notieren. Während ich es erlebte, blieb ein Teil von mir unbeteiligt und schrieb auf, was geschah.

Ich werde zu einem riesigen Kraftwirbel auf dem Kraftpunkt in Findhorn, zu einer hoch auflodernden Flamme, zu einem Wesen. Jeder Teil von mir wird Teil davon. Ich selbst bin nichts, aber ich erlebe den Wirbel und bin der Wirbel. Jetzt bin ich auf dem Cluny Hill, ein riesiges, nicht greifbares Etwas, das aus dem Kraftpunkt aufsteigt. Ich bin, und werde, der pulsierende Rhythmus. Ich bin, und werde, der Erdhügel. Jetzt bin ich im Priorat Pluscarden, ein riesiges Etwas, das das Gebäude erfüllt und sich in die Steine hinein ausdehnt. Ich werde zum Priorat; das Gebäude und ich sind eins. In mir ist der Klang des Mönchsgesangs. Ich spüre den Rhythmus der Steine, und ein stiller und wunderbarer Friede erfüllt mich. Ich bin eine dreiseitige Pyramide, deren Eckpunkte in Findhorn, Cluny Hill und Pluscarden ruhen. Dies ist vollständiges Identifizieren und Werden, und doch ist der notierende Teil von mir davon getrennt und unbeteiligt, das physische Ich ist nichts. Das Farbempfinden lässt sich nicht adäquat beschreiben – es übersteigt die menschliche Wahrnehmung. Alle Farben des Regenbogens sind hier und noch mehr. Violett, Gold, Magenta und Grün überwiegen, aber alle Nuancen sind miteinander vermischt und schimmern in ständig wechselnden Formen. Die Pyramide, die ich geworden bin, steht bis in alle Ewigkeit unverrückbar fest und ist doch so zart, dass sie weder gesehen noch berührt werden kann. In ihrem Inneren bin ich die Flamme, der Erdhügel, das Gebäude. Dies ist höchste Identifizierung, doch das physische Ich ist nichts.

Jetzt tritt ein Gefühl ein, in die Höhe zu schweben, und ich löse mich von der Pyramide. Ich bin Columba*, mein Kopf ruht auf einem Stein in Columbas Zelle. Jetzt schreibe ich, ein blauer Schein umgibt meine Hand und gibt mir genug Licht, damit ich etwas sehen kann, und es besteht ein Gefühl gezielten Strebens. Jetzt ist Friede, tiefster Friede. Jetzt ein Gefühl von Bewegung, und ich werde zu einer Figur, die in einem Steinkreis in der Zelle des Eremiten steht. Ich wachse und wachse und werde riesig. Ich blicke hinunter auf die Insel, die zu meinen Füßen liegt.

Meine Füße sind Bocksfüße, meine Beine sind zottelig, ich habe Hörner auf der Stirn, ich bin Pan, der sein Universum betrachtet. Ich werde eins mit der Natur. Ich bin alle Elementargeister und Erdgeister, sie sind in mir. Sie sind ich und doch nicht ich. Ich spüre den Unglauben und die Angst und den Hass der Menschheit und bin erfüllt von Traurigkeit. Ich spüre die Last des Kirchenbanns. Er ist unendlich. Doch es gibt Einen, der mich Bruder nennt und mir unendliche Liebe schenkt. Er ist der Christus. Jetzt spüre ich eine Regung in der Menschheit, eine neue Hinwendung zu mir und meiner

* Columba (Saint Columba) war der Name eines irischen Mönchs aus dem 6. Jahrhundert, der auf der Insel Iona vor der Küste Schottlands ein Kloster gründete. Er soll Schottland zum Christentum konvertiert haben. Anm. d. Übers.

Welt. Vielleicht beginnt der Mensch sich uns zuzuwenden, und wir können mit ihm zusammenarbeiten, obwohl er mich und meine Gestalt immer noch fürchtet. Wenn diese Angst nicht verschwindet, muss ich mich dann traurig abwenden? Wieder ist dies ein vollständiges Identifizieren, das physische Ich ist nichts.

Jetzt bin ich eine Lotosblüte, friedlich und heiter (Jessica Ferrieras Heiligtum). Ich bin die Blütenblätter; ich bin das Wesen der Blüte. Ich werde zart, ein schwacher Duft, fein und unaussprechlich. Ich scheine mich in den unendlichen Raum auszubreiten. Jetzt verdichte ich mich und werde zu einer Gestalt, die unter einem Baum sitzt. Ich bin der Buddha. Es besteht ein Gefühl tiefsten Friedens, ein Gefühl von nichts und allem, von aller Ewigkeit im ewig währenden Jetzt. Ich bin der Duft von Räucherwerk, der Klang des OM. Ich bin der Osten, doch das physische Ich ist nichts.

Ich bin die Insel Iona und atme den Rhythmus der Erde inmitten einer ruhigen See. Jetzt gibt es ein Rumpeln. Ich höre das Geräusch des Windes und der Wellen. Ich bin der Wind, der wütend tobt und die Wellen peitscht. Ich bin die Wellen, die an die Insel schlagen. Ich verspüre einen wilden Rausch. Ich weiß um die Notwendigkeit des Sturms, ich spüre die reinigende Kraft.

Alles löst sich in ein Gefühl auf, nach oben zu schweben, und ich werde zum Turm auf dem Glastonbury Tor, schroff und alt. Plötzlich löse ich mich in eine nach oben schwebende Gestalt von riesiger Größe auf. Ich bin Michael und halte das Schwert in Bereitschaft. Um den Fuß des Tor (des Hügels) schlingt sich der Drache, schwarz und schrecklich. Er zieht langsam im Kreis und atmet einen giftigen Rauch aus, der sich in Streifen um Tor und Turm schlingt. Aber das Schwert ist bereit. Wieder ist dies vollständiges Identifizieren und doch unbeteiligtes Beobachten. Das physische Ich ist nichts.

Jetzt bin ich klar und flüssig. Ich bin das Wasser in einem Brunnen, kühl und rein, doch hin und wieder steigen kleine Schlammkringel auf und trüben die Reinheit. Es ist nicht alles so, wie es sein sollte, sein könnte und sein wird. Jetzt bin ich eine kleine Flamme in der Mitte eines ruhigen Ortes. Hier besteht große Heiligkeit und Friede und Stärke, und doch gibt es auch eine leise Unruhe, ein leichtes Gefühl der Anspannung, noch ist nicht alles vollkommen, aber das wird es sein. Ich bin all das, was ich gewesen bin, alle einzeln und doch alle eins.

Jetzt sitze ich aufrecht im Bett in Naomis Wohnwagen, ein ganz normaler, fehlbarer Mensch. Es ist fast 2:30 Uhr. Ich sollte wohl besser versuchen zu schlafen.

ANMERKUNG: Man muss unbedingt verstehen, dass ich nicht glaube, dass ich eines der Dinge oder Wesen war, zu denen ich in dieser Vision geworden bin, aber aus irgendeinem Grund war es eine vorübergehende vollständige Identifizierung.

Um wieder ein wenig auf den Boden der Tatsachen zurückzukommen, folgt hier ein eher typisches Erlebnis mit Kraftpunkten und deren Auffinden. Der Besuch galt dieses Mal „Williamston", einem Landhaus in der Nähe von Insch in Aberdeenshire.

680911. Als ich die Allee mit den Bäumen und dem schönen Gras hinaufging, spürte ich eine große Kraft und Spiritualität, und allmählich fiel mir das Gehen schwer – das übliche Dicker-als-Luft-Gefühl, und die Rückseiten meiner Beine waren betroffen. Ich ging drei Steinstufen auf den Rasen hinauf, die Kraft wurde stärker, und ich verspürte eine große Hitze. Dort stehen drei Ebereschen mit kleinen Sträuchern davor. Mittendrin lag der Kraftpunkt – sehr stark. Ich wusste sofort, dass es ein kosmischer Kraftpunkt war. Als ich auf ihm stand, spürte ich, dass wie bei der „Reise" ein Energiestrahl durch mich hindurchging, der den Kraftpunkt wahrscheinlich zugleich mit anderen verband und aktivierte.

Im rechten Winkel [zu diesem Punkt] verläuft ein schöner Aussichtspfad. Als ich diesen hinaufging, wurde die Kraft immer stärker, bis ich beim Gehen größte Schwierigkeiten bekam. Herz- und Kehlkopf-Chakra wurden aktiviert. Das Atmen fiel mir sehr schwer. Es wurde immer schlimmer. Die Kraft hier war genauso stark wie an allen anderen Punkten auf den Reisen zu den Kraftpunkten. Allmählich spürte ich, dass sie nicht mehr stärker werden konnte, ohne heftige Beschwerden zu verursachen. Kurz darauf ließ die Kraft nach, und ich wusste, dass ich an dem Punkt vorbeigegangen war. Ich kehrte um und fand eine Stelle zwischen vier Bäumen. Armine ortete den exakten Punkt mit einem Pendel – fast genau da, wo ich ihn gefunden hatte.

Wir gingen weiter. Wieder wurde die Kraft stärker und erreichte einen Höhepunkt, kurz nachdem der Weg von einer Einfahrt gekreuzt wurde, aber dies war kein Kraftpunkt. Wir gingen weiter, und schon bald fand ich einen zweiten Punkt direkt neben dem Weg, der erneut richtig war [laut Armine].

Der letzte Punkt lag auf einem Feld am Ende des Wegs (hinter einem Tor); mit einem kleinen Hinweis von Armine fand ich auch ihn. Ich hatte das Gefühl, dass es drei Kraftpunkte gab, die fast gleich stark waren, sich aber in der Art der Energie oder Kraft, die bei bestimmten Ritualen und Zeremonien eingesetzt wurde, unterschieden.

Über die Verwendung von Energie aus Kraftpunkten, insbesondere soweit dies für ROC selbst relevant ist, wurde der folgende Hinweis von St. Germain empfangen. Der Kraftpunkt in der Wohnung in Edinburgh wurde durch ROC's nächtliche Rituale geschaffen und war, soweit ich weiß, kein bereits existierender Kraftpunkt. Wenn ROC „weiterzöge", würde er sich allmählich auflösen. Von den „erlauchten Ärzten" war bereits die Rede, aber der Vollständigkeit halber wird dies hier noch einmal aufgenommen:

> 670207e. Findhorn. Du darfst ein wenig mehr über die Arbeit erfahren, die du nachts leistest. Aufgrund deiner Entwicklung und Ausbildung kannst du als Kanal für viele Arten von Kräften eingesetzt werden, und da du eng mit dem Kraftpunkt [in Findhorn] verbunden bist, kannst du aus ihm Kraft schöpfen. Außerdem kannst du aus seiner lebendigen Mitte kosmisches Feuer schöpfen, und die starke Verbindung mit dem alten Ägypten ist eine weitere Quelle. Deine Ausbildung als Heilpriester hat dir tiefgründiges medizinisches Wissen vermittelt, welches dir gar nicht bewusst ist. Es wird genutzt, während du dich außerhalb deines Körpers befindest. Eine Gruppe „erlauchter Ärzte", wie Ali sie nannte, die zu unterschiedlichen Zeiten und in verschiedenen Ethnien auf der Erde inkarnieren können, versammeln sich um dich, wenn du deinen Körper verlässt. Du reist mit ihnen an bestimmte Orte, an denen Heilung benötigt wird, und zu bestimmten Menschen – im Moment werden wir dir nicht sagen, warum oder wie diese Menschen ausgewählt werden. Indem sie dich als Kraftquelle und als vermittelndes Bindeglied zwischen sich und den irdischen Patienten nutzen, können sie in vielen Fällen Heilung bewirken, manchmal durch

ätherische Operationen, manchmal mit anderen Mitteln. Anstatt durch ein nicht-physisches Erdenmedium zu arbeiten, arbeiten sie durch ein physisches Erdenmedium. Sie arbeiten durch deinen Ätherkörper und können zugleich durch ihn Kraft schöpfen.

Wenn du nachts aufwachst, fühlst du dich manchmal müde, aber du kannst wieder auftanken, indem du Kraft aus dem Kraftpunkt-Netzwerk schöpfst. Hier in Findhorn geht das am besten, aber du kannst es auch in Edinburgh tun. Das ist einer der Gründe, warum deine Wohnung durch die St. Margaret's Chapel mit dem Netzwerk verbunden ist. Du weißt bereits viel über die anderen Werke, für die du ebenfalls eingesetzt wirst. Bestimmte Kanäle können zu unterschiedlichen Zwecken verwendet werden, manchmal sogar gleichzeitig. Dies ist alles Teil der Göttlichen Ökonomie. Du bist gesegnet, dass du für dieses Werk auserwählt wurdest. Nimm es freudig an. Sei demütig, aber erkenne die Wichtigkeit und den Wert des Werkes, für das du eingesetzt wirst.

Zur Abrundung dieses Kapitels über Kraftpunkte wird im Folgenden ein Besuch von ROC in Cairnpapple sowie seine anschließende nächtliche Wiederkehr im außerkörperlichen Zustand wiedergegeben. In diesem Zustand erlebt er einen Teil der rituellen Geschichte und des ursprünglichen Aussehens des Ortes sowie der Kleidung der Menschen nach.

670628. Cairnpapple, West Lothian. Gestern ging ich [zu] dem alten Kult- und Begräbnisplatz, der zwischen Bathgate und Linlithgow liegt. Es gibt mindestens fünf verschiedene Epochen, mit jeweils anderen Kulturen und Bestattungsbräuchen. Die früheste reicht bis in die Jahre 2500 bis 2000

v. Chr. zurück, in die Jungsteinzeit. Hier ist eine starke Kraft. Ich nahm sie schon auf dem Weg zum Hügel hinauf wahr. Es ist ein kosmischer Kraftpunkt ohne spätere christliche Überlagerung. In der Kuppel neben dem Grab der Glockenbecherleute und der Hockerbestattung ist tiefer Frieden. Die Kuppel ist ein moderner Betonbau, der über den Gräbern errichtet wurde, um sie zu schützen und eine Vorstellung von dem ursprünglichen Steinhügel zu vermitteln, der sie bedeckte und im Zuge späterer Entwicklungen eingeebnet wurde. Außerhalb der Kuppel besteht eine gewaltige Kraft, insbesondere um die Vertiefungen herum, in denen die ursprünglichen Menhire standen. Diese waren entfernt und zerklopft worden, um Steine für den Steinhügel zu gewinnen. Aber an einem solchen Ort, der als nationales Monument erhalten und von Menschen besucht wird, lässt die Kraft normalerweise etwas nach. Hier ist sie immer noch sehr stark. Ich hatte den Eindruck von Sonnenanbetung und zweifellos damit verbundener Feueranbetung sowie, aufgrund der starken Stimulierung des sechsten und siebten Chakras, von einem mächtigen Fruchtbarkeitskult. Es gibt hier keine Spur irgendwelcher unangenehmer Schwingungen, wie sie mit Orten verbunden sind, an denen Menschenopfer stattgefunden haben. Ich halte es für unwahrscheinlich, dass dies hier geschehen ist.

Die wunderbare Lage des Hügels bietet einen fantastischen Rundumblick. An klaren Tagen, sagte der Verwalter, könne man im Osten den Bass Rock sehen [und im Westen Goat Fell auf der Insel Arran], und selbst gestern, als es etwas dunstig war, konnte man die wunderbare Aussicht über die Berge und Hügel genießen. Dies ist ein Ort von großer Bedeutung und fühlt sich wie eine Art Achse an. Ich bin mir darüber noch nicht ganz im Klaren.

In der Nacht war ich im außerkörperlichen Zustand noch einmal auf dem Hügel. Offensichtlich beobachtete ich eine Feier und nahm auch daran teil. Es muss in der ersten Epoche gewesen sein, da nur die ursprünglichen Menhire dort standen, in einem großen geschlossenen Kreis wie eine kleinere Ausgabe von Stonehenge. Anscheinend war es der Tag der Sommersonnenwende, und eine Menschenmenge aus Männern und Frauen erwartete mit großer Spannung den Sonnenaufgang. Sie waren klein und von untersetzter Statur mit breiter, ziemlich niedriger Stirn. Ihr Haar war lang und ihr Hautton bräunlich. Einige waren nackt, aber die meisten trugen Röcke aus Tierhaut. Andere, die wahrscheinlich Priester waren, trugen Gewänder, die wie aus Wollstoff wirkten. Aber wie bei den meisten außerkörperlichen Erfahrungen ist es nicht leicht, sich an Einzelheiten zu erinnern. Die Aufmerksamkeit richtet sich auf ganz bestimmte Dinge, in diesem Fall auf die Menhire, die mindestens drei Meter hoch waren. Der Himmel war sehr klar und erhellte sich im Osten. Ich schien die Szene aus verschiedenen Blickwinkeln zu beobachten. Als die Sonne aufging, ging ein Raunen durch die Menge, und ein seltsamer Gesang hob an.

Kapitel 13

Schlussfolgerungen

Bei der Untersuchung von Leben, Zeit und Lehre von ROC habe ich nach besten Kräften nachzuweisen versucht, wer er war: Nicht nur der physische Mensch mit seiner entsprechenden physischen Geschichte – das war der einfache Teil – sondern der innere Mensch mit seiner spirituellen Herkunft. Er war ein Mann, der im Stillen und größtenteils anonym einer intensiven und vielfältigen spirituellen Arbeit nachging. Im Mittelpunkt dieser Arbeit stand der Integrationsprozess zwischen dem Menschen Ogilvie und den höheren Welten, insbesondere seinem höheren Selbst. Das rituelle Herabziehen von Energien war ein nahezu tägliches Ereignis, das anscheinend erforderlich war, um die „Energie" für die außerkörperliche Arbeit aufzufüllen, wenn er dazu aufgerufen wurde. So war er auf alle inneren Aktivitäten vorbereitet, die auf ihn zukamen: Verankerung spiritueller Energien; Schutz, wo es nötig war (wie etwa seine Arbeit an der Errichtung einer schützenden Kuppel über der Findhorn-Gemeinschaft); Kontaktaufnahme mit den Naturkräften; Lesen von Büchern, um sein Wissen zu erweitern; Aufschreiben und Analysieren der inneren Ereignisse, an denen er teilhatte, und so weiter. Mit anderen Worten, er stand zur Verfügung, um zu dienen und eingesetzt zu werden, wie, wann und wo immer er gebraucht wurde, und zwar sowohl in seinem physischen Körper als auch außerhalb seines physischen Körpers. All dies zusammen machte seine „eigentliche Arbeit" aus, wie St. Germain sie zuweilen bezeichnet.

Um diese spirituelle und magische Arbeit wirkungsvoll leisten zu können, entschied er sich, hinter den Kulissen im Verborgenen zu arbeiten und so wenig Aufmerksamkeit auf sich zu ziehen wie möglich. Die einzigen großen Ausnahmen bildeten seine Arbeit mit der Findhorn-Gemeinschaft und im Rahmen der Erwachsenen-Bildungsprogramme von Sir George Trevelyan, zunächst an der Volkshochschule in Attingham Park und später für Sir Georges eigene gemeinnützige Organisation, den Wrekin Trust. Durch diese Beziehungen und Veranstaltungsorte brachte ROC der Welt die Geschichte von Pan und den Naturgeistern sowie die dringende Notwendigkeit der menschlichen Akzeptanz und Versöhnung mit diesen inneren Intelligenzen nahe. Doch obwohl es ROC´s Ziel war, die Aufmerksamkeit auf die inneren Naturwelten zu lenken, streifte das Rampenlicht der öffentlichen Wahrnehmung und Anerkennung auch ihn, den Boten.

Eine Folge davon war, dass seine Anonymität aufgehoben wurde und die notwendige Privatsphäre seiner Wohnung – seines Allerheiligsten, wo er die feinstofflichen Energien aufbaute und speicherte, die er für seine Arbeit benötigte – dadurch verletzt werden konnte, dass Menschen dort auftauchten und ihn aufsuchten. Manchmal war dies auf ROC´s eigene Gutherzigkeit und sein Mitgefühl zurückzuführen. Er war ein warmherziger und freundlicher Mensch – und gewiss kein einsamer Einsiedler, der menschlichen Kontakt verschmähte – aber er hatte auch Grenzen, die er einhalten musste, um die Integrität seiner Energie zu wahren. Einmal sprach St. Germain mit ihm über dieses Thema:

St. G.: Das größte Problem werden die Besucher sein; manche sind gut für dich, und einige andere sind Zeitverschwender und Energieräuber. Mit ihnen musst du fertig werden;

du musst standhaft sein und lernen, Nein zu sagen, zumal die Bekanntheit, die du jetzt vonseiten der Naturgeister gewinnst, dir noch viel mehr Besucher eintragen könnte.

Dir wurde bereits gesagt, dass persönliche Beziehungen deine eigentliche Arbeit nicht beeinträchtigen dürfen. Sei unerbittlich. Du bist klug im Umgang mit deinen Beziehungen mit anderen, wenngleich immer noch ein wenig zu schnell bereit, anderen zu Hilfe zu eilen, wenn sie darum bitten. Du musst deinen eigenen Weg gehen, und du weißt, dass er richtig ist. Lasse nicht zu, dass jemand dich mit Beschlag belegt – manche versuchen es, wie du weißt – oder dir vorschreibt, was du zu tun hast. Du bist der Einzige, der weiß, wie stark du dich fordern kannst. Deine Lebensweise hat dich bis zu einem Alter von fünfundsiebzig Jahren gebracht. Bleibe dabei, egal für wie starrköpfig manche Menschen dich halten mögen.

Im Alter von fünfundsiebzig Jahren hatte er seine „eigentliche Arbeit“ geleistet und dadurch den Höhepunkt dieser speziellen irdischen Inkarnation erreicht, und der Prozess der Integration seines höheren Selbst war abgeschlossen. Er hat (sie haben) Folgendes zu sagen:

740713c. Wie du bei der Analyse und dem Studium deines Materials entdeckt hast, folgt dein ganzes Leben einem Plan; das scheinbare Unglück, die Sorgen und Leiden, die groß waren, waren alle notwendig. Jetzt hat sich dein Leben erfüllt, und die Resultate deines Lebenswerks werden sichtbar. Ein Großteil dessen, was du aufgeschrieben hast, ist ein verdichteter Bericht über Ereignisse und Erfahrungen; viele Wiederholungen über den Aufbau von Schutz, zur Reinigung und zur Neutralisierung negativer Orte und Energien.

Du weißt, wer du bist, und in hohem Maße auch, warum du hier bist, aber du bist klug genug, keine Ansprüche zu erheben. So sollte es sein; und am besten ist, dass auch andere Leute in Bezug auf dich keine Ansprüche erheben. Die Arbeit wird am besten im Stillen verrichtet, im Geheimen, im Hintergrund.

Ein oder zwei Menschen erkennen dich – es wurde ihnen gestattet, aber sie behalten ihr Wissen für sich. Manche glauben, sie hätten dich erkannt, haben ihre Meinung aber wieder geändert. Das ist zweifellos gut so. Kein Mensch kann etwas daran ändern, wer du bist, weil er es für opportun oder zweckdienlich hält. Kein Mensch kann die Wahrheit ändern, auch wenn er sich dies noch so sehr wünscht. Gott selbst würde das nicht versuchen, da es ja seine Wahrheit ist.

Deine Lage ist schwierig. Das war sie meistens. Du kannst keine Ansprüche erheben; du musst bescheiden sein, und doch musst du ein sicheres Gespür für die Wichtigkeit deiner Arbeit haben. Du betrachtest dich nur als einen Kanal, und das zu Recht, aber du bist an sich wichtig als Kanal. Lange Ausbildung und Hingabe an den wahren Weg haben dir großen Respekt von höheren Ebenen eingetragen. Du hast dich nie gescheut, schon in jungen Jahren die volle Verantwortung für all dein Handeln zu übernehmen.

Natürlich bist du nicht der Einzige. Es gibt sehr viele, aber das weißt du ja. Deine Lage ist nicht einfach. Was sollst du mit einem Teil deines Materials anfangen? Eine ganze Menge kann nicht herausgegeben werden, zumindest noch nicht – die Menschheit ist noch nicht so weit, auch wenn manche dies behaupten. Sie würde es missbrauchen. Einiges war nur für dich bestimmt und wird nie nach außen dringen. Man wird dir sagen, dass es du es vernichten sollst, noch während du schreibst. Dir steht nun sehr viel für dich neue Information zur Verfügung, die zurückgehalten werden muss.

Was sollst du zum Beispiel mit dieser Botschaft anfangen und mit den anderen, die deine Identität für die Aufmerksamen deutlich machen? Wenn du sie ihnen zu lesen gibst, bedeutet dies dann, dass du einen Anspruch erhebst, den du nicht erheben solltest? Das ist ein schwieriges Problem, das du angehen und dem du dich stellen musst.

Deine wahre Identität bezieht sich selbstverständlich auf dein höheres Selbst, das dies gerade diktiert. Die Integration ist nun vollständig abgeschlossen. Natürlich zeige ich mich nicht immer, auch wenn ich immer da bin. Dein bewusstes Ich muss in deinem materiellen Alltagsleben eine Rolle spielen und sich seinen eigenen Problemen stellen. Du wirst dich zweifellos freuen, wenn du deinen physischen Körper ablegst und erkennst, wie wunderbar einfach alles ist.

Wenn man alle Informationen in diesem Buch für bare Münze nimmt, würde ROC meiner Meinung nach ohne Weiteres in die Kategorie eines Weisen passen, einer erleuchteten Seele. Hätte er sich selbst dazu erklärt, hätten wir guten Grund gehabt, an seiner spirituellen Abstammung zu zweifeln. Andererseits tendieren seine Bescheidenheit und Demut, die zwar unbedingt mit spiritueller Ehrenhaftigkeit zu vereinen sind, dazu, jegliche Offenbarung von „Größe" zu verschleiern, denn alle Hinweise darauf werden in seinen Schriften heruntergespielt. Wenn man den Leuten nicht sagen kann, dass man ein hochentwickeltes spirituelles Wesen ist, woher sollen sie es dann wissen? Wenn man den Leuten aber andererseits sagt, dass man ein solches Wesen ist und wie wichtig die eigene Arbeit ist, wirkt man ohnehin nur für wenige glaubhaft, weil einem dann die erwartete Demut fehlt.

Es ist eine ausweglose Situation. Zum Glück betrifft mich dieses Embargo nicht, und ich darf ROC's Status anhand seiner privatesten Aufzeichnungen überprüfen; etwas, was weder er noch andere tun konnten, solange er noch am Leben war.

Ich denke, dass die Beweise, auch wenn sie überwiegend anekdotisch sind, darauf hindeuten, dass ROC beträchtliche übersinnliche Fähigkeiten besaß und seine Visionen und jenseitigen Erfahrungen für ihn real waren, so wie für uns die physische Welt real ist. Dass wir seine Welt nicht berühren können, beweist nicht unbedingt, dass sie illusorisch ist. Wir haben die Unterstützung derer, die ihre außerkörperlichen Erfahrungen schildern, und derer, die nach ihren Nahtod-Erfahrungen zurückgekommen sind, vor allem aber haben wir die detaillierten „Insider-Informationen" über die Seelenwelt aus den Forschungen über das Leben zwischen den Leben von Newton und anderen. All dies scheint zumindest darauf hinzudeuten oder sogar zu beweisen, dass wir über eine vom Körper losgelöste Existenz verfügen, und dass es sich bei unserem Tod schlicht um unsere Freilassung in unsere ewige Heimat handelt, um uns dort auf den nächsten „großen Schub" vorzubereiten. Das Leben geht weiter – in Ewigkeit!

Bei allen seinen spirituellen „Downloads" wurde ROC ständig auf die Gefahr der Einfärbung durch den Kanal hingewiesen, sowohl bei ihm selbst als auch bei anderen – ohne Ausnahme. Dennoch schmälert bereits das Erkennen dieser Gefahr ihre Wirkung, und aus meinem eigenen Umgang mit ihm muss ich schließen, dass persönliche Einfärbungen minimal erschienen. Ständig analysierte, bezweifelte und hinterfragte er – eine positive Nebenwirkung seiner wissenschaftlichen Ausbildung. Wie im Folgenden ausgeführt wird, lässt sich aber mit der richtigen Herangehensweise dennoch der „wahre Kern erkennen".

> 670725. Kein Mensch ist vollkommen, deshalb haben alle Unvollkommenheiten und sind anfällig für Fehler. Kein menschlicher Kanal ist hundertprozentig rein; es gibt immer eine gewisse Einfärbung, und sei sie noch so gering, die manchmal hauptsächlich von der Persönlichkeit, von Wunschdenken und Begehrlichkeiten und so weiter herrührt. Sobald man mit dem vertraut ist, was durch einen bestimmten Kanal kommt, lässt sich dies in der Regel aussondern.
>
> Wo Aufrichtigkeit und Glaube vorhanden sind, gibt es immer einen wahren Kern, den man erkennen kann.

Insgesamt und da ich Ogilvie über viele Jahre persönlich gekannt habe, bin ich daher überzeugt, dass er genau das berichtet, was er erlebt hat. Aus seinen privatesten Schriften wird schnell ersichtlich, dass er eindeutig mit großer Berechtigung behaupten kann, die Reinkarnation des Comte de St. Germain gewesen zu sein.

Darüber hinaus hat sein bemerkenswerter Umgang mit den Vertretern der elementaren Naturwelten in seiner Rolle als Vermittler für die Menschheit dazu geführt, dass sich diese beiden Lager einander angenähert haben, und es trägt dazu bei, die Gräben zu heilen, die durch den menschlichen Missbrauch der Natur entstanden sind. Es ist zu hoffen, dass dieses neue Verständnis in den kommenden Jahren durch uns nicht wieder missachtet wird. Aber wir haben den freien Willen – es kann aufwärts oder abwärts gehen; die Entscheidung liegt bei uns!

Literaturverzeichnis

Einige Begegnungen von ROC mit den Naturgeistern und Pan sind bereits im Verlag Findhorn Press erschienen und werden hier mit freundlicher Genehmigung aufgeführt. Zurzeit sind folgende Titel lieferbar:

The Gentleman and the Faun – Encounters with Pan and the Elemental Kingdom, Findhorn Foundation et al. 2009 (in Nordamerika und Australien erschienen bei Allen & Unwin unter dem Titel *Meeting Fairies*)

The Findhorn Garden Story, The Findhorn Community (Hrsg.), Findhorn Foundation 1975, 2008; dt.: *Der magische Findhorn-Garten: Gespräche mit Engeln, Elfen und Naturgeistern*, aus dem Englischen von Marianne Wischmeier-Bayer, Aurinia 2015

Encounters with Pan and the Elemental Kingdom, R. Ogilvie Crombie (ROC). Double CD, Findhorn Foundation, 1972-74, 2009

Auf Deutsch ist von ROC außerdem erschienen: *Der Mann, der mit den Elfen sprach: Wie Menschen und Naturgeister zusammenarbeiten können*, aus dem Englischen von Karl Friedrich Hörner, Aquamarin 2020

Buhlman, William; *Adventures Beyond the Body*, HarperCollins 1996; dt.: *Out of body: Astralreisen – das letzte Abenteuer der Menschheit*, aus dem Amerikanischen von Thomas Bertram, Ullstein 2001
The Secret of the Soul, HarperCollins 2001; dt.: *Geheimnis Astralreise: Wege zu unserer wahren Natur*, aus dem Englischen von Thomas Bertram, Heyne 2009

Bruce, Robert; *Astral Dynamics*, Hampton Roads Publishing 1999; dt.: *Dynamik der Astralprojektion: Das große Praxisbuch zur außerkörperlichen Erfahrung*, aus dem Englischen von Jörg Starkmuth, Starkmuth Publishing 2019

Comte de St. Germain & Manly Hall, *The Most Holy Trinosophia*, Phoenix Press 1933; dt.: Leopold-Georg Graf von Saint-Germain, *Die hochheilige Trinosophia (dreifältige Weisheit)*, übersetzt und erläutert von Konrad Dietzfelbinger, Königsdorfer Verlag 2009

Hasted, John; *The Metal Benders*, Routledge & Keegan Paul 1981

Hopkins, Budd; *Intruders: The Incredible Visitations at Copley Woods*, Random House 1987; dt.: *Eindringlinge: die unheimlichen Begegnungen in den Copley Woods*, aus dem Englischen von Hans J. Becker, Kellner Verlag 1991

Witnessed, Bloomsbury Publishing Plc 1997; dt.: *Entführt ins All: die Ufo-Kidnapper an der Brooklyn Bridge*, aus dem Amerikanischen von Kurt Baudisch, Ullstein 1997

Jacobs, David; *The Threat*, Simon & Schuster 1998

Jung, C. G.; *Erinnerungen, Träume, Gedanken*, hrsg. von Aniela Jaffé, Walter Verlag 1971, Sonderausgabe 8. Auflage 1992; der Autor verweist auf: *Memories, Dreams, Reflections*. Collins and Routledge & Kegan Paul 1963

Lawton, Ian; *The Wisdom of the Soul: Profound Insights from the Life between Lives*, Rational Spirituality Press 2007

The Big Book of the Soul: Rational Spirituality for the Twenty-First Century, Rational Spirituality Press 2008

Mack, John E.; *Abduction: Human Encounters with Aliens*, Pocket Books 1995; dt.: *Entführt von Außerirdischen*, aus dem Amerikanischen von Will de Blôme, Bettendorf 1995

Maltz, Maxwell; *Psycho-Cybernetics*, Pocket Books 1969 (Erstausgabe 1960); dt.: *Erfolg kommt nicht von ungefähr: Psychokybernetik*, aus dem Amerikanischen von Günter Neumeyer, Econ-Verlag 1962

Monroe, Robert A.; *Journeys out of the Body*, Anchor Press 1977; dt.: *Der Mann mit den zwei Leben: Die seltsamen Exkursionen des Mr. Monroe*, aus dem Amerikanischen von Jutta und Theodor Knust, Econ Verlag 1972

Moody, Raymond A.; *Life After Life*, Bantam 1976; dt. *Leben nach dem Tod*, aus dem Amerikanischen von Hermann Gieselbusch und Lieselotte Mietzner, Rowohlt 1977

Newton, Michael; *Destiny of Souls*. Llewellyn, 1st edition, 16th printing, 2009, dt.: *Die Reisen der Seele: Karmische Fallstudien*, aus dem Amerikanischen von Doris Aebi Egli, Astroterra 1996

Journey of Souls, Llewellyn, 5th edition, 1996; dt.: *Die Abenteuer der Seelen: Neue Fallstudien zum Leben zwischen den Leben*, aus dem Amerikanischen von Manfred Jansen, Edition Astroterra 2001

Ring, Kenneth; *Lessons From the Light: What We Can Learn From the Near-Death Experience*, Moment Point Press Inc. 2009; dt.: *Was wir aus Nahtod-Erfahrungen für das Leben gewinnen*, aus dem Englischen von Heinrich F. Tophinke, Santiago-Verlag 2009 (ursprünglich: *Im Ange-*

sicht des Lichts: Was wir aus Nahtod-Erfahrungen für das Leben gewinnen, Ariston 1999).

Sartori, Penny; *The Near-Death Experience of Hospitalised Intensive Care Patients*, Edwin Mellen Press Ltd. 2008

Sculthorp, Frederick C; *Excursions to the Spirit World*, Almorris Press Ltd. 1981; dt.: *Meine Wanderungen in der Geisterwelt: Ein Bericht über persönliche Erfahrungen während bewusster Astralprojektionen*, aus dem Englischen von Karl E. Müller, Hermann Bauer Verlag 1962

Smith, Gordon; *The Unbelievable Truth*, Hay House Inc. 2004; dt.: *Medium: Mein Kontakt mit dem Jenseits*, aus dem Englischen von Eluan Ghazal, Allegria 2005

Tomlinson, Andy; *Exploring the Eternal Soul: Insights from the Life between Lives*, O Books 2007
Healing the Eternal Soul, O Books 2. Auflage 2008

Tudor Pole, Wellesley; *The Silent Road*, Neville Spearman Ltd. 1960; dt. Neuübersetzung: *Der stille Weg: Erfahrungen auf dem Pfad des Herzens*, aus dem Englischen von Edith Zorn, Aquamarin 2011

Yogananda, Paramhansa; *Autobiography of a Yogi*, Rider and Company 1965; dt. (mehrere Ausgaben, u. a.): *Autobiographie eines Yogi*, Neue Übersetzung aus dem Englischen von Erika Lorenz, Vorwort von W. Y. Evans-Wentz, O.W. Barth 1967

Robert Ogilvie Crombie
Der Mann, der mit den Elfen sprach

Es ist längst kein „frommes Märchen“ mehr, dass Naturgeister existieren und bereit sind, mit den Menschen zusammenzuarbeiten, wenn sie zu dieser Zusammenarbeit eingeladen werden. Der legendäre „Findhorn-Garten“ hat über viele Jahre auf eindrückliche Weise bewiesen, welche außergewöhnlichen Erfolge beispielsweise auf unwirtlichstem Gelände im Gemüseanbau erzielt werden können, wenn man um die Mithilfe der Naturwesen bittet.
Robert Ogilvie Crombie, nur ROC genannt, war einer der beiden Mittler zwischen den Menschen und den Naturgeistern in Findhorn. Zusammen mit Dorothy Maclean führte er über viele Jahre eine intensive Kommunikation mit dem Reich der Elfen und Devas. Dieses Buch dokumentiert erstmals in deutscher Sprache die einzigartige Verbindung zwischen dem Reich der Menschen und der Welt der Elfen. Ein Werk, das eine neue Ebene der Wirklichkeit erschließt!
ISBN: 978-3-89427-862-5

Dora Kunz
Im Reich der Naturgeister

Von Geburt an vertraut mit der Welt der Naturgeister und den Lichtreichen der Engel, beobachtete Dora Kunz die Lichtwesen beim Ausgestalten und Verschönern von Gottes herrlichem Garten. Sei es hoch zu Luft oder im Wasser, im Vorgarten oder im Gebirge, überall wirken intelligente Wesen, um im Einklang mit den göttlichen Gesetzen für den Aufbau der Natur zu arbeiten. Von besonderer Eindrücklichkeit sind die Wahrnehmungen der Autorin im Zusammenhang mit der Umweltzerstörung. Sie zeigt auf, in welcher Weise auch die Naturgeister unter menschlicher Willkür zu leiden haben und wo die Grenzen ihrer Heilkraft liegen.
ISBN: 978-3-89427-189-3